平顶山学院"伏牛山文化圈研究中心"学术成果
平顶山学院"中国现当代文学重点学科"学术成果

中国现代作家传记研究

赵焕亭 著

中国社会科学出版社

图书在版编目（CIP）数据

中国现代作家传记研究／赵焕亭著．—北京：中国社会科学出版社，2016.11
ISBN 978-7-5161-9161-3

Ⅰ.①中… Ⅱ.①赵… Ⅲ.①作家—传记—研究—中国—现代 Ⅳ.①K825.6

中国版本图书馆 CIP 数据核字（2016）第 258655 号

出 版 人	赵剑英
责任编辑	张　潜
责任校对	石春梅
责任印制	王　超

出　　版	中国社会科学出版社
社　　址	北京鼓楼西大街甲 158 号
邮　　编	100720
网　　址	http://www.csspw.cn
发 行 部	010-84083685
门 市 部	010-84029450
经　　销	新华书店及其他书店
印刷装订	北京君升印刷有限公司
版　　次	2016 年 11 月第 1 版
印　　次	2016 年 11 月第 1 次印刷
开　　本	710×1000　1/16
印　　张	19.5
插　　页	2
字　　数	309 千字
定　　价	68.00 元

凡购买中国社会科学出版社图书，如有质量问题请与本社营销中心联系调换
电话：010-84083683
版权所有　侵权必究

序言一

赵焕亭《中国现代作家传记研究》书序

吴福辉

在我的印象中，赵焕亭研究现代作家传记的时间很长了。甚至私心以为这研究已经停顿。认识赵焕亭是因近二十年来在河南大学博士点的工作，豫地各阶段年龄、资历的现代文学研究者慢慢都熟识了。后来她到北京读学位，曾多次听她谈起过这个题目，当时觉得还新鲜，关注点也容易集中，为此要读多少让人血脉贲张和并不轻松的书籍呀，劳动强度很大（翻看附录里的作家传记统计索引就知道了）。赵焕亭是个本分的人，有股子韧劲，咬住一个课题不放才符合她的性格。还好，她证明了自己，眼前的这部书稿终于被她"磨"出来了。

书稿开头便称，20世纪80年代以后中国的作家传记写作形成了一个繁盛期。这标志是每一位现代作家都有了一部到几部的传记。创作多而杂，泥沙俱下以及对它们研究的严重滞后，成了实际的状况。本书正是立足在这个富于"中国特色"的传记写作和传记研究的基础之上的。如果没有这段作家传记创作潮流的澎湃汹涌，自然就不会有今天的研究。20世纪80年代以来的传记写作已经沉淀40年了，方有了这一领域的材料和理论的积累，有了今日的研究视野、格局、手笔。早十年二十年都不会有。书中对这样的研究趋势做了分析，认为是时代的转折、新的文化环境的组成和读者趣味的导向，共同构成思想禁区的某种突破所致的。这有一定道理。但我还想补充的是，还有一代传记作者观念转换的原因。带头写作现代作家传记的，大都是学者出身，研究作家原是他们的本行，可是过去是用僵硬的教条来衡量人的，不颂圣不能写，今不如昔不能写，盖棺不论定不能写，各种限制套在脖子上，无法畅言。现在他们觉得有许多话可说，要一吐为快。此外，原来天天研究的是别人的文学创作，所写只是论证这些作家，现在等来了描述自己心仪作家的机会了，可以臧否人物指点江山了，这便是传记写作。这种写作等于是解放了文学的"生产力"，帮助他们实现了"创作"的理想。另外，如果没有传记研究的现况，也就不会有本书。作者是依据当今传记研究存在的四大软肋，针对"现代传记中的作者主体性""传记中传主作品的呈现""传记中的原型考证""传记童年叙事的启示"这四个"薄弱"环节，来进行全书要点的设计，构思结构的。不管这四个问题抓得准确与否（可以讨论），围绕研究现状来提炼问题、铺排论证，确实为本书特色。

本书的另一个特点是对作家传记学术价值的有意开掘。传记写作的学术性角度被突出了，还扩大运用了这个角度。本来，作家传记就同时具备文学价值和学术价值这样两个方面，研究者等于是站在两者之间。如果强调了文学，传记即为"散文"之一种，应当作为有述有评的"散文"来欣赏品鉴，作为面对人物的夹叙夹议的文体来研究。而传主及传内其他围绕传主的形形色色人物，是可以使用各种文学手段来加以刻画的。作者在全书透出的意思是认为传记并不等同于散文，它是一种尚未稳定的文类，其实就是隐隐指它内在横跨的学术品格。那么如果强调了学术呢，就可以从有关作家材料的采集、甄别、爬梳、概括，对作家传主的认识的提出、论述的步骤等方面来对待作家传记。学术性成分，明确地体现在本书的结构上。它将传记"写什么"内化了，而让"怎么写"浮出水面，从中提炼出问题给予学术评价，这便是本书的基本思路。比如纪实和虚构的关系，是传记的理论问题，在这本书的表面就几乎消失了，却在怎样处理作者和传主的关系里将作者的主体性问题浮出水面，成就为第一章（全书仅四章）。于是学术性的纪实和虚构问题，便内化为探讨客观纪实已经不是当今传记的主流，而充分发挥主体性使传记充满记述者的个性的，才是今日关注所在。由传记看学人品格、情感气质和专业特点对写作产生影响，遂成为这一章学术分析的着眼点。同样地，在其他各章里，研究传记作者如何破解、诠释作品，追溯作家的生命过程，如同文学史探究作用的一种引申被使用着。而书中研究"考证"型传记，更具学术性，如同一篇考证型论文之延伸。从传记的史学特征上研究作家生平原型、人物故事原型的问题，其中以对《路翎传》的研究最具代表性，有说服力地证明了路翎《财主底儿女们》等创作的"自传"性质。的确，《路翎传》的写作、考证的过程、结果，路翎出生地、年龄、生父死因、家人亲友与小说人物的对应关系，都一一写进，与传主的文学生命和创作相链接，成为扎实、鲜明的考证型传记。另外，关于童年叙事和童年体验，原应是文学性很强的内容，现在"文学史不大谈作家的童年，而大多数作家传记是从童年说起"并给予这个范畴很高的地位，于是，学术性的眼光在此"童年"视镜里就十分显著了。因而说到底，本书的分析传记作者与分析文学史作者取相似的研究态度。甚至认为，虽然作家传记和文学史有着许多不同的侧重点，但两者可以互补。明确地说明作家传记和文学史可以构成"互文"关系，初听会觉怪异，想想是有启发性，是有见地的。因为它把作家传记的学术内涵，推到了和文学史并行的地步。

全书从前到后自典型个案入手，以同类的个案结束，既是结构法，也是写作法。在外部，四种作家传记写作的典型现象，平摊罗列。到内部，挖掘出每一题的各个"侧面"，如"童年体验"，可分通向作家的人生走向、显示作家所写作品的文化特征、表明作家的生活哲学、表现童年记忆是众多天才作家的温床，是这样一个面一个面地合成了全像的。"侧面"包括衍生的话题，像本书作者虽然对传记的主体性大加支持，但对部分郁达夫传记的滥情写作，还是提出了不能"过度"的警告。假如历史事实可以随性夸张，"戏说"之风最终会将"主体性"一起埋葬。作者对于各种有代表性的传记，往往用其他传记进行比较，还用传记性的论文来做比较，从而发现背后的隐秘东西。这不是猎奇，不是哗众取宠，恰是传记的读者阅读期待所带来的一条"解密"规则。传记解读作品可以揭示出被文学史和文学评论忽略的方面，原型考证可以挖出传主思想的隐蔽角落，儿童记忆可以解开传主和其作品的原始密码，都是重视传记应有的对作家做新发现的作用的。典型个案的写法，好处是显著、集中、容易把握，但也易封闭。围着每本传记的本身转，是难以随时灵活地深入全书要旨的。读的时候经常会觉得把传记本身说得过多，转不回身来，忘记了要紧的是需指向传记写作的总体规律。

此书整体性的理论深度还可提高，但因全书经过长时间的琢磨，就像是流光逝音，会留下了一些发人思考的话题。只要仔细阅读，不同的读者会根据自己的情况有所发现。比如促发我做专业思考的，就有下面几条。第一，"突出作者主体性是优秀传记的标准之一"，这句话很易引起异议。不过作者有预见性地补充了一句："作者主体性突出的传记未必是优秀的传记，但优秀的传记一定是突出作者主体性的传记。"这就全面了。第二，在罗列萧红所有作品涉及儿童视角的名单时，我发现重要作品里只有较早出版的《生死场》不在列。《生死场》确实含了较多的政治写作动机（田沁鑫的话剧改编就是抓住此点发挥的），这是否暗示了政治性强的文学文本可能少用儿童视角，儿童视角不仅是叙事学问题，更是文化问题。第三，作者抓住了传记文体不确定和传记理论不深入的现况，抱怨其"不足"和"欠规范"，但这是有片面性的。它们固然不成熟，但也是一种"活跃""上升"的机遇，是提供理论概括的开阔空间和不被成规所拘的好时机。事情要从多面看。

就像文学性传记如研究不透，学术性传记的认知也会受到制约一样，这两种传记都有自己存在的理由，是互相依存、互相渗透的。学术性传记也罢，文学性传记也罢，都应按照各自的轨道走下去。现在被此书从传记的学术性角度推进了一步，以至于提出了作家传记与文学史在某种意义上可以视作"互文"的观点，虽不一定成熟，毕竟是一家之言，但是一种能够不断追踪下去的研究思路。我将这种启发性都一股脑儿地算在这本专著的成绩单上了。

2016 年 4 月 15 日于小石居草成

序言二

发现、超越与突破
——《中国现代作家传记研究》序

全 展

赵焕亭教授的博士论文《中国现代作家传记研究》将要修改出版了，我真心为她高兴。当她在电话中再次希望我写一篇序文时，我还是感到了一丝犹豫，毕竟自己的学识水平有限，要为一个博士/教授的大作写序，底气不足啊！可焕亭真诚地对我说，我了解她博士论文的写作过程，很早便读到了她成型的全部论文，也编辑发表过她博士论文中的部分章节，完全是有发言权的。话说到这份儿上了，人不能矫情，于是，我便答应了她的这一请求。

我跟焕亭相识于古老而美丽的河南大学，那是2011年5月中外传记文学研究会第16届年会上。当时，她正在北京师范大学师从刘勇教授攻读博士学位，研究课题为"现代作家传记研究"。会后不久，我便收到了她寄来的《"现代作家传记研究"调查问卷》，涉及传记作者的主体性、传记的史实性（真实性）与可读性（文学性）等13个问题。她还来信就"现代作家传记的基本特征"问题与我进行探讨。此后还寄来她的新著《中国现当代文学与文学教育研究》。读到来信和著作，我感到她有着敏锐的学术眼光、开阔的学术视野和扎实的学术功底，对她将要完成的博士论文充满了期待。

待读到《中国现代作家传记研究》时，还是不禁为赵焕亭的辛勤付出和不懈努力感到惊喜。作为中国现代作家传记研究的专题性研究，这部论著呈现的多视角、多层次、多侧面的研究内容与方法，无疑具有传记研究的范式意义。著者的研究重在发现、超越与突破，真正给人一种高屋建瓴、直抵要害，并与众不同的新鲜感。

这部著作值得称道的，首先在于著者对传记材料竭泽而渔般的搜集与梳理，精心选取个案，具有清醒的问题意识和前沿意识。该书"附录：中国现代作家传记统计"，涉及各类传记作品431部，其中"传"273部，"评传"86部，"传论"7部，"正传"10部，"外传、别传"3部，"图本、画本传记"25部，"合传（包含多人评传）"27部。这看似简单的统计数据，凝聚着著者多少个日日夜夜的艰辛劳动付出！我们知道，中国现代作家传记具有十分重要的意义与价值，它是学术观念、学术研究土壤、研究队伍、研究方法及作家文学史地位等多元因素的立体投影。而围绕现代作家传记的研究，除了一大批研究论文、书评外，已经出版的还有朱旭晨的《秋水斜阳芳菲度——中国现代女作家传记研究》（人民日报出版社2006年版）、房福贤的《新时期中国现代文学家传记研究十六讲》（山东文艺出版社2009年版）等论著，一些学术专著的部分章节亦多有涉及。因此，赵焕亭的课题研究要有所发现有所创新，仍具有较大的难度。

好在焕亭是个勇于挑战并能不断创新之人！她深知"中国现代作家传记所包含的丰富的文学现象如作家创作、文学刊物、文学社团、思潮流派、文学的流通与传播、作家与同时代人的关系、作家与政治的关系等，都是现代文学研究者绕不过去的问题，透过作家传记可以对上述种种问题有深切的把握，可以更加具有现场感地触摸到文学史的深处"。同时，她也深知现代作家传记的数量庞大、质量参差不齐，对传记个案的选择需要花费许多时间去阅读和辨别。一方面是巨大的学术诱惑，另一方面是巨大的现实困难。焕亭迎难而上，从众多的现代作家传记中选取了一些具有较高学术含量和研究价值的文本，再进行深度阅读，最后确定了16部传记作为研究个案。包括钱理群的《周作人传》、袁庆丰的《郁达夫传》、宋炳辉的《徐志摩传》、陈丹晨的《巴金全传》、林志浩的《鲁迅传》、田本相的《曹禺传》、张耀杰的《戏剧大师曹禺》、黄昌勇的《王实味传》、朱珩青的《路翎传》、金介甫的《沈从文传》、韩石山的《悲情徐志摩》、王一心的《〈小团圆〉对照记》、施建伟的《林语堂传》、余连祥的《茅盾传》、肖凤的《冰心传》、季红真的《萧红全传》。这些传记大多是在一段时期引起较大社会反响的优秀个案，亦有少数是存在一定偏颇与争议的个案，都有言说与阐释的空间。不独如此，她还对学界已有相关研究成果与现状进行了一番分析梳理,在此基础上对中国现代作家传记进行整体观照,重点研究。整部著作除"绪论""结语"外,主要内容分为"第一章 传记作者的主体性""第二章 传记中的传主作品呈现""第三章 传记中的原型考证""第四章 传记中童年叙事的启示价值",大都是现代作家传记研究的前沿核心问题或重要问题,给人以耳目一新之感。有的问题如"传记作者的主体性",学界虽有一定研究,但未曾像这本论著深入细致。有的问题如"传记中童年叙事的启示价值",则是前人从未涉猎的,具有某种填补空白的意义。这本论著通过精心评析中国现代作家传记的典型文本,认真探讨中国现代作家传记的一些特征,着力发掘作家传记的独有价值,它必将有助于我国传记文学事业的可持续健康地发展,同时,也将大力促进对所选传记传主及传记作者的深入认识。

论著另一大特色便是对话意识与批判精神,著者自觉运用历史的、人民的、艺术的、美学的观点评判和鉴赏传记作品,积极有效地介入创作,参与时代精神的建构,给人留下深刻难忘的印象。记得学者董炳月曾将"现代作家传记"明确定义为"生命与生命的对话",其本质是"再现"和"表现"的统一。钱理群则将作家传记的写作称之为"灵魂的搏斗"。他借用胡风的说法,"写作的过程,在某种程度上,是传记写作者与传主生命相生相克的过程"。那么,作为作家传记的研究者与作家传记的写作者,是否也是"生命与生命的对话"关系?其研究的过程,是否也是"生命相生相克的过程"?答案是不言自明的。

焕亭充分利用自己的专业知识和发现眼光,在论著中与传记作家展开了真诚的心灵对话。她在充分占有材料的基础上,对16部传记个案进行价值判断——从历史的、时代的、比较的视角出发,进行与其内容相应的社会的、政治的、文化的、哲学的、精神的、伦理的、原型的分析,评判传记创作的成败得失。如谈论"钱理群《周作人传》中的作者学术个性"一节,便充分体现了著者艺术的眼光和人性的眼光。尤为突出的是,作者将钱理群的《周作人传》与学界影响较大的几部周作人传进行比较之后,深切感受到钱氏本人的学术品格和个性追求,认为钱理群广博的学识、深刻的眼光、丰富的体验、宏大的气魄在《周作人传》中均有体现。由此自然得出一个令人信服的结论:"钱理群的《周作人传》有明显的学术个性,其主要表现在以下两个方面:一是以鲁迅为参照系来写周作人;二是探索知识分子的心灵史。在对二者的研究中，传记蕴含了钱理群一贯的学术追求，融入了钱理群的生命体验。"这确实是作者的会心之论。在对钱著《周作人传》作深入细致的艺术分析和微观探究的基础上，焕亭一方面回顾钱理群的出身、经历、职业与他对周作人心灵史的探求之间的密切关系，系统地总结带有普遍意义的创作规律，另一方面又置中国深厚的文化传统于广阔的社会政治及世界人文背景之中，前后左右，广泛地进行阐释研究，从而呈现恢宏廓大的气势。这，就为我们提供了一座通向理解《周作人传》思想与艺术的立交桥。在书中，我们还可以看到，著者在充分肯定钱理群写作《周作人传》的巨大影响和成就的前提下，本着"当仁不让吾师"的求是精神，如实指出传记的短处，"大部分《周作人传》所用的材料主要来自周作人自己的作品，'大段摘抄周作人本人的作品'这个问题在钱理群的《周作人传》同样存在"。

再如阐释"袁庆丰《郁达夫传》中的作者情感投射"一节，亦体现出研究者真诚的批评态度，既有情感的温度，又有批评的诚意，同样是传记研究者与传记作者之间的一次情感交流与心灵对话。著者旗帜鲜明地提倡传记写作的作者主体性，肯定传记作者与传主之间的精神契合，但同时还对作者主体性的过度发挥保持着某种适度警惕。一方面肯定了袁庆丰或显或隐的主体性发挥——对作者体现出的个性心理、学识结构、文学观念等表示欣赏，认为"的确可以感受到灵魂的颤动。处处可以感受到叙述者'我'的强大存在，因此，这部传记既是'传写'郁达夫，同时也在一定程度上是在'传写'袁庆丰本人"。另一方面又如实地批评作者主体性发挥过度的问题，认为主体性过度发挥所带来的弊端——容易造成传记失真、失衡现象。这种切中要害、及物的分析评价与判断，褒贬明确、秉笔直书，见解犀利而又分寸得当。它保持了批评的批判性、独立性和超越性，这无疑是加强和改进传记文学批评的不二法门。

重视文本细读，体现较强的学理性，充分展示出作者严谨的学风和扎实的学术功底，亦是这部论著的突出特点。记得焕亭在写作博士论文时，曾两次与我通话，为其课题研究的理论性不强深感苦恼。而我则以为，能够提出某种传记文学研究的前沿理论固然好（毕竟是少数资深专家或新锐学者能为），但重视文本细读和个案研究，重自我审美感受的直觉性，从个别审美现象出发的实践性，亦不失为对现代作家传记研究的一种贡献。读焕亭的《中国现代作家传记研究》，深感材料翔实，立论新颖，分析细致，论证严密，理性与诗情、史笔与文采合而为一，在重建人文精神方面为今天的社会提供有价值的营养，从传记文学创作/研究方面为今天的人们提供有益的借鉴。因此，这部著作既具有理论创新意义，又具有实践指导意义。

学理性是衡量传记文学批评价值的重要尺度。在焕亭的《中国现代作家传记研究》中，学理性的体现是多态的。既有高屋建瓴式的富有哲学意味的学理，又有精于钻探、深于挖掘、探析系统的学理，或是两者兼而有之。著者重视文本细读，总是历史地、具体地切入问题的要害，而不是简单生硬地套用西方理论来阐释中国现代作家传记。或从结构上着手，大刀阔斧，见出传记作家艺术构思的匠心；或从内容上剖析，层层剥笋，道出传主的人格真谛；或一传细品，于条分缕析中洞见传记迷人的魅力；或数传对读，于异同比较中悟出各自风采。总之，焕亭的细读读出了精神韵致，颇具力度深度。如她采用传记批评的方法，对《巴金全传》这部个性鲜明的作家传记进行体察入微的分析，认为"巴金的梦"作为关键词，是陈丹晨在全传章节命名上最为独特的地方，从追"梦"的巴金、全传的结构特色、陈丹晨也是个追"梦"之人三个层面作了详尽分析。从作者长达20多年的创作历程及其执着精神，谈到作者狷介与耿直的个性确与传主巴金有些相似。认为正是这种优秀的品质使得作者真正走进了传主的心灵深处，写出了真实的巴金。这种判断，体现出研究者的学识和细读的水磨功夫，更能接近丹晨当时的创作心境和实际，有着很强的说服力。再如焕亭在"传记中童年叙事的启示价值"一章的论述，无论是以施建伟《林语堂传》为例，条分缕析林氏童年所感受到的家庭之爱和自然环境之美，从而正确理解林氏20世纪30年代的思想转向以及日后"两脚踏中西文化，一心评宇宙文章"的人生选择；还是以肖凤《冰心传》为例，层层剥笋般探讨亲人之爱、大海之美、读书之乐之于冰心最深刻的童年经验，继而孕育出冰心"爱的哲学"，构成了传主日后创作的发展及特征。著者认为：作家传记的童年叙事，蕴含着丰富的启发性资源，具有对文学史的补充价值；它启迪我们，从作家童年的成长环境中可以寻找解读作家及其作品的原始密码，同样是中肯之论。此外，像"传记中的传主作品呈现""传记中的原型考证"等章节内容，无论是传主创作成功或创作下滑之原因的探究反思，还是传记的原型考证及其意义的阐释解读等，著者大都下足了功夫，体现出较强的学理性，值得一读。

  诚然，著者在深入中国现代作家传记的艺术殿堂的过程中，难免有着某种不足。对此，焕亭也在新近修改的"后记"中特意附录了三位评审答辩专家的意见，并对原文中表述不到位的地方做了适当的修改。我欣喜地得知，焕亭2015年又承担了国家社科基金资助项目"鲁迅传记研究"，希望她继续努力，与鲁迅这座巍峨的远山以及众多鲁迅传作者展开心灵的对话，不断取得新的更大的成就。

  （全展为中国传记文学学会副会长，中外传记文学研究会副会长，荆楚理工学院教授）

序言三

在十五载学术跨越的背后
——赵焕亭和她的《中国现代作家传记研究》

王一川

赵焕亭教授的这部《中国现代作家传记研究》，经博士论文答辩后的多年修订即将出版，要我写点什么。我最初感觉不便写，因论文非我指导，且该领域又离我较远。但后来想想还是该写，不为别的，单为这位我曾带过的硕士生自入学以来所完成的令我称奇的15载学术跨越。否则，我总会感觉对她有所亏欠。况且，她已对此书的序言作者做了妥善安排，再由我这位她的过往见证人来说点话，也似在理了。

焕亭是我在北京师范大学中文系工作时于2002—2004年指导过的教育硕士生（另一位指导教师是陈雪虎教授）。记得那时她同其他十几位教育硕士生一道从中学考上来，我作为当时的文艺学教研室主任统一接待他们并随机分配给教研室各位导师。焕亭同另外三名同学一道由我指导。这批在职硕士生与我和同事们过去带过的学术型硕士生相比，虽然学术基础偏弱点，但求知欲却异乎寻常地强烈。这从如下一事可略见一斑：他们（包括其他教研室接收的教育硕士生）的上课积极性如此之高，迫使我的"文艺学专题"课在前两周先后两次更换大教室，从教学楼到艺术楼再到敬文讲堂这全校最大的教室。这件小事本来不算什么，且早已遗忘，但多年后焕亭的提醒才促使它重新浮现在记忆里："当年您上文艺理论课时的火爆情景，至今记忆犹新！本来一开始课好像是安排在某个教学楼，结果上课时，发现教室座位不够，于是又临时调到艺术楼的大教室。那浩浩荡荡的迁徙队伍蜿蜒在北师大的主路上。我当时心想，估计这支队伍里也有很多像我这样的蹭课者，所以教室的座位才会不够。更为惊叹的是，后来，再次上课的时候，艺术楼的教室里也坐不下了，只好又调到敬文讲堂去上。那时心里很有一些鸠占鹊巢的歉疚感，但是还是忍不住经常去蹭课。反正，您的文艺理论课我是反复听了多遍。多么难忘那时候学习上的如饥似渴！无限感念您的智慧启迪！"我自知，与其说我的课有啥吸引力，不如说这批重返大学校园的学子们本身拥有异常旺盛的求知欲。尽管如此，起初一段时间，焕亭的表现并不活跃，多是在埋头听课、读书，偶尔发言似也没能引起多少注意，而我自然也没对她将来能做学术抱有什么期待，一心想的还是完成学校交给的培养一批优秀的中学语文教师的任务。但是，多年以后回想起来，当时令我印象较深的还是焕亭那双清秀、沉静而又明亮的眼睛：它们似乎总在默默工作，吸纳以及内化，仿佛具有随时把一切都牢记在心、融化于血液中的本领。她在我的"文艺学专题"及"文艺美学专题"等课上总是要么全神贯注地听讲，要么低头阅读和思考，有时也在课余时间来问点问题，但更多时间是默默无闻地听课、看书和思考，整天都如饥似渴地吸收新知识，其刻苦精神令我感动。尽管如此，我那时对这位来自中学的硕士生能在学术上提升到什么程度也没敢多想。

直到有一天，翻读她交来的硕士学位论文开题报告初稿时，我才吃了一惊：她居然想到用我倡导的"修辞论美学"思路去重读中学范文朱自清的《背影》，并且像我在《中国现代卡里斯马典型》里分析丁玲的《韦护》和洪灵菲的《流亡》等作品那样，要从朱自清的字里行间"发现"作者本人对待父亲的双重态度时，我不得不在心里对她另眼相看了：这丫头脑瓜子还真灵，有一双我十分看重的解读文艺文本的慧眼！我当即要她进一步细化文本分析，并注意从朱自清本人的其他作品及同时代其他作家的写作中作扩展讨论，深入发掘这种隐秘的无意识文本的历史性。待她后来完成论文并提交答辩时，果然受到评委们的一致肯定和赞扬。我那时甚至欣喜地想过，凭她练就的这套文本分析本领和其他综合素养，回到中学教师岗位后，没准还真能在语文教学改革领域做出点特殊业绩来。

过了几年，陆续接到焕亭的喜讯：她把硕士论文中的观点带到现代文学学术研讨会发表，引起与会者广泛关注甚至权威人士的好评，说是为现代文学文本解读、特别是中学语文教学提供了一条新思路；再后来，她已从中学调到平顶山学院教书，成了大学现当代文学学科点教师。我刚为她的快速进步而高兴，而更让我吃惊的还在后头：她充分利用访学进修的时间备考北师大中国现当代文学专业博士生！我既为她的不断向上跨越的劲头而感动，也为她舍弃正常家庭幸福而冒险苦拼的未来而担忧，特别是外语能达到要求吗？她丈夫和女儿能理解吗？诸如此类。但看到她坚毅而不可动摇的眼神，再多说也没必要了，就只能默默祝福她顺利和成功。一次不行再来第二次，上天真是眷顾像她这样敢于吃苦和锲而不舍的能人：她终于克服常人难以克服的诸多困难考上了博士生！接下来的事就变得水到渠成了：她苦读三年半完成了博士学位论文并顺利答辩，回到平顶山学院继续任教，很快完成从副教授再到教授的晋升历程。顺便说，她这些年来妥善处理了个人学术跨越与家庭的可能的矛盾，夫妻恩爱、全家幸福如初，值得对她和她的家庭点赞！再有，连她在内，我带的这四名教育硕士生中有三名都先后成了博士，其中两人晋升为高校正教授、一人为市教育局副局长了。想想不禁为这批教育硕士的学术跨越之韧劲而感动不已！

翻开这部题为"中国现代作家传记研究"的专著，从焕亭精心敲打出来的密密麻麻而又齐齐整整的汉字间，我惊讶地发现，自己首先"看见"的却不再是其选题如何创新以及其研究如何在学界该领域实现新的开拓（尽管这一点十分重要），而是她这十多年来在学术道路上留下的坚韧不拔的追寻者身姿及其深深的跋涉脚印！它们仿佛在无言而又有力地告诉人们：是真金总会闪光！而金子的闪光其实是以坚韧去磨砺成的。

回看焕亭的硕士生阶段可知，眼前这部博士论文的准备工作实际上可以说早在那时就已经开始了。不妨摘抄留存在我电脑里的她的经批改过的硕士论文《修辞论美学视野中的〈背影〉——兼论中学语文创新阅读》摘要。

"本文首先在修辞论美学视野下，考察《背影》的阅读史，从中见出《背影》的解读与各个历史时期文化语境的对应关系：《背影》在渴望安定、呼唤温暖的社会动荡期，被视为一曲亲子之歌；在阶级斗争扩大化的社会转型期，被视为青年人灵魂的腐蚀剂；在思想解放、百家争鸣的社会稳定期被视为父爱的颂歌、黑暗社会的缩影、晚辈忏悔的心声等。其次，在了解前人对《背影》种种解读的基础上，采用修辞论美学的方法，主要通过对《背影》中重复现象的分析，对《背影》做出了重新阐释，从而发现《背影》的深层蕴含：它揭示了朱自清在传统与反传统之间的矛盾和焦虑，而这种矛盾和焦虑是20世纪上半叶一代知识分子的共同境遇，《背影》正是这种矛盾和焦虑的一种审美置换。最后，从上述研究中得出对中学语文创新阅读的一些启示：语文教师要善于创造性地使用教材、努力开掘文学作品中的立人因素、注意运用文艺理论研究的新成果来指导阅读教学等，并尝试把这些启示运用于《背影》的课堂教学中。本文运用修辞论美学的方法，通过对《背影》阅读史的考察及对《背影》主题的再审视，揭示了《背影》深层的文化意蕴，这有可能为语文教材研究提供一个新视角，同时为语文创新阅读显示一条新途径。"

当她尝试从《背影》的字里行间"读"出潜隐于其间的朱自清本人的"传统与反传统之间的矛盾和焦虑"时，她其实正是在从事一种日后必将常用的基本的学术训练——透过包括作家传记在内的文艺作品而发现以往被忽略的著者的主体性构建的踪迹，特别是主体在其无意识层面的隐秘踪迹。硕士论文阶段对朱自清的被压抑的主体性的重新发现，同博士论文阶段对传记作者的主体性的构建之间，应当存在一条相互连接而又不断深化和成熟的清晰线索。

当然，要将硕士生阶段的学术训练沉落为更具学术含量的博士学位论文，必然意味着更加艰辛的精力付出和更具创造性的系列学术发现的聚合，这中间当然会包含她的博士生阶段导师及其他相关人士的指点和帮助。至少从如下被她作为对象直接研究的16部传记作品书单里，就足可见出其阅读与研究量之大及探究路程之艰辛了：钱理群《周作人传》、袁庆丰《郁达夫传》、宋炳辉《徐志摩传》、陈丹晨《巴金全传》、林志浩《鲁迅传》、田本相《曹禺传》、张耀杰《戏剧大师曹禺》、黄昌勇《王实味传》、朱珩青《路翎传》、金介甫《沈从文传》、韩石山《悲情徐志摩》、王一心《〈小团圆〉对照记》、施建伟《林语堂传》、余连祥《茅盾传》、肖凤《冰心传》、季红真《萧红全传》等。

要在阅读这批当代学者撰写的现代作家传记的基础上，进而实现一种双重理解，即，既理解被传记作家所研究的现代作家、又进而研究传记作家本人，势必需要一种双重付出和创造。在这项双重付出和创造的工作中，跨越时代、人生经历、政治态度、文化选择及个性等诸多距离之间而展开的比较研究，就是一个莫大的难点和重点了。这种比较研究实际上意味着实现被作传的作家的主体性与作传的学者的主体性之间的理性分析。

由此看，焕亭为自己选择的是一个颇有挑战性和难度的题目，而从这部经多年修改才完成的博士论文专著中，她的目的基本实现了——该书清晰地构建起由被作传的作家与作传的学者所共同拥立的双重主体性，从而在中国现代作家传记研究道路上确立了一块烙上研究者自己独特个性印记的醒目路标。

在为焕亭的学术跨越感到欣慰的同时，也不妨对该书中的未尽事宜提出一点颇不近情理的苛求或更高期待：正像她在硕士论文中对朱自清的《背影》的独特发现一样，在她所精心建构的传记学者的主体性内部，是否也会存在一些深层次的有待于深究的疑难呢？例如，传记学者的主体性内部，意识文本与无意识文本之间就一定是一致的吗？难道不同样是一种人为建构么？既然是人为建构，就理应存在一些认识上的未定点啊！当然，这种苛求或更高期待不会影响该书已取得的学术成绩，只望她在将来的新著中能有所回应和补充。因为我确信，焕亭绝不甘心停留于现在，而会继续开辟新的未来。

2016 年 10 月完稿于未名湖畔均斋

目　　录

绪　论 …………………………………………………………（1）

第一章　传记作者的主体性 ………………………………（29）
　　第一节　钱理群《周作人传》中作者的学术个性 ………（31）
　　第二节　袁庆丰《郁达夫传》中的作者情感投射 ………（58）
　　第三节　《徐志摩传》折射宋炳辉的学术背景 …………（79）
　　第四节　《巴金全传》体现陈丹晨的精神气质 …………（87）

第二章　传记中的传主作品呈现 …………………………（106）
　　第一节　林志浩《鲁迅传》：鲁迅作品的马克思主义思想探源 …（108）
　　第二节　田本相《曹禺传》：戏剧史视角的作品考察 …（119）
　　第三节　张耀杰《戏剧大师曹禺》：传主创作下滑的原因探究 …（130）
　　第四节　黄昌勇《王实味传》：传主因文贾祸的悲歌 …（139）

第三章　传记中的原型考证 ………………………………（157）
　　第一节　朱珩青《路翎传》的原型考证 …………………（157）
　　第二节　金介甫《沈从文传》的原型考证 ………………（170）
　　第三节　韩石山《悲情徐志摩》的原型考证 ……………（178）
　　第四节　王一心《〈小团圆〉对照记》的原型考证 ………（183）

第四章　传记中童年叙事的启示价值 ……………………（189）
　　第一节　施建伟《林语堂传》童年叙事的启示价值 ……（190）
　　第二节　余连祥《茅盾传》童年叙事的启示价值 ………（201）

第三节　肖凤《冰心传》童年叙事的启示价值 …………………（213）
第四节　季红真《萧红全传》童年叙事的启示价值 ……………（229）

结　语 ……………………………………………………………（248）

附录：中国现代作家传记统计 …………………………………（254）

参考文献 …………………………………………………………（280）

后　记 ……………………………………………………………（288）

绪　　论

一　背景与问题

现代作家传记创作的热潮与研究滞后之间的矛盾是本书问题提出的背景。

本论题所指的中国现代作家传记是以中国现代作家为传主的专著性质的传记（不包括自传）。这里所说的中国现代作家主要是指活跃于1919—1949年，并在此期间取得较大文学成就或有较大影响的作家。

20世纪80年代以来的近30年里，中国现代作家传记的写作和出版逐渐形成热潮，但关于这些传记的理论研究却相对薄弱。中国现代作家传记研究的严重滞后与写作的热潮极不相称。目前的状况是现代作家传记的数量庞大但精品较少。许多传记粗制滥造、缺乏个性。传主形象不真实或者不够鲜明。这样的传记往往存在以下问题：作者主体性发挥不足或者发挥失当、对传主的作品解读不得法、缺乏必要的原型考证、对传主的童年经验叙述不到位，等等。这些问题的存在严重影响了中国现代作家传记的质量以及对作家的正确全面的认识和评价。因此亟待对中国现代作家传记进行整体观照、重点研究，以利于传记创作的正常健康发展，写出更多符合历史真实与生活真实的传主形象以及传主的精神品质和个性气质，使现代作家传记真正成为文学史的互文，成为现代文学史的有力补充。本书就是基于上述几个方面的问题，选取一些优秀传记个案来探寻现代作家传记所应具有的一些品质，同时也指出部分传记存在的偏颇之处以作警示。

（一）本书问题提出的背景

1. 现代作家传记创作的热潮

20世纪80年代以来，中国现代作家传记的写作蔚然成风。20世纪50—70年代，在政治严峻、思想禁锢的条件下，传记领域长期处于比较沉寂的状态，传记创作几乎停滞，仅有少量英雄传记和巨人传记。20世纪80年代以后，随着国门的打开、思想的解放，中国传记文学创作逐渐走出低谷，传记写作渐成气候，出现了大量各类人物的传记，从领袖传到平民传、从科学家传到文学家传，创作都极其活跃。在这样的形势下，一批关于现代作家的传记也相继涌现。到20世纪90年代，几乎形成一个创作的高峰，其写作及出版的繁荣主要表现在三个方面。

第一，现代文学史上的作家，几乎都有了传记。

目前，在现代文学史上，从"左"翼作家到自由主义作家，从大作家到小作家，只要占有一席之地的作家几乎都有了传记。据本文附录的初步统计，目前有传记的现代作家有百位左右。从鲁迅、郭沫若、茅盾、巴金、曹禺、老舍到萧乾、废名、许地山、萧红、徐志摩、冯至、王实味、赵清阁等都有传记。而且大部分作家的传记不止一部，有的多达几十部，一般的作家也有五六部，最少的也有一两部。但还有少部分现代作家至今没有专门的传记专著，只有传略。①

那些取得较大文学成就的作家，传记往往不止一部。这里以鲁迅传、张爱玲传为例。关于鲁迅传的种类，张梦阳在2000年做的统计情况如下："鲁迅的传记到90年代末已达27种。其中，半部的4种，未完稿1种，全部的23种。计有5人写过2种，2人合著1种，多人合作、一人执笔2种，总计是23人写出27种鲁迅传。"②张梦阳的统计从1935年斯诺发表在美国《亚洲》杂志上的《鲁迅——白话大师》这个短篇评传一直到1999年钮岱峰的长篇传记《鲁迅传》。刘耀辉在2007年做的统计是："截至2005年，关于鲁迅的传记达到58种。其中，外国人4种，港台3种，林贤治4种，朱正4种，王士菁3种，林志浩2种，彭定安2种，吴俊2种，吴中杰2种，陈漱渝2种。半部的4种，未完稿1种，多人合作、一人执笔3种，在这58种鲁迅传中，仅80年代以后的就占40种，可见这阶段的分量之重和繁荣局面。"③仅从这些统计数字就可以看出鲁迅传创

---

① 据本书附录目前的统计来看，李劼人、师陀、丁西林、徐玉诺、陈梦家、吴组缃、方令孺、沉樱、沈祖棻、陈敬容、罗洪、郑敏等人还没有他人为之写的专传。
② 张梦阳：《鲁迅传记写作的历史回顾》，《鲁迅研究月刊》2000年第3期。
③ 刘耀辉：《多维视野中的鲁迅传记研究》，硕士学位论文，山东师范大学，2007年，第8页。

作的繁荣程度。关于张爱玲传记的统计,张均在2011年新版《张爱玲传》的《序言》中称已经出版的张爱玲传记已有13部。[①] 其实,张爱玲的各种传记远远超过这个数字。据本论文附录粗略统计的张爱玲传就有30多部,只按作者的不同,合并不同版本之后,仍然有25部。在20世纪80年代之后,张爱玲才被大陆研究者关注。仅仅30年间,关于张爱玲的传记就达到了如此之多,平均每年一部还不止。"一主多传"的这种现象不仅仅体现在鲁迅、张爱玲这样的作家身上,其他如茅盾、巴金、沈从文、萧红、徐志摩等作家的传记也是如此。这一切充分说明了现代作家传记的繁荣。

第二,现代作家传记的种类繁多。

传记是记录人的生活历程和生命轨迹的一种特殊文体。按不同的分类标准,作家传记可以分为不同的种类。同一个作家可能会有不同类型的传记同时存在。现代作家传记具体可分为以下类型。

传和评传:"传"与"评传"的区别与联系:传以叙述事实为主,评传是叙述与评论的结合,但二者也没有绝对界限。有许多传记以"传"命名但实际上包含许多评论的成分,基本属于评传,这类传记以学术性传记居多。以"传"命名的传记在数量上要大大超过以"评传"命名的传记。"传"如《张爱玲传》《萧军传》《冯雪峰传》等;"评传"如《何其芳评传》《周作人评传》《沈从文评传》等。有的作家既有传,也有评传。如胡风既有《胡风传》(梅志著),也有《胡风评传》(李敖著)。

文学性传记和史学性传记:文学性传记以塑造人物形象为旨归;史学性传记除塑造人物形象之外还要承担"记述事实,保存史料"的史学任务。就现代作家传记来说,学者所写多为史学性传记;作家所写多为文学性传记。这只是一般规律,但也有例外情况。许多传记作者既是学者也是作家,这也正是许多传记既有史学性又有文学性的原因之一。典型的文学性传记如张梦阳《鲁迅传·会稽耻》、涂绍钧的《丁玲》等;典型的史学性传记如吴俊的《鲁迅评传》、韩石山的《李健吾传》等。既有史学性又有文学性的传记如凌宇的《沈从文传》、刘川鄂的《张爱玲传》等。

单传和合传:单传是指只有一个传主的传记如《周扬传》《林徽因

[①] 张均:《张爱玲传》,文化艺术出版社2011年版,序言。

传》《苏雪林传》等；合传是指具有多个传主的传记如《沈从文与丁玲》《周氏三兄弟：鲁迅三兄弟恩怨变迁》《胡适与周氏兄弟》《三人行——鲁迅与许广平、朱安》等。

纯文字传记和画传：纯文字传记就是不带图片的传记如葛浩文的《萧红传》、王毅的《艾芜传》、钱理群的《周作人传》；画传是指2004年以来所兴起的以图片为主、文字为辅、图文结合的一批传记，这类传记具有画册的直观性、可视性，如刘屏的《茅盾画传》、陈漱渝的《鲁迅画传》、陈思和的《巴金图传》、关纪新的《老舍图传》等。

独著、合著以及集体编写的现代作家传记：从传记作者的多少来说，大部分作家传记是独著。独著如田本相的《曹禺传》、韩石山的《徐志摩传》、陈孝全的《朱自清传》。合著如林非、刘再复的《鲁迅传》；龚济民、方仁念的《郭沫若传》。集体编写的传记如山西省史志研究院组织编写的《赵树理传》。

长篇传记、中篇传记和短篇传记：一般来说，就著作型传记的字数而言，长篇传记在20万字之上，中篇传记在10万—20万字，短篇传记在10万字以下。长篇传记、中篇传记和短篇传记都是相对而言的，它们之间没有绝对的界限。长篇传记如周良沛的《丁玲传》、施建伟的《林语堂传》、凌宇的《沈从文传》、吴福辉的《沙汀传》等；中篇传记如宋益乔的《徐志摩传——才子风月》、管蠡的《孙犁传：走出荷花淀》等；短篇传记如肖凤的《庐隐传》、田仲济的《沉樱小传》等。

第三，现代作家传记出版的丛书现象。

许多现代作家传记是某套丛书中的其中一部。这些套书有纯粹的现代作家传记丛书，也有现代作家包含其中的丛书。有"传"类丛书，也有"评传"类丛书。"传"类丛书主要有陈思和主编的"世纪回眸·人物系列"丛书，陈思和、宋炳辉主编的"中国文化名人传记丛书"，徐迺翔主编的"亲情思忆——著名作家纪传丛书"，陈学勇主编的"伊人丛书"，"当代中国人物传丛书"，"人格与艺术精神丛书"，"中国现代作家探索丛书"，"作家艺术家文学传记丛书"，"中国文化巨人丛书"等。

"评传"类丛书主要有丁帆主编的"20世纪文化名人精神评传"丛书；张锦贻、韩进等主编的"中国著名儿童文学作家评传丛书"；范伯群主编的"中国近现代通俗作家评传丛书"，张洁宇、温儒敏主编的"图本中国现当代作家传",朱法元主编的"文化的记忆——中国近现代文化名人画传"丛书,"中国现代作家评传丛书","梅山文化研究系列丛书","国学大师丛书"等。

近30年来现代作家传记的创作之所以出现高潮,其主要原因如下。

第一,20世纪80年代以来,整个传记领域的创作进入一个空前的黄金期。2011年11月2日《光明日报》载文《传记出版为何这么热?》,该文主要内容是上海交通大学人文学院杨正润教授与中国传记文学学会副会长张洪溪的对话。杨正润认为目前传记出版的数量大大超过小说:"作品数量不断增加,目前各种形式的长篇传记每年出版1万部左右,远远超过长篇小说的约1200部。"张洪溪则道出了传记出版热这一现象背后的社会动因:"改革开放30多年来,传记写作空前活跃,作品的出版呈现快速增长的趋势,由改革开放前的年写作出版作品不足100种,上升到近些年年写作出版数千种甚至近万种。新媒体的出现为传记作品的创作和传播增添了新的活力。可以说中国传记的写作已步入了一个空前繁荣发展的时期,有学者预言很快它将在写作上与诗歌、小说形成三足鼎立的格局。"①一方面,传记"纪实存真"的特征能够满足人们追求成功、探索人生等多方面的心理需求;另一方面,中国政治环境的宽松、人文精神的重建、新媒体的普及等使传记写作有了明显的大众化趋势,不仅领袖人物、英雄人物可以入传,而且在某个领域取得一定成绩的人都可以入传。在现代文学领域内,过去只有鲁迅、郭沫若、茅盾等大师级人物而且是主流作家才有传记,现在,一个普通的作家、非主流作家都可以入传了。

第二,中国现代作家在20世纪80年代之后,集体走向人生暮年,为其传记创作提供了时间契机。到了20世纪八九十年代,对于"五四"及"五四"之后成长起来的中国现代作家来说,他们的人生之旅基本完成,他们已经度过一生中最辉煌、最具创造力的时期,文学成就基本定局,的确到了回顾、反思和记述人生的阶段了。因此,以传记形式对这批作家进行总结的时机已经成熟。这一时期,部分有重要文学贡献的作家已经作古,可以全面地、整体地评价了。还有一些在文坛上已经取得公认地位的作家已经年迈,对这一部分作家,传记作者往往趁传主还健在,抓紧时机

---

① 李苑:《传记出版为何这么热》,《光明日报》2011年11月2日。

进行采访，从而写出了丰富翔实的传记。

第三，为现代作家写传的意义重大，引发人们为其作传的热情。中国现代作家集体经历了动荡的、战乱的时代大变革，充分见证了20世纪风云变幻的历史，为他们写传，就是为历史留影。通过诸多个体的人生轨迹可以看到一个时代的风貌。有重大成就的作家如鲁迅、胡适等人，他们身上就是一个时代，因为他们参与了文学界的重大事件。诞生于19世纪末或20世纪初的这一批作家，在精神上大都经历了启蒙的洗礼和选择的彷徨，在历次的政治大变革中，难免经历文学与政治的曲折。把他们的人生经历和文学道路通过传记形式保留下来，其实既是记述中国现代文学史，也是记述20世纪中国的社会变革史，其价值不仅仅在传记。因此说，为现代作家写传的意义之重大也是引发人们创作热情的原因之一。

第四，非虚构文学的崛起为现代作家传记的创作提供了时代氛围。近几十年来，中国文学界受西方文学的影响，非虚构创作蓬勃兴起。"何为非虚构？按照西方的分类方法，叙事文学可以分为两大类：虚构和非虚构。从广义上说，非虚构是相对于虚构而存在的文学族群。它自古就存在，像西方的史诗文学、中国先秦的史传文学、语录体散文等。纪实文学、报告文学、回忆录、日记等等，都属于非虚构的范畴。"现代作家传记就属于叙事文学中的非虚构作品。关于非虚构作品勃兴的原因，传记理论家赵白生提出了以下两点：一是人类自身发展的原因。随着人类认识世界水平的提高，人类发现用经验而不是用想象和虚构来对付现实世界更可靠。二是文类的寿命。虚构作品的主要文类诗歌、戏剧和小说等可开垦的领地已极为有限。上述原因催生了非虚构作品的产生，而且非虚构作品的主力军是传记文学。目前，一些重要的文学刊物纷纷开设"非虚构"栏目，如《钟山》的"非虚构文本"、《人民文学》的"非虚构文学"、《中国作家》的"非虚构论坛"、《厦门文学》的"非虚构空间"等专栏。这种现象代表着一种写实主义的文学思潮。这也是中国现代作家传记近几十年来一直繁荣的重要原因之一。

在上述种种原因下，自20世纪80年代以来出现了大批以中国现代作家为传主的传记。

2. 现代作家传记研究的滞后及其原因

现代作家传记创作繁荣的原因前面已经有了相关论述，下面主要陈述一下传记理论研究薄弱的表现及其原因。

首先，目前适合中国的传记理论研究相当薄弱。传记作品的特殊性决定了传记学的实质是一门交叉学科和边缘学科，它涉及文化学、人类学、心理学、历史学、文学、哲学等多门学科，这直接造成了传记理论研究的难度。中国当代传记理论主要来自西方，这些建立在西方传记创作上的理论，有时未必适合阐释中国的传记作品。比如，西方广为应用的传记心理学在中国传记创作中还很薄弱。而中国考据式的传记创作方法，西方的传记理论又很少涉及。中西传记创作的差异决定了中国的传记理论研究者在借鉴西方理论的时候，应充分关注到中国传记创作的现状，真正找到解释中国传记精髓的理论武器，并能够为传记创作予以有效指导。此外，现有的一些关于传记研究的文章，多属于单一的书评性质，就某部传记的记述事实、写作手法等加以论述，而能够上升到整体的传记理论高度进行评述的文章较少。

其次，目前学界对现代作家传记的关注不够。从创作时间上来说，以现代作家为传主的传记，基本上都集中创作于20世纪后20年以及21世纪的前10年，而这30年的历史基本上属于当代文学研究的范畴。目前当代文学的学者似乎更关注以当下现实为创作对象的作品，比如改革文学、市场文学、底层文学等，而对现代作家传记这一特殊的文体关注不够。现代作家传记的创作者有相当一部分是现代文学的研究者，他们的关于现代作家传记的创作实质上是自己多年研究某个现代作家的成果的集中展现。这些研究成果目前还亟待被评价，这又牵扯到学术史梳理的问题，这一工作目前还没有形成规模，自然也难以有深度研究。目前比较活跃的关于现代作家传记研究的学者主要有全展、辜也平、房福贤、房向东、朱旭晨、孙德喜等人。在浩浩荡荡的现当代文学研究的大军中，这些人的力量毕竟是微弱和有限的，与现代作家传记创作的高潮无法匹配。总之，无论是当代文学研究的学者，还是现代文学研究的学者，对现代作家传记的关注都远远不够。

对于现代作家的传记，亟须更多更深入的研究。当代文学史对这部分作家传记的系统梳理几乎没有，比如，20世纪90年代以来影响较大的当代文学史如洪子诚的《中国当代文学史》，陈思和的《中国当代文学史教程》，吴秀明的《中国当代文学史写真》（上、中、下），董健、丁帆、王彬彬的《中国当代文学史新稿》等，尽管各有特色和突破，但是既没有把数量庞大的现代作家传记作为一个专门的问题来讨论，更没有把现代作家传记作为一种单独的文类做专章专节的研究。郭久麟的《中国二十世纪传记文学史》在第十二章"新时期作家、学人传记"中主要介绍了茅盾、巴金、杨绛、韦君宜等人的自传，对于以现代作家本人为传主的他传涉及很少，只关注了王晓明的《无法直面的人生——鲁迅传》、张紫葛的《心香泪酒祭吴宓》、黄昌勇《王实味传》等极少的内容。

　　传记的文类不独立是制约现代作家传记研究的重要因素。导致对中国现代作家传记研究不足的原因有许多，其中，传记的文类不独立是主要原因之一。目前所通行的四大类文体是诗歌、散文、小说和戏剧。一般来说，在传统的中国文学研究史上，把传记归为散文。因为，近代以前的人物传记很少有特别长的专著。近代以来，以梁启超为代表的传记作家创作了大量分章结构的大部头的专著如《李鸿章传》《王安石传》等，开启了现代长篇传记的先河。对这类长篇专传，很难再笼统地称之为散文，因为它不仅篇幅长，而且有一部分传记"评述"的成分特别重。而散文一般篇幅比较短，且以记叙为主，评述的成分很少。因此长篇传记的文体归属至今还是个难题，解决这一难题的前提应该是对大量传记作品的分析和认识。关于传记的文体分类，目前在理论上还比较欠缺。杨正润在他的《现代传记学》中，对传记作了多角度的分类，基本上囊括了所有传记。但是这里存在一个把传记泛化即把传记概念扩大化的问题。如把传记辞典、人物言行录、人物生平史料汇编等都归入传记。[①] 此外，过于细致的分类失去了分类的意义。而且目前杨正润的传记理论还没有得到共识和普及。许多人对传记的分类不是很清楚，模糊混乱的认识还比较多，这里面也有传记本身的原因，诸如种类繁多、风格各异等，同时在创作手法上各类传记之间又有许多交叉融合的地方。总之，在目前的四大文体格局中，传记难以找到自己的准确定位，也就是说目前的四大文体还不足以准确涵盖所有的传记特别是长篇传记。传记的文体不独立，地位不突出，这直接影响到对它研究的广泛和深入。

　　关于传记文学创作繁荣与评论滞后之间的失衡，当代许多传记研究者

---

① 杨正润：《现代传记学》，南京大学出版社2009年版，第271—273页。

都发出了应该重视传记研究的呼吁。他们从各种角度要求给予传记文学应有的地位，甚至提议把传记作为一种独立的文体来对待。这方面表现比较突出的传记评论家有陈兰村、郭久麟、全展等。陈兰村对于"多数中国现代文学史著作和教材，几乎都不提中国现代传记文学，把现代传记文学排斥在现代文学门外"这种做法极为不满。为了给传记文学在现代文学中争得一席之地，他专门写了《20世纪中国传记文学的历史地位及其基本走向》这篇文章，阐明了20世纪中国传记文学是现当代文学中的一个重要组成部分，以引起人们对传记文学的重视。① 郭久麟在他的长篇论文《应该给予传记文学独立的文学文体地位》中指出了传记文学在当代中国文学中不受重视甚至被忽视的主要原因是其独立文体地位没有得到承认。他从中国传记文学的悠久历史、巨大成就、重大作用等诸多方面，论述了传记文学应该作为独立文体列入文学史中，应该在全国各项评奖中增设传记文学奖项，文学主管部门和文学史家应该给传记文学以高度的重视。② 全展在《中国当代传记文学概论》一著中指出："实事求是地说，至今从事传记文学理论和评论的专家学者还太少，出版的传记文学研究论著屈指可数，公开发行的传记文学研究刊物似乎还是有待开垦的处女地，这与传记文学作家的众多、人物传记刊物的不断增加以及蓬勃发展的传记文学创作现状，简直无法相提并论。"③

　　尽管有一些学者强烈呼吁把传记文学作为一个独立的文体来对待，重视传记的创作与评论，但在长期以"诗歌、小说、戏剧、散文"为四大文体的习惯思维下，把传记作为一种独立文体来对待，似乎还很难成为一种共识。目前专家呼吁所引起的反响还远远不够，文学史的书写者似乎没把它作为一个重要问题纳入写史的范畴，因此，传记文学研究的任务仍十分艰巨。

　　中国现代作家传记创作的繁荣与理论研究的薄弱形成鲜明对比。近30年来，中国传记理论有了一定发展，但是远远跟不上传记创作的需要，

---

① 陈兰村：《20世纪中国传记文学的历史地位及其基本走向》，《学术论坛》1999年第3期。
② 郭久麟：《应该给予传记文学独立的文学文体地位》，《重庆社会科学》2007年第3期。
③ 全展：《中国当代传记文学概论》，黑龙江人民出版社2004年版，第30页。

当代传记创作遇到许多亟待解决的问题，如传记作者的主体性问题、传主成就的呈现问题、传主童年的叙述问题等。在现代作家传记创作中，上述问题同样存在。总之，传记文学的理论研究与修史工作长期以来严重滞后于传记文学的写作实践，关于现代作家传记的理论研究更是如此。目前，关于现代作家传记的研究，还远远没有得到应有的重视，一大批作家传记文本没有被纳入现代文学研究者的视野之内，这势必影响对现代作家研究的深度，也直接影响对现代文学史的充实和完善。对现代作家的传记进行研究，将会大大促进对现代作家的认识以及促进对现代文学史的书写。

（二）研究的具体问题

面对近30年来种类繁多、数量庞大的现代作家传记，相对这些作家传记的研究则严重滞后，特别是从传记学的角度系统性、整体性的研究更是匮乏。对20世纪80年代以来的现代作家传记展开研究，可以从许多方面、在许多问题上展开，本书将选取现代作家传记中的作者主体性、传记中传主作品的呈现、传记中的原型考证、传记童年叙事的启示价值这四个方面的问题。因为，目前人们对于这四个方面的问题认识还比较薄弱。

第一，关于传记作者主体性的问题。

传记作者主体性对于传记创作来说是个至关重要的问题，它直接关系到传记能否生动和有个性。长期以来，人们对传记中的作者主体性认识比较模糊。因为对于一般的文学作品来说，其作者主体性也长期困惑着人们。20世纪80年代关于文学创作的主体性问题的激烈论争说明了这一点。何况对于传记这种十分特殊的文体呢？有许多人认为，既然真实是传记的生命，一切以对传主的真实客观的记录为最高原则，那么，在传记创作中就没有什么作者主体性的存在，更谈不上突出和强调作者主体性。因此作者的主观能动性在传记中是难以发挥和体现的。这一认识的错误在于：传记这种文体尽管特殊，但从根本上讲，它仍然属于一种创作。而任何创作都离不开作者主观能动性的发挥。一主多传现象的存在，本身就说明了传记作者主体性的客观存在。如果不存在作者主体性，那么，针对同一个传主，不同的作者写出的传记应该都是一样的，然而，这是不可能的。本书第一章就现代作家传记作者主体性的问题，选择四部传记个案进行剖析。这四个案例为：钱理群《周作人传》中作者的学术个性；袁庆丰《郁达夫传》中作者的情感投射；《徐志摩传》折射宋炳辉的学术背景;《巴金全传》体现陈丹晨的精神气质。

第二,关于传记视角的文学创作的问题。

作家以创作文学作品为职业,作家传记必然要反映作家的职业成就,这主要表现在对其作品的呈现和解读上。传记中的作品解读与一般文学史研究中的作品解读存在一定的区别。传记中的作品解读一方面是为了反映传主的文学成就,另一方面更主要是为了揭示传主的经历、思想和命运等。通过解读作品,来探寻传主思想、人生发展的脉络,这是作家传记解读作品的重要功能之一。本书第二章选取四个案例来考察作家传记中对传主创作成就的呈现。即,林志浩《鲁迅传》:鲁迅作品的马克思主义思想探源;田本相《曹禺传》:戏剧史视角的作品考察;张耀杰《戏剧大师曹禺》:传主创作下滑的原因探究;黄昌勇《王实味传》:传主因文贾祸的悲歌。

第三,关于传记中原型考证的问题。

原型考证是作家传记的重要特征之一。作品是对生活的记录,因此,作家传记在叙述作者人生经历的时候,往往会从作品中寻找材料;在分析作品时,又从生活中寻找原型。二者互为印证,从而更加准确地理解作品和认识作家。本书第三章选取朱珩青《路翎传》的原型考证、金介甫《沈从文传》的原型考证、韩石山《悲情徐志摩》的原型考证、王一心《〈小团圆〉对照记》的原型考证,考察了四部传记对作品人物原型、事件原型及场景原型等的考证过程及考证的价值,以期说明原型考证在作家传记中的地位和作用,同时展现了作家传记对文学史的补充价值。

第四,关于传记中童年叙事的问题。

童年叙事是作家传记最基础的部分也是至关重要的部分。一般的作家传记对作家所出生的环境、接受的教育、经历的重大事件等都做了详尽叙述。这种叙述有助于探寻作家性格的缘由,影响人生轨迹的最初因素以及作品风格的基本成因等。本书第四章主要选取施建伟的《林语堂传》童年叙事的启示价值、余连祥的《茅盾传》童年叙事的启示价值、肖凤的《冰心传》童年叙事的启示价值、季红真的《萧红全传》童年叙事的启示价值,来考察其童年叙事的状况和对于理解作家本人以及其作品特征的价值所在。

二 研究现状

关于现代作家传记研究的相关文献多是单篇书评性质的论文，也有一些硕士、博士论文，还有少数专著以及某些学术专著的个别章节涉及现代作家传记。下面是对相关重要文献的梳理，先从总体上加以介绍，再按照本书所展开的四个方面的具体问题，对相关文献进行分析。

李咏吟的《一个人与世纪文学——评钟桂松的〈茅盾传〉》，张梦阳的《鲁迅传记写作的历史回顾》，李端生的《沈从文〈记丁玲〉述评》，罗成琰的《崛出历史的地表——评吴义勤的〈我心彷徨——徐訏传〉》，吴福辉的《为苏青写下第一本完整传记》等，对一些现代作家传记进行了较为深入的研究。此外，还有一些文章如《中国左翼文人传记写作研究——以丁玲传记为中心》《不同版本丁玲传对传主认识的差异》《张爱玲传记写作与研究综述》《中国现代女作家传记写作综述》等。其中，《不同版本丁玲传对传主认识的差异》在研究数十种丁玲传的基础上，指出了不同版本传记对传主形象的认识差异，分析"战士—武器说""演变说""矛盾说"等对丁玲的不同认识及其原因。《张爱玲传记写作与研究综述》认为自20世纪90年代起，张爱玲就成为众多传记作者的聚焦点，至今，出版的70余部张爱玲传记已初具研究对象的独立、驳杂与丰富性。《中国现代女作家传记写作综述》回顾了中国现代女作家传记的发生发展及其写作与出版的总体情况，对其进行了分阶段的考察。这些研究成果对于本书的展开从不同角度、不同层面给予了启示。

刘耀辉的硕士论文《多维视野中的鲁迅传记研究》，指出从20世纪30年代到21世纪初70余年产生了50多种形式各样的鲁迅传记。就这些传记的水平而言，是参差不齐的。孟晖的博士论文《"传记式批评"研究》把作家传记当作一种特殊的批评文本，指出"传记式批评"为一种具有相对独立意义的文学批评方法。其主要研究对象是以近现代作家为传主的传记作品。具体来说：文本的内容是文学批评，而文本的载体形式是"传记"，即用传记文体来写的文学批评的文本。它既是指一种文学批评的方法，也是一种文体形式，其主要内容是考察和评论作家整体上的创作得失以及对具体作品进行分析评价，表现形式一般是以整部作家传记形态出现的文本，其中比较典型的是关于作家的评传。

房福贤的专著《新时期中国现代文学家传记研究十六讲》不仅讲述了鲁迅、郭沫若、茅盾、巴金、老舍、郁达夫、曹禺、胡适、周作人、徐志摩、沈从文、冰心、丁玲、萧红、张爱玲、金庸这些作家的传记，还讲述了沈卫威、宋益乔、肖凤、石楠、李辉、韩石山关于现代作家的传记的创作，从传记文本到传记作家对中国现代文学家传记进行了深度思考。

黄修己、刘卫国主编的《中国现代文学研究史》（广东人民出版社2008年版）第四章第二节"作家传记的写作"主要以现代作家传记为例分析了传记热出现的原因、传记写作的成绩及写作中的问题，还指出了现代作家传记写作的意义。补充了关于作家的丰富史料，增进了人们对现代作家的了解，对现代文学研究的深入起到了促进作用。

李建的《中国新时期传记文学研究》从理论上系统阐述了新时期以来我国传记文学的特征、发展变化、精神内涵以及未来趋势。其中涉及了部分现代作家传记的研究，论述了传记文学的真实性和虚构性的关系及传记文学的审美原则等问题。

以上文献资料有对某个作家传记或者某类作家传记的分析研究，有些是对现代作家传记写作中的某个问题展开的研究等，这对本书都有一定的启发意义。下面按照传记作者主体性、传主作品呈现、传记中的原型考证、传记中童年叙事的启示价值四个方面的问题，对相关文献进行评述。

（一）关于传记作者主体性及相关传记的研究

此处所说的相关传记，是指本书所涉及的四部传记：钱理群的《周作人传》、袁庆丰的《郁达夫传》、宋炳辉的《徐志摩传》和陈丹晨的《巴金全传》。胡辛在《虚构在纪实中穿行——传记作者主体性不容忽视》一文中强调传记的个性：传记是传记作者用自己的眼睛去探索别人的人生，用自己的心灵去体验别人的感受，用自己手中的笔去描述别人的故事。作者的幽灵在传记中游荡。传主还是那个传主，资料还是那些资料，可是作者的切入视角、取舍及排列组合，体现的是作者主体的眼光；同时倾注了作者太多的个人情感！如果说一百个读者就有一百个哈姆雷特，那么十个传记作家同写一个传主，一定会塑造出十个不同的传主！所以传记文学中，传主已不再是纯粹的传主，虽然是史实的记录，但是传记作者独特的认识和把握以及感情的或裸露或隐匿的浇铸，使传记中的传主既笼罩着作者的身影，又融汇着作者的灵魂。它是传记作者对传主的人格、性格、大的所作所为、小的细枝末节，乃至所想的自己的理解和解释。传记作者的这种有言或无言的理解和解释是作者本人对人性的把握。因此，传记作者主体性不容忽视。该论文明确地肯定了传记作者的主体性的客观存在，并强调传记创作中绝不能忽视作者主体性。遗憾的是，该论文并没有举出较为丰富的具有鲜明作者主体性的传记个案。

孙德喜在《论传记文学作家的主体性——以〈从战争中走来〉为例》一文中认为作家主体性的发挥贯穿于传记文学的创作始终，其中最突出的是作家如何面对传主，走进传主的精神世界，与之展开精神对话。在对历史的阐释中，作家的思想意识、思维方式和知识结构具有至关重要的作用。孙勇彬在《论约翰生在〈塞维奇传〉中的主体性》中认为传记家的主体性表现为对传主的选择、对材料的取舍等方面。约翰生明显迷恋着他的传主塞维奇，对传主具有同情性的理解。他为塞维奇的遭遇所表达的愤慨也是他对自己存身世界憎恨的某种宣泄。约翰生还以敏锐的眼光遴选那些最能使塞维奇人格发出闪光、使其形象凸显的材料。以上两篇论文对于传记作者主体性的研究都比较深入，但所分析的文本前者是军事家传记，后者是英国作家传记。目前对于现代作家传记作如此深入具体探讨的成果极少。

孟丹清的博士论文《近二十年现代文学作家传记研究》第四章论述了现代文学作家传记的主体性。该论文从传记作家与传主的关系、传记作家的价值判断能力、传记作家的文体意识三个方面论述了作家传记的主体性。该文认为，传记中存在着两种主体的关系：一个是作为主体的传记主人公；另一个是作为主体的传记作家。传记作家的主体性与个性表现在对传主的选择、对传主的理解和阐释、对材料的选择与安排等各个方面，传记家在揭示传主的同时也在揭示自我。传记家一般选择与自己本性相投，心弦极易产生共鸣的传主来写，传记家还常借传记人物的遭遇，抒发个人情怀，也就是借他人之酒杯浇自家之块垒，表达自己的思想感情和抱负。这篇论文从理论上论述和强调了传记家的主体性，但在例证的出示上有些简单化，仅仅列举一些传记的名称以说明传记作家在选择传主时的主体性，而对于传记文本是如何具体展现传记作家主体性的，缺乏分析。比如该文的举例是这样的："传记作者在选择传主时不是随意为之，而是在其中寄托了自己的旨趣爱好和人生理想。女传记作家出于对女性命运的关注，一般喜欢选择女性传主。比如肖凤与卓如的《冰心传》，季红真与丁言昭的《萧红传》。钱理群作为思想型的学者而写《周作人传》，凌宇作为湖南学者而对沈从文情有独钟。王晓明和袁庆丰选择鲁迅和郁达夫作传主，是因为在精神和情感上与传主产生强烈的共鸣。"① 这样的例证是非常笼统的，对于传记家与传主在精神上具体相通的地方是什么，这种相通在传记中如何体现等，并没有显示出来。

朱旭晨的《秋水斜阳芳菲度——中国现代女作家传记研究》（人民日报出版社2006年版）一书涉及作者主体情感在传记中的介入尺度问题，提醒应该限制主体性发挥的程度。该著以《萧红传》的写作为例探讨了在现代女作家传记写作中传记作者主体情感介入的深浅对事实判定的影响。论文认为，无论讲述者客观到怎样的程度，由于无法排除"远近高低"的视野问题，结果必然是"横看成岭侧成峰"。无论秋石还是曹革成都因感情冲击了理智，大大降低了读者对其涉及的某些史实的可信程度。传记因情感浓度而造成的诸如妄下判语、过度表达等问题是值得后来的传记作者引以为鉴的。

目前，学界对于钱理群的《周作人传》、袁庆丰的《郁达夫传》、宋炳辉的《徐志摩传》、陈丹晨的《巴金全传》的研究，大都没有从传记学的角度来考察作者的主体性。这些研究成果的内容，多数是对传主本人的进一步认识，并附带着推介性的语言，例如谷梁的《凡人的悲哀——读钱理群的〈周作人传〉》主要指出了《周作人传》的传主周作人的悲哀以及推荐此书的意义："高举'人的文学'旗帜的'五四'思想文化启蒙者，到民族危难时为虎作伥，甘为法西斯奴才，周作人的个人闹剧是一面历史的镜子。推荐钱理群的《周作人传》，因为这部描写剖析昨天中国一种类型的知识分子思想与人生变化的著作，它能使我们咀嚼出许多并不过时的道理。"② 这种宣传性书评的目的主要在于通过讲述传记的作用以引起人们的阅读兴趣，因此对传记作者的论述较少。

陈思和的《关于周作人的传记》一文以与钱理群通信的形式，探讨

---

① 孟丹清：《近二十年现代文学作家传记研究》，博士学位论文，复旦大学，2006年，第62页。

② 谷梁：《凡人的悲哀——读钱理群的〈周作人传〉》，《文学自由谈》1992年第3期。

了关于周作人五四后期的转化以及沦为汉奸的心理因素这两方面的问题。这纯粹是对现代作家本身的深度思考，而不属于传记学的研究。当然，这篇文章也指出了传记中所体现的钱理群的个性，但并没有进一步探讨钱理群是如何体现这种个性的。该文对传记中所展现的钱理群个性如此评述："有人说，一部优秀的传记著作里，传主不但要复活他本来的精神面貌，还应该起'借尸还魂'的功能，将作者的生气也焕发出来。所以传记不是纯客观的材料展览，它需要'对话'，即作者与传主间的一种高层次的精神对话。在你这部书里，这对话岂止是两个知识分子？无论是你，还是周作人，都不是孤单单地对面站着。你是属于这样一类知识分子：一方面清醒地追求自己的个性价值，另一方面又绝不肯把这种追求看成个人的作为，或者说个性的追求也是通过集体的行为来表现的。"① 这仅仅是肯定了作者主体性的体现，但对于体现的方式及内容，并无进一步的说明。

对于袁庆丰的《郁达夫传》，目前研究的资料并不多。笔者查阅看到的材料，仅有一篇。在1999年杨牧之主编的《中国图书年鉴》上，陈征以"欲将沉醉换悲凉·郁达夫传"为题介绍了该传的主要内容：以丰富的史料、独特的视野，从郁达夫的童年、求学及作家生活的历程中，揭示了作为一个浪漫型文人的郁达夫的精神世界。作者没有依照惯常的评传写作体例着力于传主成名后的社会活动、作品思想意义及其艺术路线的开掘上，而是一再倾心于郁达夫的早年生活和个性心理的形成与体现方面。另外还可以在网上见到一些关于此传的读后感之类的零星评价。

高文丹的《对传记文学写作的一点思考——兼评〈新月下的夜莺——徐志摩传〉》一文认为宋炳辉的徐志摩传写出了一个风流灵动、热情如火、纵情任性、真诚勇敢的传主形象，体现了作者的史识和文采。该文指出宋传能够把传主置于各种背景（时代背景、文化背景、社会背景等）中去揭示其人生观、世界观、个性特征的形成原因。比如，徐志摩的政治理想是希望在中国实现英美式的资产阶级民主制度，他既不满中国的衰败落后，又怀疑甚至抵制无产阶级领导的人民民主革命。宋传指出传主这种政治思想的形成是与他受康桥文化的洗礼密不可分的。再如，宋传在分析徐志摩初回国因批评郭沫若的诗而与创造社结怨时，指出徐之所以一改平

---

① 陈思和：《关于周作人的传记》，《中国现代文学研究丛刊》1991年第3期。

日作文的口气而用调侃的语气批评郭诗,与他身上的英国绅士习气不无关系。这两个例子都注意到了宋传就英伦文化对徐志摩影响的关注。但论文作者没有指出这就是宋炳辉"比较文学视野"这一学术背景的体现,而只是从宋炳辉写传的方法上作了探讨。

刘志荣的《宋炳辉其人其文》对宋炳辉的评价是:温柔敦厚、敏锐深刻;对其学术的评价是:在现代文学和比较文学两个领域都有成绩。该文指出宋炳辉是徐志摩的研究专家,在考证徐志摩留在老家的早年日记方面做出了贡献,他对中外文学关系的研究也成绩显著。这些观点对于本书有启发意义。

吴励生的《伟大作家的心灵结构与巴金精神的立体启示——陈丹晨著〈巴金全传〉解读》主要探讨了巴金的文学写作跟他个体生存、精神记忆和心灵感受之间的关系,肯定了巴金的前期创作及后期《随想录》的创作,分析了巴金20世纪五六十年代遵命写作的悲剧。作者指出了陈丹晨《巴金全传》所留给我们的最大启示:一个作家个体心灵有多大的格局就可能会有多大的文学气象,作家"精神逃亡"的唯一代价可能就是从此难以出现伟大的文学。巴金用他的人生与文学生命立体地证明了这一点。吴励生的文章主要写了《巴金全传》的启示,实际也是巴金人生的启示,而对于陈丹晨本人性格气质、精神追求的分析并不多,仅仅指出了他在传记写作中能够承续传统中国史学家风范,秉笔直书,如实写出巴金1949年以后的最让人沉重的、失去独立思考的一段人生经历。

综合上述研究文献,可以看出,目前关于传记作者主体性研究的成果有一些,但是结合现代作家传记来具体探讨的研究极少,而关于现代作家传记的评论文章,多数仍着眼于对传主本人的研究,对传记作者,特别是对传记作者主体性的体现关注较少。本书意在把二者结合在一起,具体考察现代作家传记中作者主体性的体现,这既是对传记理论的进一步拓展,也是从新的角度切入对现代作家传记的评论。

(二) 关于传记中的传主作品呈现及相关传记的研究

相关传记指林志浩的《鲁迅传》、田本相的《曹禺传》、张耀杰的《戏剧大师曹禺》和黄昌勇的《王实味传》。朱旭晨的《秋水斜阳芳菲度——中国现代女作家传记研究》一书的第一章通过对丁玲传记的分析,主要讨论了作家传记如何处理对传主的人生描述和文学评述之间的关系,提出了作家传记的"双螺旋"架构模式：另一条是沿着时间展开的赤裸裸的具有复杂人性的个体生命与个性历史的线索；一条是传主作为作家在文学艺术领域的创造性活动与内心情感世界的衍变线索。其中涉及作家传记对作品的表现问题，但基本上是从传记对于作品评论与人生描述的关系类型上切入分析的，对于作品内容本身并不是十分关注。因此，该文的内容与本书之间有一定关系，但距离也相当大。本书将着眼于传记对传主文学创作的得失、作品思想的来源、创作与传主人生经历的关系、创作对传主命运的影响等方面来考察传记对于文学作品的独特处理方式，从中见出作家传记在作品解读方面区别于文学史的地方。

张梦阳在《鲁迅传记写作的历史回顾》中对林志浩1981年的初版本《鲁迅传》的评价是：作品分析是林著最基本的特色。林著把最精粹的笔力集中在鲁迅作品上，对杂文更是倾注心血，同时指出由于林著写于"文革"结束后不久，不可避免地带有"左"的印痕。张梦阳还评价了林志浩1991年出版的增订本《鲁迅传》，认为1991年的增订本较1981年的初版本在一定程度上纠正了"左"倾思想的影响。廖超慧的《对〈闲话〉、〈并非闲话（二）〉重新评价的再思考——读林志浩先生〈鲁迅传〉之管见》，就林志浩关于鲁迅与陈源论争事件的评价提出了质疑。阎焕东的《他实现了他的追求和人生价值——悼念林志浩先生》和钟轩的《林志浩的〈鲁迅传〉"情结"》侧重讲述了林志浩在鲁迅研究上的治学严谨和勤奋执着，指出了林著《鲁迅传》的专业水准。这些文献资料对于进一步研究林志浩的《鲁迅传》都有很大参考价值。

邹红在《田本相和新时期曹禺研究》一文中通过《曹禺传》被引用的具体数字肯定了其价值："另外据不完全统计，从1979年到2006年全国学术期刊发表的论文中，征引《曹禺剧作论》的有93篇，征引《曹禺传》的有177篇。这从一个侧面表明了学界对《曹禺传》一书的重视程度。我以为，时至今日，一个打算研究曹禺戏剧创作的人或许可以不看《曹禺剧作论》，但绝不能不看《曹禺传》；而一个看过《曹禺剧作论》或其他同类著作的人，更会自发地对《曹禺传》产生兴趣。"[①] 在讨论田本相的《曹禺剧作论》（中国戏剧出版社1981年版）一书的成就时，邹

[①] 邹红：《田本相和新时期曹禺研究》，《中国现代文学研究丛刊》2007年第3期。

红注意到了田本相关于曹禺南开时期研究的意义和价值:"当田本相在天津图书馆里查阅到有关曹禺学生时代的文学创作和戏剧活动资料时,他终于明白:曹禺的《雷雨》不是凭空出现的,而是经历了一段艰苦的试探和创作准备,这样,就把过去人们忽略的一段'空白'连接起来。田本相以翔实的资料表明,南开中学时期的学习对曹禺后来的话剧创作有着重大的作用,是张彭春将曹禺引上戏剧之路,而曹禺在这一时期的戏剧实践活动对他理解戏剧和社会、戏剧和观众的关系,以及戏剧创作方法等方面都产生了深刻的影响。应该说,这一部分的写作,不仅从一个方面丰富了曹禺研究,同时也为田本相后来写作《曹禺传》埋下了伏笔。"[①] 这段论述揭示了《曹禺传》中关于张彭春之于曹禺的意义的叙写,实际上,田本相早在他的《曹禺剧作论》一书中就体现了这一点,这说明了《曹禺传》是田本相曹禺研究的集大成之作。

朱栋霖、章俊弟的《"我的独到的认识和把握"——评田本相著〈曹禺传〉》一文认为《曹禺传》对于传主在南开的舞台艺术实践的细致探寻,目的在于以此来阐述曹禺对戏剧的深刻体验。同时,该文还注意到了《曹禺传》对张彭春戏剧美学思想的介绍。上述文献对于我们认识田本相《曹禺传》的戏剧史视角有启发作用。

文学武的《悲怆的生命历程——评〈王实味传〉》认为传记作者把主人公当作一个大写的历史主体人物,从其性格、心理等诸多方面进行了细腻的描写和刻画,使人物具有强烈的个性,尤其是在人物悲剧成因上,作者用笔相当得力,从而凸显了主人公所具有的丰富、饱满的个体生命特征。此外,该文更多地表达了阅读《王实味传》所获得的深刻启迪,强调了王实味悲剧的思想史意义。该文对于传记所关注的王实味的文学创作没有作更多评价,这给本书留下了探索空间。胡欣的硕士论文《王实味:在文学和政治之间的艰难生存》从文学和政治的矛盾这一角度切入王实味的悲剧人生,以作品为契机进入王实味的心灵世界,从而发现王实味坚持文学独立发展的立场。该文认为王实味的杂文极具启蒙意识和批判意识,是作家对文学和现实的守望和对五四精神的继承,王实味的生命底色是"艺术家"而非"政治家"。王实味身上所具有的中国传统文人"士志

[①] 邹红:《田本相和新时期曹禺研究》,《中国现代文学研究丛刊》2007年第3期。

于道"的强烈的现实参与欲望使他选择从文学进入政治,《野百合花》则可以看作王实味在理论的指导下对现实的直接干预。胡欣实际上从知识分子精神史的角度肯定了王实味的人格品质。胡欣的观点对于笔者思考《王实味传》所记述的传主的文学作品及传主命运都有很大启发意义。

(三) 关于传记中的原型考证及相关传记的研究

对于作家传记中原型考证的论述,大多散见于作家传记的序言和后记中,目前还没有专题性研究。因此,这里只对与本书第三部分所选的四个传记个案即朱珩青的《路翎传》、金介甫的《沈从文传》、韩石山的《悲情徐志摩》和王一心的《〈小团圆〉对照记》相关的文献做如下综述。

朱健在《信而有征〈路翎传〉》一文中指出,朱珩青对路翎的研究用心甚诚,她对路翎身世的考证,对《财主底儿女们》人物原型的考证等使我们对路翎及其作品有了更真切的认知,也为今后的路翎研究,提供了"现场"资料。王得后的《朱珩青的笔墨恰到好处》一文高度称赞了《路翎传》的作者朱珩青遍访路翎"出生、求学、谋生、辛苦辗转过的地方"的这一壮举,认为这是太史公"南游江、淮,上会稽,探禹穴,窥九疑,浮于沅、湘;北涉汶、泗,讲业齐、鲁之都,观孔子之遗风,乡射邹、峄,厄困鄱、薛、彭城,过梁、楚以归"的传统。[①] 王得后认为朱珩青的《路翎传》走的是撰史的路子,而不是"谀墓"的路子。

张耀杰的《批评家笔下的路翎——路翎研究综述》一文从"倾向于肯定路翎作品的批评文字""倾向于否定路翎作品的批评文字""路翎等对于否定性批评的反批评"三部分梳理了批评家笔下的路翎,为我们进一步认识路翎提供了翔实的材料。郜元宝的《读〈路翎传〉想到的》这样肯定了传记作者的考证功夫:"收到朱珩青女士所赠《路翎传》,随便一翻,便深佩其治学的扎实认真。例如,讲路翎关在秦城监狱,她好像实地考察了一番,我这才知道那地方叫'军都山',并非想当然的'北京郊区'——离伟大首都约30公里。背后有古之'燕山',左近则是历史书经常写到的居庸关和古北口,以及因为SARS而举世闻名的小汤山。"[②] 郜元宝的这篇文章一开始就对《路翎传》所包含的考证功夫进行了称赞,

---

① 王得后:《朱珩青的笔墨恰到好处》,《文学自由谈》2004年第3期。
② 郜元宝:《读〈路翎传〉想到的》,《南方都市报》2006年7月21日。

但这只是文章的一个引子而已，全文立论的重点在于路翎冤案的启示，而非朱玠青的考证内容。

李伟的《隔海过招——金介甫〈沈从文传〉与凌宇〈沈从文传〉之比较》认为两部传记各有长短：金介甫对沈作品所作的细致的分析，多是为了阐明沈思想发展的脉络，因此，科学实证的味道多一些，文学审美鉴赏的味道便少一些。作者与传主之间有情感上的隔膜，因而传主形象精瘦有余，丰满不足。凌宇的《沈从文传》对沈从文的体谅与理解有时难脱溢美之嫌，人们从中所看到的是一个始终困顿的作家如何坚持不懈地走向心灵的淡泊与高尚，而很少看到他的弱点。在此，该文指出了金介甫《沈从文传》的实证性，但没有展开具体论述。张杰的《金介甫的沈从文研究》一文认为金介甫《沈从文传》的一个重要特色，是基本保持了史学著作应有的客观严谨的态度，作者忠于历史事实本身，而不是忠于自己的主观好恶。此外，张杰还指出了金介甫沈从文研究深入而独特的原因：这得力于他的历史专业出身和社会学派研究方法的运用。

李国涛的《韩石山著〈徐志摩传〉》一文指出了韩石山著《徐志摩传》的四个特点，其中第二个特点就是"考核精详"："他的参考书目达九十六种，目前在海内外可找到的，大都齐备，且有与某些知情人的函件；他以三年之力于材料的梳理。于是在全书中我们就处处可见其考核之功。他在不少地方纠正回忆录之类文章的误记或躲避。比如说，陆小曼回忆她与徐志摩相识的时间，这一般说来不会错，但是作者说不。"① 刘纳的《当作一部史书写的人物传记——读韩石山著〈徐志摩传〉》一文认为："韩石山娓娓言来的故事都有证据做底垫。证据，包括'据'和'证'。'据'即作者所搜集掌握的资料，'证'即推论的过程。……作者通过对其始末因果的考察与考辨，做出经得起辩驳问题的阐述。在拒斥想象而代之以推理的叙事中，显示着作者洞彻世情的明达见识，赋予这本传记独特的智慧含量。"② 上述两篇文章都注意到了韩石山《徐志摩传》的考据性，但对于韩石山所考证的具体内容没有展开叙述和评价。

---

① 李国涛：《韩石山著〈徐志摩传〉》，《书屋》2001年第5期。
② 刘纳：《当作一部史书写的人物传记——读韩石山著〈徐志摩传〉》，《中国现代文学研究丛刊》2004年第4期。

朱旭晨的《王一心的传记意识与艺术追求》一文指出了王一心传记创作的成绩及传记史实考证方面的特点：王一心以他多年在传记创作领域的辛勤耕耘，创作了"三个第一"的纪录：首部张爱玲传、苏青传、张爱玲与胡兰成合传。在传记写作上，王一心不溢美不文过，善于由作家作品切入传主的内心世界，史实考订与艺术想象并重，既关注市场，更悉心于对传记艺术形式的探索。

（四）关于传记童年叙事的启示价值及相关问题的研究

章敏的硕士论文《林语堂30年代"转向"研究》对于20世纪30年代林语堂从"激进"转向"保守"的原因，从个体性格、政治心理、文化心理、读者因素、文学审美自觉、知识分子主体人格五个方面展开了分析，其中"个体性格"方面主要涉及了林语堂的家庭及童年经历。该文指出了林语堂童年经历对其转向的作用："我们从后来林语堂为人为文道路的选择可以看出，一面是他从小所成长的民主而充满爱的家庭环境和家乡绵延的群山养成了他'浑朴天真，生性憨直'的'山地孩子'的性格，所以才有他语丝时期真诚勇猛，无所畏惧的书生本色；另一面是从小成长的和谐家庭氛围让他生性为人和善，追求'和谐'，也就有30年代在时代急剧动荡的时期里他极力寻求平衡的挣扎。这两点本来是相互矛盾而又皆出自然。"[①] 章敏的结论是深刻的，但对于林语堂童年的具体状况陈述有些简略，对于林语堂转向的评价也有些薄弱。王兆胜的《林语堂与鲁迅的恩怨》一文认为林语堂与鲁迅相得相离的原因，意气之争和人品之异大概是不存在的；而文化文学观念和性格之不同可能是主要的。鲁迅个性多疑而专断，林语堂性格任性而幽默，这就不可避免地在二人之间产生难以克服的隔膜与冲突。该文注意到了林语堂童年经历对其性格的影响，但论述不够深入。

路翠江的《论童年生活对冰心人生和创作的影响》一文认为冰心的童年生活经历了改良的"严父慈母"家庭教育，远离大家族的小家庭生活，烟台八年海阔天空的自然生存环境，中西合璧、新旧交融的文化熏陶，无伴的孤寂与优裕的家境等。这些都是影响和形成冰心温婉又不失大

---

① 章敏：《林语堂30年代"转向"研究》，硕士学位论文，福建师范大学，2007年，第25页。

气的为文风格的重要因素。深邃浓重的童年情结是冰心终生永葆童心的决定性因素。该文强调了童年对冰心的影响作用。王黎君的《冰心：爱的哲学》论述了冰心爱的哲学的三大来源：童年经验、基督教教义和泰戈尔哲学。冰心作品在母爱、童心、自然之爱的哲学的表达模式中处处浸润着晶莹剔透、天真烂漫的童心，透示出单纯明朗、活泼跳动的儿童视角。在关于影响冰心"爱的哲学"的因素问题上，王黎君把童年经验、基督教教义和泰戈尔哲学三者并列，这种不分主次的论述未免失之简单。事实上，三种因素对冰心影响的先后、层次、程度等都是不一样的，对此，该文缺乏阐述。

米学军的《论作家的童年经验对创作的影响》一文认为：童年经验对作家创作的影响却是至关重要的，它有时直接进入作家的创作，有时则间接地影响作家的创作，并且常常影响到作家一生的创作倾向，创作基调、创作风格及价值取向等。万国庆的《论故乡乌镇对茅盾成长及创作的影响》一文指出，故乡环境及文化氛围对于茅盾成长和创作的影响主要体现在四个方面：第一，水乡古镇特有的民俗风情滋润着少年茅盾的心灵，陶冶了他的审美情趣；第二，父辈的变法维新思想影响了少年茅盾人生道路的选择；第三，悠久的历史文化传统奠定了他一生的文化品格；第四，乌镇的生活积累成了茅盾日后写作时重要的创作素材。其间论述的材料十分稀薄，尤其是对于第四点，基本没有结合作品具体展开。关于童年经验对于作家创作的影响还有一些论文，如赵陆平的《童年、青少年时期的生活对作家性格形成及文学创作的影响》、秦林芳的《童年视角与〈呼兰河传〉的文体构成》、宋玉娥的《家庭教育对童年冰心的影响》等，这些论文大都从整体上着眼，面面俱到，而就其中某一个方面的影响的论述，往往失之简单。

通过对以上文献的分析，笔者发现上述关于中国现代作家传记研究的论文和论著一般是就现代作家传记某个侧面展开论述的，专题性的纵深研究较少。最值得提出的是，在有关上述各个方面的研究中，普遍缺少足够的案例分析。鉴于上述对本书相关文献的梳理，笔者认为在传记作者主体性、传记视角的文学创作、传记中的原型考证、传记童年叙事的启示价值这四个问题上展开讨论，既有可资借鉴的材料，又有极大的拓展研究的空间。

三　思路与方法

本书所要解决的首要问题就是如何选取传记文本。由于现代作家传记的数量多，只能选取有代表性的传记来研究。这就需要制定选取的原则与标准。

第一，遵循研究问题的需要选取传记个案。由于现代作家的传记数量庞大，不可能穷尽所有的作家传记，只能选取其中一些有代表性的传记进行研究。这里的所谓代表性主要是指符合本书的拟定问题，即所选传记在它所属的该研究的某方面问题上具有代表性。比如对鲁迅传记的选取，关于鲁迅的传记是所有现代作家传记中数量最多的。虽然林志浩的《鲁迅传》（增订本）出版于1991年，此后，又出版了许多关于鲁迅的传记，但本书之所以放弃许多在此之后出版的关于鲁迅的传记，而选取林志浩的《鲁迅传》，主要是因为该传在分析传主的文学作品时，密切结合了其社会活动，这一特色正是第二章所要讨论的内容。

第二，选取那些以"传"命名的作家传记。一般来说，在命名上，传记有"传"与"评传"两种。在内容的侧重上，这两种传记虽然有区别，但有时并没有严格的界限。本书所选的个案都是以"传"命名的，这仅仅是为了表述上的统一与研究的方便，这里面并不排除某些在内容上实际属于"评传"性质但在命名上依然称"传"的作品。制定此项选取标准的另一个目的是为了排除那些专业性极强的个别评传，如"国学大师系列"中的部分作家评传。这部分传记大都是对传主的国学成就进行专门研究的学术专著，与普通的传记有一定区别。

第三，从传主的角度来讲，基本选取那些在现代文学史上成就相对比较大的作家，或者由于特殊原因在现代文学史上颇值得一书的作家。至于有些文学成就非常大的作家，如郭沫若、老舍等人的传记没有被选进来，原因各异。由于有关郭沫若的一些重要的传记材料（如郭沫若1949年以后的日记）还没有公开，因此关于郭沫若，目前还没有较完整的、资料翔实的传记。关于老舍，目前写得较为扎实的一部传记是关纪新的《老舍评传》，但因为它不符合该研究的第二个选取标准，所以也舍弃了。

第四，从保证传记材料的真实性、完整性上来考虑，本书在选择传记个案时尽力遵循就新和就近原则，即截止本书之前，出版的该作家的最新、最近同时又最具有学术性的传记。关于同一个作家的传记，往往有诸多版本，这诸多版本的传记有不同作者的，也有同一作者的。特别是对于同一作者所写的传记，一般选取该作者最新出版的传记，如陈丹晨的《巴金传》有多种版本，本书选取他最新、最近出版的《巴金全传》；季红真的《萧红传》也有不同版本，本书选取她最近出版的《萧红全传》。这样做的目的主要是尽力追求史料的准确和完善。

第五，所选传记应具备学术性。这些传记的作者基本上是学者，或者是学者型的作家。这样能够保证传记所记述内容的在可能的范围内最大限度地具有可考性，这些传记基本能够做到重要史料有来源，有注释。本书所选传记回避纯文学的传记如传记小说等。

上述五个选取个案的标准，或有交叉或有矛盾，因此在选取个案时尽可能兼顾，实在不能兼顾者，则按照五个标准的顺序依次来衡量，首先满足排序在前的标准。即便如此，鉴于中国现代作家传记文本的复杂性，在选取个案时，可能仍然存在不够完善的地方，这也在所难免。

本书针对现代作家传记中的四个方面的问题进行专题性的研究。这四个方面的问题是：传记作者的主体性；传记中传主的作品呈现；传记中的原型考证；传记中童年叙事的启示价值。著作的第一章以钱理群的《周作人传》、袁庆丰的《郁达夫传》、宋炳辉的《徐志摩传》和陈丹晨的《巴金全传》为例，对传记作者的学术个性、情感投射、学术视野、精神气质进行考察，基本属于当代学人研究。第二章以林志浩的《鲁迅传》、田本相的《曹禺传》、张耀杰的《戏剧大师曹禺》和黄昌勇的《王实味传》为例，对传主的文学成就或文学局限在传记中的呈现方式进行研究，以显示作家传记在这方面的价值。第三章以朱珩青的《路翎传》、金介甫的《沈从文传》、韩石山的《悲情徐志摩》和王一心的《〈小团圆〉对照记》为例，对传记关于传主身世经历、作品人物、事件场景的原型考证进行研究，以凸出传记区别于文学史的独特贡献。第四章以施建伟的《林语堂传》、余连祥的《茅盾传》、肖凤的《冰心传》、季红真的《萧红全传》为例，研究传记童年叙事所带来的对于传主的深刻认识。

本书主要采用个案考察的方式和方法，这样便于对所选传记进行纵深性剖析，使问题及结论落在实处，避免泛泛而论。

四 难点与创新点

该研究的主要难点在于对传记个案的选取。现代作家传记的数量庞大，质量参差不齐，对传记个案的选择需要花费许多时间去阅读和辨别，以便选择与自己研究问题较为贴近的、又具有较高学术含量的个案。本书选取了16部传记作为分析的文本，在选择的过程中，尽管将制定一些选取的原则和标准，但依然面临着庞大的阅读量的问题。要从众多的现代作家传记中选取具有研究价值的文本，需要对这些传记进行深度阅读，然后才能鉴别出适合作研究个案的传记文本。而且，对于同一个传主来说，其传记往往有多部，有的甚至是十几部、几十部，这样一来，即便选定了某一部传记作为研究对象，在对之进行研究时，难免还需要阅读关于该传传主的其他传记，这样才能够在比较中看出研究对象的特色及不足，这也为本书增添了难度。

该研究的创新主要有以下几点。

第一，在传记作者主体性问题上，将廓清长期以来人们在此问题上的模糊认识。在"传记求真"理论的遮蔽下，传记作者的主体性常常被忽略，不敢加以强调，这导致了许多传记只重视史实叙述，缺少传记阐释和评价。这种四平八稳、千篇一律的传记实在太多了。改变这一现状的途径之一就是要提倡传记作者的主体性，使传记在尊重史实的前提下，也能显示出鲜明的个性。该研究明确提出"突出作者主体性是优秀传记的标准之一"这样的观点。截至目前，还没有看到如此鲜明的传记观念。

第二，在作家传记对于文学史的补充价值问题上，将提出现代作家传记在传主作品呈现、史实原型考证、作家童年叙事三个方面的特殊价值。作家传记对传主作品呈现大都与解读作家的思想来源、剖析创作成败的原因、揭示创作与作家身世经历的关系以及对作家命运的影响等内容密切结合；传记在史实原型考证方面具有先天性的优势，对于作品中人物、事件、场景等历史细节的考证有助于对作家本人及其作品的深入认识；传记中的作家童年叙事较一般的文学史都更为全面和详尽，这对于进一步认识童年经验对作家性格、思想及创作的影响有极大的启迪作用。关于作家传记对文学史的补充价值，在本书之前，很少有人进行专题性的研究。

第三，在学科跨界研究上，本书将做出新的尝试。该研究将从传记学的角度切入对现代作家的研究，这势必会打通现代文学和传记文学两个具有相对独立性的学科领域。此外，由于传记文本自身的特殊性，尤其是学术性、文学性皆备的传记文本既是现代文学的研究成果，也是优秀的当代文学作品，因此，对这些文本的研究自然就打通了现代文学与当代文学的界限。

五　价值和意义

茅盾在20世纪30年代写的系列作家论早已成为现代文学研究的奠基性资料。随着现代文学学科的深入发展，出现了一大批中国现代作家传记。这些传记实际上是当今更为深入具体的、更为厚重的作家论，其学术史价值无可否认。对这批传记进行研究理应是现代文学与传记文学研究的重要组成部分。遗憾的是，目前对作家传记的研究还处于初级阶段，大多是一些单篇论文和几部传记研究著作中的个别章节。关于现代作家传记研究的专门性著作，目前见到的只有房福贤的《新时期中国现代文学家传记研究十六讲》和朱旭晨的《秋水斜阳芳菲度——中国现代女作家传记研究》，这两部著作也仅仅涉及了部分现代作家传记的某几个方面的问题，这对于众多的现代作家传记文本以及传记创作中面临的诸多问题来说，还远远不够。针对中国现代作家传记开展进一步的研究，对于深入认识现代作家及其作品，特别是通过知人论世的方法解读现代作家的作品有着十分重要的价值，对于现代文学史的构建也具有积极的意义。同时，对于现代作家传记中所暴露问题的研究，将会给作家传记的创作提供一定的理论指导。

中国现代作家传记所包含的丰富的文学现象如作家创作、文学刊物、文学社团、思潮流派、文学的流通与传播、作家与同时代人的关系、作家与政治的关系等都是现代文学研究者绕不过去的问题，透过作家传记可以对上述种种问题有深切的把握，可以更加具有现场感地触摸到文学史的深处。一部作家传记就是文学史上某个作家研究的扩展板，一部纪传体文学史就是众多作家传记的浓缩。如果说世界历史是伟人们的传记，那么现代文学史就是现代作家的传记。因此，从这一意义上讲，研究中国现代作家传记就是研究中国现代文学、就是研究现代文学史。作家传记本身富含一般文学史所没有的大量信息，它不仅有对作家作品的内部研究，更多的成分是从文学的外部如作家的生活经历、作家所处的社会环境等来研究作家，由此给读者带来的通常是一般文学史里找不到的资源，这些资源可能是解读作家作品的有效途径。因此说，对现代作家进行研究，对于更加深入正确地认识作家及其作品都有重要意义。

中国当前的作家传记创作与作家传记的理论研究之间严重不平衡，传记创作远远繁荣于传记理论。理论滞后于实践本来也是正常的，但是，当实践发展到一定阶段，特别是出现严重问题时，必须用理论来规范。朱文华早就在他的《传记通论》中提倡建立"传记学"[①]，可是，直到今天，中国当代传记理论依然不能适应丰富多彩的传记作品，这主要是对传记文本的研究还不够。因此，本书意在为改变这种局面尽一点自己的努力。本书将通过评析典型性的中国现代作家传记文本，探讨中国现代作家传记的一些特征，发掘作家传记的独有价值。这有助于传记文学的发展，同时，也将促进对所选传记传主及传记作者的深入认识。

---

① 朱文华：《建立"传记学"（代序）》，《传记通论》，复旦大学出版社1993年版，第3页。

第一章

传记作者的主体性

"主体"是一个哲学概念，是指行为的发出者。主体性是指行为人的主观能动性，即行为人在事情发展过程中所发挥的作用以及作用的方式、程度、方位等。传记作者的主体性，即传记作者的主观能动作用。充分发挥作者主观能动性的传记往往具有鲜明的个性特色，作者能动性是否充分发挥，发挥是否得当是衡量一部传记质量高低的重要标准之一。

杨正润在他的《现代传记学》中，动态地考察了传记的发生和运动过程，把传记主体分为"书写主体""历史主体""文本主体""阅读主体"，不仅从时空上把传主分为"历史主体"和"文本主体"，区分了客观存在的传主与传记作者书写的传主的不同，而且在人们通常所认定的传主主体及阅读主体之外，充分肯定了传记作者自身素质、观念、性格等对于传记写作的作用。[①] 在这里，杨正润尤其把"书写主体"排在第一位，可见他对传记作者主体性的重视。在看似最难发挥作者主体性的传记这种文体的写作中，作者主体性其实发挥着巨大的作用，只不过它受到传主经历的客观事实的限制。但是，又有哪一种写作不受客观条件的限制呢？即使是最自由的小说的创作，它也要符合生活的逻辑，遵循艺术的真实。这样看来，传记写作与小说写作，就其自由度来说，只不过是"五十步"和"一百步"的差异。它们都属于戴着镣铐的舞蹈。因此，只要承认了小说写作具有作者主体性，我们就必须承认传记写作具有作者主体性。法国传记家安德鲁·莫洛亚认为传记家和小说家一样，把自己的某些心理移入传主，通过传主来表述和认识自己："传记是一种表现的手段，传记家

---

① 杨正润：《现代传记学》，南京大学出版社2009年版，第145页。

选择传主来迎合他自己本性中的秘密需要。"① 在此，莫洛亚所讲的传记中的移情其实就是作者主体性的具体体现方式。

当代传记家李辉创作过多部关于现代文化名人的传记，他的《沈从文与丁玲》《萧乾传》《人在漩涡——黄苗子与郁风》《百年巴金——一个知识分子的历史肖像》《黄永玉——走在这个世界上》等传记作品的影响都很大。关于写作人物传记，他有切身的创作体会。他在《理性透视下的人格——读陈思和著〈人格的发展——巴金传〉》一文中这样写道："在我看来，一个传记作者，选定一位传主后，确定用一种什么样的叙述方式，追求一种什么风格，会受到自己的性格自己的文风的影响。换一句话说，他得根据自己业已形成的思想和文学风格，找到与传主的生命相契合的最佳表现方式。一个传主当然会有不同的传记，这种不同便是因为每一个传记作者有着各自不同的思维方式、表现方式。人们谈到一本传记的成功与否，常常强调的是它是否真实地再现了传主的真实。这话自然没有错，真实应该是追求的目标。问题是，对'真实'会有不同的界定、不同的解释。就一个历史人物来说，一旦他进入传记领域，他的'真实'，永远不会是绝对的、全面的。拿破仑、华盛顿、莎士比亚、歌德、鲁迅、毛泽东，在任何一本传记中，不可能是他本人的唯一真实。这种真实，只能是传记作者在各自的创作过程中，受其思想深度、感悟能力和文学才气的限制而认识到的、表现出的那一个'真实'。"②在这里，富有传记创作经验的李辉虽然没有使用"传记作者的主体性"这一概念，但他用最通俗的语言阐释了传记作者在传记创作过程中的主观能动性及其与传记真实性的关系。

承认传记写作的作者主体性，并不否认或减弱对历史主体即传主客观性的重视。真实是传记的生命，任何作者主体作用的发挥都是以此为前提的。发挥作者的主体作用，用胡风的话来说就是发挥"主观战斗精神"，用刘再复的话来说，就是发挥作者的主体性。在批判胡风的一段时间里以

---

① 转引自孙勇彬《论约翰生在〈塞维奇传〉中的移情和同情》,《淮阴师范学院学报》（哲学社会科学版）2008 年第 5 期。

② 李辉：《理性透视下的人格——读陈思和著〈人格的发展——巴金传〉》，见陈思和、李辉《巴金研究论稿》，复旦大学出版社 2009 年版，第 408 页。

及在20世纪80年代关于"文学主体性"的讨论中,有人只简单强调唯物论的反映论,认为文学创作只是简单反映生活的一面镜子,实际上,文学创作过程是一件十分复杂的脑力劳动,作家不仅要有生活,还要有对生活的主体性感悟,作品不仅仅是对生活的反映,也是作家思想的投射。在传记写作中,强调作者主体性,并不是否认传记的客观性,更不是主观唯心主义,而是在承认传记纪实性的前提下强调传记的个性特色。关于传记真实与个性的关系问题,法国传记家莫洛亚使用一个生动的比喻来说明:"一方面是真实,一方面是个性。真实像磐石一般稳固,个性又像彩虹一样轻灵,传记要把二者结合得浑然一体。"[①] 传记个性特色的体现往往依赖作者的某种经历、性格、特长、素质等。因为,当传记作者与传主在社会角色、性格、思想、情感等某一方面存在一致性的时候,传记作者对传主往往能够有独到、深刻的开掘和认识,而对传主有深刻揭示的传记才有可能成为优秀的传记,这种深刻揭示就是作者主体性的体现。因此说,作者主体意识明显的传记未必是优秀的传记,但是优秀的传记,其作者的主体意识一定是突出的。

本章选取周作人、郁达夫、徐志摩、巴金四位作家的传记作为考察对象,分别指出这些传记中作者主体意识的显著存在。上述传记的作者钱理群、袁庆丰、宋炳辉、陈丹晨在他们各自所写的传记中,都充分展示了自己的主体特点,这些特点或者是体现自身学术背景和学术追求的,或者是体现自身个性气质的等。正是这些特点的存在,才使我们看到了异彩纷呈的传记世界。作者主体性的存在也正是传记写作中一主多传的内在原因。

第一节 钱理群《周作人传》中作者的学术个性

谈到传记文学写作,当代优秀传记作家,《宋美龄全传》的作者陈廷一认为,要让尘封的人和事,重新鲜活地"站立"起来,除了尊重历史真实之外,重要的是融入作家本人的人生体会。[②] 陈廷一所说的人生体

[①] 转引自罗新璋选编《莫洛亚研究》编选者序,漓江出版社1988年版,第22页。
[②] 参见《当代十大优秀传记文学作家》,http://gb.cri.cn/3601/1266@748565.htm,2005年10月21日。

会就是个人的生活经验，他所提倡的传记写作方式就是体验式写作。可见，体验式写作在传记创作中颇为重要。钱理群的《周作人传》就是采用了体验式的写作方式。

钱理群的《周作人传》不仅仅为读者呈现了一个自由知识分子的形象，而且还呈现了一个激情燃烧者的形象，这个激情燃烧者就是传记作者钱理群。在钱理群的激情叙述中，周作人不再是一个简单的文化汉奸形象，而是一个十分复杂的矛盾体。钱理群笔下的周作人曾经有过童年的乐不知返、青春的热血奔腾、中年的温中含铁和晚年的落拓寂寞，他在中国散文史上创造了一个高峰，但在其人生画卷中泼上了永远难以抹去的污点。周作人这位现代文学史、现代文化思想史上不可或缺的人物，他的过人之处与不合时宜、他的浮躁凌厉与平和冲淡都被传记刻写得淋漓尽致。

每个传主都是经过传记作者主观心灵折射后的形象，从这个形象可以部分地了解传记作者的情感倾向性、思想特征、学术特点等。目前出版的关于周作人的传记，除了钱理群的《周作人传》外，其他的主要有倪墨炎的《苦雨斋主人周作人》（原名《中国的叛徒与隐士周作人》）、雷启立的《苦境故事：周作人传》、耿传明的《周作人的最后22年》等。对比几部《周作人传》之后，可以感到钱氏《周作人传》的作者主体性更为突出。钱理群以主体投入的方式，把自己的人生体验与自己对知识分子命运的反思充分融汇、渗透到《周作人传》中了。用钱理群自己的话来说，就是"在80年代中国，曾经有过一个有着如此这般经历的钱某人，对于现代思想文化史上有着重要地位的周作人，有着如此这般的观察与理解而已。"[①]

当代青年学者于仲达如此评述钱理群熔铸自我生命的介入式研究：

> 正是在经历了禁止一切独立的思考，扼杀个体生命的自由意识，以及消灭知识与知识分子为目的的"思想改造"之后，作为知识分子的钱理群终于有了认识自己的呐喊，开始摆脱不了无休止地反省自己的宿命，正如赵园所说："在我，最猛然的渴望是认识这个世界，

---

① 钱理群：《有缺憾的价值——关于我的周作人研究》，《读书》1993年第6期。

同时在对象世界中体验自己的生命。"学术在这里，不过是生命的实现方式，是对"人"（自我）的生命深度与力度的永远追求。这样的学术同时又是"介入"式的，它的"问题意识"产生于现实，它的思考却是有距离的，更带专业性、学理性的，是更根本也更超越的，学术的价值正是实现于"现实性"与"超越性"的张力之中……①

正是通过这种体验式研究，钱理群超越了现实、超越了自我，实现了从现实层面向哲学层面的超越，获得了一种精神的洗礼。

钱理群在《不敢写传记》里说："在我看来，传记写作者与传主之间，是有严格的挑选的，彼此之间必要有'生命的相遇'，它不是纯粹的技术活儿，不是只要出题目就可以写的。对我来说，我愿意写、能够写的，大概就只有'周氏兄弟'二位。"②虽然钱理群称"不敢写传记"，但他不仅写了《周作人传》，而且，还写了《我的精神自传》。不仅与一个中国现代史上最为特殊的知识分子展开心灵对话，而且他把怀疑与否定指向了自身，反思自身的奴性与懦弱，异化与背叛。忧思现实与反省自我始终灌注在他的传记写作中。

与其他关于周作人的传记相比，钱理群的《周作人传》有明显的学术个性，其主要表现在以下两个方面：一是以鲁迅为参照系来写周作人；二是探索知识分子的心灵史。在对二者的研究中，传记蕴含了钱理群一贯的学术追求，融入了钱理群的生命体验。

一 以鲁迅为参照系来写周作人即传记具有鲁迅底色

以鲁迅为参照系来写周作人是钱理群《周作人传》的第一个特点，这一特点具体表现为传记用大量篇幅写了血浓于水的兄弟情义。

（一）传记用大量篇幅写了血浓于水的兄弟情义

从传记中可以明显地感觉到，鲁迅不论是在生前，还是在死后，都对周作人的生活产生了很大影响。传记在写周作人一生的经历时，往往以鲁

---

① 于仲达：《精神废墟的探寻者——钱理群论》，http：//blog.sina.com.cn/yuzhongda81，2004年8月20日。

② 钱理群：《不敢写传记》，《中华读书报》2005年3月30日。

迅为参照，或写二人的亲密，或写二人的疏离，都用了极大的功夫和极多的笔墨。特别是在写周氏兄弟失和之前这一段历史时，因为兄弟二人有相似的人生经历，所以基本上是在写两个人的童年、少年和青年。写从1923年兄弟失和之后到1936年鲁迅逝世的这一段历史时，则关注了兄弟二人在文坛论战中的彼此呼应以及有时的互为反击。写从鲁迅逝世之后到1967年周作人去世这一段历史时，则关注了周作人对鲁迅的评价。以下都是钱理群《周作人传》所突出的内容。

第一，传记记述了兄弟二人在生活学习上的彼此相扶，当然，更多的是鲁迅对周作人的照顾以及周作人在生活和情感上对鲁迅的依赖。周氏兄弟在1923年失和之前，本身就有着太多共同的生活环境和人生经历，对于这一点，传记给予了凸显，详细陈述了兄弟怡怡的情景。这些细节主要包括以下内容：在两人的童年和少年期，他们共同经历了家庭的重大变故，因为祖父犯科而逃难，为父亲的病而搜寻奇特的药引等；青年时期，两人都经历了江南水师学堂的学习，一同受到赫胥黎《天演论》的影响，鲁迅离开江南水师学堂的前夜，周作人为大哥的离开而失眠一夜；日本时期，二人共同去听章太炎授课，一同接受无政府主义思想，将其作为反对封建专制的思想武器；北京绍兴会馆时期，兄弟夜捉猫、槐树下纵论天下、提出共同的翻译观等；1921年，周作人在西山碧云寺般若堂休养期间，鲁迅每每在黄昏时分，夹着一蓝布包着的书，满头大汗地走到弟弟床边，看他写的诗稿；1922年，兄弟二人在八道湾共同接待了俄国盲诗人爱罗先珂，并共同促成了蔡元培特聘爱罗君到北大讲世界语之事。

第二，传记叙述了兄弟二人在著述和翻译方面上的合作。在写作上，兄弟二人更是不分你我，彼此支持。在日本时期，创办《新生》杂志时，周作人是鲁迅最忠实的合作者和支持者。他专门为《新生》写了一篇《三辰神话》，虽然《新生》流产，但兄弟二人合作翻译了《红星佚史》《劲草》《匈奴奇士录》《炭画》和《黄蔷薇》，此外，兄弟二人在1909年合作出版了两册《域外小说集》。在1907—1908年，兄弟二人在《天义报》及《河南》杂志上协同作战，进行了一次有目的、有计划的集体作战，发表了一系列中国现代思想史与文学史上的重要文献。由此，兄弟二人在中国现代思想文化领域发出了自己的声音，基本摆脱了学生的身份。其中，鲁迅发表：《人之历史》《摩罗诗力说》《文化偏执论》，周作人发表《论俄国革命与虚无主义之区别》《论文章之意义暨其使命因及中国近时论文之失》《哀弦篇》。在这些文章中，周作人呼应了鲁迅的"立人"思想。《新青年》时期，在周作人的译著《古诗今译》中，包含了鲁迅的大量心血。在爱罗先珂赴芬兰参加世界语大会期间，他们分别作《怀爱罗先珂》和《鸭的喜剧》，以表达对爱罗君的思念。在爱罗先珂遭遇"评剧事件"时，鲁迅与周作人同时发表《看了魏建功君的〈不敢盲从〉以后的几句声明》和《爱罗先珂的失明》，来支持和维护共同的朋友。如上所述，《周作人传》详细对比了每个时期兄弟二人发表的作品及其内容上的呼应关系。其他几部《周作人传》都没有做到这一点。

第三，记述了"兄弟失和"前后两人的共同活动。钱理群的《周作人传》在"兄弟失和"这一节，依据兄弟二人的日记记载，详细记述了二人在1923年1—7月共同参与的活动。下面略举几例：邀请友人在家宴集；兄弟三人共饮；与日本友人共餐；第一次共同见到郁达夫；同游中山公园；共赴春光社、新潮社等，[①] 钱理群不厌其烦地筛查和列举上述情况，意在说明兄弟失和事件来得比较突然，二人事先都没有料到。总之，与其他的周作人传记相比，如止庵的《周作人传》，雷启立的《苦境故事：周作人传》、余斌的《周作人》等，这样的叙述是非常有特色的。从钱理群的这部传记中可以看出，在共同生活的过程中，兄弟二人息息相通，常常表达基本相同的观点和感情，在中国文化史、思想史上写下了光辉的一页。

传记还叙述了失和之后，兄弟并无完全恩断义绝这一事实。传记不仅写了兄弟失和前的相知相契，还写了失和之后，二人也时有默默的认同，如鲁迅私下里曾对周建人谈起对周作人的反对新八股、反对遵命文学等观点的赞同等："周氏兄弟在1923年大打出手之后，其实是有过相当长时间的彼此密切配合的。大的如女师大事件，如《语丝》且不说，文字上的声援也不少。"[②] 传记进一步详细记述了鲁迅是如何声援和关心周作人的：他的《学界三魂》是对周作人的《国魂学匪观》的共鸣，他的《扣丝有感》是对周作人的《随感录（二八）》的支援。他给章川岛的私人信件

[①] 钱理群：《周作人传》，北京十月文艺出版社2005年版，第233—234页。
[②] 同上书，第342页。

中，则指出："他之在北，自不如南来之安全。"①

传记当然也记述了兄弟失和之后或明或暗的思想交锋（如在20世纪30年代文坛崇尚论战的时候，周作人发表文章反对"打架"，而鲁迅则以为"打架"不可避免），②指出了两人在文章的笔锋一转之间对彼此都曾表达过不认同的地方有多处（例如鲁迅在与许广平的通信中有"启明颇昏，不知外事"的评语。周作人在与友人的通信中，也对鲁迅出版《两地书》表示不以为然，等等，并陈述了二人在关于"论语派"的论争中的交锋）。但传记更多地关注了兄弟二人之间的那种血浓于水的情义。比如，对于鲁迅与林语堂之间的论战，钱理群的《周作人传》评价道："从表面上看，公开与鲁迅论战的是林语堂，但熟悉文坛情况的人都知道，'论语派'的真正灵魂，正是周作人。……鲁迅对此自是了然于心。因此，当他尖锐地评判'性灵文学'的实质是'在风沙扑面，狼虎成群的时候'，'靠着低诉或微吟，将粗犷的人心，磨得渐渐的平滑'时，他当然明白，这同时是针对着周作人及其文学的，由此产生的沉重感，是可以感觉得到的。但鲁迅毕竟避免了公开点名批评周作人，这其间的一番苦心，也相当感人。"③传记还讲到了这样一个事实：鲁迅最后一次公开谈到周作人是在回答斯诺夫人的问题"中国最优秀的杂文家有哪些"时，他把周作人列在第一位。此外，还引用了周建人的回忆说，鲁迅在病危热度很高的时候，还在看周作人的著作。④

同时，传记还写到了鲁迅去世后，周作人的种种反应。例如，传记记述了在接到鲁迅去世消息的当天，周作人正在给师大学生上课。课上到一半，他对学生说，家兄去世，提前下课。他当时面色苍白。周作人还写了大量关于鲁迅的回忆文字，第一次透露《会稽郡故书杂集》和《怀旧》都是鲁迅的作品，赞扬了鲁迅不求闻达的精神。晚年的周作人，还曾经指着八道湾院中的一株树，对前来拜访的友人说："这是家兄所栽。"所有这些记述都可以使读者感受到在这部《周作人传》中，鲁迅的影子和形

---

① 钱理群：《周作人传》，北京十月文艺出版社2005年版，第343页。
② 同上书，第342页。
③ 同上书，第345页。
④ 同上书，第346页。

象无处不在，兄弟失和也无法阻挡和抹杀固有的手足之情。关于周氏兄弟虽然绝交但亲情并未彻底隔断的这种关系，木山英雄的《北京苦住庵记》是在评价周作人的散文风格与民族解放文学的风格关系时连带出来的，木山英雄认为五四以后周作人凝重苍郁的散文风格"虽与夺得了五四新文学之主流位置的左翼之阶级乃至民族解放斗争的文学性质不同，但只要是新文学的解放思想继续在左翼文学之中得到继承，那么，两者之间自然会留下同情与理解的余地，即使有批判和讽刺的交锋亦很少发展到侮辱与憎恶的程度。这种状况也可以用来说明1923年因家事而绝交的与鲁迅之间的关系"①。木山英雄的这种类比倒是相当准确的。钱理群用具体的史料来说明了周氏兄弟的这种关系，真是英雄所见略同。

（二）钱理群《周作人传》具有鲁迅底色之原因

鲁迅是钱理群学术研究的起点和归宿。钱理群的《周作人传》之所以能够以鲁迅为参照系，以鲁迅为叙述底色，不仅仅是因为鲁迅与周作人固有的密切关系，更多的是钱理群本人的学术积淀和精神气质。因为他对鲁迅了如指掌，用他自己的话来说，就是"烂熟于心"。从某种程度上说，《周作人传》是钱理群鲁迅研究的延伸和拓展，是钱理群鲁迅研究的副产品。

钱理群的研究起点是鲁迅，鲁迅也是他整个学术生涯和人生的核心支点。20世纪80年代，作为"青年学者"的他，关于鲁迅研究的成果在学术界是具有突破性的。在鲁迅研究中，他与王晓明所提出的"历史中间物"的观念在学术界影响比较大。他在北京大学开设多轮鲁迅研究的课程。他对学生讲："我与鲁迅的关系，绝不是学院里的教授与他的研究对象之间的那种冷漠的（人们所谓纯客观的）关系，而是两个永远的思想探索者之间永无休止的生命的热烈拥抱、撞击，心灵的自由交流。"② 这段话说明了鲁迅之于钱理群的意义。对于钱理群来说，鲁迅不是冷冰冰的研究客体，而是他精神交流的对象。

关于钱理群的鲁迅情结，凡是看过钱理群著作的人或是听过钱理群讲

---

① ［日］木山英雄：《北京苦住庵记——日中战争时代的周作人》，赵京华译，生活·读书·新知三联书店2008年版，第3页。

② 钱理群：《走近当代的鲁迅》，北京大学出版社1999年版，第312页。

座的人大都有明显的感受。《北大偷学记》的作者于仲达在他的文章中写道:"北大中文系现当代文学教研室的所有教师,几乎对鲁迅都有所研究。估计像老钱这样拿灵魂投入研究对象的,似乎不多。……老钱讲鲁迅时把自己燃烧在里面,投射着自己的灵魂。他的研究爱用心灵的碰撞,他精心挑选单位观念和意象由此介入鲁迅深邃复杂的精神与心灵世界。"① 于仲达长期在北大中文系听课学习,他对北大中文系的老师是熟悉的,他对钱理群的这种对比性评价是很到位的。

那么,钱理群本人是怎样认识他的鲁迅研究的呢?一次,钱理群在谈到作为教师应该有学科担当意识时,他讲了西南联大时期刘文典跑警报的故事之后,说道:"刘文典为庄子而生,林庚为唐诗而生,我钱理群为鲁迅而生。"② 这里虽然包含了"舍我其谁"的自信和傲气,但的确说明了钱理群在鲁迅研究上的独特性以及他对鲁迅的情有独钟。

钱理群在《读周作人》的《后记》中说道:"我于是在80年代末写完《周作人传》之后,就离开了'周氏兄弟研究'的学术领域,开始了我所醉心的新的拓荒性的学术工作……在做出了学术上的自动转移以后,我仍然无法在精神上与周氏兄弟告别。特别是鲁迅,他事实上成为八九十年代的思想、文化大变动中我必须坚守的基本思想阵地。而周作人,由于我的灵魂深处存在着与他内在的相通,在八九十年代的思想文化氛围中,我也时有与他沟通的欲求。"③ 由这段话,可以看出,在钱理群的周氏兄弟研究中,尽管有人认为,他对周作人研究的影响要大于他对鲁迅研究的影响。但是,从精神的影响上来说,鲁迅对钱理群的影响更大些。钱理群的周作人研究起因于鲁迅,也成就于鲁迅。钱氏《周作人传》之所以写得深刻,很大程度上在于钱理群雄厚扎实的鲁迅研究功底。他的《周作人传》中有大量的篇幅涉及鲁迅,凡是与鲁迅有关的部分一般都写得比较突出和精彩。鲁迅是钱理群《周作人传》写作的底色和参照系。

---

① 于仲达:《钱理群:我们的老钱》,载《北大偷学记:一个民间学人的北大三年》,天津人民出版社2011年版,第171页。

② 钱理群:《文学研究的承担》(参考2008年4月1日下午钱理群在"北大评刊"论坛的演讲,录音整理:何不言、陈新榜)。

③ 钱理群:《钱理群读周作人》,新华出版社2011年版,第204—205页。

对于周作人研究与鲁迅研究的关系，钱理群本人是怎样认识的呢？我们通过他的书评来看他对兄弟二人对比研究的重视程度。

钱理群在评价孙郁的《鲁迅与周作人》一书时说："且不论具体分析中的新意，我以为本书最大的贡献是提出了'有意味的参照'这一概念，并由此开拓了鲁迅、周作人研究的新思路、新方法。"① 由此进一步指出了周、鲁二人在立人思想、生命形态选择等方面的异同。可见，他本人对于周作人与鲁迅的对比研究一向是十分看重的。在这种对比研究中，目的不在于臧否，而在于梳理其思想发展的脉络以及行为之根源。譬如在对兄弟二人的评价问题上，钱理群的《周作人传》既没有"褒兄贬弟"，也没有"褒弟贬兄"，这突出地表现在他对兄弟失和事件的评价上，尽管他在传记中列举了大量直接的或间接的他人的评价，这些评价多是利于鲁迅而责备羽太信子的。但钱理群说："本书作者却愿意持更谨慎的态度。……在这个问题上，我们还是'各人自扫门前雪，休管他人瓦上霜'吧。"② 他关注的重心不是兄弟二人谁对谁错，而是把二者视为现代中国知识分子人格与命运的两种范式、两种典型做参照式研究。

在《以平常心作平实之研究——读张铁荣〈周作人平议〉》一文的结尾处，钱理群写道：

> 张铁荣把他的周作人研究称为一种"平议"，即自视"平凡之人"，作"心平气静的研究"，力求"公平地持论"。可见，张铁荣先生是很能把稳了自己：自己的性情与学术个性的。我要补充的是，这种性情与学术风格与其研究对象周作人其人其事都有内在的契合，而且也是严正的学术研究要求的。
>
> 最后，还得补充一句：张铁荣的这种研究心态，治（周）学风格，是可贵的，值得称许的，并且是适合于"他"的；但却不是唯一的。——知堂老人说得好："文学家过于尊信自己的流别，以为是唯一的'道'，至于藐视别派为异端……与文艺的本性实在是很相违

---

① 钱理群：《有意味的参照——读孙郁：〈鲁迅与周作人〉》，《鲁迅研究月刊》1998年第3期。

② 钱理群：《周作人传》，北京十月文艺出版社2005年版，第239页。

背了。"(《自己的园地·文艺上的宽容》)学术研究大概也是如此吧?①

钱理群最后特意补充的一段话,实质上透露了自己的研究风格与张铁荣先生是不同的。自己的性情与研究对象周作人也存在较大的差异。的确,在精神气质上,钱理群更多地倾向于鲁迅,而不是周作人,钱理群是暖色调的;周作人是冷色调的;钱理群具有明确的社会担当意识,周作人则缺乏这种担当意识。周作人研究只是钱理群鲁迅研究的一个拓展和深入,从某种意义上讲,它归属于钱理群的鲁迅研究。黄子平与钱理群是北大的老同学,两人都研究鲁迅,但钱理群更痴迷于鲁迅。笔者听过钱理群的讲座,也听过黄子平的讲座。钱理群的讲座即使不是以鲁迅为主题,他讲着讲着也会滑向鲁迅;黄子平的讲座即使命题是鲁迅,他讲着讲着也会滑向文学与城市、文学与后现代等。概括来说,黄子平的讲座往往是"从鲁迅说开去",而钱理群的讲座往往是"回到鲁迅这里来"。总之,钱理群三句不离鲁迅,九九归一是鲁迅。鲁迅是他的精神支柱,鲁迅是他珍贵的神,言说鲁迅是他的生命存在方式。他的《周作人传》中处处有鲁迅的影子,周作人是在这个影子中矗立的。

因此说,《周作人传》既是钱理群对周作人的全面研究,又是钱理群对鲁迅的深刻审视和再次回望。正如钱理群的学生同时也是北大教师的邵燕君说:"钱老师的第二个研究对象是周作人。从某种意义上可以说,周作人是鲁迅的'反题',研究他也是从另一个角度进入鲁迅。"② 钱理群的《周作人传》以鲁迅研究为底色,为参照。从某种程度上说,没有对鲁迅的透彻把握,也就没有钱理群的这部《周作人传》。

二 关注周作人的心灵史

对现代中国知识分子乃至世界知识分子心灵的探寻、精神的剖析是钱理群学术研究的一贯理路。这里所讲的精神主要指思想。用他自己的话来

---

① 钱理群:《以平常心作平实之研究——读张铁荣〈周作人平议〉》,《钱理群读周作人》,新华出版社2011年版,第190页。

② 邵燕君:《赤子佛心钱理群》,《粤海风》2005年第6期。

说，就是："我曾经和友人黄子平、陈平原一起提出'二十世纪中国文学史'的概念，其实我自己最为倾心的却是'二十世纪中国知识分子精神史'。"[①] 他的鲁迅研究是这样，他的曹禺研究也是这样。后来，他的莎士比亚、塞万提斯、海涅、屠格涅夫的研究都是这样——集中反映了代表性知识分子的精神历程。钱理群的诸多著作一以贯之地探索知识分子的精神世界：《1948：天地玄黄》主要考察在历史转折关头中国知识分子的表现与选择；《与鲁迅相遇》通过解读鲁迅的作品进入鲁迅的精神世界，揭示五四一代知识分子的彷徨和呐喊、痛苦与挣扎；《大小舞台之间——曹禺戏剧新论》揭示了被政治运动束缚住了思想的知识分子软弱、麻木的一面，展现了中国知识分子心灵史上最悲凉的一页；《我的精神自传》主要考察了20世纪80年代以来以钱理群自己为代表的中国知识分子的精神变迁史；《丰富的痛苦》把生活在截然不同时空里的几位世界级作家连接在一起，从而反映了从17世纪到20世纪人类精神发展以及世界知识分子心灵历程的一个侧面。

关注知识分子的心灵史，是钱理群《周作人传》的第二个特点。这正是钱理群的学术底蕴与学术追求，也是他的生命体验之一。该传自始至终把周作人作为20世纪中国自由主义知识分子的一个重要代表，关注和剖析其心灵和命运。下面具体探讨一下《周作人传》是如何对周作人的思想展开分析的，其间，钱理群又是怎样注入了自己的生命体验的。

（一）对周作人几个关键时期思想的分析

钱氏《周作人传》以周作人为代表，系统分析了一类知识分子的思想发展脉络。其深刻程度在其他周作人传中是不多见的。传记对周作人思想的分析，大致可以分为以下几个阶段。

1. 对走向北京之前的周作人思想的分析认识

传记在写到周作人年轻时写的《题〈天官风筝〉》以及梦中"花甲登科"时，这样评价道："对于'朝为田舍郎，暮登天子堂'的平步上青云的仕途竟如此神往，这表现了周作人与知识分子传统割不断的联系，也显

[①] 钱理群：《我的精神自传》，广西师范大学出版社2007年版，第377页。

示了他内心深处的平庸——这平庸将害他一生。"① 传记写到周氏兄弟在日本时期协同作战时，列举了以下事实：周作人不仅在《读书杂拾（二）》《哀弦篇》中与鲁迅的"立人"思想相呼应，批判"重物质而轻精神"的倾向，呼唤先觉者的出现，而且在《论文章之意义暨其使命因及中国近时论文之失》中指斥孔教之祸，疾呼思想解放，其激烈程度甚至超过了鲁迅。对此，钱理群评价道："这一时期周作人虽然与实际政治活动保持一定距离，但仍保留着一个彻底的民主主义者、急进的思想家的品格。这种将思想与政治实践分离的倾向，几乎决定了以后周作人在中国思想文化界所要扮演的角色。"② 在分析了周作人的《民国之征何在》（忧惧辛亥革命走的是"王朝更替"的老路）一文的精髓是"共和不过是专制的变种"之后，钱理群的评价是："周作人对'以暴易暴'似乎特别敏感，对于他来说，无论对任何人，施加不受法律限制的暴力，都是对人权的侵犯，是绝对不能允许的。周作人终生坚持这一原则。这对他的政治选择与判断，几乎起了决定性的作用。"③ 这些分析评价充分关注了周作人早期思想的萌芽：读书做官的传统思想、思想急进与行动退缩的矛盾、反对以暴易暴、追求人权的民主思想。传记关注了这些思想对周作人后来的人生道路的影响。

2. 对五四时期周作人思想的剖析

对于作为启蒙主义知识分子的周作人，钱理群《周作人传》的深刻认识还体现在对其代表作《小河》一诗的剖析上。传记联系周作人的《苦茶庵打油诗》的《后记》，分析了《小河》的意蕴，由此揭示了周作人这类知识分子的内在矛盾："他们本能地对政治，特别是群众政治，以及必然与之联系在一起的革命暴力心怀疑惧，希望把自己的活动限制在思想文化范围内，而小心翼翼地与政治保持距离；连他自己也明白，这不过是自欺欺人：思想文化的启蒙必然导致被启蒙者变革现实的直接政治行动，这是启蒙者无法预先控制的。扩大了说，这是一切启蒙者必然面临的两难境地：或者与自己的启蒙对象一起前进……在与群众同化的过程中发

---

① 钱理群：《周作人传》，北京十月文艺出版社2005年版，第55页。
② 同上书，第109页。
③ 同上书，第137页。

生自我的异化。如果拒绝这样做，那又会最终被自己的启蒙对象无情地抛弃……周作人就这样陷入了困惑：他一面把思想启蒙作为一种信仰，理想，热情地为之献身，一面却为其几乎是必然产生的可怕后果而忧惧。"①这就把五四时期周作人内心的忧患乃至周作人在三四十年代与国共两党既保持联系又保持距离的内在原因揭示出来了。周作人的这一思想很有代表性，对这一代表性思想的分析，挖掘了周作人日后政治选择的心理基础，揭示了一类启蒙主义知识分子在革命高潮时进退失据的尴尬。

3. 对周作人在五四退潮时期思想的分析

钱理群的《周作人传》突出了传主关于知识分子命运的思考，比如，钱理群分析了周作人发表在《晨报副镌》上"自己的园地"栏目里的几篇文章，进而指出：当相当多的知识分子抛弃五四个性主义，走向无产阶级战斗的集体主义的时候，周作人高举起了"个性解放与自由"的旗帜。五四时期的周作人更多地扮演了一个时代要求他扮演的角色，现在的周作人选定了自己的角色。他要求思想文化上的各种派别多元的自由的发展，要求给作为时代精英的知识分子以"超越发展"的自由。他强调真正的文学发达时代必须多少含有贵族的精神。钱理群认为周作人的这种呼吁是中国自由主义知识分子一次自觉的追求，一次独立的发言。自从严复翻译约翰·穆勒的《自由论》，提出自由的要求之后，中国要求个人自由的呼声总是被淹没在"民族独立与社会平等"的呼声中。富于自我牺牲精神的中国知识分子也往往服从政治家的劝告，不断地在个性自由上做出让步。现在，周作人重又打出了自由主义与个性主义的旗帜。②钱理群这里思考的不仅仅是周作人个人的知识分子观，他还关注了近代以来，中国知识分子究竟在多大程度上实现了真正的自由，并具体指出了政治家是怎样发动和说服知识分子放弃个人自由的，这种深度思考是跨越时代的。

针对1924年北洋军阀政府取缔新思想、查禁进步书刊的行动，周作人发表《问星处的预言》，强调了知识分子所受的来自当局与民众的双重压力。对此，钱理群分析道："这是中国自由知识分子面临的双重威胁，双重痛苦：一方面是掌握了政权的反动当局的镇压，对于写作出版自由的

---

① 钱理群：《周作人传》，北京十月文艺出版社2005年版，第181页。
② 同上书，第205—207页。

武力剥夺；一方面是不觉醒的民众所实行的'愚民的专制'，用舆论的多数的力量限制自由。对于周作人，这不仅是现实的忧虑，更包含着对于将来的隐忧。……周作人不无痛心地用易卜生戏剧里的'重来'的概念，来说明启蒙的对象根本不可能觉醒，'祖先的坏思想坏行为在子孙身上再现出来，好像是僵尸的出现。'"① 这是钱理群借助周作人的文章来表达自己对创作自由和出版自由的期待，隐含了某种现实忧虑。由此可见，钱理群的研究是富于现实关怀的。

关于五四退潮期，周作人思想的游弋，《周作人传》多处给予展现，如在"卷入时代漩涡中"这一节，记述了周作人在女师大学潮中的种种思想。一开始，周作人不仅为学生自治会"代做呈文"，是学潮的推动者，而且还著文反驳胡适等人要求对章士钊一伙讲究忠厚的观点。但在章士钊因段祺瑞政府垮台而逃往天津时，周作人则提出"不打落水狗"的主张，而当章士钊一伙在北京建立"女大公理维持会"，宣布要将女师大教职员"投畀豺虎"时，周作人又撰文《大虫不死》，指出恶势力顽固反扑，不可忽视。这实质上是周作人在做深刻的自我批判。钱理群由此指出："徘徊于绅士与流氓、叛徒之间，不断地处于今是而昨非的自我否定中，正是历史大动荡的时代周作人这样的具有过渡色彩的知识分子必然的历史命运。"② 对于周作人这种徘徊与自我否定思想的评价，传记用得最为频繁的词语是"今是而昨非"，这一词语高度概括了周作人的性格弱点及思想矛盾。这一矛盾又影响了他的办刊思想。对于 20 世纪 30 年代初创办《骆驼草》时期的周作人，钱理群这样概括他的思想：对任何一家思想体系都持怀疑态度，但又兼收并蓄，汲取各家之长。这构成周作人后期思想的一个基本特点。③ 这实质上从另一侧面揭示了周作人日后作为骑墙派、脚踩多只船的思想根源。

4. 对周作人担任伪职时期思想的分析

对于周作人的事伪，钱理群的《周作人传》从知识分子被工具化的角度，做了深刻分析，给出了自己的见解。钱理群认为，对于事敌，周作

---

① 钱理群：《周作人传》，北京十月文艺出版社 2005 年版，第 242—243 页。
② 同上书，第 267 页。
③ 同上书，第 299 页。

人的态度是严肃认真的,甚至是自如的,而不全是他人评价的"趾高气昂"或"心情沉重"。周作人更多的时候,是平静地履行一个"华北政务委员会教育督办"的职责,例行公事。"但可悲与可怕之处也正在这平静中。这正是说明,他终于从思维方式到情感、行为方式,以至心理素质上完成了从'文人学者'到'官僚'的角色转换,他已经彻底地官僚化了。所谓'官僚化',即是成为国家机器的一个合格的部件,而他所服膺的国家机器华北政务委员会又是一个地道的日本侵略军卵翼下的傀儡政权。这样,周作人事实上成了双重的傀儡,他的悲剧性也必然是双重的:从民族的立场,他与入侵者合作,必然逃不脱'背叛祖国'的历史罪责;即使从个人立场,他也异化为国家机器的'部件',彻底地'工具化'了。他的上述一切言行,都是一步一步地出卖昔日的自我,走到自我追求的反面。……有人以为周作人虽有罪于民族,却换取了自我的自主与自由,这是大悖于事实的。"① 这段认识可以说是深刻老辣、切中肯綮的。它揭示了老而为吏、侍奉侵略者的周作人最为尴尬和悲哀的一面。他出卖了民族,也出卖了自己。钱理群认为文人从政,无可非议。关键是,知识分子一从政,总要被异化,况且,周作人所从的政,是绑在侵略者的战车上的,带有更大的屈辱性、腐朽性和反动性,作为一个一向自诩脱离政治的自由主义知识分子,最终却与中国最黑暗、最肮脏的政治结为一体,这是何等的悲哀与何等的值得深思啊!② 这里从多个侧面探讨了知识分子从政的弊端,有永久的警示意义。

在第八章第三节"中国的思想问题"这一部分,传记深入揭示了周作人是如何为自己的附逆行为寻找理论依据的。周作人认为,儒家的人本主义不仅是中国文化固有的"中心思想",而且可以充当"大东亚文化"的"中心思想"。对此,钱理群一针见血地指出:"所谓儒家文化中心论,真正有现实意义的是它的前提条件:承认作为东亚文化共同体的'大东亚文化'的存在。这就在实际上向日本军国主义为了侵略需要而竭力鼓吹的'大东亚文化圈'靠拢与认同。"③ "不管周作人主观上是否另存大

---

① 钱理群:《周作人传》,北京十月文艺出版社2005年版,第375—376页。
② 同上书,第378页。
③ 同上书,第384页。

志，客观情势规定了他，在日伪政权中，他所能做的唯一的事情，就是充当日本侵略政策的吹鼓手与辩护士。……连自身的独立性都丧失殆尽，儒家学说的'中心地位'，不过是一枕黄粱。"[1] 这种评判的透彻性就在于一眼看穿了周作人在任伪职期间的一切理论学说的本质是自欺欺人。周作人为了使自己的事伪行为获得一种学理支撑，获得一种道德崇高感，而有意识地、片面地、为我所用地改造中国传统的儒家思想。这种处心积虑、"日中"逢原真是难为了他，恐怕也只有周作人这样的大学问家可以做到这一步。

5. 对周作人晚年生活和思想的叙述和分析

传记对于周作人人生的最后一程也做了较为详细的记述，叙述了走出老虎桥监狱之后的周作人在写作、出版以及生活上的困境：《亦报》随笔里的不少文章缺乏内在神韵，他翻译的希腊《对话集》在生前未能出版。同时，传记也记述了该时期周作人在文学上的贡献：值得欣慰的是他的关于鲁迅的回忆文章翔实而亲切，他晚年的儿童杂事诗和散文小品颇富童趣和幽默。

总之，《周作人传》基本上对传主人生每个关键时期的思想状况，都做了概括和定性分析，并进而剖析了周作人这类知识分子无可改变的、仿佛是宿命般的时代命运。传记中所有对周作人作品的剖析，几乎都是为了探索其思想状况及发展脉络。因此说，这是一部剖析知识分子心灵史的作品。

（二）对周作人心灵史的探求与钱理群的出身、经历、职业有密切关系

钱理群的《周作人传》是一次超越性的自我抒写，之所以这样说，是因为钱理群对周作人知识分子命运的关注与解读，实质上与自己的家庭出身、人生经历、学术兴趣、工作环境等有很大关系，其中注入了自己的生命体验。传记对周作人作为自由主义知识分子的思想及命运的剖析，同时也是对自己家族中各类知识分子命运的再思考。"文革"的经历促使钱理群思考知识分子精神救赎与人性复归的问题，这使他有了与周作人深层对话的基础。钱理群作为北大教授的学者身份使他对周作人当年从浙江来

---

[1] 钱理群：《周作人传》，北京十月文艺出版社2005年版，第386页。

到北大及其在北大的工作、交往等情况的叙述别具一格。一句话，《周作人传》时时处处融入钱理群的生命体验。

1. 生命的对话——出身知识分子家庭又经历"文革"的钱理群与他的周作人书写

（1）知识分子的家庭出身及民主的成长环境促使钱理群思考知识分子的命运，与周作人有了对话的思想基础。

钱理群出生于一个现代知识分子的大家庭，自小就受来自西方的现代观念的熏陶，他接受教育的小学与中学——南京师范大学附小与附中也都是相当"西化"的学校。中学期间，他主要读五四新文学作品，大学期间，他对费孝通、萧乾等人的追求自由、独立的思想情有独钟。大学毕业鉴定里有一句是："有较为系统的资产阶级自由、民主、平等、博爱的观点。"

钱理群在《我的精神自传》中，在叙述了自己的家庭情况之后，有这样一段总结："我讲这一段历史有什么意思呢？大家可以看到，我是研究现代文学、现代思想史，特别是研究现代中国知识分子命运的，而我们家庭就是中国现代知识分子命运的一个高度缩影，中国知识分子的各种类型在我们家都有体现。我父亲可以看作进入体制内的知识分子，而我留学美国的哥哥则可以看作自由主义知识分子，其实我父亲也多少带有自由主义知识分子的色彩，是代表自由主义知识分子进入体制的类型，我的参加共产党的哥哥、姐姐和姐夫是典型的忠诚的共产党员，而我们最小的三个则是新中国以后培养出的人才。我们解放后都受到比较完整的教育，我的小哥哥在清华大学学工科，姐姐读北师大，我是在北大，但我们三个都因为家庭问题发送到边远的地方，我姐姐到新疆，哥哥到福建，我到贵州，这都很典型地体现了我们这种家庭出身在解放后的命运。改革开放后我们各自命运又发生巨大变化，变化最大的是我们最小的几个，我哥哥成了福州大学校长，我姐姐是乌鲁木齐市特级教师，我成了北大教授。我们整个家庭就是各类知识分子的浓缩，也就是说我的研究面对的不是与己无关的对象，某种程度上我是在研究我的家族、我的家庭，或者说研究我自己。"[①] 由这段话，我们可以更加深入地理解钱理群的周作人研究。正像

---

① 钱理群：《我的精神自传》，广西师范大学出版社2007年版，第15—16页。

他自己所说，某种程度上，他是在研究自己的家族、家庭和他本人，更准确地说，是在研究中国知识分子的命运。钱理群做学问的一个重要特点是兴趣，他对自己的家族，特别是对亲人及自身的命运当然是有兴趣的，研究起来自然是十分投入的。

（2）"文革"及"文革"后的经历促使钱理群思考知识分子的扭曲异化及其人性复归问题，从而与周作人有了深层对话的基础。

钱理群之所以能够与周作人对话，不仅仅是因为在他的身上有出身、家世所带来的"自我"，还因为他身上有被社会和时代改造后扭曲的"我"，更有"文革"之后人性"自我"的复归。正如他自己在《有缺憾的价值——关于我的周作人研究》中所剖析的那样：

> 我之所以不厌其烦地讲述这些自我传记材料，正是要说明：我在骨子里是一个深受西方思想影响的现代知识分子，在热烈地追求人道、个性的独立与自由这些基本点上，与周作人这类中国现代个人自由主义知识分子是相通的。这大概就是本来的"自我"。但我的大学毕业鉴定里还有一句："能够自觉地接受思想改造；通过学习与锻炼，能够对上述资产阶级观点作出自己的批判。"这同样也是真实地反映了我的思想状况的。我不想否认，这种"改造"，开始是有压力的，以后却变成了自觉的要求与努力。这是一个漫长的自我"扭曲"过程，在《心灵的探寻》后记里已有详尽剖析。①

他从 21 岁到 39 岁，生活在贫瘠的贵州。他在贵州经历了"文革"，而且既是"文革"中被批判对象，又是"文革"中的激进分子。一个女孩因为替他辩护而沉湖自杀。他备受批判，也曾践踏伤害过他人。贵州高原那段疯狂的岁月成了压在他心头永远的"坟"，他带着那满载着挣扎的生命体验从农村走进了城市。他在《压在心上的坟》这本书中写了自己的悔恨，对自己进行了灵魂的剖析，并且上升到理性层面做了反思和总结。他称自己研究的根本出发点与归宿就是把"苦难转化成精神资源"②。

---

① 钱理群：《有缺憾的价值——关于我的周作人研究》，《读书》1993 年第 6 期。
② 钱理群：《我的精神自传》，广西师范大学出版社 2007 年版，第 24 页。

在革命洪流中,他的"自我"思想被自觉和不自觉地改造,但是,也时不时地常常得以"复归"。

> 即以本来的"我"所追求的人道、个性、自由而言,这是"人"的健全发展的基本条件,对于它的自觉追求与实现,是人类文明发展的必然结果,而并非资产阶级的一个阶级的狭隘利益的反映。尽管后来冠以"资产阶级"的罪恶标签,我及我的同代人因此将它摒弃,埋葬;但人的本性追求毕竟是不可抗拒的。一旦扫除"迷魂阵",就仍然会"复归"。当然,"复归"以后还会"超越",但"超越"也是以"复归"为前提条件的,与这种对"人"的基本企求与权利的扼杀自不可同日而语。[①]

人性复归后的思想更加深刻和超越,这在《周作人传》中得以体现。他称自己的学术动力是"精神自省、自赎与自救"[②],讲的正是这种超越的含义。

钱理群特殊的家庭出身与他本人特殊的"文革"经历,促使他选择了周作人作为研究对象和解说话题。生命对话的基础来自心灵深处的观念和认识,对周作人的理解和批判,同时也指向自身。

2. 灵魂的搏斗——在评价和定位周作人上的担忧和焦虑

钱理群选择了周作人研究,也就意味着他要面临一种言说的困境甚至是言说的危险,既然在心灵深处是理解周作人的,那么在评价的时候,难免有赞誉的地方,但是,他面对的毕竟是一个曾出任南京国民政府委员、华北政务委员会常务委员兼教育总署督办等伪职,而且在1945年以叛国罪被判刑入狱的备受争议这样的一个研究对象。有一部分人担心,对"汉奸文人"的研究,会导致其作品的风行,而让年轻一代读者沉醉在汉奸文人营造的"闲适""温雅"文字中,会很容易忽略其作者不光彩的失节历史。20世纪80年代以来,关于衡量和评价周作人的价值标准一再成为人们讨论和争议的焦点。应该是因人废文,还是应该因文重人呢?这是

[①] 钱理群:《有缺憾的价值——关于我的周作人研究》,《读书》1993年第6期。
[②] 钱理群:《我的精神自传》,广西师范大学出版社2007年版,第23页。

一个缠绕周作人研究的一个重要问题。

对于这种言说的尴尬和痛苦，同是研究周作人的孙郁这样说："要写的人物，是那么异类，用传统的视角不行，但换了新法，又常常不得要领。在中国，写一个'叛徒'，是冒险的事，类似的书，不正受到种种指责？"① 怎样对待和评价一个有历史污点的文化巨匠，这确实是困难的。虽然，历史上从来就有不能因人废文的说法，但是，出于种种原因，的确有许多"文"因人而废掉了。比如，今天我们几乎通用的宋体字，原本是秦桧在总结前人书法之长的基础上创造的，但因为秦桧的投敌，后世委婉称这种书法曰"宋体"，而不叫秦桧体。这也不失为一种处理文化遗产的办法，批判其人而用其字，并不因人废字，但同时，这似乎又是对历史真相的某种遮蔽。再如，2008年9月26日的《人民日报·海外版》上有一篇文章，题目是"大牌汉奸汪精卫书法拍出高价说明什么？"，文章称上海一家拍卖行拍卖一件汪的行书作品，底价3500港元，开拍后举牌者众多，价格一路飙升，最后竟被拍到22万港元，价位远远超过国内一些大师级作品的拍价。对此，作者义愤填膺地批判了"追捧汉奸书法"的"逐臭之夫"，提醒人们应具有正确的文化价值观和民族道德价值观。一方面是汪精卫的书法获得了不菲的拍卖价，另一方面是骂声不绝。这些现象确实说明了问题的尖锐性和复杂性。

钱理群在他的《我的精神自传》中，回顾了《周作人传》写作的艰难。

> 而我的《周作人论》与《周作人传》，所要处理的是一个由于历史的复杂性而完全被否定的知识分子。我的研究就变得复杂起来：一方面，我要努力开掘作为"五四"传统开创者之一的周作人思想中的积极因素，主要是建立在自然人性论基础上的人道主义思想，对个性独立、自由的追求，以恢复他应有的历史地位，并为新时期的思想发展提供精神资源，同时这也是我自己的自我发现的过程，但另一方面，我也不能回避周作人最后"坠入深渊"的事实，并作出我的批判。而我的批判立场既是"民族"的，又是"个人"的，因此，我

---

① 孙郁：《周作人左右》，贵州人民出版社2009年版，序言。

认为，周作人的堕落是双重的……可见，当时我关心的重心还是知识分子自我独立性的丧失，不过由外在社会、体制原因的探讨转向了对知识分子自身弱点的追问。①

钱理群的这段叙述不仅让我们知道了他的《周作人传》是从知识分子的思想和命运这一角度来研究周作人的，而且，从钱理群对周作人叛国事敌的深层分析中，可以知道他在强调周作人的双重堕落，既背叛了祖国和民族，又背叛了五四时期的自己，使自己成为被异化的工具。这种对中国知识分子的深入思考，与钱理群自身的"文革"经历有一定关系，也与20世纪80年代以来人们对异化问题的讨论背景有密切的联系。"文革"中，许多人被异化成为政治斗争的工具，钱理群自己说过自己曾经被动地、不自觉地加入了造反派，伤害过一些人。钱理群对研究对象精神的解剖往往是指向自身的。

> 在周作人淡雅的文字里，我常常能"抓"住其内在的新奇或苦涩，刚刚被它吸引，即刻又产生一种近乎"本能"的防范与警惕；笔下才流出一句肯定的判断，不由自主地又加上几句批判性的"但"书或限制词。真如鬼使神差，老在诘难，打架，摇摆；像是陷入重围，进退失据，左右为难。尴尬极了，也难受极了。一时间，竟也理不出其中的关节，陷入难言的惶惑之中。
> 事实上，在我宣告与鲁迅研究及其特有的精神痛苦"告别"时，就已经背上了另一个更加难以承受的精神重负——随着周作人研究的开始与深入，我的灵魂越来越不得安宁。这真是永远无法摆脱的精神劫难：我与周氏兄弟仿佛已经结下了不解之缘；我的"立体参预"的研究注定我将与研究对象一起在心灵的炼狱里熬煎……②

对于钱理群所描述的这种灵魂的挣扎和煎熬，邵燕君说："钱老师的研究实际上是在'读人'，是'体验'、'相遇'，'彼此纠成一团，发生

---

① 钱理群：《我的精神自传》，广西师范大学出版社2007年版，第84页。
② 钱理群：《有缺憾的价值——关于我的周作人研究》，《读书》1993年第6期。

灵魂的共振'。从精神偶像鲁迅,到周作人、曹禺,再到堂吉诃德和哈姆雷特,钱老师带着自己的激情和困惑,与现代文学史乃至世界文学史、思想史上的典型人物碰撞,深入他们灵魂的深处,在体味他们的挣扎困惑的同时,也与他们血肉相合,使自己在这方面的人格充分发展。"①

周作人看似是个闭户读书写书的一介书生,其实,他与时代之间的联系是那样的紧密,这里既有历史对他的选择,同时也有自身对现实的主动介入。周作人向来宣称自己心中有"两个鬼"打架。钱理群的《周作人传》充分注意了这一点,传记提道:周作人虽声称闭户读书,他脾性里褊急的成分却实难使他能够从容镇静地做出平和冲淡的文章。"闭户读书论"一面固然是实情,另一面却近于讽刺,是对纷乱的时世与政府的嘲弄。综观钱理群的《周作人传》,同样可以看出钱理群在周作人的评价问题上,心中也有"两个鬼"在打架。尽管他对于周作人的文学成就给予了充分肯定,对他的叛国罪行进行了高度否定,但他在一些尖锐问题上,比如是否承认周作人是近代思想家等问题上,似乎避重就轻,没有正面回答。这或许是《周作人传》的遗憾,但这正体现了钱理群的一种本能的自我保护。他在周作人研究上的种种焦虑和矛盾,实质上是因为潜意识里担心被人戴上为汉奸洗冤、为反革命翻案的帽子。这种担心是由钱理群的性格决定的。他本人对此有过解释:"我和鲁迅是不同的。对于所谓的'论敌',我从不反击,只会疏远。我不参与任何'论战'。有时污水泼过来,没有办法,干脆躲开。我因此自称是鲁迅所说的'蝙蝠'——'毫无立场'。当然这种态度,用鲁迅精神来衡量的话,是有问题的。我的言论,从来都不是针对具体个人的,而是就文化现象发言。我坦然自觉地选择'边缘化',我一直是跳出人事关系的圈子,一方面是自我保护,另一方面也是生性有洁癖。"② 在回答《新京报》记者的提问时,他对不参加任何论战做了进一步的说明:"我逃避论争的原因在于,问题的论争最后常常变成人事关系,人事纠缠,产生意气用事。"③ 钱理群坦率地表明了

---

① 绍燕君:《赤子佛心钱理群》,《粤海风》2005年第6期。
② 钱理群:《我与鲁迅》(徐长云采写),参见 http://cjsb.cnxianzai.com/shenghuo/2007/1213/74126.html,2007年12月13日。
③ 张弘:《钱理群:我无法做到比鲁迅更强大》,《新京报》2007年12月21日。

自己的性格特点，其中既是洁身自好，同时也是逃避矛盾。《周作人传》在多个地方都体现了钱理群的这一性格特征，他的激昂与妥协同时存在。

3. 生命的体验——喜爱读书、喜爱儿童、热爱北大

钱理群的《周作人传》在一定程度上，是在写自己，他把自己的生命体验渗透、转化为传主的生命体验，他的《周作人传》中有许多议论，这实际是结合自己的生命体验而对周作人作出的理解。

> 我知道，我自己的本性或许是更接近学术的。学术研究对我有一种天生的吸引力。这首先是一种历史的诱惑。我曾谈到每回埋头于旧报刊的灰尘里时，就仿佛步入当年的情境之中，并常为此而兴奋不已。按我的理解，所谓"步入当年的情境"，就是与作为研究对象的"故人"进行超越时空的心灵的对话与交流。我在《周作人传》中曾写有"风雨故人来"的专节，这是我写得最为动情的文字，记得陈思和君在评论《周作人传》时，特地提到了这一节：他算是看懂了我的文字。文中所说的周作人的读书与写作境界其实是包含了我自己对学术研究的理解与追求的："像当年陶渊明那样，'历览千载书，时时见遗烈'，在与'遗烈'结缘、对话中，使自己寂寞的内心得到慰藉，精神也得到升华。读书的过程，就是一个'物我'的回响交流的过程，一方面用自己的胸襟与眼光去发现古人，另一方面又通过这种发现进一步肯定自己，扩大、丰富自己，建立起支撑自我的精神柱石"，正是"通过这种努力，将自我与历史联系起来，也就是在历史存在中找到自我存在的根据与理由"①。

钱理群的《周作人传》与他的《心灵的探寻》在写法上，类似的地方就在于：在追求材料的客观性时，又突出作者的主体性，充分显现作者的能动作用，用钱理群自己的话说就是"自己也烧在这里面"，以此来从传主那里发现自己，因此他的与传主的心灵对话，实际上是与作者自己的灵魂进行交流。

钱理群是在用自己的生命为他人作传，他本人的生命已经化在传记中

---

① 钱理群：《我的精神自传》，广西师范大学出版社 2007 年版，第 291—292 页。

了，就像司马迁的生命化在《史记》里一样。透过《史记》，可以看到汉武帝时代的风貌，更可以感受到由家世、生平所造成的司马迁的个性气质。同样，透过《周作人传》可以看到钱理群所处的20世纪的时代特征，更可以感受到钱理群本人的学术品格与个性追求。钱理群广博的学识、深刻的眼光、丰富的体验、宏大的气魄在《周作人传》中均有体现。传记对周作人的深刻理解和客观评价交织在一起，写出了青年周作人五四骄子的风采、中年周作人温中有铁的性格与晚年周作人的落魄和寂寞；写出了周作人深刻的矛盾性诸如勤劳与享乐、淡雅与褊狭、宽容与冷酷、绅士与叛徒等。这种认识和描绘集中体现在钱理群对周作人的评价上多次使用了"今是而昨非"这个词语上。此外，钱理群认为，"儒雅中有铁"的周作人其实也是生命的强者。关于周作人性格中强硬的一面，木山英雄的《北京苦住庵记》也有记述。针对周作人发表破门声明一事，"冈本坚次不胜感叹道：'一到关键时刻，中国人是很强硬啊，有关沈的事情也是坚决做到底，而且是坦然自若地做到底。'"① 这句话指的是当时周作人的破门声明发送范围很广，使得沈启无陷入苦境，无人敢用。可见，钱理群对周作人"铁"的一面的认识是有材料支撑的。概括来讲，钱氏《周作人传》认为周作人是一个矛盾的强者。这种认识是独特的，具有相当强的学理性，是钱理群自身学术功力的展现。

此外，传记对周作人受聘北大的意义、周作人的丰富的童年经验、周作人关于儿童作品的搜集与创作以及对北大教授逸事的记述都是很有特色的，都具有明显的钱氏风格，包含了他自己的生命体验。

钱理群大概对于人生转机的意义有着深刻的认识，因此，传记在写到周作人受北大聘请，从绍兴到北京的那次转移时，有这样一段感慨："这确实是一个关键时刻。此时（1917年），历史几经挣扎，终于走出辛亥革命失败后的低谷，新的革命高潮的准备阶段——新文化运动正勃然兴起。周作人恰于此时，由东南一隅的绍兴来到下一个历史潮流的发源地北京，这正是不失时机的转移。历史低潮时期，远离政治中心，可以利用那里统治相对薄弱的条件，进行历史的沉思，积蓄力量；而到了历史高潮时期，

---

① ［日］木山英雄：《北京苦住庵记——日中战争时代的周作人》，赵京华译，生活·读书·新知三联书店2008年版，第188页。

则必须置身于政治文化的中心，投身于时代潮流的漩涡中。唯有在那里，在各种思潮、力量的巨大撞击中，个人的才华、智慧才能得到全面的展开，尽性的发挥，人的生命也就获得了光辉灿烂的闪现——但这瞬间闪现却是能够照亮整个人生历程的。"① 阅读这段感慨，自然会让人与钱理群本人的人生经历联系起来，对于周作人来说，他抓住了"五四"这样的历史的青春期，对于钱理群来说，他则抓住了20世纪80年代这个历史的转折期。他们同为时代的潮流所推动，成了弄潮儿。或许正是这种相似，使钱理群对于周作人北上的历史意义有了上述深刻的认识和阐发。

关于周作人在儿童文学上的贡献，传记记述了周作人早在绍兴"卧治"时期就开始搜集童话、儿歌，在北大教书期间通过《北京大学日刊》来征集儿童歌谣，关押于南京监狱期间创作《儿童杂事诗》，总之，传记对周氏关于儿童文学的搜集、研究及其在理论上的成就给予了充分关注。关于北大教授的逸事，在《卯字号的名人》这一节中，记述了"两个老兔子与三个小兔子的事"：写的是同生于己卯年的陈独秀、朱希祖与胡适、刘半农、刘文典。还记述了顶古怪的辜鸿铭、章门大弟子黄季刚、"北派"之首刘师培等。这些特点与钱理群的赤子之心以及自身是北大教授的身份体验都不无关系。

钱理群认为传记的写作就是起死，像鲁迅的《故事新编》那样，让生活在彼时彼地的古人"复活"，与此时此地的现代人进行对话。② 而仅靠一堆史料却无法使传主"活"起来。传记作者必须依靠自己的情感与热力、思想与观点，用没有生命的史料创造出一个有生命的传主来。钱理群说："传记写作的最大特点，是它所面对的是活生生的生命；它的使命就是要将'这一个'具体的生命写活，充分展示其复杂性与丰富性，同时又超越于这具体的生命，写出更具普遍性的生命感。……这里所讲的传记写作的生命意识，其实还有一半，即写作者自身的生命投入。"③ 写作者生命的投入不正是作者主体性的体现吗？钱理群的《周作人传》投入了作者的热忱的生命，投入了他的学术才智和生命体验。

---

① 钱理群：《周作人传》，北京十月文艺出版社2005年版，第153—154页。
② 钱理群：《不敢写传记》，《中华读书报》2005年3月30日。
③ 同上。

在体现作者主体性方面，止庵的《周作人传》似乎在有意淡化作者自我的介入。他说："我只打算陈述事实经过，无论涉及传主的思想，还是生平；容有空白，却无造作。至于自家看法，不管与他人相同或相异，均属一己之见。在'周作人'这个充满争议的题目上，我既不是辩护者，也不是指控者。所以相关想法，恐怕'卑之无甚高论'。我当然自具立场，然而我的立场不能横亘在读者与事实之间。"① 正是在这样的写作思想指导下，止庵的《周作人传》基本上是按照时间顺序叙述了周作人各个时期的译著和论著，仅用少量的分析和判断来勾连史料，给读者的感觉稍显平淡和沉闷，用他自己的话来说是"难以写得热闹"。

传记倒并不一定追求"写得热闹"，但应该追求写得深刻。把传主的思想、性格写透写活，使传主形象饱满，这其中，传记作者的主体性参与还是十分必要的。关键地方，应该通过对材料的分析来表明作者的观点。在这一点上，止庵的《周作人传》显得拘谨。尽管对材料的选择和安排本身，也就体现了一定的观点和看法，但这种体现毕竟是不足的，甚至是隐形的，读者未必能够领会到；尽管止庵在有些地方，也给予了适当的评价，比如在陈述周作人的译作《论居丧》时，写道："该篇'无慈悲地把家族感情上的幕都撕碎了'，或许有助于周氏调整心境"；在评价《中年》时说："不过此文与其说讲中年应该如何，不如说讲不该如何，其间隐约有个反面例子，似乎就是在上海已与许广平同居的鲁迅；文中'中年以来重新来秋冬行春令，大讲其恋爱'和'一个社会栋梁高谈女权或社会改革，却照例纳妾'云云，仿佛特有所指。……兄弟失和将近七年之后，周作人在心里又与鲁迅决裂一次。"② 在《结语》部分，对周作人有个整体评价如"周作人一生行事或因思想所致，思想却不为行事所限""人归人，文归文"等。上述这些判断和评价是必要的，也是非常精彩的。但这对于整部传记来说，是远远不足的。因为分析评价的薄弱，意味着缺乏对材料的深加工，缺乏关键词的提炼。这样最终给读者的感觉是周作人思想发展的脉络不是非常突出，而"写出周作人思想发展的脉络"却是作者在自序中表达的要追求的写作目的。分析评价薄弱的原因之一可能就在

---

① 止庵：《周作人传·自序》，《周作人传》，山东画报出版社2010年版，第2页。
② 止庵：《周作人传》，山东画报出版社2010年版，第160—161页。

于传记作者缺乏与传主的精神沟通,对传主的生活和思想,做到了理解,但没有更深的体验。

人物传记毕竟不同于历史作品,从根本上讲,传记写作属于一种特殊的创作,其特殊性在于追求写实而回避虚构。传记在中国文体史上,一直被纳入散文。既然是散文,就是文学创作的一类。既然是文学创作,当然允许而且必须体现作者的主体性,很难想象,没有观点、没有意向的一篇散文会受到读者的欢迎。同样,纯粹客观历史叙述式的人物传记也难以赢得读者叫好。因为,与其读这样的传记,不如直接去读历史书。从创作实践来说,作者主体性的体现几乎是必然的,只要创作活动一开始,作者自觉不自觉地在作品中就留下自己的气质、品位、情感、观点,烙上自己的痕迹和影子,正如聂绀弩所说:"怎样的人物笔下,只能写出怎样的鲁迅来。"① 类似的意思,朱正这样说:"考据文章,结论常常是唯一的,不容异议。一涉及义理,可就见仁见智。"② 传记里可以有考证,也可以把传记写成考证式的,像林辰的《鲁迅传》,但这毕竟是极少数的。即使是林辰的《鲁迅传》,也以其特殊的方式打上了林辰印记。《曹禺传》的作者田本相认为:"罗曼·罗兰笔下的贝多芬,是有罗曼·罗兰的理解的。茨威格的巴尔扎克恐怕同泰纳笔下的巴尔扎克也不一样;但我们可以透过这些作家的三棱镜看到巴尔扎克的形象。我以为传记尽管是史实的记录,但绝不失去传记作者的独特的观察和理解,否则,这传记就失去了特色。"③ 所有这些不正说明传记是离不开作者主体性的吗?缺乏作者主体性的传记容易变成普通的历史材料的汇聚,传主的形象不容易鲜明,当然就"活"不起来。因此,对于传记作者来说,不必刻意回避主体性。

由于周作人这个传主的特殊性,在 20 世纪 80 年代之前,对他一直研究不足,资料较少。用陈思和的话来说,就是"周作人是现代文学史上最没有传奇色彩的传记人物,他的一生基本上是在书斋里度过的,平平淡淡,又为了那一段不光彩的历史,他的名字总是与某种暧昧的阴影联系在

---

① 聂绀弩:《高山仰止》,人民文学出版社 1984 年版,第 36 页。
② 朱正:《鲁迅论集·题记》,《鲁迅论集》,浙江人民出版社 2001 年版,第 9 页。
③ 田本相:《曹禺传》,东方出版社 2009 年版,第 545 页,后记。

一起,生前黯淡、身后寂寞"①。这样的传主给传记写作带来了一定限制,大部分《周作人传》所用的材料主要来自周作人自己的作品,"大段摘抄周作人本人的作品"这个问题在钱理群的《周作人传》同样存在。在这种情况下,如果再没有对史料的透彻分析,传记就会显得平面和单薄。钱理群的《周作人传》发挥了自己的特长,在传记中加进了自己的体验性理解与评价,使这部传记写得摇曳生姿。在20世纪80年代初评价周作人还是需要学术勇气和魄力的,稍有不慎就会被指责为替汉奸辩护。钱理群敢于挑战困难,结合自己的生命体验,结合自己对知识分子命运的认识对周作人做出了客观的评价,这是很难得的。

第二节　袁庆丰《郁达夫传》中的作者情感投射

小说可以依靠生动的情节、起伏跌宕的悬念来吸引读者,传记因为受到客观史实的制约,不允许虚构,所以无法靠生动的情节来吸引读者,那么传记靠什么呢?可以与小说情节匹敌的大概是传记作者的主体性,这主体性集中体现在传记作者的情感上。在叙述真实的情况下,情感浓烈的传记往往容易打动读者。袁庆丰的《郁达夫传》即是如此。

"艺术创作可以说是一种最富于个性的活动。越是优秀的作家,艺术思维的力量越强大,他在作品中投入的真情就越多。"② 从一定层面上讲,传记也可以称得上是一种艺术创作。因此说,任何一部传记作品无不打上作者主体精神的烙印。传记家同他选择的历史传主之间常常存在某种一致性,这一特点在那些成功的传记作品中表现得就更加明显。这种一致性具体表现为性格、感情、价值判断、人生经历、历史认知等方面的一致。这种一致性既包括认同、同情和移情,也包括对传主的客观认知、理解和评价。当传记家与历史传主具有一致性时,对话就能充分展开。从这一意义上来讲,传记就是生命与生命的对话,是传记作者与传主之间的心灵交流。但是,主体性如果发挥过度,则容易造成传记失真、失衡的现象。因

---

① 陈思和:《关于周作人的传记》,《中国现代文学研究丛刊》1991年第3期。
② 陈晓明、黄子平:《在作家与作品之间》,《中国现代文学研究丛刊》1989年第1期。

此，我们应该提倡传记写作的作者主体性，但同时还要警惕作者主体性的过度发挥。下文主要讨论袁庆丰《郁达夫传》的作者主体性问题。

一　主体性的表达方式："我"和"你"

袁庆丰的《郁达夫传》初版列入上海文艺出版社的"世纪回眸·人物系列"，于1998年11月出版，第三版由中国传媒大学出版社于2010年1月出版。在这部《郁达夫传》中，作者主体性的表达方式是怎样的呢？"我"和"你"特殊人称的运用是该传记最大的特征。陈思和这样评价袁庆丰的《郁达夫传》：

> 传记的章节目录，都含有一个"我"字。这个"我"，不仅仅代表了郁达夫，同时也隐含有袁庆丰自己的内心呼唤；与"我"相对应的，常常会出现一个莫名的"你"，这个"你"没有姓名，扮演着庆丰兄指责、争辩的对象，也是与郁达夫的磊落形象相对照的猥琐形象。有时候，这个"你"也包含了作者对王映霞"有负"郁达夫的愤怒，但更多的场合，"你"反映了一种与郁达夫的形象不协调、以致相对立的世俗社会的力量。这种叙事在一般传记里很少看到，只有在作者主体性过于强大的情况下，作者的传记叙述不足以表达他的强烈的情绪，才会出现这么一个负面角色。这是袁庆丰的传记写作的创造，值得读者注意。[①]

陈思和从传记创作的角度，独具慧眼地指出了袁庆丰《郁达夫传》最重要的特色。从传记的叙述人称入手，是理解这部传记的钥匙。的确，袁庆丰的这种丰富的人称变换使得他的叙述有了强烈的感染力。他对郁达夫性格的成因及性心理的分析、对郁达夫旧体诗的成就的赞赏等都在这种种的人称变换中达到淋漓尽致、纵横捭阖的描绘。

《郁达夫传》中的"我"，表面上看来是指传主郁达夫，在实际的阅读过程中，时时感到这个"我"就是传记作者。"我"的每一次出现，都

---

① 陈思和：《序言：为袁庆丰的新版〈郁达夫传：欲将沉醉换悲凉〉而写》，见袁庆丰《郁达夫传：欲将沉醉换悲凉》，中国传媒大学出版社2010年版，第4页。

是传记作者性格、气质的一次表露。为了让读者对于袁庆丰《郁达夫传》中的人称使用有一个感性认识，这里不妨列出该传各章的目录。

  第1章 谪下红尘我心哀
  第2章 严陵滩上是我家
  第3章 我将青衿遮傲骨
  第4章 世人不知我
  第5章 我的青春，我的梦
  第6章 我纵猖狂，天何太忍
  第7章 我以诗酒对明月
  第8章 我未成名君已嫁
  第9章 我之所欲
  第10章 我不爱而又不能不爱的
  第11章 我是零余者
  第12章 天生我才济世用
  第13章 我将红粉傅娇娘
  第14章 空虚牵住了我的手
  第15章 樊素忒无情，剩我苦伶仃
  第16章 国破家亡我最知
  第17章 我不死，我要活
  第18章 "安息吧，亲爱的人，安息吧！"

  这18章目录中除了最后一章的目录不含有"我"，其他所有目录中都含有"我"，而且多数目录标题直接化用自郁达夫的诗文，体现了传主的内心情愫。同时，这些诗文的运用，使得整部传记显得典雅古朴、深沉悲凉，与传主的身份非常吻合，而且我们在阅读《郁达夫传》时，常会感到作者借助传主表达了一种郁郁不得志和愤世嫉俗的情感。目录中的"我"简直就是作者的化身和代称。如"世人不知我""我的青春，我的梦""我纵猖狂，天何太忍""我是零余者""天生我才济世用""空虚牵住了我的手"中的"我"等。这都表达了作者本人强烈的倾诉情感。第18章的目录虽然不含"我"，但它表达的情感似乎更加强烈，甚至可以说是到了顶峰状态。袁庆丰的《郁达夫传》的情感何以如此强烈呢？他本人是在什么样的心境下创作的呢？让我们从该传的后记和代自序中寻找答案。该传第三版附录二《"灵台无计逃神矢"——〈郁达夫传〉海外繁体字 1999 年版代后记》中说：

> 虽说我一向知道，所谓的高等学府里的"干净"只能做相对意义上的理解，个中体味亦有年矣，可我有时还是无从容忍身边的坏人坏事；并且，就因为我不肯与之酱在一起，便被鞋们践踏得不得安生，连出国访学的线索都被踩得了无踪迹。因此，每当我在抗争中感到些许快意时，又禁不住地觉出了现实人生沉重的苦涩与无聊。
>
> 在这种人为的"软"环境中，我的心情自然难以平静。同时，我平日的教学任务繁重；加之住得又逼仄，只好在夜半时分躲进厨房，伏在大板凳与小板凳之间一笔一划地写作。因此，本书读起来，常会使人感到有许多憋屈之处，总之是多了些烟火味儿，难得飘逸潇洒几下子如使人表演般投人所好。①

苦涩、憋屈的人生体验在传记家的创作中难免有所流露和寄托。因此，目录中的"我"在一定程度上可以理解成传记家本人。传记家借助传主之口表达了自己难以直说的愤懑和不平，这就是所谓"借他人的酒杯，浇自己胸中的块垒"。这在该传《引言》中，可以看得更清楚："郁达夫，他爱，却被人恨；他不想死，却不让活；他追求，他渴望，他想有个家，有个漂亮女人；他要一方书桌，几间陋室，最好能坐拥书城，品茶啜酒吸吸香烟，做他的小说写他的文章。但最终他得到的，都是些不堪提起的剩饭残羹。他本来就生而不幸，活着是那样艰难，死，又是那般凄惨。"② 此为司马迁式的抒情，看似在为他人鸣不平，实乃夫子自道，借题发挥而已。现在，我们看到的不仅仅是这部传记所写的郁达夫的坎坷命运，我们还看见了传记背后作者的一段心酸心路历程，一种呼喊的人生。正如作者自己所说："坦白地说，在写作这本书的 4 年里，我有几次已走

---

① 袁庆丰：《郁达夫传：欲将沉醉换悲凉》，中国传媒大学出版社 2010 年版，第 247 页。
② 同上书，第 1 页。

到要停止写作的边缘。书里书外的、看到的和面对的无耻与丑恶,常使我悲愤难抑、气郁难平,对这种双重的煎熬与折磨简直是忍无可忍。"①"……我的失望和悲观,从以往(的历史),到囿于眼前,最后归结于自身,这使得我的写作,时常中断。以前,我从文字中,每每能得到快乐和充实,而今,夜深人静,孤灯下凝视着缕缕青烟中浮现的一页页文稿,却使我感到从未有过的苦涩和虚无。"② 这些话透露了作者的性格、情感和现实际遇。在上述心境下创作的袁庆丰,感情十分强烈时,会把文本中的"郁达夫"这个名字突然转换成"我"这个第一人称。比如:"郁达夫本来就不高兴,也不习惯在众人面前抛头露面,见情形不对,便就是退出。回家,未必就是出路,但那是家;苦读,不知路在何方,但必须走下去。惶惑中既然使人倍感冷清,那么,别打扰我,给我一个彻底的孤独,我会充实自己。自卑是我的面具,郁郁寡欢是我的表象,一领青衫下,是我的根根傲骨和一颗愤世嫉俗的心,它是那么清高,又那么敏感,上面写满了诗句。孤芳自赏,我有这资格;修身养性,我相信我鹏程万里。幸福使人轻浮,痛苦使人深沉。世人不知我。"③ 这里的"我"是指郁达夫,但读起来,仿佛又是传记作者在自言自语,在剖露心迹。

以上主要分析了《郁达夫传》中"我"这一称呼的运用,下面主要谈谈"你"这一称呼在传记中的运用。

袁庆丰《郁达夫传》中的"你"在多数情况下,是指作者指责和争辩的对象,这是个负面角色。表面看来,是通过对"你"的质问,为郁达夫抱不平,实际上也包含着传主作者愤世嫉俗的强烈感情。这其间都体现了作者的个性、气质。引言中的"你圆满,他凄惨,你活着,他死去。多少年了,风云流转,山不转水转,人间冷暖,春夏秋冬,来来去去都有消息。你子孙繁衍,财大气粗,越来越像个东西。他却死在异国他乡,至今找不到他被你活活掐死后,草草抛尸的那片荒郊野地"。这里的"你"明确指向杀害郁达夫的凶手。在《郁达夫传》第三版附录一中,作者把这段抒情的意图讲得更为具体:"郁达夫死去已四十多年了,可对他的

---

① 袁庆丰:《郁达夫传:欲将沉醉换悲凉》,中国传媒大学出版社2010年版,第248页。
② 同上书,第244页。
③ 同上书,第35页。

死,负有直接和间接责任的人(包括凶手),有一些还活着;非但活着,还活得那么潇洒从容;从容之外,非但不反省忏悔(哪怕是表面的和偶尔的),而且还在为自己涂脂抹粉;无论是那个凶手,还是那个凶手的政府,甚至连个郑重的道歉都不肯痛快地说。同一块蓝天,共一个地球,害死一个手无寸铁的同类,他们竟能始终无动于衷。作为一介书生,除了用文字表达愤怒和感伤,我实在不知道,我还能做些什么。"① 可见,作者写作的现实指向,这或许正是该著的价值所在。一切的研究活动必须具有当下意义,即对现实生活产生影响,传记写作也应如此。

再如,传记还写到了这样一件事情:1918年6月郁达夫没有因为抗议段祺瑞政府与日本签订《日华共同防敌协定》随大多数留学生回国,而是到东京打工。对此,作者议论道:"对郁达夫而言,最大的不利条件是经济困难,就是那个穷字。郁达夫当然是爱国主义者,因为他最终是以身报国、以死殉国了的,而你没有。"② 作者在引用了郁达夫的"万一青春不可留,自甘潦倒做情囚。儿郎亦是多情种,颇羡尚书燕子楼"这首诗作之后,写道"这是另一个悲剧的开始(这也是你喋喋不休、自以为是的、郁达夫'颓废'的'表现'之一)"③。作者在写到郁达夫1921年留学归国后找不到合适工作,还需老母亲供养这一段时,不免大发感慨:"学学学,学通中文学外文,拿拿拿,拿了文凭拿学位,吃尽万苦万辛,却连自己的生活也没有着落。此情此景,学历有何用?学位值几何?凭什么你读书不多,学问不做,却能锦衣玉食好工作高待遇任你横挑竖捡,今天报纸上谈话,明天杂志上讲演,脑满肠肥,大把挣钱,我这厢里却只落得个求帮告贷,无颜见故乡老母的下场?凭什么?这是什么鸟儿在作怪?'士为四民先'吗?什么时候与'九儒十丐'通了神气?"④ 作者在讨论真正意义上的作家标准时,写道:"作家必须又是学者,例外的都是鸡毛;至少,在郁达夫那一代人是这样。作家不是像'大师'这种称谓,

---

① 袁庆丰:"生非容易死非甘,生死中年两不堪。"——《郁达夫传》(香港花千树出版有限公司)海外繁体字1999年版代自序,见袁庆丰《郁达夫传:欲将沉醉换悲凉》,中国传媒大学出版社2010年版,第243页。
② 袁庆丰:《郁达夫传:欲将沉醉换悲凉》,中国传媒大学出版社2010年版,第71页。
③ 同上书,第109页。
④ 同上书,第159—160页。

被你普及得像高级手纸一般,任何人都可以塞给或买上一条,然后感觉良好地夹持而去,驽马而行空。那样出现的,只能是艺术大虱——面对现实,你无从抵赖,这是'后娘'的'现代'。"① 这几处的"你"都是作者假定的争辩对象。陈思和倾向认为袁庆丰《郁达夫传》中的"你"是个负面角色。笔者认为,这个"你"在多数情况下是负面角色,但也不尽然。有时就是指作者倾诉的对象——读者,这时候,这个"你"只是个客观的存在,无所谓正面、负面。例如,当作者认为读者的观点与自己相契合时,情不自禁地这样写道:"……所以,我同意你的看法:不能太多地苛求现实生活中的庸俗。"② 显然,这里的"你"就不是负面角色。不管这个"你"是正面角色还是负面角色,总之,它是与叙述主体相对的一个存在,传记作者特意把它凸显出来,明确体现了作者强烈的、不可自制的主体性。

二 主体性的表现类型:显形与隐形

袁庆丰《郁达夫传》中作者主体性的表现大致有两种情况:显形体现和隐形体现。

关于作者主体性的显形体现,是指传记作者直接议论和抒情,这可以在《郁达夫传》中找到多处。袁庆丰《郁达夫传》开篇第一章第一段就是:"郁达夫,名文,达夫是他的字。清光绪二十二年(丙申)十一月初三,也就是 1896 年 12 月 7 日,他出生于浙江省富阳县。县城依傍着蜿蜒秀丽的富春江。自古江南多才子,天下文章数三江。才子文章应无数,从此难舍是富阳。我知道你不会记念着他的诞生,但我相信,你不敢忘记,这个名字在你的记忆中轰然作响,如长歌嘹亮。"③ 这里的"你"是指与传记作者"我"相对应的传记的读者。这段的叙述确定了全篇的对话基调。强制性地把读者拉入叙述文本中。这样,传记家的每处讲述都有了明确的倾诉对象。这样的讲述方式很有现场感,读者被迫入场之后也的确能够为作者铿锵有力、掷地有声的叙述和感慨而震撼。

---

① 袁庆丰:《郁达夫传:欲将沉醉换悲凉》,中国传媒大学出版社 2010 年版,第 130 页。
② 同上书,第 10 页。
③ 同上书,第 1 页。

在第一章结尾处，对郁达夫4岁丧父的史实叙述之后，作者情不自禁地插入一段文字，描述自己写作时的心理状态："本来我想以和平的心态，写写郁达夫的这段童年背景，但就是这么几页文字，却整整耗去我两个长夜，一涂再涂。黎明前的黑暗中，凭窗远眺，我承认我的笔力太弱，竟难以透过灵帐前那袅袅烟气，仔细审视那几个侍奉在亡父棺木前的孤儿，尤其是那个未来的诗人，后来的作家。也许，是他的年纪由于过分幼小，使我不能读懂他的面容和眼神；也许，是我的心绪苦于所谓理性的思索，使我不能分辨出他情感之海中汇入的那条泪河。不，也许，他根本还不懂得到底为何哭泣，只是被亲人们的悲恸所震慑。不然，他为什么要说，青灯雨夜，只记得两个哥哥，坐守灵帷，彻夜吟哦？"① 这是记述，更兼抒情，是写作主体为主人公的不幸遭遇而悲恸得不能自已，于是眼前出现了一幕悲哀的郁达夫与哥哥为父守灵的场景。这既是幻想，又是历史真实。这场景的描述与前文中一段事实的排列形成互映，让读者与作者形成情感共鸣。这段事实是："寡母戴氏，中年丧夫（三十岁），老年丧子（六十二岁）；遗孀陆氏，中年丧夫，三十四岁；孤哀子郁曼陀，少年丧父，十六岁；孤哀子郁养吾，九岁；孤哀子郁凤珍，少年丧父，六岁；孤哀子郁达夫，少年丧父，四岁；（孤养女翠花同哀泣）。"② 传记作者在这段记叙兼抒情之后，为了把已经陷于悲恸的读者拉回到叙述文本的正文中去，他特意说"请绕过我，正视他自己的笔墨"。这句中的"他"又是指传主郁达夫。

在第二章一开始就有一段郁达夫孩提时代的形象勾勒，然后是作者观点的直陈："如果一个人反省一下自己所走过的人生旅途，他会发现，孩提时代所经历的一切，永远都是那么色彩鲜明，刻骨铭心。……所以，我同意你的看法：不能太多地苛求现实生活中的庸俗。因此，我特别地和再次地强调，我呼请关注包括孩提时代在内的作家的早年生活经历，而不是仅仅占据和盘绕着她的成名与成年经历不放。"③ 这里的"你"主要是指传记读者，总之，是与作者"我"相对的倾诉对象。再如："我觉得，一

---

① 袁庆丰：《郁达夫传：欲将沉醉换悲凉》，中国传媒大学出版社2010年版，第8页。
② 同上书，第3页。
③ 同上书，第10页。

个人的生活，尤其是早年生活，有时像一块小木条儿，在逼仄的时间水道中漂浮；有时又像一只小鸟，在它出生地的左近蹒跚学步，这时它虽有一飞冲天之志，却无振翅搏击之力。"① 这里的传记作者"我"再次直接出场，体现了强烈的主体性。

关于作者主体性的隐形体现，是指省略了议论主体，但字里行间包含着明确的主体性。也可以在《郁达夫传》中找到多处。传记作者强烈的主体性不仅体现在第一人称的明确化上，更多的时候，这个第一人称"我"隐藏起来，并不出现，但是读者可以感觉到他的无处不在。比如：《郁达夫传》中这样的评论："人是不能没有孤独的，而作家的孤独更是不可或缺。孤独是思想家的温床，艺术的酵素，渴望，想象，情感，创造……还有哀伤与敏感。……郁达夫当时当然还不是作家，但孤独与敏感如影随形，伴其终身，对它的追溯，必然要把目光投射到他的孩提时代，以及与之密切相关的自然和人文地理环境。"② 这样的记述，使文章顺理成章地过渡到对郁达夫家乡的描述上。这一段虽然没有"我"的直接出现，但叙述主体是非常明确的，是传记作者"我"在向读者解释为什么要着力描述郁达夫孤独的童年及其孤独的原因。这样，使全文始终处于一种与读者商量、交代和对话的氛围中。作者向读者完全敞开了写作的思路，这种叙述方式更容易抓住读者，让读者顺着作者的思维向度读下去。这正是作者主体性的隐形体现。再如，传记在写到郁达夫1916年的诗作受到挚友蝶如的大加称赞之后，感慨道："难怪郁达夫会在几年后，写成一时名作《采石矶》，把个薄命天才诗人黄仲则写得出神入化，满篇珠玉混潇洒；那少年，著白袷，高楼临水小天下，立日影中数百言，八府士子咸叹息，从此落笔不生花。郁达夫，诗早成，一笔写尽才子意，敢追苏黄小李杜。君不见，鬼斧神工令人眩，神韵风沛呼欲出，倘无才情逼前贤，焉能如痴如醉如是乎？噫，吁，咄！"③ 这里的一段不很严格的韵文充分表达了作者对郁达夫诗才的赞美，其中的"噫，吁，咄！"更是强烈情感的流露。

---

① 袁庆丰：《郁达夫传：欲将沉醉换悲凉》，中国传媒大学出版社2010年版，第37页。
② 同上书，第13页。
③ 同上书，第75页。

这种作者主体性的隐形体现在《郁达夫》传中还有多处，如"换言之，'天才的第一声啼哭绝不是杰作'（鲁迅语），但它毕竟是天才的声音。而杰作之所以是杰作，是因为它必然与人生的悲苦紧密相关。郁达夫没能例外"①。这样的议论正是作者关于成功与苦难关系的认识。再如，传记在写郁达夫的出国感受之前，先有一段感慨："出国啊，出国。一百多年来，对中国青年知识分子来说，出国的重要性，从某种程度上来说，不亚于娶妻生子、成家立业；而将其视为人生头等大事似的人，亦不在少数。"② 这自然会使读者联系到作者在《灵台无计逃神矢》的代后记中所说的"连出国访学的线索都被踩得了无踪迹"③，从而更加理解现实生活中的作者何以有出国的强烈愿望。这是指涉现实的一种写作。类似这样的表述，传记中有多处诸如"鸡毛是可以上天的，但知识分子不行，尤其是青年知识分子。假的可以上天，越是真的越不行。况且，上了天的，毕竟只是鸡毛而已"④，等等。我们透过这些狂欢化的语言，可以看到作者的影子。正如陈思和所说："可以说，读完这部传记，不但活生生的传主的形象跃然纸上，作者的自我形象也同样鲜活澄明地展现在读者的眼前。"⑤ 总之，传记作者的性格爱好、个性气质、世界观等在传记中都得到了展现。

中国社会科学院文学研究所研究员陈福民博士这样评价袁庆丰的《郁达夫传》："《郁达夫传》其实是一次关于自我的写作，具有某种'艺术'文本的意味。'安息吧，亲爱的人，安息吧'！你安抚的那颗灵魂不仅是郁达夫的，也已经是你自己的了。我读到这个题目时，眼泪几乎要夺眶而出。这不仅是语言和叙述的力量，更是灵魂的力量。"⑥ 通读《郁达夫传》，的确可以感受到灵魂的颤动。处处可以感受到叙述者"我"的强大存在，因此，这部传记既是"传写"郁达夫，同时也在一定程度上是

---

① 袁庆丰：《郁达夫传：欲将沉醉换悲凉》，中国传媒大学出版社 2010 年版，第 19 页。
② 同上书，第 92 页。
③ 同上书，第 247 页。
④ 同上书，第 104 页。
⑤ 陈思和：《序言：为袁庆丰的新版〈郁达夫传：欲将沉醉换悲凉〉而写》，见袁庆丰《郁达夫传：欲将沉醉换悲凉》，中国传媒大学出版社 2010 年版，第 4 页。
⑥ 袁庆丰：《郁达夫传：欲将沉醉换悲凉》，中国传媒大学出版社 2010 年版，封底评语。

在"传写"袁庆丰本人。从这部传记中,我们基本能够了解作者的个性心理、学识结构、文学观念等。阅读袁庆丰的《灵魂的震颤——文学创作心理的个案考量》可以印证上述判断。《灵魂的震颤——文学创作心理的个案考量》这部专著中有六篇文章直接以郁达夫为研究对象。这六篇文章分别是:《艺术中的"沉沦"与现实的超越——〈沉沦〉的感性判断与理性批判》《作家和他的母亲——郁达夫与"伊人的母亲"》《"我有迷魂招不得"——郁达夫早年生活经历及其人性心理研究引论》《"心事苍茫不可云"——郁达夫早年家庭经济状况及其成员关系》《偷来的火,照亮的路——郁达夫和他所倾心的外国作家在个性气质上的契合与指认》《"兰亭盛会等闲过"——郁达夫早年诗词与小说创作的内在逻辑和互动关系》。可以说,这些论文正是袁庆丰写作《郁达夫传》的坚实基础。其中,那些剖析郁达夫心理、气质的文章,带有强烈的袁氏风格。从中可以看出,袁庆丰与郁达夫在性格、气质上颇有类似之处。

袁庆丰在《郁达夫传》中的这种强烈的主体性来自他对郁达夫的理解与同情,甚至是气质上的相似;也来自他对教育心理学、文学创作心理学的深入研究。

先让我们来看看袁庆丰自己在《郁达夫传》第三版后记中的记述:"1993年,我从上海华东师范大学毕业后,辗转分配到北京广播学院(即现在的中国传媒大学前身),在其后的近10年时间里,我一直为本科生讲授《美学概论》、《文艺理论》,以及《中国现当代文学史》和《中国古典文学简史》等边缘性基础课程,也曾经为硕士生讲过几个学期的《西方经典文论选读》。"[①] 看了袁庆丰所讲授的这些课程,我们不难明白他的《郁达夫传》中那些关于童年经验对作家创作的影响的论述何以那样专业和深刻,也不难明白他对于郁达夫古典诗词,何以那样随手拈来、娴熟地运用了。

再看袁庆丰自己在《郁达夫传》第三版后记中对自己的精神气质、历史观、文化观的自我认识:"以前我一直认为我在各方面受鲁迅的影响较深,现在我发现对于郁达夫,我作为不再新鲜的研究者,除了在精神气质上一定程度地认同研究对象之外,在历史观和文化观上,亦同样受到他

---

① 袁庆丰:《郁达夫传:欲将沉醉换悲凉》,中国传媒大学出版社2010年版,第273页。

的启迪和影响。这些认识,是建立在我对他和鲁迅几乎一致的高度评价之上的。"① 这段自白非常确切地道出了传记作者与传主之间的精神契合。这种契合,不仅仅包含传记作者与传主之间原有的认同,也包含传记写作过程中,传记作者所受到的传主精神的影响。

　　写作是人类深邃、复杂的内心世界最有力的表现。透过传记写作,可以看到传记家的内心世界。刘纳说:"要了解一个人就看他给别人写的传记。"② 讲的正是这个意思。陈福民在《关于上海文艺出版社 1998 年版〈郁达夫传〉的通信》一文中把写作分为知识型写作和情志型写作,并认为袁庆丰的《郁达夫传》属于后者,而且这种类型的写作可能是阐释郁达夫的最恰切的方式。他认为,"客观的分析当然是必要的,但要想真正打开郁达夫的世界,没有一种'同情的理解'与体验,没有一种血泪相合的阅读进入和吸纳,没有一种在此基础上的灵魂的把握,郁达夫创造的那个'另类'精神空间是不会向你敞开的"③。袁庆丰的《郁达夫传》的确做到了与传主的心灵对话,是作者主体情感与心智投入的结晶,更是作者性格气质的自我展现。

　　关于袁庆丰《郁达夫传》主体性发挥过度的问题,这里有必要加以讨论。一方面,袁庆丰的《郁达夫传》做到了充分发挥作者的主体性;另一方面,这种主体性发挥得有些过度。真理向前走一步可能就是谬误。主体性过度发挥带来的问题是:作者过于强烈的情绪化写作直接造成了写作的失衡和论点的偏颇。

　　主体性发挥过度容易带来喧宾夺主之弊。无疑,袁庆丰的《郁达夫传》在体现作者主体性方面是非常突出的。但正因为太突出了,因而也带来一些传记写作中常常出现的弊病。突出传记家的主体性,是传记写作必不可少的,但是这种突出要适可而止,要服务于对传主形象的塑造,而不可喧宾夺主,不能使传记变成传记家表演的舞台。传记家应退居幕后,舞台上始终应该是传主。袁庆丰的《郁达夫传》在整个传记的前半部分,

---

① 袁庆丰:《郁达夫传:欲将沉醉换悲凉》,中国传媒大学出版社 2010 年版,第 274 页。
② 刘纳:《在作家和作品之间》,第九届中外传记文学研究会年会,2004 年;转引自朱旭晨《秋水斜阳芳菲度——中国现代女作家传记研究》,博士学位论文,复旦大学,2006 年,第 84 页第 96 个注释。
③ 袁庆丰:《郁达夫传:欲将沉醉换悲凉》,中国传媒大学出版社 2010 年版,第 269 页。

议论和评价过多，几乎变成了传记家自己关于个性心理学、家庭婚姻学、古典诗词学的学术论文，只不过是拿郁达夫来做例证罢了。例如，类似如下的讨论经常会在传记中大片地出现。

> 儿童最初是通过父母与家庭来感知认识人与人类社会的。父母双方对儿童的影响，在整体和总体上应该是均衡的，虽然，在某个阶段或领域内，如气质、智力、情感上有所不同或偏重。失去任何一方，都将造成子女心灵世界和情感世界的残缺，而这种残缺，是在后天无法得到弥补的。心理学研究认为，在缺少父亲的家庭中长大的男性儿童，在绝大多数情况下演变为两种类型性格的男人：一种是女性化，由于过多地受到母性的爱抚或渴望这种爱抚，并产生强烈的和自始至终的恋感，造成了他性格脆弱，情感丰富而细腻，自恋自卑情结为其主要的和最常见的心理形态；一种是绝对男性化，由于过早地承担父亲去世、其形象消失而形成的、在家庭与社会生活与环境中所扮演角色的空缺的义务与责任，从而使儿童的心理素质和生活能力远远地高于同龄人。然而，这并不意味着他们缺乏从母亲那里接受的情爱，并不意味着他们的心理和感情缺乏前一种类型的儿童所特有的那种脆弱和细腻。不，事实并非完全如此。一种极端的形态被更深地掩饰和更粗犷地表现，以至放大出来。他们的坚韧、勇猛、豪放和强悍，无一不是掩饰的手段与体现形态。从这个意义上讲，他们个性心理素质中包含着的积极因素，要绝对多于前一类型的儿童。在中国现代文学作家的个性心理构成中，郁达夫与鲁迅分别属于这两种类型的代表。前者的伤感与自卑众所周知，后者则以"热到发冷的爱"著称于世——他们受到我们同等的尊崇与热爱。①

当然，这些分析非常具有学理性，但是这样的分析和评价太多，使传记显得臃肿，缺乏流畅感，读者阅读时凝噎不前的感觉仿佛行人遇到交通堵塞般地着急上火。如传记对郁达夫早年的家庭环境、个性心理、情爱对象的讨论，着墨过多，甚至在有些地方难免重复。这种情况突出表现在前

---

① 袁庆丰：《郁达夫传：欲将沉醉换悲凉》，中国传媒大学出版社2010年版，第7页。

四章中的叙述中，而且波及中间几章，倒是后四章的叙述顺畅多了。作者这种强烈的主体性在正文中已经表述够多了，但还是无法抑制地在注释中继续发表议论，如关于作家学者化的问题，作者在第12章的第2个注释中给予继续较长篇幅的阐述。这样的阐述无非要说明郁达夫是真正的文人，中西兼通。而这一点似乎无须证明。这样的赘瘤似的东西在正文和注释中不时出现。出现次数过多，难免使人厌倦，更重要的是，不仅不会增加读者的认同感，而且，初读文本时建立起来的认同感会渐渐弱化，原因是随着阅读的展开，思维不断受阻，常常突然长时段地被作者的议论所钳制，逐渐感到作者的有些批判和结论过于偏激。其实，读者更多时候想在阅读传主的人生经历之后，做出自己的判断，而不是由传记家强加给某种认识。历史事实的力量是无穷的。传记家把经过他选择的历史事实陈述清楚，最起码已经完成传记的大部分任务了。陈福民似乎表达了类似的这种感受："在《郁达夫传》中，兄的语调是激愤的，但有点过于愤世嫉俗；兄的立场是取批判姿态的，但这批判尚显不够深入。愤世嫉俗是一种宝贵的情感，但过分的挥霍，容易使人的精神资源枯竭，也易流于浅见；批判的文化姿态好拿，其实那立场最终的根据还未见得确凿。这方面是需要我们加以警惕和反思的。"[①] 这里所说的情感的过分挥霍实际上就是指传记中的抒情成分已经超出了普通读者所能承受的限度了。

过度发挥的作者主体性导致了持论偏颇之弊，也导致了该著许多地方对史料的选择运用和解释上，对郁达夫表达了充分的同情和理解，而对王映霞的理解和宽容似乎少了许多，这主要表现在婚姻问题上对传主的偏袒。在袁庆丰的《郁达夫传》看来，郁达夫的所作所为都是有理由、有原因的，是环境使然、性格使然，而王映霞的所作所为似乎难以理喻。我们不能因为郁达夫在文学上的贡献之大而肯定他的一切行为。在这一问题上，王观泉的《席卷在最后的黑暗中——郁达夫传》关于郁达夫与王映霞爱情甘苦的叙述，更为客观一些。"从郁达夫来说，一九二七年一月在友人家与王映霞邂逅，一见钟情，把王映霞视作他的灵与肉'全部都救度了'的女神，到一九三九年写《毁家诗纪》非难王映霞，出格到骂她

---

① 袁庆丰：《郁达夫传：欲将沉醉换悲凉》，中国传媒大学出版社2010年版，第269—270页。

是'下堂妾'，真是无法理解的一百八十度大转变。从王映霞来说，一九二七年十九岁时多少带有'作家崇拜'的心情与郁达夫成家，到一九四零年狠心地抛弃三个孩子，断然离婚，心肠也真是够硬的了。"① 郁达夫性情的不稳定和周期性的离家出走对于一个家庭来说，是一个潜在的危机。他热烈到疯狂和决绝到寻死的做法无法给一个女人带来安全感。王映霞自有其失察之处，但她对于郁达夫投身革命是给予了极大鼓励和帮助的。她的爱情驱赶了郁达夫的颓废和懒散，在她与郁达夫稳定生活的七八年里，郁达夫为创造社做了大量的工作，努力编辑《创造月刊》，发表了大量进步文章，的确做到了为国家而奋斗。郁达夫在给王映霞的信中说："这一回的事情，完全是我不好，完全是我一个人自不量力瞎闯的结果。我这一封信，可以证明您的洁白，证明你的高尚，你不过是一个受难者，一个被疯犬咬了的人……最后我还要重说一句，你所希望我的，规劝我的话，我以后一定牢牢地记着。假使我将来若有一点成就的时候，那么我的这一点成就的荣耀，愿意全归赠给你。"② "我今天在开始工作，大约三四天后，一定可以把《创造月刊》七期编好。第一我要感激你期望我之心，所以我一边在工作，一边还在追逐你的幻影，昨天的一天，也许是我的一生的转机！映霞，我若有一点成就，这功劳完全是你的。"③ 这些话固然都是郁达夫热恋时期的情话，但无法否认的事实是，王映霞的确是他这一时期努力工作的极大动力。王映霞之于郁达夫编辑《创造月刊》的贡献就像郑秀之于曹禺创作《雷雨》的贡献，是绝对不可抹杀的。

　　鲁迅说："我一向不相信昭君出塞会安汉，木兰从军就可以保隋；也不信妲己亡殷，西施沼吴，杨妃乱唐的那些古老话。我以为在男权社会里，女人是决不会有这种大力量的，兴亡的责任，都应该男的负。但向来的男性的作者，大抵将败亡的大罪，推在女性身上，这真是一钱不值的没有出息的男人。"④ 鲁迅的这种否定红颜祸水的看法倒是为女人说了公道话。女人不是英雄，也不是祸水；既是英雄，也是祸水。在以男人为主体

---

① 王观泉：《席卷在最后的黑暗中——郁达夫传》，天津人民出版社1986年版，第172页。
② 同上书，第186页。
③ 同上书，第197页。
④ 鲁迅：《且介亭杂文·阿金》，见《鲁迅全集》（第六卷），人民文学出版社2005年版，第208页。

的社会里,在女人成为男人家庭消费品的时代,女人一半是英雄、一半是祸水,是英雄或是祸水,全由男人使然。道是无情却有情,自古清官难断家务事。夫妻争执多半双方都有责任。我们再来看看曹聚仁眼中的郁达夫是怎样的。

  其时,郁兄有些精神变态,写了如次的《金缕曲》:
  忧患余生矣,纵齐倾钱塘江水,奇羞难洗。欲返江东无面目,曳尾途中当死。耻说与,衡门墙茨。亲见桑中遗芍药,学青盲,假作痴聋耳。姑忍辱,勿多事。匈奴未灭家何恃,且由它,莺莺燕燕,私欢弥子。留取吴钩拼大敌,宝剑岂能轻试。歼小丑,自然容易。别有戴天仇恨在,国倘亡,妻妾宁非妓,先逐寇,再驱雉。
  这首《金缕曲》,外电全文播出,上海各报刊作花边新闻,以"郁达夫曳尾涂中"为标题,那就笑话闹得更大了。我在金华,看到此词,写了长信规劝郁兄,认为侮辱了映霞也就侮辱了他自己。他来信承认一时情感控不住。但他的胡闹还在后头呢。①

  曹聚仁不仅认为郁达夫发表《金缕曲》是胡闹,而且非常认同郁达夫的朋友易君左的话:"但达夫的举动粗糙恶劣,确有令映霞难堪之处。"②

  1936年2月郁达夫离开杭州到福州任教育厅厅长之后,王映霞多次要求到福州,均遭郁达夫强行阻止。③ 1938年春,在武汉,郁达夫因亲睹了许绍棣给王映霞的信而与妻子吵翻,王氏出走。盛怒的郁达夫竟在《大公报》上登载了寻妻的广告,使王映霞的自尊受到极大伤害。尽管如此,1938年冬天,王映霞还是随夫远赴东南亚。1939年3月,正当家庭生活渐趋稳定之时,郁达夫让香港的《大风》杂志刊载了他的《毁家诗纪》(14首)④,倾吐怨气。王映霞的尊严再次受到重创,不得不离他

---

① 曹聚仁:《我与我的世界》,生活·读书·新知三联书店2011年版,第376页。
② 同上书,第377页。
③ 罗以民《郁达夫传》推测郁达夫阻止王映霞到闽,是因为戴笠此时在闽。
④ 另一说:诗十九首,词一阕。

而去。

对于婚姻和家庭的态度，中国五四一代知识分子在思想和理论上的进步往往超前于行动。郁达夫就是个典型。他不仅为查泰来夫人写过赞语（曹聚仁语），他还为中国女子鸣过不平，他在《不幸而为中国女子》一文中写道："自孔子讥女子为难养以来，国破家亡，以及一切大小不幸的事件发生，就都推在女子身上。唐人有'小怜玉体横陈夜，已报周师入晋阳'的绝句，因而弄得现在五省之亡，罪魁也必然地是翩翩的蝴蝶。字典里女子部的文字，坏字较好字为多，古今来的诗词文选，女流总列在卷末，与僧道同居。"①他的维护妇女权益的这些文字好像应该只适于他人。在自己的家庭矛盾中，郁达夫却真的把一切责任都推到了妻子身上。他从骨子里也如多数传统男子一样是轻视女子的。他在《理智与情感》这篇文章中，讲述了理智与情感之平衡在写文章中的重要性，但他本人却远远没有做到这一点。他的《毁家诗纪》彻底毁了一个已有裂痕的家庭。

诚如曹聚仁在《也谈郁达夫》一文中所说："一位诗人，他住在历史上，他是个仙人；若是住在你楼上，他便是个疯子。即算是李太白，我也不想让他住在我楼上来。"②郁达夫是一位杰出的诗人，却不是一个理智的丈夫。他曾把许绍棣写给映霞的情书影印成套，分送好友。酒后逢人便自称"乌龟"。郁达夫的这种自我暴露行为的确有些病态。对于郁达夫的这种行为，郭沫若曾经发问："暴露自己可以，为什么要暴露自己的爱人呢？"③

对于上述郁达夫的过激行为，袁庆丰的《郁达夫传》很少涉及，是没看到相关资料，还是有意回避？传记作者常常袒护自己的传主，袁庆丰对于郁达夫也是如此，他对郁达夫有着过分的偏爱，以至于其间夹杂了许多主观的情感。过于强烈的主观可能导致史料运用不够扎实，比重不足或者严重缺失。比如，梁启超认为《史记·屈原列传》这篇情感浓烈的传记："事迹模糊，空论太多。这种借酒杯浇块垒的文章，实在作的不

---

① 《郁达夫全集·第八卷杂文（上）》，浙江大学出版社2006年版，第201页，原文载《宇宙风》第2期，1935年10月。
② 曹聚仁：《我与我的世界》，生活·读书·新知三联书店2011年版，第377页。
③ 转引自胡爱君《也谈郁达夫》，参见 http://www.tianya.cn/publicforum/content/books/1/121053.shtml，2009年6月8日。

好……把史学家忠实性失掉了去……失却作传的本意了。"① 袁庆丰的《郁达夫传》也存在类似问题。

关于婚姻中男女的责任问题，陈思和有一段论述。

> 我对于现代中国社会的家庭婚姻悲剧，本来就有很多感触，总的说来，女性在舆论上吃亏的还是比男性多。别的不说，我读过好几本现代作家的传记，如讲到周作人，总是说他做汉奸是因为娶了日本妻子的缘故，连周氏兄弟的失和的责任也一股脑儿地往羽太（信子）身上推，好像这么两个大教授大知识分子全是日本女人玩弄于掌心的木偶。再说茅盾，与孔德沚的婚姻好容易拉扯到了最终，但在他的传记里，作者往往是在为他惋惜，公开的理由，孔德沚的晚年脾气凶暴（好像羽太也有这个毛病），但反过来该不该想一想，一个女人，陪着周作人茅盾这样的男人过一辈子，容易吗？有没有为了名流的妻子名份，承受了许许多多本来不应该由她们来承受的压力和负担？研究者们对于朱安的评价比较客气，常常用"旧时代的牺牲"一句话来形容，可是，为什么旧时代的牺牲偏偏要朱安来承受而不是鲁迅呢？同样的情况在国外也有，如托尔斯泰的晚年日记里，对其夫人多有责备，似乎他最后离家出走客死他乡，是他夫人迫害的缘故。由此我想起巴金老人在《随想录》里论述托尔斯泰，他在非常敬佩托尔斯泰的伟大人格的同时，对其夫人承受了许多不该承受的压力说了公道话。②

陈思和所举的例子未必都合适，但是他的思想，笔者是赞同的。传记作者常常为维护传主的伟大形象，而为传主寻找各种借口，更多地把责任转嫁到他人身上。袁庆丰的《郁达夫传》也是如此。传记理论家杨正润认为，现代传记中，不断强化的"解释"是一把双刃剑，在使传记有可能获得深度真实的同时，也可能颠覆和瓦解传记所需要的历史真实性和精

---

① 梁启超：《中国历史研究法》，上海古籍出版社1987年版，第194—199页。
② 陈思和：《序言：为袁庆丰的新版〈郁达夫传：欲将沉醉换悲凉〉而写》，见袁庆丰《郁达夫传：欲将沉醉换悲凉》，中国传媒大学出版社2010年版，第3页。

确性。① 杨正润所说的"解释"即传记阐释，它往往就是作者主体性体现的主要方式之一。

中国画技法中有一种"写意"，写意画用笔不讲究工细，注重意态风神的表现和抒发作者的情趣。是一种形简而意丰的表现手法。写意就是要写意境，表达绘画目的和作者的情感。因此有人认为"写意，泻意也"，就是情感的流畅，而且是酣畅淋漓式的。这种画有很强的主观意识，但是，并非不要客观。作者的主观意识借助画面的客观内容传达出来。比如齐白石的写意花鸟画，题句常常诙谐巧妙，含蓄深刻。齐白石曾说："为万虫写照，为百鸟张神，要'自己画出自己的面目'"。讲的就是这个意思。笔者认为传记创作也应该是"写意画"，借传主形象的塑造表达传记家的思想。但是，写意是在客观描述的基础上而来的，不能歪曲描写和肆意发泄。

那么，传记作者怎样才能尽量做到客观呢？我们以罗曼·罗兰的《托尔斯泰传》为例来说明。罗曼·罗兰的《托尔斯泰传》对于传主的缺点是不回避的：例如，传记写到托尔斯泰欠缺艺术修养但又肆意批评艺术。"这方面应归咎于他冲动的性格，行动之前缺乏深思熟虑，他的激情往往使他看不到自己理亏的一面，还有，应当说，也因他的艺术修养有欠缺之处。……除了浏览文学书籍之外，他对当代艺术能有什么认识呢？这个乡绅一生中有三分之一的时间在莫斯科近郊的乡村度过，从一八六零年起再也没有去过欧洲，他能见识过多少绘画，听到过什么欧洲音乐呢？……关于绘画，他只能人云亦云，乱七八糟地将皮维斯、马奈、莫奈、勃克林、斯狄克、克林格都归入颓废派……这种武断随着年龄不断增长。他甚至写了一本书证明莎士比亚'并非一个艺术家'。""我完全理解，托尔斯泰是作家中文学气质最少的，对文艺界最有天才者的艺术，自然缺乏好感。可是又何必浪费时间去谈论自己不懂的事呢？对于一个你尚未进入的世界妄加评论有什么价值呢？"② 这里罗曼·罗兰对于传主的批评可谓尖锐但不失尊重和理解，深刻而不失武断和亵渎。正是这种实事求

---

① 杨正润：《"解释"与现代传记理念》，见杨国政、赵白生主编《传记文学研究》，人民文学出版社 2005 年版，第 34 页。

② [法] 罗曼·罗兰：《名人传》，张冠尧、艾珉译，人民文学出版社 2003 年版，第 243—246 页。

是的写真，才让读者觉得传主的真实可信，再伟大的传主也不是圣人。这一点，对读者来说，几乎是常识。因此，传记对传主缺点的描写不会减弱读者对传主应有的认同。托尔斯泰晚年，曾几次下决心离家出走，但一想到他的出走会给家人带来缺失和痛苦，他就妥协了。后来，他给妻子苏菲写了一封诀别书，表白自己要出走的原因，但是，他没有随即走掉，他爱他的妻子和孩子。对此，罗曼·罗兰评价道："他出走的计划便到此为止。""难道他只有这点力量？难道他不能为上帝牺牲他的温情？——诚然，在基督徒的名人谱中，不乏心坚如石的圣者，他们毫不犹豫地抛弃自己和别人的感情……有什么办法呢？他不是这种人。他软弱。他是人。正因如此，我们才爱他。"① 罗曼·罗兰的这部杰出的《托尔斯泰传》让我们看到了传记作者是如何记述传主缺点但又不失对传主的理解和尊重的。

同样，传记家曹聚仁认为鲁迅是人不是神：要在表面上把鲁迅形容得伟大的人，"也许表面上是褒，骨子里是对他的嘲笑呢"②！固然，一部传记不可避免地会体现作者的主体性，但这种主体性一定是建立在事实基础之上的。传记家千万不能剑走偏锋。传记家应该具有史学家求真的品质。同样是写郁达夫传，王观泉的《席卷在最后的黑暗中》，相对来说，更客观些。尽管他自己在《序言》中写道："总而言之，此传是我关于这位在光明已经来临之期被黑暗席卷而去的不幸者的历史命运的主观认识：写的是郁达夫传，反映的是传记作者对于一个作家和一个时代的认识。""人，不仅创造了神，而且创造同类——自然是出类拔萃的同类。传记就是对于这出类拔萃的人的一个再创造。"③ 这是在强调传记作者的主体性，但是，该传对于郁达夫的弱点并没有回避，如该传认为"郁达夫的颓废、世纪末懒散的才子气质和名仕派头的生活，却着实影响着他的创作，他很写了一些颓废气十足的作品，却也是客观事实"④。所以该传既写了郁达夫的颓废，也写了在郁王婚变中，郁达夫不可推卸的责任。这种实事求是、一

---

① ［法］罗曼·罗兰：《名人传》，张冠尧、艾珉译，人民文学出版社2003年版，第286页。
② 曹聚仁：《鲁迅年谱（20）》，《文艺世纪》（香港）1959年新年特大号（1月出版）。
③ 王观泉：《席卷在最后的黑暗中——郁达夫传》，天津人民出版社1986年版，第6页，序言。
④ 同上书，第4页。

分为二的观点更容易被读者接受。

当代传记研究家全展教授指出:"任何一本传记的主人实际上都有两个:一个是显在的传主,一个是潜在的传记作者。因而传者要用艺术的眼光、人性的眼光去发现和阐释传主生命的奥秘,并对其进行价值判断。而这里面就有一个如何处理好'入'与'出'的问题。钱理群称之为'灵魂的搏斗'。"①那么钱理群所说的"灵魂的搏斗"具体是指什么呢?钱理群认为:

> 作为一般的传记写作者也存在这样的困惑:既要"深入进去",搞清楚"事实是怎样的"和"为什么会这样",这样才能对传主有一个理解的同情;又要"跳出来",正视事情的"后果"(这是许多传主本人见不到的),有研究者的独立立场与判断。我说这是一个"困惑",是因为如果进不去,不能有理解的同情,你的描述与判断都失之表面或武断;但进去了,跳不出来,你被传主笼罩了,同样会失去独立的判断力。借用胡风的说法,写作的过程,在某种程度上,是传记写作者与传主生命相生相克的过程。②

按照钱理群的这一理论,袁庆丰的《郁达夫传》在某种程度上说,就是"进去了",而没有"跳出来"。作者被传主强大的精神气质所吸引、所笼罩,因而在判断上有些偏颇。部分传记作者在写作时,往往不自觉地偏袒自己的撰写对象,袁庆丰的《郁达夫传》就是如此。由此可见,传记写作中作者主体性的发挥要适可而止、恰到好处才行。主体性的发挥一定不能逾越一些基本的历史事实,一切的发挥和判断都需要在"真实"的基础上进行。做到这一点,看似容易,其实是非常困难的。这正如弗吉尼亚·伍尔芙所说:"一方面是真实,另一方面是个性,如果我们想到真实是某种如花岗岩般坚硬的东西,个性是某种如彩虹般变幻不定的东西,再想到传记的目的就是把这两者融合成浑然一体,我们承认这是个棘手的难题。"③

---

① 全展:《传记文学创作的若干理论问题》,《浙江师范大学学报》2007年第5期。
② 钱理群:《不敢写传记》,《中华读书报》,2005年3月30日。
③ 转引自李健《论中国新时期传记文学的史传合一与西方传记的史传分离》,《当代文坛》2007年第7期。

伍尔芙由此认为传记是一切文学形式中最困难的一种。事实确实如此。

总体上来说，袁庆丰的《郁达夫传》发挥了应有的作者主体性，感情充沛、可读性很强，是很有特色、也十分难得的一部作家传记。但是其主体性过度发挥所带来的弊端也不可忽视。

第三节 《徐志摩传》折射宋炳辉的学术背景

本书所指的宋炳辉的学术背景主要指他的比较文学视野，该传将徐志摩放在世界文化的语境中来考察，突出了他在国际文化交流中的贡献。比较文学是一门独立的学科，它以世界文学的眼光，运用比较的方法，对各种文学关系进行跨文化的研究。[1] 比较文学研究通常包括传播研究、影响研究、接受研究、跨学科研究等。中国比较文学研究会会长乐黛云认为："比较文学学科的目的是在世界文化与文学发展的新的语境中研究中国文学与外国文学的内在联系和外在关系，探讨中国文学在这一动态发展的语境中对未来世界文学和文化的发展所能做出的贡献。"[2] 可见，比较文学必须具备世界文学的眼光，熟知比较对象，否则，根本无从开展研究。这也正是法国人最初把比较文学称作"国际文学关系史"的原因。今天，有的学者则直接把比较文学称为跨文化研究或跨文明研究。

宋炳辉，1993年复旦大学中文系比较文学硕士研究生毕业，2003年复旦大学比较文学博士研究生毕业。现任上海外国语大学文学研究院教授，《中国比较文学》副主编，比较文学与世界文学专业和中国现当代文学专业的研究生导师。比较文学是宋炳辉擅长的专业领域，他在1993年出版的《徐志摩传》就反映了其学术背景。该传突出了徐志摩与外国作家的交往史，不仅记述了徐志摩对西方文学的接受和传播，而且也显示了徐志摩对西方文学界的影响。这部传记凸显了徐志摩在20世纪二三十年代成为中国与世界文化交流的重要纽带这一事实。比如，传记引用了专门研究中国文学的英国学者魏雷《欠中国的一笔债》一文中的一段话，这段话大意是说他们通过徐志摩了解到了文学艺术在当时中国有教养的人士

---

[1] 参见王向远《比较文学学科新论》，江西教育出版社2002年版，第5页。
[2] 乐黛云：《小序》，见肖占鹏《比较文学通论》，南开大学出版社2003年版，第1页。

中的地位，徐志摩是中国在战后给他们知识界的一项影响。① 对此，传记评述道："魏雷的话，足以说明徐志摩在中外文化交流史上的贡献——不仅仅是一个接受主体，同时也是一个积极的影响主体。"② 显然，这是从比较文学的视角、以比较文学的研究方法来评价徐志摩的。

对徐志摩产生较大影响的有印度诗人泰戈尔，英国文学和艺术界精英人士如罗素、哈代、萧伯纳、威尔斯、狄更生、卡本特、曼殊菲尔等。对此，宋炳辉《徐志摩传》都有较为突出的记述，而且特别梳理了英国作家对徐志摩的影响。这部传记第二章的"从伦敦到康桥"一节详细介绍了徐志摩与作家狄更生和嘉本特、艺术家傅来义、汉学家魏雷和卡因等人的结识情况，尤其是与威尔斯和狄更生的亲密接触。此外，传记第二章还有两节专门讲述了徐志摩与罗素和曼殊菲尔的交往，标题就是"师从罗素"和"永远的曼殊菲尔"。在第四章"理想的搏击"中又有一节"相随泰戈尔"专门写徐志摩与泰戈尔的交往。这与其他如赵霞秋、杨新敏、韩石山等人的徐志摩传是不同的。一般的徐志摩传最多把徐志摩给泰戈尔做翻译的内容列为一节，而很少把他与罗素、曼殊菲尔的交往列为专节的。宋炳辉以自己在外国文艺研究方面的优势，对此做了充分发挥，详细梳理了外国文化名人对徐志摩的影响以及徐志摩在中外文化交流史上的贡献。这成为他的《徐志摩传》的一个特色，体现了他本人的域外视野。这也正是传记作者主体性的表现。

宋炳辉《徐志摩传》对于传主与海外人士的交往是如何具体展开叙述的呢？以下从两个方面来阐述。一是传记关于罗素、曼殊菲尔对徐志摩影响的考察。二是传记关于徐志摩在泰戈尔访华这一国际交流活动中作用的考察。

一 彰显罗素、曼殊菲尔对徐志摩的影响

（一）传记对徐志摩师从罗素的记述

传记"师从罗素"这一节详细记述了徐志摩与罗素的交往，从他1920年9月离美赴英的目的就是向罗素拜师到他误以为罗素病死中国，痛书悼诗，再到成为罗素家中的座上客，传记都给予了详细的描述。传记

---

① 宋炳辉：《徐志摩传》，复旦大学出版社2011年版，第39页。
② 同上书，第40页。

写道:"当罗素的第一个孩子满月时,徐志摩在康桥大事张扬,发动一批中国学生为罗素夫妇摆喜宴,吃红蛋与寿面。"① 传记还记述了罗素曾把自己的新作《中国问题》寄给回到中国的徐志摩,请徐志摩把这本书的主旨向中国人介绍。在 20 世纪 50 年代罗素 80 多岁的时候,他在编辑书札手稿时,在徐志摩的书信一栏上写下了这样一段文字:"徐先生是一个有很高文化修养的中国籍大学肄业生,也是能用中、英两种文字写作的诗人。教他中国古典文学的老师,是一个从出生起就没有洗过澡的人。当这位老先生过世时,徐先生因为是当地的地主,别人就问他是否要给死人洁身,徐先生答道,'不要,就这样葬他好了'。很可惜,徐先生在回中国途中遇意外身亡。"② 从外国作家笔下寻找对本国研究对象的记录,这正是比较文学的任务之一。"罗素笔下的徐志摩"这些材料的提供充分反映了徐志摩与罗素的密切交往,也为我们了解罗素眼中的古中国印象提供了宝贵的线索。此外,传记还详细介绍了徐志摩关于罗素的几篇作品如《罗素游俄记书后》《罗素与中国——读罗素〈中国问题〉》《罗素与幼稚教育》《罗素又来说话》等,并从徐志摩留下的这些文字里推出徐志摩至少在以下三个方面受到了罗素的影响。

第一,精神气质上。传记记述道:"罗素作为一个出身贵族的反叛型哲学家和社会活动家,他的趣味和习惯都是贵族的,在举止、衣着和风度上都极为留意,遵循传统,礼貌备至;讲话的时候吐字清晰,用词准确,乃至有做作之感。但在智力和情感方面却相当敏锐、强烈而持久。他谈笑风生,尤其是在一般的谈话中,当别人的插话阻碍他运用锐利的逻辑武器把自己的论题讲个淋漓痛快时,更是踔力风发""志摩后来形成的自信、好辩和反叛现实的那一面性格,应该说与他所敬仰的罗素的影响有很大关系。"③ "徐志摩形容与罗素谈话的感受是十分精彩的,他说听罗素说话正如看法国烟火:种种炫目的神奇,不可思议地在半空里爆发,一胎孕一胎

---

① 宋炳辉:《徐志摩传》,复旦大学出版社 2011 年版,第 28 页。
② 转引自宋炳辉《徐志摩传》,复旦大学出版社 2011 年版,第 27 页;参见梁锡华《徐志摩海外交游录》,载程新编《港台、国外谈中国现代文学作家》,四川文艺出版社 1986 年版,第 214 页。
③ 宋炳辉:《徐志摩传》,复旦大学出版社 2011 年版,第 31 页。

的，一彩绮一彩的，不由不讶异，不由不喜欢。"① 传记认为："徐志摩日后在新月社的圈子里、在朋友中间的'活泼、灵动、唠叨、兴奋及其谈锋之自在如意'，'像一阵旋风卷来，横扫四座，又像一把火炬把每个人的心都点燃'的形象，颇有点像罗素在百花园沙龙中给人的印象，只是志摩友善和气，罗素则以富于攻击性的论辩征服别人。"② 宋炳辉认为与一个他十分崇敬的人谈话，所受的影响是很大的，从谈话内容到说话方式。在对徐志摩的一生影响最大的智者名单中，伯特兰·罗素的名字是在最前列的一个。

　　第二，在人生观、价值观、婚恋道德观上。传记在分析了罗素的《婚姻与道德》《社会重建的原则》等著作之后，认为罗素一直严肃认真地与维多利亚传统的、压制人性的婚恋道德观做斗争。罗素的反叛是惊世骇俗的，他认为人对性之神秘感来自无知，关于性的一切神秘氛围都是由于维多利亚时期那些道学家们宣扬的蒙昧主义所造成的。罗素倡导试婚和离婚从简，对婚外性行为和同性恋现象持一种宽容的态度。他甚至认为从传统角度看，丈夫的不忠行为更多于妻子，为公平合理，妻子也应像丈夫那样不忠。传记认为徐志摩与张幼仪的离婚，直接或间接受到了罗素激进婚姻观念的影响。虽然，罗素的上述思想是在1929年出版的《道德与婚姻》一书中出现的，但是，传记认为在1922年3月徐志摩离婚的时候，罗素自己的婚姻变故就已经表明了他的态度，这很可能影响到徐志摩的抉择，传记陈述了1922年2月徐志摩致罗素夫妇的一封信，希望能向他们谈谈自己忧急的心情，这大约就是徐志摩想与罗素夫妇商量与张幼仪离婚的事情。③ 传记的这种细致分析颇具说服力。

　　第三，在对共产主义与苏俄的看法上。传记分析了罗素与徐志摩社会政治观的异同。传记指出第一次世界大战使罗素由一位自由主义者转变成社会主义者，但这时他的社会主义是基尔特社会主义工团主义，他把大国家权力看作社会主义的隐患。而此时在美国读书的徐志摩也同情社会主义。与罗素不同的只是，他的"社会主义"更多地与人道主义、慈善主

---

① 宋炳辉：《徐志摩传》，复旦大学出版社2011年版，第31—32页。
② 同上书，第32页。
③ 同上书，第34页。

义和乌托邦主义混在一起。罗素一开始欢迎俄国革命，但在他看到俄国的现状之后，又有些矛盾。这种思想一开始让徐志摩感到疑惑，但四年后，当他亲自考察苏联之后，也有了与罗素相同的感受。传记认为造成这种相似观点的深层原因之一是两人同样的民主个人主义立场。此外，还有罗素对徐志摩的直接影响。[①] 这里，传记不仅分别考察了罗素和徐志摩在对待苏俄革命态度上的前后变化，而且指出了二人在精神实质上、在思想深处是极为相似的。

（二）对徐志摩拜访曼殊菲尔的记述

在"永远的曼殊菲尔"这一节中，传记详细叙述了1922年7月中旬的一个夜晚，孤独寂寞的徐志摩应邀去拜访曼殊菲尔的情景。先是写他如何在昏蒙灰暗、阴雨凄凄的狭巷里，一边想象他即将见到的充满了神奇魅力的小说家，一边艰难地寻找到彭德街十号的经过。后来写到了如下情景：开门迎接他的是曼殊菲尔的丈夫、文艺评论家麦雷。因为女主人病体虚弱不能下楼来，于是，徐志摩和麦雷兴致勃勃地谈到了十点半。起身告辞时，他意外受到邀请得以上楼会见了曼殊菲尔。

传记引用了1923年徐志摩写的《曼殊菲尔》一书的精彩片段，描写了两人短短二十分钟的会见。既写了当时曼殊菲尔房间里的幽静的灯光、蓝丝绒的座榻，又写了曼殊菲尔浓艳的衣饰、神灵的妙眼、仙乐般的声音等，简直是个幻境。就是在这样的幻境中，两人侃侃而谈，交换了他们对俄罗斯文学、对英国当时流行的小说家以及对中国诗歌的艺术成就的意见。曼殊菲尔劝徐志摩回国后不要卷入政治，同时还答应了徐志摩翻译她的作品的要求。二人的谈话给徐志摩留下了极其美好的印象。日后，他不仅写下了《哀曼殊菲尔》的诗作。还翻译了曼殊菲尔的许多小说。[②] 传记认为，"对曼殊菲尔的记忆不仅触发了徐志摩的灵府之门，而且也强化了他对理想之美的不懈追求"[③]。这种认识的确是有充分理由的。因为，曼殊菲尔对徐志摩的影响是持续的，尽管在两人见面后的第二年，曼殊菲尔就因病去世，但是，直到徐志摩去世的前一年，他还在翻译曼殊菲尔的作

---

① 宋炳辉：《徐志摩传》，复旦大学出版社2011年版，第30—31页。
② 同上书，第59—61页。
③ 同上书，第61页。

品。1924年11月，他和陈源共同翻译的小说集《曼殊斐儿》出版。1927年4月，他独立翻译的《英国曼殊斐儿小说集》出版。胡适对徐志摩的这部翻译作品给予了相当高的评价。认为它译笔生动漂亮，有许多困难的地方能委曲保有原书的风味。1930年9月，他翻译的曼殊斐儿的小说《苍蝇》在《长风》杂志上发表。由此可见，按照曼殊菲尔对徐志摩翻译作品的影响程度来说，传记对此专列一节来叙述的确是合情合理的，也是十分必要的。

传记不仅把罗素与曼殊菲尔对徐志摩的影响列专节来叙述，而且在"诗人的诞生"这一节里，凭借自己对英国文学史的熟悉，还注意到了徐志摩在康桥留学期间，受到了欧洲19世纪浪漫主义的深刻影响。"对于徐志摩来说，从华兹华斯、拜伦、雪莱、济慈到罗塞蒂、哈代、弗莱克、嘉本特，乃至法国的波德莱尔，意乌雪农，都同时生活在20世纪20年代初的英国。但从徐志摩之后的创作历程看，他的诗思、诗艺都没有越出过19世纪浪漫派的范围。"[①] 宋炳辉对于徐志摩诗歌特点的这一评价基于对19世纪英国浪漫诗派的熟悉。的确，徐志摩在西方受到的浪漫主义的影响是非常深厚的。回国后的徐志摩，从艺术追求到婚姻选择，都体现了执着而强烈的浪漫精神。这种正确认识来自传记作者对西方文学的透彻把握。宋炳辉宽广的世界文学的视野，比较文学的研究方法，在《徐志摩传》中得到了充分和恰当的运用。

总之，传记充分展示了英国当年的文艺思潮背景和诗人所处的具体的文化环境，分辨出了徐志摩当时是在怎样的个人生活境遇中完成了一次脱胎换骨的转变，从一个立志做中国的 Hamilton（汉密尔顿，联邦党领袖）而转变为一个独具个性的诗人和散文家的具体过程。传记认为康桥是徐志摩创作的灵感之源，是诗人一生珍爱的精神故乡。

二 突出徐志摩在泰戈尔访华中的功与过

在"相随泰戈尔"这一节，传记较为详细地记述了徐志摩在泰戈尔访华整个活动中的积极作用，同时也注意到了由他的过分热情而带来的未曾预料到的失误。首先，传记写了中国文化界为泰戈尔来华所作的准备工

[①] 宋炳辉：《徐志摩传》，复旦大学出版社2011年版，第62页。

作。自1923年春开始,泰戈尔答应接受中国邀请之后,中国的报纸杂志纷纷报道这一消息。1923年9月、10月的《小说月报》出版了《泰戈尔专号》两卷。上面除了刊登泰戈尔的作品之外,还有郑振铎的《欢迎泰戈尔》、徐志摩的《泰然日出》、王统照评价泰戈尔的文章等。此外,文学研究会出版了泰戈尔作品的译著:《春之循环》《飞鸟集》《新月集》《邮局及其他》《吉檀迦利》《园丁》等。其次,传记如实记述了当时泰戈尔在中国受到排斥的情况:泰戈尔在中国受到热情欢迎的同时,还受到了大部分青年人的反对和奚落,鲁迅当时对泰戈尔在华宣讲的观点也持异议,他在后来的文章《论照相之类》《骂杀和捧杀》中,都有表述。

泰戈尔在中国受到的这些奚落使徐志摩也感到苦恼。传记在总结泰戈尔在中国受到部分人抵制的原因时,特意指出了徐志摩在这件事上的责任。他的浪漫气质使得他因心怀热切而言过其辞。他在宣传泰戈尔的文章中一厢情愿地以为自己可以代表中国的大多数青年。传记所说的文章指徐志摩的《泰戈尔来华》一文,在这篇文章的一开始,徐志摩比较夸张地描述了泰戈尔在中国的影响:"泰戈尔在中国,不仅已得普遍的知名,竟是受普遍的景仰。问他爱念谁的英文诗,十余岁的小学生,就自信不疑的答说泰戈尔。在新诗界中,除了几位最有名神形毕肖的泰戈尔的私淑弟子以外,十首作品里至少有八九首是受他直接或间接的影响的。这是可惊的状况,一个外国的诗人,能有这样普及的引力。现在他快到中国来了,在他青年的崇拜者听了,不消说,当然是最可喜的消息,他们不仅天天竖耳企踵的在盼望,就是他们梦里的颜色,我猜想,也一定多增了几分妩媚。"[1] 传记认为这种"跑野马"式的写作方式使徐志摩后来遇到了尴尬。他和泰戈尔都隐约感到了中国文化界对泰戈尔的态度并非都是欢迎的。

主要原因是1924年泰戈尔访华的时候,中国文坛上正在开展一场新文化阵营同封建复古派、资产阶级右翼文人的复杂斗争。"新文化阵营"以左翼作家为主;"封建复古派"指以胡先骕、梅光迪、吴宓为代表的"学衡派"、以章士钊为首的"甲寅派"、以张君劢、辜鸿铭为首的"玄学派";"资产阶级右翼文人"指"现代评论派"的胡适、徐志摩、林长民

---

[1] 徐志摩:《泰戈尔来华》,见邵华强编《徐志摩研究资料》,知识产权出版社2011年版,第71页。

等。当时中国文坛错综复杂的思想斗争和派系斗争,直接反映在对泰戈尔的态度上。泰戈尔由于主要受到梁启超、徐志摩等人的接待,并会见了辜鸿铭等旧势力的代表而成了左翼文人攻击的对象,瞿秋白、郭沫若、茅盾、冯乃超等人都曾著文,委婉地批评泰戈尔的思想和作品。泰戈尔本人由于不了解当时中国文坛的复杂形势而莫名其妙地成为当时中国国内各种政治、文化势力表明自己立场和态度的一个导火索,最终成了中国文坛斗争的牺牲品。

传记主要反思了徐志摩在泰戈尔访华事件中的个人过失。传记认为除了上述种种原因之外,"徐志摩本人在客观上也应负相当的责任"[①]。这种分析和判断既明确了徐志摩的过失,也说明了徐志摩的单纯和善良。鲁迅在《骂杀和捧杀》一文中明确指出是"我们的诗人"把泰戈尔制成一个活神仙而导致了他与青年的隔膜,最终给他带来了"老大的晦气"。传记对泰戈尔访华事件的描述,基本上是从徐志摩的视角写的,这使读者更清晰地认识了这一中印文化交流史上具有特殊纪念意义的事件,让读者思考如何对待中外文化、文学交流中的一些细节问题。尽管中国文化界对于泰戈尔的文化态度有一定的隔膜和批判,但是泰戈尔对中国文学的影响,特别是对中国新诗创作的巨大影响是毋庸置疑的,郭沫若、冰心、郑振铎、王统照等人都受到了他的影响。因此,关注徐志摩与泰戈尔的交往,就是关注中国现代文学所受到的外来影响,这正是比较文学的视角。

宋炳辉的《徐志摩传》从比较文学的角度,着重考察了徐志摩与外国文化名家的交往,详尽记述了徐志摩师从罗素、拜访曼殊菲尔、相随泰戈尔的前前后后,其意义与价值是明显的。这对于我们深入理解徐志摩的创作及译作有直接帮助。因为作家的活动常常被反映到作品中,有时,作家活动又是其作品思想的具体实践和体现。比如,明确了徐志摩与外国朋友密切接触的经历,对于理解徐志摩的作品《国际著作者协会》一文有直接帮助。该文在介绍了国际著作者协会的活动方法之后,建议中国也要成立相应的组织,在北京设立支部。在徐志摩的大力呼吁下,1930 年 11 月,国际著作者协会的中国分部在北京成立,蔡元培被推为理事长,徐志摩成为理事之一。读了徐志摩的《国际著作者协会》一文,就会更加理

[①] 宋炳辉:《徐志摩传》,复旦大学出版社 2011 年版,第 88 页。

解徐志摩在泰戈尔访华中的积极态度，甚至对于他在这一接待工作中的失误也会谅解，那是热情、诚挚所带来的失误。

陆耀东在自己的《徐志摩评传》的前言中说："在中国赴美、英留学的人群中，特别是受英国文化影响最大最深的知识分子中，徐氏是一种典型；作为诗人、散文家，他更有值得研究之处。"① 宋炳辉的《徐志摩传》正是抓住了徐志摩受英国文化影响的这种典型性，对其具体内容做了详细的记述。这种记述是对徐志摩留学生涯、文学活动、社交活动的准确反映，有助于读者正确认识徐志摩其人其作，特别是对于深入研究徐志摩翻译作品的取材来源、风格技巧等都有直接帮助。这种比较文学视野的记述体现了宋炳辉个人的学术兴趣和关注点，是作者主体性的体现。宋炳辉本人在1995年上海文艺出版社出版的《徐志摩传》的序言中写道："我的写作也仅仅是一种回忆，以我自己的方式，回忆20世纪初叶中国的一位充满生命活力和创造精神的浪漫诗人、散文家，回忆他的生命历程，他的文学创造活动，以及这两者和时代文化背景的独特感应……回忆他作为'五四'一代浪漫诗人和散文家的成长、奋发、抗争直至他最后与世诀别的生活道路和心路历程。"② 宋炳辉所说的以自己的方式，这里面很大程度上包含了他的比较文学视野，这是宋炳辉《徐志摩传》区别于其他诸多徐志摩传的特征之一。

第四节　《巴金全传》体现陈丹晨的精神气质

从1947年法国人明兴礼写出《巴金的生活和著作》一书直到今天，关于巴金的传记专著有几十部。主要的"巴金传"如徐开垒的《巴金传》、谭兴国的《走进巴金的世界》、李存光的《巴金传》、陈思和的《人格的发展——巴金传》等，此外，还有陈丹晨在不同时期写的"巴金传"。陈丹晨对巴金的研究一直坚持了四十余年，写出了多部"巴金传"。陈丹晨1956年毕业于北京大学中文系。曾任《中国文学》杂志社编委、《光明日报》文艺部负责人、《文艺报》副总编辑。主要从事文学批评。

---

①　陆耀东：《徐志摩评传》，重庆出版社2000年版，第2页。
②　宋炳辉：《新月下的夜莺——徐志摩传》，上海文艺出版社1995年版，序言。

他很早就对巴金进行了跟踪研究，他的《巴金评传》定稿于1979年底，1981年由河北人民出版社出版。随后，陈丹晨又在1994年出版了《巴金的梦——巴金的前半生》，在2000年出版了《天堂·炼狱·人间——〈巴金的梦〉续篇》，2003年对这两部传记进行整合，出版了《巴金全传》。《巴金全传》以率真的文字、深邃的思考生动地展示了巴金的百年人生，探寻了巴金的精神追求，同时也体现了作者陈丹晨自己的精神气质，这是一部个性鲜明的作家传记。下文主要探讨该传作者主体性的具体体现。

一 作者执着的精神

以"巴金的梦"为关键词是陈丹晨的《巴金全传》在章节命名上最为独特的地方，也是其内容组织最突出的特征。他用"梦"这样一个核心词汇贯穿了巴金整个一生，写出了巴金追梦、圆梦的历程。在这种关于巴金梦的描述中，既关注了巴金的特征，鲜明地体现了传记作者对传主的准确而深刻的认识，也体现了作者陈丹晨本人理想主义者的执着追求。

（一）追"梦"的巴金

爱做梦、爱写梦是巴金的一个重要特点。对于巴金来说，人生的每个时期，梦的内容和主题是不同的。少年与青年时期的梦，是人生的理想；中年时期的梦，是"文革"带来的惨痛经历；晚年的梦，是为人类而反思的梦。

"梦"之于巴金，有多重意义，首先是巴金多梦，这是个事实，而且，青年时期的梦与老年时期的梦，都是不同人生阶段、不同社会潮流在巴金身上的反应。特别是晚年的巴金，梦时常伴随着他。对此，陈思和有过一段记述："还有噩梦。大约自'文革'开始，巴金就经常做噩梦，梦做得很古怪，一会儿是他与妖怪搏斗，一会儿是他自己变成了野兽。'文革'以后，他还经常做这些噩梦，忍受着恐怖的折磨。在《随想录》里，巴金多次提到做噩梦的事，我起初读这些文字，还以为是作家惯用的象征手法，或可作为一个讽喻看。后来无意听老人的儿媳陈晓明说起，老人是真的不断受到噩梦的干扰。她还说，老人的神经太紧张了，日有所思，就夜有所梦。于是我才知道老人在文章里写噩梦全是写实手法，或可以说，这是一种精神受虐的症状。由于'文革'时代给老人留下了太深的刺激，这才会产生如此痛苦的《随想录》。"① 巴金一生都在做梦,他毕生的成就和挫折都和梦境有关。

梦之于巴金,确实是有特殊意义的。巴金既有真实的梦,也有许多隐喻的梦。他的梦常与命运联系在一起。巴金在《病中集》中写道:"我甚至把梦也带回了家。晚上睡不好,半夜发出怪叫,或者严肃地讲几句胡话,种种后遗症迫害着我,我的精神得不到平静。"② 这段话道出了"文革"后遗症对巴金精神的戕害。巴金研究会副秘书长周立民指出巴金回忆自己做噩梦、怪梦较多的时候主要有两个时期:一是在"文革"中期,他曾把家中床头台灯的灯泡打碎,又在五七干校带着叫声从床上摔下来。另一个噩梦较多时期是在1983—1984年两次住院和回家疗养期间,这个时候死亡的恐怖压迫着他,而社会上关于"清污"的各种消息和关于巴金个人的小道消息使得巴金在内外交困中感觉到又有了一种"文革"卷土重来的氛围,因此怪梦不断,深以为苦。③ 其他巴金研究者也注意到了这个现象。例如,刘喜录在《灵魂的自救与被救》中写道:"《随想录》凡150篇,以'噩梦'为题的只有一篇,然而,噩梦的意象却无时不在,无处不在。也可以说'噩梦'二字可以意领全部《随想录》的叙事指向。没有噩梦的反复困扰和逼迫,没有潜意识中的噩梦的冲动,巴金不会揪住自己在十年'文革'中精神受虐待、人格遭扭曲的惨痛经历不放。反复的追问意在化解噩梦的记忆,化解摆脱不掉的绝望、焦虑的精神状态。"④ 这些各种各样噩梦的存在正说明了巴金关于历史、关于人性的深度思考。他的"建立文革博物馆"的倡议与这些噩梦不无关系。不管是幸福的梦还是痛苦的梦,都是巴金思索人生、追求光明的注脚。无疑,巴金是个永远追梦的人,是个理想主义者。

(二)陈丹晨《巴金全传》的结构特色

陈丹晨的巴金传最大的特色是什么呢?这个特色就是用"巴金的梦"

---

① 陈思和:《巴金写完〈随想录〉以后》,《黑水斋漫笔》,四川人民出版社1997年版,第19—20页。
② 巴金:《病中(一)》,《病中集》,人民文学出版社1993年版,第28页。
③ 上海巴金文学研究会编:《细读〈随想录〉》,上海社会科学院出版社2008年版,第81—82页。
④ 刘喜录:《灵魂的自救和被救》,北方文艺出版社2005年版,第40页。

来结构全传。这种结构方式充分体现了作者的主体性和原创性。全传以巴金的梦为主线，勾勒了巴金的一生。全传七编二十二章的所有标题都含有"梦"这个词。七编的题目分别是：革命的梦（1904—1928）；文学的梦（1929—1936）；生活的梦（1937—1948）；天堂的梦（一）（1949—1956）；天堂的梦（二）（1957—1965）；炼狱的梦（1966—1976）；人间的梦（1977—）。二十二章的标题分别为：爱之梦、英雄之梦、殉道者之梦、幻灭之梦、激流之梦、旅途之梦、编辑之梦、火之梦、爱情之梦、家之梦、太阳之梦、改造之梦、思考之梦、扭曲之梦、勇气之梦、沉沦之梦、"牛鬼之梦"、炼狱之梦、生死之梦、人之梦、讲真话之梦、回归之梦。梦是人类最普通而普遍的精神现象。西方弗洛伊德开启了研究梦的先河，认为梦最主要的意义在于梦是梦者愿望的表达。从心理学的角度来讲，梦其实是一种心灵诉求，是一种现实追求的曲折表达。上述编、章的命名突出了巴金一生的经历和追求。以"梦"来结构全传是对传主的一种原创性解读。

当代青年学者赵山奎指出："传记家应该有能力突破固定的理论框架和关于人性的现成观念，立足于事实，从总体上对传主的人性和人格真实做出富有原创性的揭示。如利昂·艾德尔所说：'每一个生命都有自己的形式，一个传记家一定要找到能够表现这一生命形式的理想而独特的文学形式'，传记家一定要重视'在一个生命中发现原初性东西的洞察力以及表现这一生命原初性的技巧'。"[①] 陈丹晨以其对巴金的长达四十年的跟踪研究，以其对巴金的近距离接触和精神上的沟通，得以在他的《巴金全传》中对传主的人性和人格做出了富有原创性的揭示，而且找到了表现传主生命原初性的技巧，即用"梦"这一核心理念来解释巴金的精神特质。

陈丹晨在《巴金全传》中对于巴金的准确把握就在于他找到了阐释巴金的恰当的切入点：梦。梦不仅指一种生活中的梦境，更多的时候，它是个隐喻，代表一种理想和追求。把梦的世界和真实的世界联结起来的是信仰，巴金是一位有信仰的作家。不管是快乐的梦还是痛苦的梦，不管英雄的梦，还是世俗的梦，都是巴金精神活动的反映。抓住巴金的"梦"，

---

① 赵山奎：《论精神分析对传记真实性的影响》，《国外文学》2006年第3期。

就是抓住了巴金的精神世界。厘清巴金的精神世界,正是陈丹晨《巴金全传》的追求。陈丹晨在《巴金全传·自序》中写道:"梦,是属于世界上神秘而难解的一种现象。人人都会有梦,没有一个梦会是一个样。有梦的人,是幸福的;没有梦的人,是悲哀的。"① 可见,陈丹晨对于"梦"的作用的认识是极为深刻的。

陈丹晨的《巴金全传》不仅在每编、每章的标题上都用了"梦"这一核心词语,而且在《自序》中详细解释了以"梦"来结构全篇的原因。他列举了大量的实证来说明巴金爱做梦、爱写梦,连他作品中的主人公也爱做梦。

> 巴金多梦。他说,他从四岁起就做梦,至少做了七十年的梦。他说这话是在一九八零年,那时他正七十六岁。他还说他这一生中不曾有过无梦的睡寐。他的梦真多呵……
>
> 巴金著作等身,成了世界著名的文学大师。他的作品以梦为题的就有将近二十篇之多。单是题名叫《梦》的就有一首诗、两篇散文。还有许多题为《我的梦》、《寻梦》、《说梦》、《海的梦》、《南国的梦》、《西班牙的梦》、《长崎的梦》……一连串的梦。
>
> 巴金在他的作品中谈到他的梦,描写他的梦,多得几乎俯拾皆是。
>
> 巴金作品中的主人公也好做梦。十多岁时,他最早写的诗歌中就有一篇题为《梦》的小诗,描绘贫困不幸的人们昏睡不醒。
>
> 他的第一部小说《灭亡》中主人公杜大心就有过好几次梦幻。杜大心梦见家乡的恋人,梦见革命同志被杀头后的怪诞景象。《家》中的觉慧、鸣凤也都有过梦。觉慧梦见自己与已经自杀的鸣凤在出逃时,被惊涛骇浪所吞噬。《火》中的冯文淑梦见侵略者强加给中国人的战争灾难,使无数百姓和自己在烟火弥漫中奔突。
>
> 《寒夜》中的汪文宣更有许多古古怪怪的梦……②

---

① 陈丹晨:《自序》,《巴金全传》,中国青年出版社2003年版,第1页。
② 同上书,第3页。

由巴金的这种与梦千丝万缕的联系可以看出,陈丹晨用"梦"来概括和描述巴金,的确是找到了解读巴金的钥匙。陈丹晨认为仅仅评判巴金一生的成败得失是徒劳无益的。他意在通过对巴金一生"梦"的解析,来探寻巴金心灵的秘密,从而反思那一代知识分子所走过的历程。他说:"我只是来描述他的梦的故事,来开掘他的梦的内涵。让我们在历史时空转换中寻找他的梦的轨迹;越过生死的界限,摒绝世俗的观念,探求他的心灵秘密。那时梦中的巴金和真实的巴金将是完全合二为一了。"① 采取这种形式,通过写梦、解梦的方式,传记作者比较成功地达到了他的写作目的:"从事巴金生平的研究,把巴金在这段历史中坎坷不平的经历,面对前所未有的严峻曲折的现实所发生的心态变化、灵魂浮沉、人格发展以至感情个性的扬抑真实地描绘出来,希望借此略窥一点中国知识分子的某些侧影,进而感受一点近代中国的历史气氛,这就是笔者写作此书的初衷。"② 可以说,传记采用了恰当的、适合解读巴金的方式。

当代学者秦晋运用荣格的心理学说揭示了梦对巴金的意义和价值,从而充分肯定了陈丹晨的"巴金传"对于巴金的准确把握。他说:"究竟是现实的思想更有力,还是非现实的梦更强大呢?这个看似简单的问题,事实上是一个相当深奥的人类心理学和社会学问题。陈丹晨描写的巴金人生,就触及了这个问题。也就是说,梦作为一种人的企望,虽然看不见摸不着,但这种精神因素却有着巨大的能量,是它造就了意识,并为世界的存在创造了前提。……人不仅是物质世界的,也是精神世界的,生命在其共同维度之外还有自己的逻辑空间。情感思维、心理感觉显然是这位文学大师的更直接、更丰富、更深刻的现实,是他生命之中更重要的真实。这部传记的特点正是紧紧地抓住了人物的内在现实,在心理现实与社会现实、理智世界与情感世界的相互撞击、缠绕、矛盾中,展示人的生命的艰难和意义。"③ 为什么说《巴金全传》用"梦"来结构全篇就是准确抓住了巴金的特点?因为巴金最明显的特点就是单纯和执着,而他的单纯和执

---

① 陈丹晨:《自序》,《巴金全传》,中国青年出版社 2003 年版,第 3 页。
② 同上书,第 5 页。
③ 秦晋:《生命中最不能轻待的——读巴金传〈天堂·炼狱·人间〉》,《当代作家评论》1992 年第 4 期。

着都是建立在理想之梦的基础上的。尤其是在晚年,巴金顶着压力坚持写完了《随想录》,这更是他执着的重要体现。正如巴金自己在《寻找理想》中所说:"五十年来,我走了很多的弯路,我写过不少错误的文章,我浪费了多少宝贵的光阴。我经常感受到'内部干枯'的折磨,但是理想从未在我的眼前隐去,它有时离我很远,有时仿佛近在身边;有时我认为自己抓住了它,有时又觉得两手空空。……但任何时候在我的面前或远或近,或明或暗,总有一道亮光。不管它是一团火,一盏灯,只要我一心向前,它会永远给我指路。"[1] 这亮光实际上就是巴金心中的理想。巴金的可贵在于在任何时候,他都没用放弃对理想的追求。当代学者辜也平认为:"从本质上看,巴金是一位理想主义者,他始终生存于崇尚理想、追求光明、坚信未来必胜于现在的精神空间里。"[2] 这可谓知人之论,道出了巴金的精神实质。

(三) 陈丹晨也是个追梦之人

陈丹晨能够从"梦"的角度切入对巴金的认识,一个重要的原因在于陈丹晨本人也像巴金一样是一个理想主义者,他那种做事一丝不苟、执着奋斗的精神颇似巴金。仅仅看看他写作"巴金传"的历程,就可以知道这一点。谢冕在《追梦的巴金》一文中详细描述了陈丹晨写作"巴金传"的艰难历程,并对陈丹晨的坦诚和勇气给予了高度肯定。

> 要是我的记忆没有错误,这一本《天堂·炼狱·人间》已是陈丹晨关于巴金先生生平历史研究的第三部著作了。他的《巴金评传》写于二十年前。这本书对巴金前半生的事迹写得颇为详尽,但对进入新中国以后的经历未曾详加论述,只用了两个章节(仅占全书七分之一的文字)的篇幅作了交代。作者想弥补这个缺憾,于六年前重写《巴金的梦》,"希望它成为一本比较完备而有一定深度的巴金传记"。

---

[1] 巴金:《随想录·无题集·"寻找理想"》,《随想录》,人民文学出版社2000年版,第624页。

[2] 辜也平:《巴金的人格精神与文学品位》,参见 http://blog.sina.com.cn/s/blog_443e3d8601000a0s.html, 2007年5月12日。

但据作者自述，他想补正先前缺憾的目标，在第二本著作中依然没有实现。在我们现在看到的这本新著的《后记》中，他对第二本书的写作有一番追述：那一次，"当我重写完巴金的前半生后，再要继续写他的后半生时，却又踌躇起来，感到问题多多，困难重重"。他说，"我也因怯懦而深感犹疑"，于是，这部关于巴金先生的第二本传记，仍然只写了他的前半生。作者再一次为此留下了遗憾。

久远的追求只是在这第三次的写作中才得到实现。所以，他把现在出版的这本书加上了"巴金的梦——续篇"的副题。作为读者，我祝贺陈丹晨最后的成功，同时又对这种写作的难以预料的艰辛，不免心生感慨。

梦境往往是美好的，追梦之人常常要经历苦难、承受炼狱之灾而后方能到达理想之境。陈丹晨的巴金研究当然不是一帆风顺的，其间所经历的踌躇和犹疑甚至是心灵的搏斗可以从他不同版本的"巴金传"中寻找到痕迹。从第一部《巴金评传》的侧重史料梳理、回避对巴金后半生的书写到最后一部《巴金全传》的侧重心灵剖析、直面巴金的局限和不足，这就说明了陈丹晨写作"巴金传"的过程本身就是一个追梦的过程，一个自我升华和完善的过程，也正是在这个追梦的过程中，陈丹晨在精神气质上越来越接近他的研究对象，也越来越了解和同情他的研究对象。

林语堂在他的《苏东坡传》中写道："所以知道一个人，或是不知道一个人，与他是否为同代人，没有关系。主要的倒是对他是否有同情的了解。归根结底，我们只能知道自己真正了解的人，我们只能完全了解我们真正喜爱的人。我认为我完全知道苏东坡，因为我了解他。我了解他，是因为我喜爱他。"[①] 这段话实际上道出了一位传记作者最深切的体会。我们喜欢某人，往往是因为此人在性格、气质、待人处世等方面与自己有许多相似的地方。林语堂喜欢苏东坡，理解和认同苏东坡是因为他在精神气质上如幽默、智慧等方面与苏东坡有相通之处。正是这种相通之处使他把苏东坡写活了，他的《苏东坡传》被誉为"20世纪中国四大名人传记之一"。陈丹晨与他的传主巴金在精神气质上也是相通的，因而对巴金的理

[①] 林语堂：《苏东坡传》，张振玉译，陕西师范大学出版社2007年版，第3页。

解和描述也是透彻的。陈丹晨与巴金精神气质上的接近是《巴金全传》能够运用"梦"来结构整部传记的秘密所在。

二 作者正直的人格

陈丹晨的《巴金全传》直面巴金的局限显示了传记作者正直的性格。以下具体展开来论述这一点。

（一）对巴金明哲保身行为的批判

陈丹晨与巴金在性格和处世方式上颇多相似之处。这里有陈丹晨自身的性格因素，也有受研究对象巴金影响的因素。总之，阅读陈丹晨的《巴金全传》，可以感受到他的率真与朴素，颇似巴金，他的愤世嫉俗和无所畏惧的精神也颇似巴金。他的内心与研究对象是契合的。正是这种契合，使得他准确地把握了巴金的精神世界。他不仅抓住了"梦"这个核心意象来描写巴金，而且对于巴金的缺点也毫不回避。这些缺点如巴金在1957年反右斗争中的跟风，在"文革"期间的落井下石的做法等。对于巴金连续发表文章批判胡风的这一行为，陈丹晨评价道："这是巴金人生道路上一次重大的坠失和对自己信念的背叛。有了这样的开始，就有了后来类似的事情一再发生，例如对丁（玲）陈（企霞）冯（雪峰）、柯灵的批判……"① 这样的批评对巴金来说可谓锥心之痛，是对于巴金灵魂的拷问。对于巴金在《人民文学》发表批判路翎的文章的行为，陈丹晨的评价是："巴金在写作这篇批评路翎的文章时，似乎没有想到早年他的小说中常常写到革命者处于革命与爱情发生冲突的复杂心情中。他曾经那么欣赏过《夜未央》中华西里与安娜牺牲爱情，和为革命献身的殉道精神。他也在自己创作的《灭亡》、《爱情三部曲》中写到过'我们爱，我们就有罪了'这样的矛盾心情。现在路翎的描写其实是很相似的。"② 这实际上是对巴金前后矛盾、不辨是非、亦步亦趋、随声附和行为的严厉指责，这不是泛泛的批评，而是出示证据让巴金无法反驳的逼问，是对巴金跟风行为的鄙视和指责！

陈丹晨认为巴金从1949年到1978年之间，一直没有写出很成功的作

---

① 陈丹晨：《巴金全传》，中国青年出版社2003年版，第256页。
② 同上书，第257页。

品，原因不仅仅是作家没有熟悉的生活可写，关键还在于作家迷失了自我，不再独立思考，只能在意识形态的严格限定下等因奉此。此外，陈丹晨详细分析和描述了巴金摆脱"文革"沉重阴影的过程，不仅指出了1977年巴金的"政治结论"刚刚被撤销之时，巴金还无法一下子适应而在写文章时仍然检讨自己的错误，而且明确指出翻译赫尔岑的回忆录和阅读但丁《神曲》对巴金晚年思想的重要影响。他说："如果说，1976—1977年，巴金的思想精力比较集中在对'四人帮'罪行的批判和控诉，比较关注于政治问题的解决，还我清白的本来面目；同时，却还肯定了'文革'时对他的批判是有教育意义的，甚至继续赞颂了'文革'的发动者、领导者；但同时也对30年来许多社会现象大惑不解，很自然地引起他深沉的思索。他在翻译赫尔岑的回忆录时产生的共鸣和联想，他在阅读但丁的《神曲》过程中获得的启示，他从'奴在心者'渐渐地变为'奴在身者'……都说明他的思想正处在矛盾中，并开始发生变化和醒悟。"[①]陈丹晨用唯物主义的发展观来考察和解释巴金晚年的思想，这些看法富于真知灼见，比较符合巴金的思想实际，这是一种主观拥抱客观的认识。

　　一方面，陈丹晨对巴金在1957年"反右"斗争中以及"文革"初期的一些错误行为没有回避，而是如实记录。这些事实如巴金在"反右"斗争中写了应景文章《一切为了社会主义》和《中国人民一定要走社会主义》《反党反人民的个人野心家的路是绝对走不通的》等；在上海第二届人大会议上，参与批判复旦大学教授孙大雨；在中国作协党组扩大会议上，批判丁玲的"一本书主义"、批判冯雪峰的"凌驾在党之上"、批判艾青的"上下串联"；在1966年的一次学习会议上，他检查了自己在上海文代会上发言的"错误"，表示自己写的全是毒草，愿意烧掉自己的全部作品。传记对这些事实的客观记述实质上是对文革带给巴金的人格异化的严峻思考。

　　另一方面，陈丹晨对于巴金的上述行为给予了理解、同情、惋惜和叹息。他认为促使巴金这样做的原因主要有两个：一个原因是巴金当时的身份和头衔，使他无法逃避政治性的批判会议；另一个原因是他怕牵连到妻子女儿。所以他时时担心被当场抓起来，想通过积极表态而求得安宁。对

[①] 陈丹晨：《巴金全传》，中国青年出版社2003年版，第482页。

此，陈丹晨感叹道："这位从年轻时就坚持不懈地反对一切权威、迷信的战士，这时已被改造成了求神拜佛的虔诚信徒；过去以法国革命家丹东的话'大胆，大胆，永远大胆'，作为人生格言、不安于现状、为真理而斗争的勇士，已被残酷的政治斗争改造成为战战兢兢、如履薄冰的'精神奴隶'。就像《家》中有叛逆精神的觉慧被改造成了逆来顺受、到处打躬作揖的觉新。这是伟大的思想改造运动的'成绩'。"① 这些总结和叹息说明了陈丹晨对巴金的深刻理解以及对反右斗争和"文革"所持的坚定的批判态度，显示了陈丹晨的坚持实事求是的正直个性。今天，当笔者阅读这些文字的时候，似乎能够感受到陈丹晨写下这些内容时的沉重心情："不算前期多年积累收集材料的时间，仅后半部伏案专事写作就花了整整两年半，可说是我个人写作历史中最长最苦的了……借用'忧世伤生'这句话来形容我斯时斯地的心境实在是十分恰切的，也可说是我人生经历中少有的困顿和抑郁，以至于到了心力交瘁的地步。"② 陈丹晨的"巴金传"的确是他与巴金之间心灵对话的产物。

陈丹晨的《巴金全传》在对巴金心灵的开掘上，比徐开垒的《巴金传》要深刻得多。后者重在客观叙述，特别是对巴金的家庭生活进行了描写，如巴金与萧珊的感情、巴金与外孙女、孙女的天伦之乐、巴金与江苏小学生的通信和交往等。而前者更多地注意到了巴金思想的发展历程，如详细记述了巴金早期对无政府主义的接受，例如与高德曼的通信；还深入分析了无政府主义对巴金一生的影响；同时还披露了巴金在"反右"期间和文革中灵魂深处的随波逐流、明哲保身的思想等。

与徐开垒的《巴金传》相比，陈丹晨的《巴金全传》用笔更加大胆犀利，特别是对历史人物的评价，从不遮遮掩掩，而是有好说好，有坏说坏。比如传记中对邵荃麟的评价："邵荃麟是位资深的老党员、理论家，为人善良厚道。"③ 对姚文元的评价则是："姚文元是从批判胡风发家的（至少写了13篇以上的批判胡风文章），是一个由政治运动造就的文化打手，写的文章绝大多数是大批判，上面指到哪里，他就打到哪里；他最善

---

① 陈丹晨：《巴金全传》，中国青年出版社2003年版，第393页。
② 陈丹晨：《后记》，《巴金全传》，中国青年出版社2003年版，第600页。
③ 陈丹晨：《巴金全传》，中国青年出版社2003年版，第318页。

于断章取义,深文周纳,是熟练运用极端思想教条打人的一个极端分子。……因此,毛泽东发动'反右'斗争,正是姚文元这样极端分子深谙其中奥秘而大显身手之时,仅1957年下半年之后的七八个月的时间里,他就写了批判文艺界右派的文章多达七八十篇,上海的徐中玉、王若望、施蛰存,北京的丁玲、冯雪峰、艾青、陈涌、秦兆阳、徐懋庸,四川的流沙河,江苏的'探求者',以及《文艺报》、《新观察》等报刊……都在他的棍子横扫之列。"[1] 陈丹晨的爱憎分明由此可见一斑。这样敢于直言的传记对传主精神世界的分析必然是深刻独到的。

(二) 陈丹晨耿直性格的体现

关于陈丹晨耿直纯真的个性,我们还可以从他的其他文章中体会到。他在《关于"引蛇出洞"——与金冲及先生商榷》一文中,非常认真地梳理了1957年毛泽东所称的阳谋问题的来龙去脉,直接表明了自己的史学观:"历史学者的任务是秉笔直书,这是中国传统的应有的必备的史德。因此,无须学者费心辩护,无论是夸大还是掩饰,无论是褒还是贬,不能忠实于历史事实真相的都不是必要的,没有意义也没有生命力。"[2] 这段话表明了陈丹晨对历史的敬畏与忠诚。文如其人,陈丹晨的文字是其性格的最好说明。这是一个忠实的人,忠实于自己,忠实于他人,忠实于历史。他也像巴金那样尽一个战士的责任去干预社会。陈丹晨在《战士的性格——从〈爝火集〉到〈随想录〉》一文中这样评价巴金的散文创作:"于是,我们从《爝火集》到《随想录》看到了一条线索。无论前者更多的是歌唱新生活,后者更多的是批判'四人帮'及现实生活中的封建余毒,还是它们的色彩、气氛和情调有多少不同,它们所燃烧的却是同一颗真诚的赤子之心。"[3] 从这些评论文字中,也可以看到陈丹晨自身的赤子之心。再看他的其他文章就更能了解他的精神气质。这类文章如《评论自由是公民的权力》《洪君彦章含之政治语境下的非正常生活》《关于傅雷精神的反思——〈傅雷传〉读后》《傅雷的艺术人生》《文化英雄傅雷》《美的殉道者》等,特别是在研究傅雷的文章中,陈丹晨称赞傅雷

---

[1] 陈丹晨:《巴金全传》,中国青年出版社2003年版,第315页。
[2] 陈丹晨:《关于"引蛇出洞"——与金冲及先生商榷》,《书屋》2010年第7期。
[3] 陈丹晨:《战士的性格——从〈爝火集〉到〈随想录〉》,《读书》1981年第6期。

"从事批评、翻译时，是一种心灵的自然流泻，是发自灵魂深处纯朴的人性的昭示，那么富有性灵，甚至力求臻于脱尽尘世烟火的纯美"①。歌颂了士可杀而不可辱、坚决捍卫自身人格与尊严的傅雷精神，并认为傅雷是一位真正的文化英雄。这些文章用语坦直，锋芒毕露，根本不是为写作而写作，而是为生活而写作，为争取民主、自由而写作，为社会进步而呐喊。

陈丹晨的狷介与耿直不仅表现在他的文章中，他的这一个性还表现在他一系列的行为当中，这是一个始终如一的清流之士。从1957年夏季开始，在毛泽东做出《关于正确处理人民内部矛盾的问题》的指示后，全国的政治形势突然严峻起来，开始了反对资产阶级、反对修正主义的运动。陈丹晨对这一运动有切身体会。1960年，他从北大中文系毕业后分配到《中国文学》杂志社当编辑，刚到报社半个多月，在党小组会议上就受到了批评，领导批评他认修正主义分子做老师。原因是在机关食堂吃饭时，他称杨宪益为前辈和老师，这话被旁边的一位美术编辑汇报到了领导那里，这件事让陈丹晨极为愤怒。文革期间，陈丹晨被作为保皇派、修正主义苗子、文艺黑线黑干将而被抄家、批判。他在1969年年底，作为右派被下放到河南干校劳动了整整三年，直到1972年才回京。

陈丹晨的这种经历使得他与巴金在思想上能够理解和认同。因而他在研究巴金的过程中，逐渐与巴金成为忘年交。陈丹晨小巴金27岁，巴金的女儿李小林称他是巴金的小朋友。陈丹晨自己对巴金也的确充满了尊敬。在"文革"期间，在巴金"门前冷落车马稀"的日子里，陈丹晨夜访巴金。1973年7月的一个夜晚，陈丹晨夜访巴金不遇，但知道巴金是被女儿女婿拉去看电影了，就决定明晚再来。

在《夜访》一文中，他写道："我在'文革'中，对社会上或机关内部揪斗的对象，见得太多太多，我从来不认为他们是什么'敌人'、'反革命'。那些造反派今天揪斗这个，明天打倒那个；今天是叛徒，明天是毛主席司令部的人；今天是响当当的红得发紫的革命左派，明天忽然变成不齿人类的狗屎堆。我凭什么相信你们，你们又是一些什么东西，有什么资格给别人随便定罪！所以，机关里的'牛鬼'，我见到时，既不躲避，

---

① 陈丹晨：《关于傅雷的断想》，《文汇报》，2008年4月7日。

更不给白眼。是熟人，我照样点头打招呼；若是求我帮忙，我都从不拒绝，或传递消息，或给捎点东西。不管是局长，总编，还是小编辑办事员，我都一样看待。所以，我是机关里出了名的'保皇派'。现在我对巴老更是这样。怎么侮辱丑化他，批判打倒他，他仍是我少年时代就崇敬仰慕的文学家，启蒙的先行者。他的形象在我心中仍是高大美好的。当我想到又要见到他时，我仍忍不住那份激动。"① 这段自述让我们知道了陈丹晨的为人，他绝不是那种盲目跟风的人，而是一个能够坚持个人立场的人。正因为这样，他与巴金的友谊几十年如一日。无论是在巴金享誉世界的日子里，还是在巴金遭难劳改的岁月里，他都能够不离不弃，始终如一，忠诚于他敬慕的人。

陈丹晨早在1963年2月4日、6日、8日，连续三次采访巴金，写成《巴金访问记》，发表在《中国文学》上。因此，在"文革"期间，上海作协批判巴金的一张大字报就写道："陈丹晨专程到上海采访巴金，鼓吹巴金，流毒世界。"又是他，在1973年夏季再次造访巴金，把巴金还健在的消息最早带给了唐弢先生。就是在这次采访中，陈丹晨为他的采访对象而深深震撼和心痛："他真像一个忍辱负重的圣徒，正在以一种极大的坚毅的力量承受眼前所发生的一切，特别是他的夫人悲惨去世给他带来的痛苦和打击。……他的话，他的神态，使我深深地感到伤痛、心酸。这样一位德高望重、著作等身的大作家，在多年空前的野蛮残酷的折磨摧残下，连起码的尊严都给践踏了。这是什么世道啊！"② 由此可以看出，陈丹晨对他的传主巴金有着非同一般的情感，这种情感是同声相求、同气相合的理解、认同和接纳。

陈丹晨在长达四十年的巴金研究中，与巴金的长期交往使得自己也深受巴金思想的影响。因为巴金时常关注他的写作，对这位忘年交充分地信任和关怀，并引为同道。在1981年，陈丹晨因为发表《自由的文学与资产阶级自由化》一文而受到批判时，巴金和他的女儿李小林对他都十分关心。巴金时常告诫他，要潜心研究，埋首写作，少参与是非纠纷和政治

---

① 陈丹晨：《夜访》，《走近巴金四十年》，江苏文艺出版社2008年版，第51—52页。
② 同上书，第53页。

斗争，与文艺界的旋涡保持距离。① 在 1984 年 10 月 16 日至 11 月 3 日期间，陈丹晨作为中国作协派出人员，陪同巴金访问香港。这次被派是因为巴金亲自点名要陈丹晨陪访。在这次香港之行以后，陈丹晨与巴金在情感上更为深厚。巴金也多次送书给陈丹晨供他研究使用，这些书中有巴金自己的著作，也有工具书《辞海》。陈丹晨曾两次为巴金代笔，一次是在 1982 年代巴金起草给中国作协的小说诗歌颁奖会的书面致辞；另一次是在 1984 年年底代巴金为第四次作家代表大会起草开幕词。这些都说明两人之间思想的相通。陈丹晨与巴金的这种密切交往使得他的"巴金传"的写作能够深入传主内心，把握传主的精神实质。

陈丹晨在不近官、实事求是等方面都与巴金有许多相似之处。这使得他的《巴金全传》对巴金"文革"后创作的《随想录》给予了重点评述。

> 1979—1981 年，是巴金在"文革"后，也是他在 1949 年后写作生命力最旺盛、思想最活跃、视野最开阔、思考最深刻的时期。……这个时期，巴金写的《随想录》，在探讨"文革"历史经验同时，较多地谈到中国文艺事业的管理体制问题，其实也就是政治体制改革的一部分。还在 1978 年人们都在热烈讨论"实践是检验真理的唯一标准"时，文艺界提出了艺术民主的问题，认为过去大批文艺工作者遭到肆意的迫害，大批作品被扼杀，作家艺术家不能自由驰骋艺术想象，进行创造性的劳动，都与没有正常的民主政治生活有关。巴金对此尤有体会。他在 1956—1957 年，在 1962 年都多次讲到过这个问题。……到了 1979 年初，在人们谈论"长官意志"时，他的思考就更深入，批判更尖锐，因而发人深思。②

上述内容深刻揭示了巴金"文革"后的思想状况。巴金认为文艺界领导对于作家创作应多鼓励，少干涉，不应该有长官意志，而应该"无为而治"，给文艺自由发展的空间和条件。从陈丹晨的诸多评论文字中，

---

① 陈丹晨：《夜访》，《走近巴金四十年》，江苏文艺出版社 2008 年版，第 174 页。
② 陈丹晨：《巴金全传》，中国青年出版社 2003 年版，第 505—506 页。

可以看出这种思想其实也是陈丹晨的思想。在传记批评方面颇有造诣的当代学者全展认为:"作者应充分深入传主的心灵深处,只有作者与传主心性接近、身心交契的情况下,作者才有可能揭示传主微妙复杂的内心世界。茨威格与他笔下的托尔斯泰,罗曼·罗兰与他笔下的贝多芬,莫落亚与他笔下的雨果,欧文·斯通与他笔下的梵高,都有一种心灵相通的关系。""作者与传主之间是有较严格的挑选的。彼此必有某种身心交契之处,这样才能更好地理解传主,所以鲍斯威尔选了约翰生,钱理群选了周氏兄弟。"① 根据全展的这一传记理论,我们可以类推说:陈丹晨选择巴金,就在于他与巴金能够心灵相契。

陈丹晨在《走进巴金四十年》中写道:"一九八一年,似乎是个多事之秋,文艺界连续发生了许多事。北京批判《苦恋》,上海话剧《假若我是真的》停演,等等。我刚好到杭州、福州、上海、南京走了一圈,组稿、调查研究;发现作家们都满怀热情在努力写作。就如福州一位老散文作家何为所说的那样:'大家已经失去了许多宝贵的时间,现在急需认认真真做些事情,写些于人民有益的东西。'他的话非常朴实地道出了人们的心声。当我回到北京时,读到一份宣传部门高官的讲话,称:文艺界有些人冲击党中央,冲击党的三中全会,云云。(大意)我对这些吓人的罪状非常反感,就连续写了两篇题为《为了文艺事业……》的报道刊登在文艺报上,来回答这种缺乏与人为善的不实之词。"② 由此可以看出,陈丹晨耿直的个性,他敢于抵制错误,直言不讳。

陈丹晨的率真、正直还表现在他对1989年11月在上海青浦县举行的第一届巴金国际学术研讨会以及对1991年在四川成都举行的第二届巴金国际研讨会的评价上。他对青浦会议的评价是:"我觉得这是一次比较好的研讨会。会议开得很朴实,没有什么铺张虚夸的东西,讨论的气氛也比较活跃。……第二天开幕式,安排得很朴素,一点没有平日开会那套繁文缛节的程式,没有设什么主席台,也没有什么党政首长来充当主角。上海文学界的名人们倒差不多都来了,他们也已好久没有这样聚会了。大家随

---

① 全展:《传记文学创作的若干理论问题》,《浙江师范大学学报》2007年第5期。
② 陈丹晨:《走近巴金四十年》,江苏文艺出版社2008年版,第89—90页。

意围坐在一张长方形的大会议桌旁,轮着谁,就在自己的位置上发言。"①这种评价体现了他的平民意识,崇尚简朴、不计形式,提倡民主自由。

基于上述思想认识,陈丹晨对1991年成都会议的评价是:"这次会议,省里很重视,开幕式有党政首长莅会;会议期间,首长还接见了副高职称以上的代表。我想,总共三五十位代表,且是研讨学术,还要分出等级见首长,何其'隆重'高规格但又无聊的'礼遇'!我自甘卑微,没有去参与晋谒。从那时起,我对这类研讨会开始生出一种厌烦的心理。"②这里,陈丹晨明确表示了对等级划分、官场作风的否定和批判。此外,陈丹晨还谈到了与这次会议有关的两件蹊跷的事情:一件事是就在这次会议召开之前,《文艺报》《人民日报》分别于8月24日、9月6日发表了两篇批判"讲真话"的杂文。陈丹晨认为这两篇文章强词夺理,霸气十足,是挥政治棍子,是针对巴金来的。另一件事是,这次会议上发的巴金的《讲真话的书》,里面少了一篇《"文革"博物馆》,目录上注明"存目,内文有题无文,是页白纸,开了"天窗"。陈丹晨认为"这种事情在中国出版史上都是不多见的,偏偏出现在巴金的《讲真话的书》上。至今我仍不知道其中葫芦里卖的是什么药"③!这些评价都表明了陈丹晨对于有违众议的官方意志的反抗和不满。他的耿介和不近官的特点,由此可见一斑。

与陈丹晨的不近官相适应的是,他最不屑于公关。1980年4月,陈丹晨的《巴金评传》预备在南方一家出版社出版时,编辑建议陈丹晨对书稿进行拆分和修改。对此,陈丹晨不愿意按出版社的要求去做。他说:"这样,我就得另去找别的出版社。我是个怕麻烦的人,特别烦这种'公关'的事。"④ 由此,可以看出陈丹晨对于人际运作非常反感,他是个耿直的学者,不善于、更不屑于公关之事。陈丹晨的这种性格特征在许多地方都可以看出。比如在筹备巴金研讨会的过程中,他承担了与作协沟通的任务,但这次承担让他大伤脑筋。虽然最终于1994年4月在北京成功举

---

① 陈丹晨:《走近巴金四十年》,江苏文艺出版社2008年版,第201—202页。
② 同上书,第209页。
③ 陈丹晨:《成都会议》,《走近巴金四十年》,江苏文艺出版社2008年版,第207页。
④ 同上书,第78页。

办了巴金研讨会,但他从中更加体会到官场的复杂,对于官场似乎也更加厌恶。此事的具体情况是这样的:1992—1993 年,李辉、李存光、陈思和等人酝酿要在北京召开一次巴金研讨会。具体由社科院研究生院来操办。因为巴金当时是中国作协主席,他们考虑不能撇开作协。因此,就由陈丹晨负责与作协联系此事。对于此事后来发展的结果,陈丹晨做了如下的记述。

> 我先打电话给作协主要领导玛拉沁夫。他听完我的话后,一口答应,热情地说:"出钱出力,作协一点没问题。"他还说:"巴老是我们的主席,我们当然应该参加。将来你们要把巴老研究会搞起来,可以挂靠在作协。"
> 事情解决得出乎意料的顺利,我当然高兴,就将这个结果告诉了李辉、李存光。过了几个月,存光、李辉催我,要作协尽快落实此事,便于筹备工作的进行;否则,连个邀请函都发不出去。于是,我又打电话给玛拉,哪想到他的语气态度大变,表示此事还要研究研究。问他什么时候可以给回电话,也不置可否。我当时非常生气,但却不感意外。他大概以为我是去求他呢!其实我是为他好。他这种态度,我再也不会去找他了!
> 这样我又去找另一位领导 Z。我知道 Z 平时对巴老还是挺热心的。果然,我一提此事,他满口应承,说:"巴老的事,没得说的。我是一点没问题的。具体参与,拿经费,都不是问题。"我相信他是真诚的。不过,说到后来,他说:"丹晨,这事还得玛拉同意。他是党的领导,他不说话,我不好办。"……我深深体会到"官场"的复杂性,实在不是我辈应付得了的。
> 要开巴老研讨会的事,不知怎么在作协机关传开了。作协办公厅领导杨宗、吴殿熙等都主动积极行动起来。后来,还是 Z 出面召开了一次筹备会,商定了一些问题。开幕式的操办、经费都由作协包了下来,做得非常出色。玛拉既没有来体现"党的领导",也没有再研究研究。[①]

[①] 陈丹晨:《走近巴金四十年》,江苏文艺出版社 2008 年版,第 211—212 页。

由陈丹晨的这些记述，我们可以看出他的一种坚守、不妥协、不趋炎附势的品格。陈丹晨的这种耿直性格也可以从他景仰的对象上看得出来。陈丹晨在接受丁东的采访时，谈到自己特别尊敬的几位文化人，其中有在"反右"和"文革"中受到迫害仍然写出《印尼通史》的巴人；有能够对历史与现状进行超前思考、提倡个性主义、批判神权政治的顾准；有反思文革、拷问自我的巴金等。[①] 这几个人的共同特点是坚持自我，不为权势所屈。可见，陈丹晨强调文化人本体的价值，有着强烈的反思与反叛意识，具有执着、正直的品格。

陈丹晨耿直狷介的性格的确与巴金有些相似。"文革"刚结束的时候，巴金就开始发表《随想录》，反思"文革"。对此，宣传部门负责意识形态的胡乔木劝巴金要少写这一类东西。巴金并没有采纳胡乔木的建议，而是继续写作，直到写完150篇。由此可以看出，巴金的写作不纯粹是为文学，更多的是为一种理想，一种改造社会的理想。王蒙这样评价巴金写作的崇高性："他甚至不承认自己是文学家，他不懂得怎么样为艺术而艺术，为文学而文学，他是为祖国，为人民，为青春，为幸福，为光明和真理而文学而艺术。"[②] 王蒙道出了巴金讲真话的根本动力。陈丹晨对于巴金这种坚持讲真话的精神是极为赞赏的。陈丹晨对于巴金的这种理解和认同使得他在写"巴金传"时，更容易把握巴金追求自由的精神实质。这样，他所塑造的巴金形象更加丰富，更趋于真实。同时，传记作者的主体性正体现在这里。

陈丹晨的《巴金全传》充分展示了巴金孜孜不倦探求真理的过程，揭示了巴金纯真、正直、善良的品格，是理解和认识一代知识分子心路历程的重要著作。同时陈丹晨在对巴金的书写中无意识地透露了自己的执着、耿直的个性品质。正是这种优秀的品质使他真正走到了传主的心灵深处，写出了真实的巴金。可以说，该传的作者主体性得到了充分和恰当发挥，这正是该传成功的奥秘。

[①] 丁东：《顾准生前友好访谈录》，载《反思历史不宜迟》，上海三联书店1999年版，第290页。

[②] 王蒙：《喜欢巴金　学习巴金》，《作家文摘》2002年11月26日。

第二章

传记中的传主作品呈现

传记往往要反映传主的职业特点。政治家的传记会侧重他所参与的重要政治事件；军事家的传记会侧重其所取得的军事成就；科学家的传记会侧重其科学成就。作家传记区别于其他类传记的一个重要特征之一就是要展示传主的文学成就。文学创作是作家的生命基石，作品是作家之所以成为作家的重要标志。所以，作品呈现和作品解读对于作家传记来说是必要的，它是刻画传主形象的必要材料和手段。"文学作品是作家生命的一种独特的实现方式，它像一面镜子，既反映出时代嬗变的现实景况，也折射出作家真实的内心文化世界。"[1] 因此，主要描述传主的生命历程、生命形态的作家传记无论如何无法回避对传主作品的呈现。

梁启超认为给文学家作传，需要像太史公写史记那样转录文学家本人的代表作品。这样做的理由是："为甚么要给司马相如、杜甫作传，就是因为他们的文章好。不载文章，真没有作传的必要。最好能像《史记·司马相如列传》登上几篇好赋，否则须像《旧唐书·杜甫传》登上旁人的批评。纵然《杜工部集》失掉了去，我们还可以想见他的作风同他的地位。《旧唐书》登上元微之那篇论文，就是史才超越的地方；《新唐书》把它删去，就是史识不到的地方。"[2] 梁启超关于为文学家作传方法的这段论述虽然主要是在强调传记的史料价值，但是他也明确了文学家传记的一个重要特征，这就是要体现文学家的文学成就即作品成就。同样的道

---

[1] 韩传喜：《观艺术之心 叩灵魂之门——重读田本相著〈曹禺传〉》，《北京社会科学》2007年第3期。

[2] 梁启超：《中国历史研究法补编》，中华书局2011年版，第66—67页。

理,他认为给政治家作专传,首先要登载他的奏议同他的著作。否则,看不出政治家的主义。今天,在印刷技术发达、资料繁盛的情况下,许多作家传记不再把作品直接放进来,但是,有重点地展示作品、解读作品仍是多数作家传记的重要内容,这是必要的。否则,就不可能是完备的作家传记。

作家传记仅仅展示传主的文学成就还远远不够。作家传记区别于文学史的地方之一在于它不仅仅展示和解读作品,还要追踪作品背后的故事或者作品之后的故事,向读者揭示作品与传主生活、思想之间的关系,甚至考察作品对传主命运的影响,即探究作品的成因、作品的影响等。传记如此做的必要性在于写出传主的思想和命运是传记本身的应有之义,塑造生动丰满的传主形象是传记的根本任务。追踪作品背后的故事也就是透彻地认识作家本人。郁达夫在《什么是传记文学》一文中反对死气沉沉的行传式的传记,提倡写作新型传记:"新的传记,是在记一个活泼泼的人的一生,记述他的思想与言行,记述他与时代的关系。他的美点,自然应当写出,但他的缺点与特点,因为要传述一个活泼而且整个的人,尤其不可不书。所以若要写出新的有文学价值的传记,我们应当将外面的起伏事实与内心的变革过程同时抒写出来,长处短处,公生活与私生活,一颦一笑,一死一生,择其要者,尽量写来,才可以见得真,说得像。"[①] 郁达夫的这段论述强调了传记对传主的全面刻画。传记不仅要写出表面事实,还要开掘表面事实背后的根源及变化等,即不仅要使读者知其然,还要使读者知其所以然。郁达夫的这一观点当然适用于作家传记对于传主作品的处理。如果按照郁达夫的传记观念做进一步的推理,我们可以得出如下结论:作家传记不仅要写出传主写了什么作品,这些作品怎么样,还要探究这些作品的来源、这些作品成败的缘由以及这些作品与传主生活、思想的关系等。

另外,只有全面了解作家的生活、思想等状况,才能对其作品有深刻的把握。考察作品与考察作家身世背景、思想历程须臾不可分离,正如鲁迅所说:"世间有所谓'就事论事'的办法,现在就诗论诗,或者也可以说是无碍的罢。不过我总以为倘要论文,最好是顾及全篇,并且顾及作者

---

① 郁达夫:《什么是传记文学》,《郁达夫文集》(6),花城出版社1983年版,第283页。

的全人,以及他所处的社会状态,这才较为确凿。"① 现代作家传记对作品的解读与文学史对作品的解读从目的到方法都有所不同。文学史一般正面分析作品的思想、艺术特征,而传记对作品的分析往往与作家的人生经历、社会环境等因素紧密结合起来,运用作品信息考察作家的生活,探寻作家成就经典作品的缘由甚至是重要作品对作家人生命运的影响等。优秀的作家传记对传主作品的呈现和解读通常是深刻而全面的。本章主要通过林志浩的《鲁迅传》、田本相的《曹禺传》、张耀杰的《戏剧大师曹禺》和黄昌勇的《王实味传》来具体展现传记的这一特点。

第一节　林志浩《鲁迅传》：鲁迅作品的马克思主义思想探源

　　林志浩的《鲁迅传》初版本于1981年8月由北京出版社出版。出版后影响较大,于是引发了北京十月文艺出版社(前身即为北京出版社)组织出版"中国现代作家传记丛书"的庞大计划,这就是后来我们陆续见到的该社出版的《赵树理传》《冰心传》《郭沫若传》《曹禺传》《沙汀传》《周作人传》《孙犁传》等。林志浩的《鲁迅传》第2版即增订本于1991年7月由北京十月文艺出版社出版。林志浩《鲁迅传》初版本于1991年7月获首届中国纪实文学"东方杯"传记作品优秀创作奖,增订本于1994年12月获首届"中国青年优秀图书奖"。相对于初版本来说,增订本对几十年历史形成的某些"左"的思想影响,进行了认真的纠正,增补了鲁迅的婚姻、家庭生活以及社会交往等,力图表现鲁迅普通人的一面。

　　林志浩在开始写作鲁迅传之前,就在人民大学从事鲁迅思想和作品的教学及研究,以后陆续出版了研究鲁迅的专著《鲁迅研究》(上、下册,中国人民大学出版社1987年版);主编了《新文化运动的先驱鲁迅》(山西人民出版社1986年版)和《鲁迅杂文选讲》(高等教育出版社1993年版);参编了《鲁迅年谱(1931—1933)》② 等。林志浩还曾担任中国鲁

---

　① 鲁迅:《且介亭杂文二集·"题未定"草(七)》,《鲁迅全集》(6),人民文学出版社1981年版,第430页。

　② 人民文学出版社1985年出版,这是11卷本《鲁迅年谱》第3卷的一部分。

迅研究学会理事、《鲁迅研究》编委。因此说，林志浩的《鲁迅传》是在充分研究鲁迅的基础上而写的，这部传记在鲁迅研究的一些学术问题上的确做出了独有的贡献。

整部传记对于鲁迅后半生的着墨要远远多于对鲁迅前半生的叙述，传记重点描述了鲁迅后期的战斗历程，突出表现了鲁迅后期作为共产主义战士的斗争精神。对于鲁迅的作品分析，重点放在了后期杂文上，而且特别强调了鲁迅后期杂文中所体现的共产主义思想。传记的这一安排也是合情合理的，原因在于：第一，鲁迅后期杂文约占其杂文总量的7/10，这些杂文创作于其思想最为成熟的后半生，本身具有极高的研究价值，值得受到重视。第二，鲁迅后期杂文既有对旧思想、旧文化的批判，也有对左翼革命文学的建议和支持，而且，随着阶级矛盾、民族矛盾的日益尖锐，其杂文中政治战斗性的成分逐渐加强。这一点是不容忽视的。

此外，传记按照时间顺序写了鲁迅与中国共产党高级领导的密切交往。笔者认为，传记明显形成了两条线索：一是鲁迅后期杂文中所体现的共产主义思想；二是鲁迅与中国共产党高级领导的密切交往。这两条线索相互交叉，互为印证。正如传记作者在《后记》中说："考虑到鲁迅的生平、作品和思想是密不可分的，因此在写法上，我力求把鲁迅的战斗历程、作品评述和思想发展三者结合起来，以时间为线索，进行较为具体的撰述。"[①]林志浩《鲁迅传》把对鲁迅后期杂文的分析与鲁迅这一时期与共产党人的密切联系结合起来，这正体现了作者的上述思想。下面以传记对鲁迅后期杂文及后期思想的记述为主要内容，把传记中的这两条线索梳理出来。

一　鲁迅后期杂文所体现的马克思主义思想

林志浩《鲁迅传》用大量笔墨分析了鲁迅后期杂文，通过对这些杂文的产生背景、内容及其影响来具体展现鲁迅的马克思主义思想。

（一）《论"第三种人"》和《又论"第三种人"》中体现了阶级论和辩证法思想

传记着重分析了在与"自由人""第三种人"论战（整个"左联"时期规模最大、历时最久的文艺论战）中，鲁迅所发表的《论"第三

---

① 林志浩：《后记》，见《鲁迅传》（增订本），北京十月文艺出版社1991年版，第682页。

人"》和《又论"第三种人"》中的主要观点。对于《论"第三种人"》这篇文章,首先,传记引用了一部分鲁迅批驳苏汶的文字,如:"生在有阶级的社会里而要做超阶级的作家,生在战斗的时代而要离开战斗而独立,……这样的人,实在也是一个心造的幻影,在现实世界上是没有的。要做这样的人,恰如用自己的手拔着头发,要离开地球一样,……所以虽是'第三种人',却还是一定超不出阶级的,苏汶先生就先在预料阶级的批评了,作品里又岂能摆脱阶级的利害;也一定离不开战斗的,苏汶先生就先以'第三种人'之名提出抗争了,虽然'抗争'之名又为作者所不愿受;而且也跳不过现在的,他在创作超阶级的,为将来的作品之前,先就留心于左翼的批判了。"① 进而指出该文既从实质上批驳了苏汶的理论基础,也不简单否定"第三种人"的存在。同时,清醒地看到了左翼作家内部的矛盾和斗争。对于《又论"第三种人"》这篇文章,传记认为它既全面又辩证地分析了"第三种人"实质上的不可能存在:他们或许暂时性地、表面性地看似不偏不倚,但终归是要分化的,有能和革命一同前进的,有趁机将革命中伤、曲解的。这里,传记明确指出了鲁迅杂文中的辩证法思想。

此外,传记还指出:"这篇文章以旗帜鲜明的战斗内容和策略思想,不但有力地支援瞿秋白等左翼战友,而且也矫正论争初期某些绝对化的提法,同时还提出在坚持文艺战线的思想斗争中不断清理、整顿扩大左翼文艺队伍的战斗任务。"② 在批判苏汶的"第三种人"主张时,瞿秋白化名易嘉,在《文艺的自由和文学家的不自由》一文中指出:"每一个文学家,不论他们有意的,无意的,不论他是在动笔,或者是沉默着,他始终是某一阶级的意识形态的代表。在这天罗地网的阶级社会里,你逃不到什么地方去,也就做不成什么'第三种人'。"③ 鲁迅在《论"第三种人"》中表达的意思正与瞿秋白的类似。传记明确了这一点,就明确了鲁迅这一时期所坚持的文艺思想正是马克思主义文艺理论的主要内容——文艺的阶

---

① 转引自林志浩《鲁迅传》(增订本),北京十月文艺出版社1991年版,第467页。(原文见鲁迅《论"第三种人"》,《鲁迅全集》第四卷,人民文学出版社2005年版,第452页)
② 林志浩:《鲁迅传》(增订本),北京十月文艺出版社1991年版,第468页。
③ 易嘉:《文艺的自由和文学家的不自由》,《现代》1932年第10期。

级性。鲁迅后期的部分杂文在思想实质和根本理论上与瞿秋白等左翼作家是一致的,《论"第三种人"》所体现的阶级论思想就是一个例子。林著《鲁迅传》充分认识到了这一点。

(二)《二心集》充满了辩证法,标志着鲁迅马克思主义世界观的成熟

林著《鲁迅传》认为鲁迅收入1930—1931年杂文的《二心集》是鲁迅的马克思主义世界观进入成熟时期的作品,在鲁迅的杂文集中占有十分重要的地位。《二心集》在运用辩证法方面,比《三闲集》更为纯熟。从《二心集》开始,鲁迅杂文的思想就进入了炉火纯青的境界。《二心集》是学会了辩证法的明显的例子。① 此外,传记还介绍了《二心集》在出版的次年就遭到国民党政府查禁的情况,并由此见出这个集子所发挥的击中敌人要害的战斗作用。

(三)七论"文人相轻"和八节《"题未定"草》表明了鲁迅的历史唯物主义思想

七论"文人相轻"和八节《"题未定"草》都创作于1935年,结成《且介亭杂文二集》。这些杂文是针对当时文艺界思想混乱、是非混淆的状况而写的。林著《鲁迅传》对这些杂文给予了高度赞扬,认为鲁迅的七论"文人相轻"和八节《"题未定"草》使大家辨是非之界,明取舍之道。并进而指出:"鲁迅鲜明而强烈的爱憎感情,在历史唯物主义的烛照下,得到了更高、更科学的发展,他完全代表全民族的大多数,在文化思想界树立了'爱的大纛'和'憎的丰碑'。鲁迅的方向,不愧为中华民族新文化的方向。"② 传记认为,七论"文人相轻"从多方面申述和驳论,最终确立了鲜明的观点:坚决反对被"文人相轻"的恶名所吓倒,提倡文人要有明确的是非,热烈的好恶。要有热烈的憎,不仅要向"异己"者进攻,而且还要向"死的说教者"抗战。八节《"题未定"草》具体给出了辨别是非的方法和标准。特别是在后四节中,鲁迅提出了"知人论世"的批评原则,论及翻译、选本、摘句等问题,提倡运用历史唯物主义的观念,评论文章时,要顾及全篇全人以及当时的社会状态。只有把

---

① 林志浩:《鲁迅传》(增订本),北京十月文艺出版社1991年版,第448—449页。
② 同上书,第605页。

作品放在具体的历史环境中加以考察，才可能评价中肯。

（四）《伪自由书》和《准风月谈》体现了马克思主义思想

传记指出："鲁迅给《伪自由书》和《准风月谈》都写了很长的后记，揭露了国民党反动派及其御用文人'阴面战法的五花八门'，鞭挞了革命队伍中的'蛀虫'——叛徒杨邨人之流的下劣……"[①] 传记认为，这些战斗杂文的成绩应归功于鲁迅的马克思主义理论水平的提高，"1933年前后，鲁迅的斗争精神和杂文，所以更加焕发光彩，是同他更加认真刻苦地学习马克思主义分不开的。他熟练地掌握马克思主义的锐利武器，用它来分析形势，指导斗争"[②]。这种观点虽然有着明显的时代印记，是那个以马克思主义为最高指针和方向、以阶级斗争为纲的年代里多数人的认识。但今天看来，这样的结论仍然成立。因为这一时期的鲁迅在思想上确实更加马克思主义化了，有许多事实材料可以证明这一点。传记在这一节指出，鲁迅为了安全地保存马克思主义的书籍和其他图书资料而租了一处房子作为秘密藏书室。周建人在《回忆鲁迅》中也写到了鲁迅的秘密藏书室："鲁迅在这里珍藏着大量的马、恩、列、斯的著作和其他社会科学方面的书籍，有中文版的，也有外文版的。"[③] 林志浩《鲁迅传》对鲁迅作品的认识是建立在这些扎实的材料的基础上的，因而是可信的。

林志浩的《鲁迅传》起草于20世纪70年代末，他的写作难免受到时代思潮的极大影响。鲁迅晚年的确有相当明显的马克思主义思想，但是并不是他的所有作品对此都有体现。林志浩《鲁迅传》对鲁迅作品的选择性分析，凸显了鲁迅的马克思主义思想，这是时代潮流、政治意识对作者的影响和制约。经历了在20世纪50—70年代政治洗礼的传记作者，很难摆脱时代精神、意识形态的影响。在当时的研究条件下，他所见到的关于鲁迅的材料，可能更多的是鲁迅接受马克思主义影响，走上无产阶级革命道路方面的。即便能发现一些反映鲁迅自由主义思想、家庭生活方面的材料，在当时的政治气候下，也未必能够充分地运用到传记中去。因此

---

① 林志浩：《鲁迅传》（增订本），北京十月文艺出版社1991年版，第528页。
② 同上。
③ 周建人：《回忆鲁迅在上海的几件事》，载《回忆鲁迅》，上海人民出版社1976年版，第103页。

说，林志浩的《鲁迅传》难免有一定的局限性。但是，难能可贵的是，这部传记把对鲁迅作品的分析与鲁迅的进步行动、思想发展结合起来，做到了有理有据、自圆其说。这主要表现在传记详细记述了鲁迅与中国共产党人的密切交往活动。一切写作都是思想的表达，一切行动都受思想支配，明确了鲁迅的活动、鲁迅的交往，对于其作品中所表达的思想自然就知其来源了。下面就来看看传记叙述了哪些鲁迅与共产党人密切交往的事实。这些事实留下了鲁迅思想发展的印迹，是传记用马克思主义思想来解读鲁迅作品的材料基础。

二 鲁迅后期杂文中马克思主义思想的来源

与中国共产党人的密切交往是鲁迅杂文中马克思主义思想的重要来源。鲁迅虽然不属于任何党派，但他接受马克思主义思想的历史事实是不容忽视的。他与中国共产党人密切交往的活动，他秘密收藏马恩著作的做法，不能不影响到他的创作，尤其是后期杂文的创作。因为任何创作都来源于生活，作品中所体现的思想正是作者社会活动的结果。传记充分注意到了鲁迅杂文思想与其社会活动的关系，特别是对鲁迅与中国共产党人交往的历史细节进行了描述，为其杂文思想找到了现实依据。

（一）鲁迅与中共广东区委书记陈延年和共产党员应修人的接触

传记在"予在广州"这一章重点叙述了在陈延年领导下的中共广东区委对鲁迅的欢迎和团结，他们派学生干部毕磊给鲁迅送革命刊物《支部生活》《做什么》等，帮助鲁迅了解广州复杂的斗争形势。这里虽然没有记述鲁迅与陈延年见面的具体情况，[①] 但是记述了陈延年对毕磊的嘱托，陈让毕磊多陪陪刚到广州的鲁迅。此外，还记述了鲁迅在共产党员应修人等的陪同下，到黄埔军官学校做题为"革命时代的文学"的演讲，指出对于革命事业来说，暴力比文学更重要。革命人做出东西来，才是革命文学。期待着工人农民得到真正的解放，希望出现以工人农民为主体的新的文学。对此，作者认为这篇重要讲话提出了有关社会问题、文学问题

---

① 鲁迅与陈延年见面的具体情况可参见孙郁《鲁迅与陈独秀》，贵州人民出版社2009年版。另可参见徐彬如《回忆鲁迅一九二七年在广州的情况》，《中山大学学报》（社会科学版）1976年第6期。

的新鲜观点，是鲁迅世界观急剧变化的一个显著标志。

（二）鲁迅与红军将领陈赓的会见

传记在第二十二章"俯首与横眉之歌"中对鲁迅在1932年夏秋之间两次会见陈赓将军的历史做了充分的记述。① 第一次会见由冯雪峰、朱镜我陪同在上海疗伤的陈赓将军到鲁迅家里座谈。陈赓向鲁迅介绍了反击国民党围剿的战斗，还谈论了苏区人民的生活。鲁迅兴致勃勃地询问苏区的土地改革情况、人民的生活改善情况等。与陈赓的交谈促使鲁迅打算写一部反映苏区生活和红军战斗情况的小说。为更多地搜集写作素材，鲁迅约请陈赓做了第二次的面谈。这一次，陈赓随手画了一张地理形势地图。两人谈了整整一个下午。鲁迅始终饶有兴趣地听着、问着并默默地点头。随后，他对人讲："写一个中篇，可以。""要写，只能像《铁流》似地，有战争气氛，人物的面目只好模糊一些了。"② 鲁迅最终因为材料不充分，对红军和苏区的实际生活不熟悉而没有写出这个作品。但他为此而做的努力是不可否认的。林著《鲁迅传》认为，鲁迅在白色恐怖时期的上海，邀请受到国民党追捕的红军将领到家里座谈，这实在说明鲁迅对革命的关心，对红军的信任。

（三）鲁迅与瞿秋白的知己之交

传记在第二十二章还着重记述了鲁迅与瞿秋白的交往。记述了早在1931年秋，鲁迅就特请瞿秋白赶译《铁流》原译者没有译出的涅拉陀夫的序文。在1931年年末，鲁迅又约请瞿秋白翻译卢那卡尔斯基的《解放了的唐·吉诃德》。鲁迅对瞿秋白的翻译水平极为赞赏。鲁迅的译本《毁灭》出版后就托冯雪峰送了一本给瞿秋白。此后，两人开始了真诚的通信，讨论翻译问题。后来，鲁迅把他们的讨论内容冠以"关于翻译的通信"的题目，编入《二心集》。1932年把自己的《二心集》的稿子交给合众书店出版，作为与书店的交换条件，书店同时买下了瞿秋白的译稿《不平常的故事》，这给了急等钱用的瞿秋白以极大帮助。瞿秋白牺牲后，

---

① 目前关于鲁迅与陈赓会见的次数还有争议。有人研究认为楼适夷《深渊下的哭声》所记的第二次会见很可能与冯雪峰所回忆的会见是重叠的，实际上还是同一次会见。林志浩《鲁迅传》认为是两次会见。

② 参见林志浩《鲁迅传》（增订本），北京十月文艺出版社1991年版，第458—460页。

鲁迅扶病编辑亡友译文，出版《海上述林》，寄托哀思。

（四）鲁迅帮助成仿吾与党取得联系

传记在第二十四章"从'伪自由'到'准风月'（下）"中还记述了鲁迅与成仿吾的会面，帮助成仿吾与党取得了联系这样的史实。1933年留在鄂豫皖苏区的红军，处境十分困难，与党中央也失去了联系。受省委书记沈泽民的派遣，成仿吾到上海寻找党中央。结果到上海后，找不到接头之人，自己又病困旅馆一个多月。正在山穷水尽的时候，看到国民党的报纸上骂鲁迅是准共产党，于是他通过内山书店找到了鲁迅，这样才与当时在上海的瞿秋白和冯雪峰得以联系，从而与江西瑞金的党中央取得了联系。1933年12月的一天下午，鲁迅约成仿吾在一个白俄咖啡店里会面，相谈甚欢。"会见后，鲁迅回到家里，瞒不住的喜悦总是挂上眉梢，他把会见的情况告诉许广平，并赞扬成仿吾'从外表到内里都成了铁打似的一块，好极了。'"① 与鲁迅有过文字之争的成仿吾能够如此信赖鲁迅，这说明了鲁迅与党的密切关系。

（五）鲁迅受到方志敏的信任

传记详细记述了方志敏牺牲前托狱中职员转交鲁迅书信的史实。1935年四五月间，从内山书店收到了方志敏传来的信和文稿。那几页信纸是几张无字白纸，胡风经吴奚如指点，用碘酒擦后才显出字来，当鲁迅看到方志敏的署名时，双目模糊了，当他阅读《可爱的中国》和《清贫》的文稿时，眼睛再次被泪水浸透。他懂得了其中的义重千钧，他冒着生命危险保存了这些珍贵的材料，直到1936年4月，冯雪峰从陕北到上海后，鲁迅才把它们郑重地交给了冯雪峰。方志敏这位红军高级将领把密件托付给素不相识的鲁迅，这正说明了鲁迅与党的息息相通。正是因为鲁迅冒着生命危险保存了这些珍贵的文字材料，我们今天才能看到方志敏的遗作《可爱的中国》和《清贫》等文稿。传记认为："（方志敏）这些遗著的经历有力地证明了：鲁迅用自己的行动同中国共产党结成了不可分离的一体。他引共产党人为同志，他对党的忠贞不贰，标志着他对共产主义的崇高信仰。"② 这样的推论是建立在历史事实基础之上的。我们不能漠视鲁

---

① 林志浩：《鲁迅传》（增订本），北京十月文艺出版社1991年版，第531页。
② 同上书，第626页。

迅与共产党人的密切关系。不能用鲁迅前期的思想代替他后期的思想。不能因为他曾经是自由主义者和虚无主义者而否定他后期的马克思主义者的身份。

（六）鲁迅给毛泽东、朱德发贺电

传记转引 1979 年 6 月 9 日《人民日报》的内容，把鲁迅 1936 年致毛泽东和朱德的贺信的部分内容展示出来："英雄的红军将领们和士兵们！你们的勇敢的斗争，你们的伟大胜利，是中华民族解放史上最光荣的一页！全国民众期待你们的更大胜利。全国民众正在努力奋斗，为你们的后盾，为你们的声援！你们的每一步前进将遇到热烈的欢迎与拥护！"[①] 由于在林志浩当时写《鲁迅传》时，史学界对这封贺信的细节问题如时间、发信方式、贺信背景、全文内容等方面还不太确定。因此，传记对这一问题记述比较简略，而且所记的时间是 1936 年 2 月以及所记述的贺信指向是长征胜利，这都与后来发现的事实有所出入[②]。但是，传记充分关注了这一问题，认为这是鲁迅关心国家大事，满怀信心瞩望革命前途的证明，这一点是十分可贵的。

林著《鲁迅传》对上述鲁迅与中国共产党的重要领导的交往史实的陈述，一方面作为鲁迅生平事迹的叙述，另一方面作为鲁迅倾向共产主义的有力证明。鲁迅行动上的倾向共产主义自然要体现在自己的作品中。所以，传记的这一条线索与第一条线索是密切相关的。传记处处以鲁迅与共产党人的密切交往活动作为解读鲁迅后期杂文思想的有力配合，为鲁迅后期杂文所蕴含的马克思主义思想找到了支撑。

这部传记不仅在分析鲁迅后期杂文时，把鲁迅的战斗历程、作品评述和思想发展三者结合起来，而且在分析鲁迅前期作品时，运用了同样的方式。这不仅使传记的立论基础扎实，材料明晰，而且，也使读者看到鲁迅后期杂文中的马克思主义思想之出现不是突兀的，而是有前期酝酿的和准备的，是鲁迅在长期的革命斗争实践中逐渐形成的。例如，传记指出鲁迅

---

① 林志浩：《鲁迅传》（增订本），北京十月文艺出版社 1991 年版，第 627 页。
② 2005 年《鲁迅全集》第 14 卷附录三，公开了这封珍贵的革命文献全文，但标明起草人不详。此问题详见阎愈新《鲁迅、茅盾致红军贺信——兼评倪墨炎的"贺信伪造说"》。贺信指向是红军东征胜利，时间是 3 月 29 日。

在《阿Q正传的成因》中"对阿Q革命的评价,不仅有断然的明确的批评,还有尖锐地、深刻地批评。这是历史唯物主义的胜利,是把小说的形象描绘,提高到了理性的高度,有了辩证而科学的认识"①。为了更加充分说明鲁迅作品所包含的马克思主义思想的萌芽,传记进一步记述了鲁迅在行动上的倾向马克思主义。传记记述了鲁迅于1926年12月12日,在厦大学生会创办的一所平民学校所做的演讲,他鼓励广大贫民子弟努力奋斗,改变被奴役的命运。对此,林志浩评价道:"鲁迅在社会实践中,一方面冲刷进化论的'偏颇',开始批判'青年必胜于老年'的旧信念;另一方面则倾向马克思主义的阶级论,初步树立'愚人'支持世界的新思想。这就预告鲁迅世界观的转变已经快要酝酿成熟,他就要向着共产主义思想飞跃了。所以他在思想情绪上,已经彻底摆脱以前的'彷徨',而充满了兴奋和乐观的心情。"② 这样的判断既有助于理解鲁迅作品中所包含的革命性,也为后面描写鲁迅到广州中山大学之后革命思想的进一步形成做了铺垫。

再如,传记在记述鲁迅1927年4月做《庆祝沪宁克复的那一边》这篇文章时,认为鲁迅"最后的胜利,不在高兴的人们的多少,而在永远进击的人们的多少"这个精辟的思想,既来自几十年斗争的血的教训,也是马克思列宁主义长期影响和哺育的结果。由此,作者进一步追述了鲁迅早期接受马克思主义思想的一些事实:"1920年,他阅读了陈望道翻译的《共产党宣言》,在1925年积极支持共产党员任国桢《苏俄的文艺论战》一书的出版。同时,他亲手培植的未名社成立后,就以'介绍苏联文学作为努力的重心'。"③ 传记所列举的这些材料都是很有说服力的。比如,关于鲁迅对陈望道翻译《共产党宣言》的评价,据周作人回忆,鲁迅在接到书后当天就翻阅了一遍,并称赞"这个工作做得很好,现在大家都在议论什么'过激主义'来了,但就没有人切切实实地把这个'主义'真正介绍到国内来,其实这倒是当前最紧要的工作",陈望道"把这本书翻译出来,对中国做了一件好事"。(《鲁迅研究资料》第一辑,文物

---

① 林志浩:《鲁迅传》(增订本),北京十月文艺出版社1991年版,第296页。
② 同上书,第298页。
③ 同上书,第320页。

出版社 1976 年版)

今天看来，林志浩的《鲁迅传》有着明显的阶级斗争时代的烙印，对于鲁迅的马克思主义思想有过多的渲染，而对鲁迅前期受尼采哲学、进化论和资产阶级文艺理论等的影响则做了淡化处理，这主要是时代局限所造成的。在当时的认识条件下，传记能够把对鲁迅作品的解读建立在扎实的鲁迅与共产党人的交往的材料基础上，这也是值得肯定的。

新时期以来，特别是 20 世纪 90 年代以来，传记写作更加关注人性，特别是人的自然属性、强调传主普通人的一面，形成了"去神圣化"的潮流，以此作为对"左"倾压抑自然本性的反驳，例如林贤治的鲁迅传就直接以《人间鲁迅》命名。让鲁迅"走下神坛"，最大限度还原其真实可感的普通人形象，这本身是没有错的，但是，这种强调如果过了头，则会矫枉过正，导致矮化鲁迅的倾向，因为要全面地评价一个人，特别是一位伟人，不仅仅应该强调其自然属性的一面，更多地还要强调其社会属性的一面。社会角色、社会地位是衡量一个文化名人价值的主要方面。尽管林志浩的《鲁迅传》存在种种不足，但是，我们仍然认为它对鲁迅作品的阐释方法是有效的，结论基本是正确的。原因就在于它充分关注了鲁迅的社会属性，而且它在分析鲁迅作品时所运用的史料基本是准确的。鲁迅虽然不属于哪个政党，但他思想上的马克思主义色彩是不容置疑的。许寿裳在台湾因为写鲁迅回忆录引起国民党反动派的恐惧而被害；一贯反对共产主义的苏雪林认为国民党丢了大陆与鲁迅有很大关系；《鲁迅正传》的作者郑学稼由对鲁迅书账的研究，找到了鲁迅"左"倾思想的根源；《鲁迅年谱》的作者曹聚仁认为鲁迅自始至终是"同路人"，是一个马克思主义者。这些事实都从不同侧面印证了林志浩《鲁迅传》解读鲁迅及其作品的基本定位是正确的。为具有杰出社会影响的人物作传，不仅要把传主看成生物学意义上的人，更要把他当作社会学意义上的人来描述，因为他们毕竟不同于一般人。

作品是作者思想的反映，作者所处的社会阶层、他所从事的社会活动又直接影响其思想。鲁迅 1934 年 10 月在给萧军的信中就说过这样的话："如果作者是斗争者，那么无论他写什么，写出来的东西一定是斗争的。就是写咖啡馆跳舞场吧，少爷们和革命者的作品，也决不一样。"鲁迅的这些话提醒我们分析作品的时候，不妨先看看作者的身份。因此，在分析鲁迅后期作品的时候联系其该时期的社会活动是十分必要的。在当今去意识形态化潮流中，部分鲁迅研究者矫枉过正，只依据《呐喊》《彷徨》来强调鲁迅思想启蒙者的身份，而忽略其后期杂文中的马克思主义思想。这当然是另一种值得防范的偏激。一味地去意识形态化，往往会遮蔽一些基本的历史事实。正如当代学者季红真所说："完全以意识形态去解释一个卓越的作家自然是愚蠢的，而完全不顾意识形态的作用，试图抽象出一个没有历史政治色彩的作家也太过虚妄。"① 无论怎样，鲁迅后期的左翼色彩是显著的。对此，林志浩的《鲁迅传》给出了有力的实证，它把鲁迅后期杂文所蕴含的思想与他这一时期的社会活动密切结合起来，为正确理解作品提供了材料依据。

第二节　田本相《曹禺传》：戏剧史视角的作品考察

田本相的《曹禺传》最早于1988年由北京十月文艺出版社出版，该传采用作者亲自调查采访所获得的大量的一手材料讲述了曹禺这位"中国的莎士比亚"的人生传奇。尽管这部传记对曹禺的人格没有全面揭示和反映，存在着种种遗憾，但是这部传记在对曹禺剧作的认识上却非常专业，系统地评价了曹禺的经典作品。更为重要的是，把曹禺所取得的戏剧成就与扶植他成才的戏剧家张彭春联系起来，与南开剧团这块培育戏剧人才的沃土联系起来，使人们看到曹禺作品的经典性是有雄厚历史渊源的，曹禺只不过是站在了巨人的肩膀上，曹禺的作品是中国戏剧发展进程中的一环。

一　《雷雨》《日出》《家》《北京人》的成就

1. 对《雷雨》的戏剧结构、人物刻画的高度评价

田本相的《曹禺传》对曹禺每部重要戏剧作品都给予行家点评，指出其得失。比如，对于《雷雨》，田本相不仅指出了它在编织故事上受到了希腊悲剧、易卜生戏剧甚至佳构剧的影响，更重要的是他指出了《雷雨》在故事的深刻性上以及在戏剧结构、人物塑造、戏剧语言上的独创

---

① 季红真：《序言：错动历史中的文学飞翔》，《萧红传》，现代出版社2012年版，第4页。

性。在故事的深刻性上,田本相指出:"曹禺的独创之处,在于他在这些纠缠着血缘关系和令人惊奇的命运巧合中,深刻地反映着现实的社会内容,以及斗争的残酷性和必然性。周朴园明知鲁大海是自己的儿子,但却不以亲子关系而放弃开除鲁大海的念头,残酷的阶级关系把骨肉之情抛之九霄云外。侍萍明知周萍是自己的儿子,却不能相认,而且她也深知周萍不会认她是母亲。当时的曹禺并不是阶级论者,但这种真实的描写,是把严酷的人生真实相当深刻地描绘出来。"① 田本相认为《雷雨》中的这种命运悲剧不同于希腊悲剧中人类童年时代对命运的神秘感,也不同于易卜生戏剧中的"自然法则",而是把日常生活中的残忍的阶级压迫戏剧化了,反映了历史的必然性。

对于《雷雨》的戏剧结构,田本相更是以一个戏剧理论家的眼光指出了曹禺的独创性。他认为曹禺在《雷雨》的结构建构上,比他的前辈和同时代剧作家要高明很多。他说:"对写过剧本的人来说,大概体验最深也觉得最困难的是搞戏剧的结构。特别是一出多幕剧的结构,真是谈何容易。《雷雨》那么复杂的人物关系,纠集着那么多矛盾,集聚着那么多内在的容量,一部《雷雨》都是巧合。没有多少拖泥带水的东西,一切都又是顺乎自然的。看看'五四'以来的剧本创作,还没有一个人像曹禺写出这样一部杰出的多幕剧,在戏剧结构上这样高超,这样妙手天成。一幕看完,让观众瞪大了惊奇的眼睛巴望着第二幕、第三幕。他把几条线索交织起来,错综地推进,一环套着一环,环环相扣,并非完全没有丝毫雕饰的痕迹,但就其严谨完整来说,在中国话剧史上也堪称典范。故事发生在不到 24 小时之内,时间集中,地点也集中,为了这个结构,他费了好大的劲儿,不是把一切都能想个明白,想个透彻,是搞不起来的。"② 这里点明了曹禺在《雷雨》创作上所下的功夫,指出了《雷雨》的结构特点:时间、地点集中,线索交织,剧情发展合乎逻辑等,认为《雷雨》是五四以来结构最为高超的剧作。

同时,田本相还高度肯定了《雷雨》的人物刻画,认为其中的八个人物,个个栩栩如生,在新文学的人物画廊中,独树一帜。《雷雨》的戏

---

① 田本相:《曹禺传》,东方出版社 2009 年版,第 165 页。
② 同上书,第 166 页。

剧语言是迷人的,对于外来戏剧形式的接受,最困难的是能否形成一种为中国人所欣赏的戏剧语言,《雷雨》创造了一种具有高度戏剧性的文学语言,具有丰富的潜台词,又富于极强的抒情性,人物的每一句话、每一个字都是有色彩和容量的,有一种逗人的诱惑力。①田本相以中外戏剧对比的宏阔视野,从戏剧是否既能供演出又能供欣赏的角度对《雷雨》进行了评价。

2. 强调《日出》第三幕的重要作用

关于对《日出》第三幕的批评意见,谢迪克认为《日出》的"主要缺憾是结构的欠统一。第三幕本身是一段极美妙的写实,作者可以不必担心观众会视为浮荡。但这幕仅仅是一个插曲,一个穿插,如果删掉,对全剧毫无损伤。即便将这幕删去,读者也还不容易找到一个清楚的结构"②。传记写到,1937年,由欧阳予倩导演的删去了第三幕的《日出》在上海卡尔登大戏院公演。演出结束后同演员及舞台工作人员晤面时,曹禺直率地说,把第三幕删去是太可惜了。为此,曹禺还在《大公报》上发表了《我如何写〈日出〉》,指出《日出》的第三幕无论如何应该有。挖了它,等于挖去《日出》的心脏,任它惨亡。他还陈述了第三幕写作时那种寝食不安的情况。为了把第三幕搬上舞台,他自己做导演,组织剧校学生来排演《日出》。③对于曹禺坚持保留第三幕的种种努力,田本相给予了充分肯定:"尽管由于演员阵容较弱,效果不够理想。但是,曹禺那种执意把四幕《日出》全部排出来的艺术信念始终未曾动摇过,表现了他高度的艺术自信心。后来的艺术实践证明,曹禺所坚持的是有道理的。""一个敢于独创的作家,对自己所追求的美学目标应该充满自信心,这也是一个艺术家内心自由的境界。对曹禺来说,这是十分难能可贵的。"④作为一个戏剧研究者,田本相看到了曹禺对自己作品充满自信的、执着追求的精神。这种对曹禺的肯定也表明了田本相的戏剧观,体现了传记作者的主体性。田本相的这种戏剧理论观在传记的"《日出》问世"一章中就有明

---

① 田本相:《曹禺传》,东方出版社2009年版,第169页。
② 同上书,第222页。
③ 同上书,第223—224页。
④ 同上书,第224页。

确表达:"这种所谓片段的方法,正是同《日出》的内容相适应的。结构的方法总是对象的适应性的产物,从来没有固定的格式。它的构架特点,即以陈白露的休息厅为活动地点,展开上层腐败混乱的社会相,同以翠喜所在的宝和下处为活动地点,展开下层的地狱般的生活对照起来,交织起来。……他加上第三幕,即宝和下处的妓女的生活片断,这就加强了他对现实的抨击力量,加深了对社会人生相的深刻概括。这是曹禺的艺术独创之处。正是在这里,显示着他那富于艺术胆识和打破陈规、超越自我的创新力。"① 这里,田本相指出了《日出》结构的创新性,而且,特别强调了第三幕的重要作用,显示了不同于一般评论家的卓识。

3. 对《家》的戏剧改编的充分肯定

关于曹禺对巴金小说《家》的戏剧改编,传记作了这样的记述:1942年夏季,在重庆附近唐家沱的长江上浮泊的一只江轮上,曹禺把巴金的小说《家》改编成了戏剧。此时,他与郑秀的家庭婚姻正经历着痛苦和不幸,两人在情感上已经很难弥合了。在艰苦的改编过程中,他得到了来自方瑞的帮助和情感上的慰藉。方瑞的来信成为他创作的动力,方瑞的形象也渗入他的作品中,《家》中瑞珏的形象中与现实生活中方瑞的形象黏合在一起了。在这样的心境下,他从巴金的《家》中感受最深的是不幸婚姻给青年带来的痛苦,而且,在改编时,他还写出了对美好生活的憧憬和追求。这样,他改编后的《家》,重心在表现觉新、瑞珏和梅表姐这三个人物的命运及其情感纠葛,而割舍了小说《家》中其他丰富的内容,如觉慧所参加的斗争、学潮等。1943年4月8日,《家》由中国艺术剧社首演之后,连续上演两个月,盛况空前。② 但是,评论界对《家》的改编是有争议的。例如,何其芳认为《家》的改编偏离了原作的主题"歌颂新生一代的反抗和奋斗",这样的改编是失败的:"无论怎样艺术性高的作品,当它的内容与当前的现实不相适应的时候,它是无法震撼人心的。"③ 像小亚的《〈家〉的人物处理》一文也认为戏剧《家》给观众的

---

① 田本相:《曹禺传》,东方出版社2009年版,第203—204页。
② 同上书,第325—329页。
③ 何其芳:《关于〈家〉》,《关于现实主义》,新文艺出版社1958年版;转引自田本相《曹禺传》,东方出版社2009年版,第330—331页。

印象是一场情致缠绵的恋爱悲剧，而不是鲜明的，有积极意义的反叛封建家庭，寻找新的道路的故事。①

对上述关于《家》的改编的种种批评，田本相以一个戏剧理论家的身份作出了自己的思考，提出了一个关于文学作品改编的理论问题："这种批评，在当时是作为马克思主义的文艺批评而出现的，它对《家》的改编成功所具有的思想和艺术价值都贬低了。而令人深思的是，为什么在一些批评家看来缺乏现实意义的戏，却受到广大观众的欢迎，而且久演不衰呢？这里，究竟有什么内在的隐秘？这却是这些批评家所忽视的而又不能做出回答的课题，它还有待历史的考验和证明。"② 这样，传记作者的独立思考就体现了出来，特别是作为一个长期从事戏剧研究的学者来说，田本相提出了一个严峻而又有重要价值的理论问题。许多文学名著改编的例子说明，原作因为具有广泛的社会影响，观众对其内容已经有了较稳定的认知态度，故而改编时常常会引来各种意见。虽然说，尊重原著是进行改编的基础，但是，改编本身就是一种再创造，改编后的作品往往赋予了改编者的价值取向。因此，改编后的作品难免与原作有距离，这之间的矛盾是永远存在的。曹禺对巴金《家》的改编，使它获得了新的美学生命力，使它通过戏剧的形式得到了更广泛的传播，这一点是首先应该被肯定的。很显然，《曹禺传》注意到了这一点，显示了一个戏剧理论家的眼光和水准。

4. 对《北京人》的独特评价

《北京人》这部作品从诞生起就备受争议。例如，茜萍认为："抗战期间固然应该多写活生生的英勇战绩和抗战人物，但也不妨写些暴露旧社会黑暗面的剧本，去惊醒那些被旧社会底桎梏束缚得喘不过气来的人们，助之走向光明，走向新生活。"③ 但也有人认为，在抗战的环境下，曹禺写出这样与抗战无关的剧作，脱离现实生活，有悖时代精神。比如胡风在指出该剧取得了较高的艺术成就的同时，也认为：《北京人》里的那个封

---

① 田本相：《曹禺传》，东方出版社2009年版，第331页。
② 同上。
③ 茜萍：《关于〈北京人〉》，《新华日报》1942年2月6日；转引自田本相《曹禺传》，东方出版社2009年版，第312页。

建家庭过于孤立了点，人物形象也单纯化了点，对于当时应有的民族斗争和社会斗争的政治浪潮，没有任何涉及。[1] 传记还提到了邵荃麟、杨晦对《北京人》的批评意见，二人都认为《北京人》对于社会问题没有很好把握，没有把人物放到更大的社会斗争中去发展。[2] 对此，田本相认为，是批评本身出现了矛盾，这些批评家一方面认为《北京人》是一般公式主义的作品难以望其项背的，另一方面又用公式来要求《北京人》，要求它反映现实，要求它的人物应该塑造社会典型性格。针对这种关于对《北京人》的批评意见，田本相以戏剧理论家的胆识做出了自己的判断，认为"《北京人》是曹禺写得最好的剧本，的确是一部传世杰作"[3]，并进一步探讨了曹禺在《北京人》中所贯穿的戏剧美学追求："自他写《雷雨》以来，他的《日出》《原野》，都一直追求戏剧的神韵、味道，或者说是韵味、境界。用他的话来说，既是写实主义的，又不是那么写实的。在这方面，不但体现着他的戏剧美的独特追求，而且积淀着传统艺术的审美文化心理。这些凝聚在他的审美个性之中，是很牢很牢的。《蜕变》是个例外。《北京人》又回到他原来的审美个性追求的轨道上。一个作家的选择和创造，总是他的一个创造天地，或者说是'基地'，这个基地既有着作家的现实制约，又有着历史的（包括传统的美学影响，等等）积累，从而成为这基地的构成的错综复杂的因素，他正是带着这些历史的和现实的血液和乳汁而进行创造的。作家要实现自我超越，都不能不从他自己的基地出发，这其中是隐含着一种必然性。《北京人》之所以取得成功，在很大程度上体现了这种必然性。他又把他的美学超越目标，审美价值的取向，题材的选择，置根在这个基地之中了。"[4] 总之，对于《北京人》，田本相给予了独特的理解和评价，而且还谨慎地提出："对《北京人》的真正的思想艺术价值的肯定和发掘，还有待历史的检验！"[5] 这种评价显示了一个学者的谨严作风。田本相类似的谨慎同样表现在对曹禺《原野》的评价上，传记在列举了李南卓、杨晦、吕荧对《原野》的否定

---

[1] 田本相：《曹禺传》，东方出版社2009年版，第313页。
[2] 同上书，第314页。
[3] 同上书，第296页。
[4] 同上书，第304—305页。
[5] 同上书，第315页。

意见和唐弢、司徒珂对《原野》的肯定性意见之后，给出了自己的理解和判断："如果说，《雷雨》、《日出》曹禺曾就它们写过自我剖析和自我辩护的文字；那么，面对《原野》的批评他沉默了。其实一部作品，特别是一部有争议的作品，只要它有着潜在的美学价值，它总是会为人发现出来的。《原野》也许就属于这种情形，它等候着时间的考验、艺术规律的抉择。"① 在这里，田本相没有为《原野》做过多的辩护，只是指出它还有待时间的考验。实际上，从田本相的话语中可以看出他对《原野》美学价值的被发掘是满含期待的。

总之，在《曹禺传》中，田本相以自己的戏剧修养和戏剧专业知识，对曹禺的戏剧创作、戏剧思想进行了独特的筛选和透彻的评价。比如，许多人都认为曹禺早在1942年完成《原野》之后就江郎才尽了，但是，田本相却详细介绍了曹禺在1960年与梅阡、于是之一起创作《胆剑篇》时所显示出的专业水平。传记引用了梅阡的一段谈话："在开始构思阶段，就不是就历史写历史，曹禺就是想写人物，写勾践，写夫差，写伯嚭，写范蠡，写伍子胥……琢磨人物性格，以人物性格写出历史来，这恐怕可以说是'以人带史'吧！他先不急于搞提纲，他总是让我和是之先想细节。……当我们集中力量琢磨人物性格时，他的构思是有特色的，就是采取性格对比的表现方法。他对我们说：'没有对比就没有戏剧。人物性格要对比着写，性格的鲜明性通过对比表现出来，互相衬托。'这是他的构思的特点，也是他对历史人物作了研究之后，琢磨出来的路子。"② 这里，传记借梅阡之口，道出了曹禺写戏的一贯思路，也是戏剧写作的规律和秘诀，即注重人物性格的刻画、以细节取胜、采用对比手法等，以此说明曹禺的戏剧思想是深厚而宽广的。他并没有江郎才尽，而是宝刀不老。至于他后期没有创作出像《雷雨》《日出》那样的作品，原因是多方面的，主要不在于曹禺创作水平的下降，而与政治形势以及曹禺的身份转变有较大关系。

田本相充分认识到了这一点，因此，他对这一时期的曹禺仍给予了极高的评价："对比，是表现方法，但也不单是表现方法。一个杰出的艺术

---

① 田本相：《曹禺传》，东方出版社2009年版，第239页。
② 同上书，第443—444页。

家,他对艺术技巧的把握,是同他的美学思想分不开的;同时,也是对艺术创作规律进行不断探寻的结果。曹禺是一个深谙戏剧三昧的剧作家。他的对比艺术,是对真与假、美与丑、刚与柔、浓与淡、动与静、常与反等对立统一的把握和运用。在对比中展开矛盾斗争,在对比中寻求美的和谐和完整。在此剧创作中,又一次展现了他的艺术才华。"① 这里看似是对曹禺的评价,实质上也表明了田本相自己的戏剧美学思想。这是一个长期从事戏剧研究的学者对戏剧创作的本质认识,是其自身理论水平的表现。就此意义来说,传记看似是写传主,实质上,也是传记作者的"自传"。《曹禺传》中类似的对曹禺戏剧思想的准确把握和评价的地方还有多处,如对1962年曹禺发表在《戏剧报》上的《漫谈创作》一文中关于"理胜于情"和"情胜于理"的辩证讨论,给予了高度肯定,认为曹禺敢于触及时弊,讲出了戏剧创作的真谛。对新中国成立后的曹禺有这样的认识,这是很难得的。这一切,都显示了传记作者的远见卓识,体现了一位学者的学术功力。

二 曹禺创作成功的戏剧史因素

田本相《曹禺传》之所以能够对曹禺剧作有精辟的分析,很大程度上在于作者对戏剧理论、戏剧人才的成长规律特别是中国戏剧史的透彻了解上和深刻把握上。田本相"没有张彭春,就没有曹禺"的判断,明确了曹禺在中国戏剧史链条中的位置,揭示了曹禺能够成为大剧作家的重要原因之一。没有对戏剧史的研究,就不会有这样的判断。

《曹禺传》写出了传主成功的原因,特别指出了培养传主成功的背后的功臣人物,鲜明地提出"曹禺的戏剧创作是建立在大量戏剧的表演实践基础之上的""没有张彭春,就没有曹禺"这样的观点。这是从戏剧发展史的角度,揭开了一个认识误区。通常,人们认为曹禺在23岁写出《雷雨》,是个戏剧天才。实际上,任何一个天才都是因为有了成长的肥沃土壤才崭露头角的。《曹禺传》的深刻之处就在于揭示了天才之为天才的原因。传记不仅写到了家庭对曹禺戏剧爱好的培养,而且,还写出了南开中学对于曹禺走向戏剧之路的重要作用。传记花了大量笔墨写了南开校

---

① 田本相:《曹禺传》,东方出版社2009年版,第445—446页。

长张伯苓对新剧运动的倡导,周恩来在新剧理论建设上的贡献、张彭春对南开新剧团的作用等,重点写到了张彭春对曹禺的提携和培养。传记在第六章"在南开新剧团里"、第七章"绽露表演才华"和第十三章"重返天津"中,就张彭春在中国现代戏剧史上的贡献、地位及他对曹禺的重大影响都做了充分的展开叙述。

传记"在南开新剧团里"这一章对人称"九先生"的张彭春做了详细的介绍,并引用胡适对张彭春的评价以及南开校刊对张彭春的报道,点明了张彭春留美期间对戏剧的深入钻研以及戏剧创作的成绩,并进而指出张彭春创作的《新村正》的发表和演出,在南开新剧史上具有里程碑的意义,即使在中国话剧史上,也是一部具有历史意义的剧作。田本相认为《新村正》就创作时间、思想和艺术造诣来说,都比胡适的《终身大事》要领先,称得上是中国现代话剧史上的先驱作品。

南开新剧团在张彭春的引领下,有了相当雄厚的基础。虽然曹禺进入南开中学时,张彭春已经到清华大学任教务长了,但是,"九先生"的盛名是他早就耳闻的。"九先生"为南开新剧团留下的演剧传统使曹禺对戏剧更加热爱,他参加了《温德米尔夫人的扇子》《打渔杀家》《南天门》的排演,并一度成为《南开双周》的戏剧编辑,这些演剧、编剧活动大大激发了他的戏剧潜能,使他成为南开的活跃分子。传记在第七章"绽露表演才华"中,专门写了张彭春对曹禺的启迪作用。"1926 年,张彭春从清华大学又回到南开中学来了。他一面在南开大学兼课,一面做中学的代理主任。张彭春这次回来,不但导致了南开新剧运动的再次振兴,而且在很大程度上决定着曹禺未来的命运。一个人的一生,有着许许多多偶然的因素在起着作用。一本书,一个事件,一次机遇,一个朋友,一个老师往往导致一个人一生命运的奇妙变化,突然转折,导致成功与失败,幸福与痛苦。有时使人回忆起来,未免感到惊讶,感到奇妙。但是,人生就存在着这样的偶然的组合和碰击。如果说,张彭春没有重返南开,曹禺的命运又该是怎样的呢?"[①] 从后来张彭春对曹禺的巨大影响来看,假如曹禺没有遇到张彭春,那么他的发展很可能是另外一个样子。张彭春对曹禺的及时发现和重点培养,对于曹禺在戏剧表演和戏剧创作方面的成长至关重

[①] 田本相:《曹禺传》,东方出版社 2009 年版,第 86 页。

要。传记详细记述了曹禺第一次接受张彭春指导排演《压迫》和《获虎之夜》时的详细情况，点出了受欧美小剧场运动影响的张彭春排戏的严格正规与精雕细刻，也指出了这次排演成为张彭春和曹禺互为发现的过程，作为老师的张彭春发现了曹禺的表演天赋，当他决定把易卜生的《国民公敌》搬上舞台时，便挑中了曹禺担任女主角。在排演《国民公敌》的过程中，曹禺充分体会到了戏剧的社会意义。也是在这次排演过程中，曹禺发现了张彭春老师杰出的艺术修养、渊博的知识和严谨的作风。这种发现和了解对于曹禺日后成为一代戏剧大师起到了至关重要的作用。这之后，曹禺又被张彭春选作扮演《娜拉》的女主角，曹禺的表演获得了极大的成功。因此，田本相在《曹禺传》中判定："不了解张彭春，也就很难懂得曹禺。"[①] 他认为，曹禺在张彭春慧眼识珠的提拔下，走了一条正确的戏剧家成长的道路，即从戏剧舞台实践走上戏剧创作之路。正像曹禺自己所说："一个写戏的人如果会演戏，写起戏来就会知道演过戏的好处。"[②] 传记记述了张彭春曾经把改编高尔斯华绥《争强》的任务交给曹禺，这对曹禺是一次很好的锻炼。这也说明了张彭春对曹禺进一步的赏识和重用。

传记还写到，张彭春1929年再次去美国前夕，特意把一部英文的《易卜生全集》送给曹禺，表达对他的殷切希望。这部《易卜生全集》被曹禺视作珍宝，潜心攻读。当1934年，张彭春回到天津南开大学时，他酝酿在校庆纪念时再度上演《新村正》，请曹禺合作，一起改编《新村正》。这次以曹禺为主笔改编的《新村正》的公演，与16年前的老本比起来，无论从哪一方面来说，都取得了很大的进步，受到了欢迎。1935年，张彭春与曹禺再次合作，将莫里哀的《悭吝人》改编为《财狂》，在南开公演，曹禺扮演的主角韩伯康的形象获得了极大的成功。传记引用了萧乾对曹禺的这次表演的评价："这一出性格戏……全剧的成败大事由这主角支撑着。这里，我们不能遏止对万家宝先生表演才能的称许。许多人把演戏本事置诸口才、动作、神情上，但万君所显示的却不是任何局部的努力，他运用的是想象。他简直把整个自我投入了韩伯康的灵魂中。灯光

[①] 田本相：《曹禺传》，东方出版社2009年版，第86页。
[②] 张葆莘：《曹禺同志谈剧作》，《文艺报》1957年2月1日。

一明，我们看到的是一个为悭吝附了体的人，一声低浊的嘘喘，一个尖锐的哼，一阵格格的骷髅的笑，这一切都来得那么和谐，谁还能剖析地观察局部呵。……失财以后那段著名的'有贼呀'的独白，已为万君血肉活灵的表演，将那悲喜交集的情绪都传染给我们整个感官了。"①萧乾的评价不仅说明了曹禺杰出的表演才能，它还提醒我们：曹禺在最好的年华遇到了最好的老师，是张彭春的发现和赏识，曹禺才得以早早地登台演出，施展自己的艺术才华，丰富自己的舞台实践经验。剧本的生命在于演出，剧作家的创作来自舞台演出经验。千里马"祇辱于奴隶人之手、骈死于槽枥之间"是常有的事，曹禺被张彭春提携，可谓贤才遇明主，这是曹禺的幸运。名师出高徒，自古皆然，传记对张彭春的高度肯定，也就是对曹禺戏剧成就的肯定。

传记在充分肯定曹禺在《财狂》中的表演才能的同时，还特意介绍了作为这部戏的导演的张彭春的戏剧美学思想。张彭春所提出的两条戏剧表演的美学原则如下：第一条是"一"和"多"的原则，即在"一"中求"多"，在"多"中求"一"。"一"贯穿戏剧的内在逻辑，"多"使戏剧内容得以丰赡。在舞台上，无论多少句话，若干动作，几许线条，举凡灯光、表情、化妆等，都要合乎"一"和"多"的原则。第二条原则是所谓"动韵"原则，即舞台上的缓急、大小、高低、动静、显晦、虚实等都应该有种"生动"的意味。这种"味儿"就是由"动韵"得来的。可见，张彭春的戏剧美学思想既包含了艺术辩证法的因素，又传承了中国传统戏剧讲究意境的思想。② 传记对张彭春美学思想的透彻分析实质上是为了帮助读者理解曹禺所受到的张彭春戏剧美学思想的影响，明确曹禺与张彭春之间的师承关系。田本相肯定地说："在这方面，不难看到曹禺在创作中所受到的张彭春戏剧美学思想的影响。曹禺同样是一个熟谙中国传统文学艺术的作家，他在创作中，也是强调韵味，讲究戏剧意境的创造的。张彭春决不是一个西方话剧艺术的模仿者，他把传统美学思想渗透在他的导演艺术中，是一位有胆识有创造的中国话剧导演的先驱。可惜这方

---

① 《财狂》之演出，《南开校友》1935年第1卷第3期；转引自田本相《曹禺传》，东方出版社2009年版，第187—188页。

② 田本相：《曹禺传》，东方出版社2009年版，第188—189页。

面，我们对他在话剧艺术贡献上的研究是未免过于怠慢了。没有张彭春，也就没有曹禺。"① 这种大胆判断来自田本相对张彭春戏剧贡献的熟悉，来自田本相对中国戏剧史的了解，更来自田本相自己深厚的戏剧理论学养。

第三节　张耀杰《戏剧大师曹禺》：传主创作下滑的原因探究

张耀杰《戏剧大师曹禺》初版于2003年，是继田本相《曹禺传》之后的另一部曹禺传。该传不仅揭示了曹禺经典剧作的密码，而且剖析了曹禺在严酷的政治文化语境中的矛盾心理、灵魂裂变和为人所诟病的行为，基本上属于一部精神传记。《戏剧大师曹禺》的副标题是"呕心沥血的悲喜人生"，这样的副标题准确概括了曹禺的一生。首先，不管是在新中国成立前还是在新中国成立后，曹禺都是在呕心沥血地创作，尽管有些剧作存在种种问题，但曹禺在创作的时候，都一样充满了虔诚和努力，真可谓每部作品都浸透了他的心血。其次，所谓曹禺的"喜"，应该指曹禺在新中国成立前所取得的举世瞩目的创作成就；所谓曹禺的"悲"，应该指曹禺在新中国成立后在剧作上没有大的突破，另外，还指他在政治风浪中的丧失个性立场和随波逐流。特别是关于曹禺人生可悲的一面，很多传记做了回避，或者是一笔带过。而张耀杰的《戏剧大师曹禺》这部传记本着对历史负责的学术勇气，以整章的内容探讨了曹禺在新中国成立后历次政治运动中的表现。正像第十章"政治风浪中的曹禺"开篇所说的那样："曹禺在建国后历次政治运动中的表现，一直是人们讳莫如深的盲点话题。然而，不对这些盲点进行必要的揭示与梳理，曹禺本人留在人们心目中的精神面貌，将会永远模糊下去；曹禺所创作的一系列宗教、准宗教的戏剧文本，也将永远成为莫衷一是的文坛谜案。"② 传记作者在这里不是要揭人之短，而是抱着"存在还原""秉笔直书"的史学精神，进行一番

---

　　① 田本相：《曹禺传》，东方出版社2009年版，第189页。
　　② 张耀杰：《戏剧大师曹禺——呕心沥血的悲喜人生》，山西教育出版社2003年版，第283页。

还历史本来面目的探索工作，这种工作的学术价值是不言而喻的，它对于探索曹禺戏剧创作成败得失的规律有至关重要的意义，它对于全面理解和认识一代戏剧大师、塑造完整的一代戏剧大师的形象同样有着至关重要的价值。

一　失败之作乃图解政治的命题剧

张耀杰的《戏剧大师曹禺——呕心沥血的悲喜人生》善于在作品解读中塑造传主的形象，它以较大篇幅剖析了曹禺创作的秘诀。传记开篇即明确指出：弗洛伊德的精神分析学说虽然有简单化、绝对化的偏颇之处，但是，被压抑的性力或性本能以及与之直接关联的恋母憎父、恋父憎母、兄妹相恋、多妻多夫之类的情爱情结、家庭情结，在人类社会一切的创造性活动中根深蒂固的原动力和内驱地位，却是颠扑不破、不容置疑的。曹禺的一切创作，也毫不例外地肇始于、发端于被他自己称为"原始的情结"和"蛮性的遗留"的情爱情结、家庭情结、政治情结和宗教情结。①曹禺的所谓"原始的情结"和"蛮性的遗留"就是指弗洛伊德精神分析学说中所讲的俄狄浦斯情结，张耀杰对曹禺剧作的深刻认识正在这里，他在随后的各章对曹禺作品的分析中，对这一观点做了详细具体的论证。其基本观点可以简单描述为：曹禺成功的作品如《雷雨》《日出》《原野》《北京人》《家》等多是自觉自愿、热情洋溢地投入创作的，作品中更多地体现了"原始的情结"和"蛮性的遗留"；而曹禺存在问题较多的作品如《明朗的天》《胆剑篇》《王昭君》等创作的动因多来自他人指示，多是主题先行的应景应制之作，是图解政治的命题剧。如《明朗的天》是配合知识分子思想改造运动而写的宣传剧；《胆剑篇》是为配合宣传毛泽东"自力更生，奋发图强"的口号而写的政治剧；《王昭君》是为了响应周恩来"要提倡汉族姑娘嫁给少数民族，不要大汉族主义"的号召而写的遵命剧。

关于曹禺的修改旧作以及创作思想的被改造，传记做了如下梳理。

新中国成立后，曹禺创作思想的被改造从他 1950 年 10 月发表在《文

---

① 张耀杰：《戏剧大师曹禺——呕心沥血的悲喜人生》，山西教育出版社 2003 年版，第 1—2 页。

艺报》上的《我对今后创作的初步认识》已经开始了。1950年4月19日，中共中央正式发布《关于报纸刊物上展开批评和自我批评的决定》之后，批评与自我批评一时间成为风气。就是在这种政治气候下，曹禺在《我对今后创作的初步认识》一文中针对《雷雨》和《日出》作出了重新认识，认为《雷雨》缺乏社会意义，《日出》没有看到人民群众的革命力量。在这样的认识基础上，曹禺按照新式的文艺观、社会观、政治观，颇为费力地改写了旧作《雷雨》《日出》《北京人》。修改后的作品于1951年8月由开明书店收入《新文学选集·曹禺选集》正式出版。

对于曹禺的修改旧作，传记这样评价："一个剧作家竟然会拿自己最心爱的作品开刀实践别人的理论和意见，这在曹禺绝不是一件甘心情愿的事情，其中的难言之隐可以从胡风有'三十万言书'之称的《关于解放以来的文艺实践情况的报告》里面，找到一点蛛丝马迹。"[①] 传记这里所讲的蛛丝马迹是指1950年3月4日的周扬报告中对小资产阶级作家的严重警告。这个对于当时被划入小资产阶级类别的曹禺来说必然是惊心动魄的。曹禺对旧作的修改无疑是为了主动改造、取得人民信任的具体表现。

传记还记述了《明朗的天》的创作动因、创作过程以及从中看到的曹禺主动接受思想改造、争取人民信任的努力。1952年年初，曹禺怀着亟待改造的忏悔与赎罪的心情，当面向周恩来表示要写一部反映知识分子思想改造的戏。这个戏就是他在协和医院蹲点三个月后写出的《明朗的天》，这是他新中国成立后的第一部剧作，剧作主要反映了以凌士湘为代表的高级知识分子在党的政策的感知和教育下，终于分清了敌我，改正了错误思想，走上了人民科学家的道路。传记认为，凌士湘是一个颇具自传色彩的人物，因此，他的成功改造反映了曹禺当时的思想愿望：努力争取人民的认同，在"明朗的天"里超凡入圣、修成正果。当时曹禺任北京人民艺术剧院院长，因此，这部戏从创作到演出，都受到了领导层的充分关注，自然，这部戏更多地带上了政治宣传的色彩。张耀杰在传记中说："《明朗的天》与其说是一次文艺创作，不如说是一场政治操练；甚至于是比后来全国上下大一统的'领导出思想，群众出生活，作家出技巧'

[①] 张耀杰：《戏剧大师曹禺——呕心沥血的悲喜人生》，山西教育出版社2003年版，第297页。

的三结合式的命题戏剧、政策戏剧，还要富于政治色彩的政治操练。它的主题思想，干脆就是神圣化、绝对化。"① 因此说，《明朗的天》的出台充分说明了曹禺进一步积极地投入了知识分子思想改造运动之中。

二 图解政治与曹禺政治身份的关系

曹禺新中国成立后大部分作品的图解政治与曹禺的政治身份有着密切的关系。对此，《戏剧大师曹禺》这部传记给予了详细记载：从1949年3月，曹禺到达北平开始，他不断地被选入各种团体的委员和代表，即使不出席会议，也会被选入。这样，他就有了多种头衔，如：中华全国文艺工作者代表大会筹备委员会委员，中国和平代表团成员，中华全国民主青年联合会全国委员会候补委员，全国第一次文代会大会提案整理委员会委员、大会主席团成员、常务委员，全国文联编辑部负责人，全国剧协常务委员兼编辑出版部负责人，中国人民政协委员等。② 这些众多的职务仅仅是1949年10月1日开国大典之前的任命。此后，他还有众多的兼职，事务性工作和外事工作占去了他大部分的时间和精力。这对于一个一向以艺术创作为乐趣的戏剧天才来说，未必是好事。但是，在当时的情况下，曹禺以其一贯的热情投入了新中国的文化建设中，这势必极大地影响了他日后的创作，他再也没有整块的时间进行专业的戏剧创作了，即使挤出整块的创作时间了，他再也不可能像写《雷雨》时那样由着自己的感觉来创作了，他的政治身份使他的创作势必要符合政治形势的需要，他与国家高层文化领导人的密切关系使得他的创作常常成为奉命之作。

由于当时政治形势的需要，《明朗的天》这部为新时代歌功颂德的剧作得到一片好评，这种反响进一步促使曹禺更加深入地投入当时的思想文化斗争之中。在1954—1955年，作为文联常委和作协理事的曹禺，"参加了从批判《红楼梦》研究到批判冯雪峰直到批判胡风的全过程"③。特别是在批判胡风的运动中，曹禺写了一系列的文章，既显示了自己与党和人

---

① 张耀杰：《戏剧大师曹禺——呕心沥血的悲喜人生》，山西教育出版社2003年版，第301页。
② 同上书，第286—288页。
③ 同上书，第309—301页。

民站在一起的政治立场,同时,对于当年胡风对自己作品的批评,也趁机表达了不满。曹禺在《胡风在说谎》一文中驳斥了胡风的论点,维护了当时的文化核心人物周扬与何其芳。对此,传记评述道:

> 曹禺颇为雄辩地证明了"胡风在说谎"。不过,事实终究胜于雄辩。铁的事实是:在改写《日出》之前,曹禺在《我对今后创作的认识》中明明写着自己正在"将自己的作品在文艺为工农兵的方向的 X 光线中照一照";在谈到自己刚刚完成的《明朗的天》时,曹禺甚至唱出了"创作属于人民"的高调;把《日出》的修改单单说成是"由于我自己的意志",无论如何也说不过去。①

这里,传记毫不留情地指出了曹禺文章的漏洞,体现了张耀杰的史学追求。传记对于曹禺所写的批判胡风的另外几篇文章《胡风,你的主子是谁?》《谁是胡风的"敌、友、我"》《极其巨大的胜利》的评价是:"如果说曹禺在《胡风在说谎》中还有一些不得已而为之的自我保护成分的话,这几篇就纯粹是落井下石的挟私报复。对于胡风当年措辞尖锐的评《蜕变》、评《北京人》,曹禺一直是耿耿于怀的,终于在这时候找到了发泄私愤的机会。……最为不堪的是,落井下石的曹禺竟然把一腔私仇公愤扩大到了胡风家人的头上……"② 这里对曹禺的解剖更为苛刻,写出了一代戏剧大师人性的弱点。曹禺未必因为胡风当年对自己作品的批评而耿耿于怀,但是,在 20 世纪 50 年代对胡风的批判运动中,曹禺的确是很激进的。对于这一事实,一般的"曹禺传"是回避的,或者仅仅谈了曹禺在 20 世纪 80 年代的忏悔,而对 20 世纪 50 年代曹禺的批判言辞则避重就轻。张耀杰敢于如此直言,是难能可贵的。他揭示了曹禺在新中国成立后长时期内,由强烈的生存恐怖和个人忧患所产生的"紧跟共产党和人民政府"的牢固信念。

此外,传记还详细列举了在"反右"斗争中,曹禺对吴祖光、丁玲、

---

① 张耀杰:《戏剧大师曹禺——呕心沥血的悲喜人生》,山西教育出版社 2003 年版,第 301 页。

② 同上书,第 312—313 页。

陈企霞、萧乾、戴涯、孙家琇等人的批判，有些批判是上纲上线的、有些批判是揭发隐私的，总之，曹禺以神道设教、替天行道的姿态，霸气十足地批判过去的老同事和老朋友。张耀杰的《戏剧大师曹禺》虽然写于思想解放的21世纪初，但是，敢于对曹禺在"反右"斗争中的过激行为有如此记述，没有彻底的唯物主义思想，没有为了学术可以抗拒一切压力的勇气，也是难以做到秉笔直书的。一般人评价曹禺时，多称赞其前半生的成就，回避其后半生的过错；或者对其后半生的一些做法有不同看法，但是又不敢也不愿直截了当地说出来。比如，涂光群的一篇文章《"好极了！"的曹禺》就写到一位友人对曹禺的评价：

> 我有个戏剧界的老友，他因工作关系，在解放后，包括在"文化大革命"中，同曹禺接触较多。他也很喜欢曹禺的剧作。有时我们一起聊天，也涉及我们尊敬的曹禺这个话题。那还是70年代末，曹禺的新作《王昭君》刚在《人民文学》杂志发表不久之时。我说，我们虽然发了他的剧本，但我对这部新作大感失望。你想，我这位朋友说什么？他说，我对曹禺先生早就看透了。解放前，他是个巨人，解放后呢？……他似乎不好说了。迟疑一下，他说：曹先生就像《王昭君》话剧中，匈奴王呼韩邪说了两次的"好极了"那句台词！我不大明白，请他解释。他说，你还没注意，这是曹禺一段时间的口头禅。去参观访问呀，要他表个态度呀，他见什么都说个"好极了，好极了！"曹禺这人具备热情的气质，我相信他是真诚的，但作为一个人类灵魂工程师，作为一个在创作上曾经是大师级的人，你叫我说他什么好呢……①

这样欲言又止的评价反倒让人起疑心，倒不如一五一十地讲明白了。新中国成立后的曹禺，在诸多问题上失去了自我的独立判断，这既有作家性格的因素，也有特殊的政治因素。生性胆小怯懦的曹禺在政治高压下自然很容易被驯化、被异化。评价曹禺，与其遮遮掩掩，倒不如实事求是。

---

① 涂光群：《"好极了！"的曹禺》，《五十年文坛亲历记》，辽宁教育出版社2005年版，第341页。

张耀杰的曹禺传让读者看到了一个真实的曹禺。学者董健对曹禺的评价是这样的:"多年来,我心目中一向有两个曹禺。一个是我在他的作品《雷雨》、《日出》、《原野》、《北京人》、《家》中所感受到的那个曹禺,一个是生活在现实之中,应对着种种复杂社会关系的曹禺。两者的重影似乎很难合成一个真实的人。前者是心灵燃烧着的伟大的天才,是个性独具的艺术创造者,是大写的作家;后者则似乎是一个谨小慎微的平庸的'求生者',俗气、世故、滑头而又窝囊。"① 张耀杰的曹禺传记具体写出了曹禺俗气、世俗的一面。

其实,在新中国成立后历次政治斗争中,见风使舵、虚与委蛇的人何止曹禺一人。大凡担任重要文化职务的人,都难免被政治风浪所裹挟,说一些违心的话,写一些配合斗争形势的文章,批判自己最熟悉的朋友等,比如,郭沫若对胡风的批判、巴金对刘绍棠的批判、丁玲对萧也牧的批判等都是如此。当我们把这些批判放在具体的历史背景下看时,就不会大惊小怪了。如果把今天的许多有政治身份的人置于当时的语境中,他们未必不会像曹禺、郭沫若、巴金、丁玲那样发表一些批判的言论或者写一些大批判的文章。设身处地地思考一下,对于曹禺那一代文人的理解或许更透彻,这不是某个人的悲剧,而是集体的悲剧,是历史的悲剧。传记对这一悲剧的记述,不是对曹禺的有意揭短,而是作者博大悲悯之心的体现,是作者的历史远见和人类终极关怀的体现。当读者以史学和人学的角度看待这一现象时,对曹禺会增加一份同情性的理解。

正如曹禺的女儿万方所说:"长时间以来,我爸爸和许多的人,他们都被告知他们的思想是需要改造的,这种对灵魂的改造像是脑叶切除术,有时是极端的粗暴行动,还有就像输液,把一种恐惧的药液输入身体里。他还怎么能写得出东西?此外,他的头衔很多,整天出席各种会议和仪式,不堪重负,这严重影响了创作。不过他一直不甘心,想再写出一部好作品,在离世前。……父亲不是一个斗士,他是一个敏感、脆弱、善良的人。他从小母亲去世,继母对他也很好,这使得他特别热爱女性,但生命

---

① 董健:《接近曹禺的灵魂》,《广东艺术》2001 年第 3 期。

中有一种哀伤和孤独。"①"他是一个极丰富极复杂的人，他一生不追求享乐，他很真诚，他有很多的缺陷和弱点，但是他没有罪孽。"② 张耀杰给读者塑造的曹禺是透明的，他对曹禺的剖析和理解与万方对曹禺的描述有些近似。比如，万方在自己的文章中写到了曹禺性格的痛苦和特殊的真诚："他的真诚表现为自己无法掌握的一种素质，超越他，控制着他。在任何时候，在各种心情之下，甚至包括恐惧，他对于不必恐惧的事物的恐惧，对于不必忧虑的事情的忧虑，以及在不得不讲的情形下讲的溢美之词，和他那出了名的过分的谦虚，都是真诚的，这种真诚总是能影响我，在我该生他气的时候变得不气了。"③ 知父莫如女，万方对曹禺的描述看似矛盾实际上写出了真实的曹禺。生活中的曹禺不善当众讲话、胆小怕事、过度谦虚。张耀杰的曹禺传对曹禺的理解和刻画的确达到了相当的深度。这种深度使读者认识到：曹禺是个戏剧大师，而不是一个公共知识分子，他的文学才华远远超过他的社会批判意识。他人性的弱点是明显的，但其戏剧才华是不可抹杀的。最好不要用衡量普通人的标准来衡量他。

当然，传记也写到了 20 世纪 80 年代曹禺在对田本相的谈话中，对自己当年的糊涂批判进行了沉痛反思。比如："我是欠着这些朋友的。我这个人胆子很小，怕事，连我自己都不满意自己。"④ 再如，传记也写到了在 1962 年召开的全国话剧、歌剧、儿童剧创作座谈会上曹禺的长篇发言，指出了这篇发言中，曹禺对自己不知以为知、不懂装懂等缺点的坦诚剖析，对自己人格的失落和人性的异化所作的深刻反思。⑤ 这样，读者不仅看到了曹禺不光彩的一面，而且也看到了他真诚的一面，更感到了在残酷的政治斗争的中曹禺的前后矛盾，时而清晰、时而糊涂。由此不难感到曹禺的痛苦和无奈以及曹禺复杂多变的精神面貌和人性内涵。因此，传记塑造的曹禺形象是完整的、全方位的、立体丰满的、真实可信的。从这部关

---

① 陈祥蕉、黄建凯：《作家万方谈父亲曹禺——"我要写一个大东西才死……"》，《南方日报》2007 年 3 月 30 日。

② 万方：《我的爸爸曹禺》，http://www.literature.org.cn/article.aspx?id=1600，2005 年 6 月 27 日。

③ 同上。

④ 张耀杰：《戏剧大师曹禺——呕心沥血的悲喜人生》，山西教育出版社 2003 年版，第 323 页。

⑤ 同上书，第 330—331 页。

于曹禺的传记，可以读出历史的动荡变迁和曹禺个人婚姻家庭的复杂多变等，曹禺的成就与遗憾，给人们带来诸多启示。

张耀杰的《戏剧大师曹禺》尽管毫不避讳地写了曹禺在批胡风和"反右"斗争中的种种并不光明磊落的表现，但是这丝毫不影响这部传记对曹禺的整体评价。作者不仅评价了曹禺在政治斗争中所发表的应景文章、表态文章，更高度赞扬了《〈西游记〉与美猴王——在首都戏剧界座谈〈真假美猴王〉会上的发言》《攻坚集·序》等，认为它们真正体现一个戏剧大师的理论水平。特别应该指出的是，传记还注意到了曹禺1991年所创作的散文《雪松》和诗歌《玻璃翠》，作者认为："通过这一文一诗，曹禺无形中给自己的人生戏剧和悲喜人生，圈上了一个还算得上真诚圆满的句号。"① 这是该传记对曹禺客观的也是最高的评价，这也正是作者运用唯物辩证思想为曹禺写传的结果。

不管是写曹禺20世纪50年代的修改旧作、批判胡风、吴祖光等人，还是写曹禺20世纪80年代的反思，这部传记秉笔直书、客观分析的结果实质上揭示和剖析了现当代文学史上的"曹禺现象"。所谓"曹禺现象"，主要是指有杰出戏剧才能的曹禺后期创作缺乏精品的文学现象。这一现象启示人们：当文学创作具有明确的政治功利目的、为政治形势服务的时候，是很难出现传世名作的。曹禺现象，不仅仅发生在曹禺一人身上，而在诸多现代作家如郭沫若、茅盾等身上都有体现。一个作家配合政治形势奉旨创作的时候往往会造成作品人文价值的萎缩，即所谓宏大叙事压倒个人天才。"曹禺现象"作为文人在特殊社会环境下的一种生存模式，其得失成败具有很高的研究价值。一大批新中国成立前在创作上达到高峰的作家在新中国成立后，随着政治形势的巨大变化，要么"换笔"，要么"搁笔"。1949年以后，不仅仅是大部分左翼作家遇到了创作上的瓶颈，而且一般的作家特别是自由主义作家都遇到了创作瓶颈，如沈从文、张恨水的情况就是这样。沈从文改行研究古代服饰了，张恨水很少创作了。"1955年春节政协团拜会上，毛主席会见张恨水，提到为什么不见他的新作，他回答说：一来生病，二来对工农兵生活不熟，恐怕难以胜任。不久周扬转

---

① 张耀杰：《戏剧大师曹禺——呕心沥血的悲喜人生》，山西教育出版社2003年版，第362页。

达毛主席致意：为工农兵服务，不能从字面理解，老作家还是要写自己熟悉的题材。"① 这个材料充分说明了当时并非个别作家的创作陷入了困境，而是一大批作家如此。这与当时的社会形势以及政府对知识分子的管理模式等都有关系。毛主席虽然那样对张恨水致意，但是，张恨水如果在那时候继续写他熟悉的通俗小说，恐怕难有市场。那时候，何止曹禺一个人"从一个海洋萎缩为一条小溪流，沉溺在不情愿的艺术创作中，像晚上喝了浓茶，清醒于混沌里"！（黄永玉致曹禺信）张耀杰的《戏剧大师曹禺》对曹禺人性弱点的暴露带给人们的深刻启示正在这里。

第四节　黄昌勇《王实味传》：传主因文贾祸的悲歌

黄昌勇的《王实味传》由河南人民出版社于2000年5月发行。从1991年黄昌勇看到公安部发布的为王实味平反的决定书复印件开始，作为王实味的同乡，对王实味早已有关注的他加紧了对王实味研究的步伐，他用了将近10年的时间整理资料、走访王实味的亲人以及《野百合花》事件的亲历者等，他采访到了王实味的侄子王礼智，王实味的遗孀刘莹及其子女，王实味延安时期的妻子薄平等人，还专访了当年《解放日报》的编辑黎辛，联系了当年直接参与《野百合花》批判事件的温济泽以及当年的"托派"分子而今远在英伦的王凡西等人，从而获得了大量的一手资料。这部传记依靠翔实的资料，在还原历史的叙述中使文学史上曾经十分模糊的王实味形象清晰起来。总的说来，黄昌勇《王实味传》的突出贡献在于它首次系统分析和肯定了王实味的文学创作成就，在文学研究史上正式、鲜明地确立了王实味文艺家的身份，借助王实味的作品揭示了他早年的人生经历，并系统梳理和评述了《野百合花》事件，揭示了作品对传主命运的影响。

一　王实味文艺家身份的确立

阅读黄昌勇的《王实味传》，多数人会对延安时期这个文坛怪杰的悲

---

① 李文海：《背负历史误解的文学大师——介绍〈张恨水评传〉》，《图书馆》1991年第1期。

剧命运唏嘘，会对历史的诡异慨叹，会对当年人们的落井下石愤怒，会对王实味的孤傲性格发生反思，恐怕较少有人注意到该传对王实味文学创作活动及文学成就的高度评价。笔者在阅读这部传记之后，除了上述感想之外，另一个强烈的感觉就是：王实味早在20世纪20年代就有了那么多的文学作品，他无愧作家的称号。"历史错误而无情地结束了他年仅41岁的生命，历史也将永远留下这位才华卓著的现代作家、文学翻译家的名字。"[①] 这是无可怀疑的。王实味是现代文学史上一位具有傲骨的作家。传记系统梳理并分析了王实味的作品，特别是从其早年的作品中考察了王实味的身世经历及性格特点。

在黄昌勇的《王实味传》一书所附的《王实味年谱简编》中，对王实味公开发表的主要作品及译作进行了较为详细的记录。以下仅选取年谱关于王实味作品（不含译作）的记录情况。

  1925年年底 完成中篇小说《休息》
  1926年2月 短篇小说《杨五奶奶》刊于《晨报副刊》1926年2月27日
     7月 中篇小说《毁灭的精神》刊于《现代评论》1927年第148—152期
  1929年1月 小说《陈老四的故事》发表于《创造月刊》第2卷第6期。
     2月 小说《小长儿与罐头荔枝》刊于《新月》第2卷第8期，此篇于1980年被梁实秋、叶公超收入《新月小说选》（香港雕龙出版社）。
  1930年4月 小说《休息》由徐志摩编入"新文艺丛书"第8种，中华书局出版。
  1942年2月26日 著《野百合花·前记》，3月17日写完全文，分两次刊发于3月13日、23日的《解放日报》副刊上。
     3月17日 《政治家，艺术家》刊发于《谷雨》第1卷

[①] 孙培新、关爱和主编：《河南大学校史》，河南大学出版社2002年版，前言。

	第 4 期。
3 月 23 日	中央研究院整风壁报《矢与的》创刊,王实味发表《我对罗迈同志在整风检工动员大会上发言的批评》和《零感两则》两文。
4 月 10 日	《文艺民族形式问题上的旧错误与新偏向》(上)转载于《文艺阵地》(重庆)6卷4期,可能由于延安随后展开对王实味的批判,未见下部分刊出。①

以上所列作品基本上都属于王实味独立创作的文艺作品。针对这些文艺作品,传记进行了较为详细的、系统的解读。黄昌勇写作《王实味传》,资料收集开始于王实味刚刚获得正式平反的1991年,第一稿完成于1996年,终稿出版于2000年。这期间,王实味研究刚刚解冻,朱鸿召的《王实味文存》于1998年刚刚出版。因此,关于王实味的作品,人们关注得远远不够。在这种情况下,黄昌勇《王实味传》对王实味作品的解读就显得弥足珍贵,这种解读至少具有以下几点价值和意义:第一,引起了人们对王实味文学成就的关注,这对于充分认识王实味在文学史上的地位很有帮助。第二,解读王实味的自传性作品有助于了解王实味的家庭背景、身体状况、求学历程以及个性气质等。第三,了解王实味的文学创作有助于把握其思想发展的脉络,有助于理解王实味的政治选择与政治命运。下面就传记对王实味作品的分析,做一评述。

(一)对王实味自传体小说《休息》的评价

《休息》是王实味留下的最长的小说,有三万多字。传记对这篇小说的关注揭开了王实味早年当邮务生的一段经历。今天,这篇小说的名气可能仅次于他的《野百合花》,《野百合花》是由于当年受批判而且给他带来杀身之祸而出名的,而《休息》却因其情感饱满、语言纯熟而被有的学者视作王实味的代表作。《王实味传》在第三章"人生的最初一课"里几乎用整章的内容分析了这篇作品。因为"人生的最初一课"主要是写王实味从河南留美预备学校辍学当上一名邮务生的过程。关于邮务生这段

---

① 参见黄昌勇《王实味传》,河南人民出版社2000年版,第279—284页。

生活经历的详细状况,今天很难有其他材料可以参考,只有通过《休息》这篇自传体小说的情节来寻找传主的人生轨迹。所以,传记对《休息》的内容给予了详细的介绍,其主要内容可以归纳为如下几点。

第一,传记判断这部小说有强烈的自叙传色彩。就小说的这一特点,传记的论据是:"且不说作品中的收信人实薇其实就是王实味的笔名,就连故事展开的时空也都与王实味当时的生活一致。作品写到秋涵失学在开封、做邮务生在驻马店、故乡在潢川,这都与王实味的身世是吻合的,作品中秋涵在接到母亲病了的消息后匆匆赶到家园,这一路所经过的主要城镇信阳、孙铁铺、寨河集等现在仍然是当地沿途重要的城镇。"① 这里,黄昌勇以潢川人对周边地理环境、地名、村庄名字的熟悉证明了《休息》这部小说的纪实性,认为作品很大程度上是以王实味自己的人生经历和人生体验为摹本的。传记的这一判断是极为准确的。今天熟悉河南大学的人,对于《休息》中所记述的二斋、铁塔、铜佛寺、古城墙等都不会很陌生,因为这些地方依然存在。《休息》中所记的汴梁的景物、驻马店的邮务以及京汉车的拥挤状况到今天依然变化不大。可以说,传记不仅从这部小说的记述中梳理出了1923年王实味做邮务生时期的生活和思想状况,而且,启迪人们通过《休息》这部小说来研究20世纪20年代中国的邮政发展实况、社会治安状况等。这一切都是因为传记证据充足地指出了《休息》的写实性。

第二,传记认为,这部小说透露了王实味对自己立志改造社会的角色定位。作品中写到王实味常常与同学们畅谈人生理想,抒发鸿鹄之志:"我们青年底使命,就是要用我们底力去捣毁一切黑暗的洞窟,用我们底血去浇灭一切罪恶的魔火;拯救阽危的祖国,改造龌龊的社会,乃是我们应有的惟一目标与责任。"这种认识有助于我们理解王实味在进入北大预科不久就加入中国共产党的思想渊源。这种认识还有助于我们理解王实味在抗战爆发不久就抛妻别子投奔延安的革命行为。因为中学时代,他已经具有了朴素的进步的革命思想。此外,传记认为,由于主人公对于自己投水自尽有清醒的认识:"薇弟!最后我再告诉你,我底死并不是自杀,我只是要到那澄明静冷的清波里,休息休息我疲惫了的精神,调剂调剂我枯

---

① 参见黄昌勇《王实味传》,河南人民出版社2000年版,第22页。

涸了的血液，润舒润舒我烧焦了的灵魂——待我恢复了我原有的力时，再和这妖魔社会搏斗，我是不会死去的哟！"这就使得《休息》这篇作品呈现一种悲剧的壮美色彩，在绝望之中显示了更深切的期望。① 可见，"休息"只是一种暂缓斗争的方式，元气恢复之后仍然要战斗的。

第三，传记认为，《休息》集中透露了王实味对社会等级差别的不满。来自邮务生活的切身体验使他对于不平等的社会现实有了清醒的认识，这对于他未来的人生选择有至关重要的作用。"特别是他对社会中严格的等级差别的深切体验，不能不让我们想到在延安，他对'衣分三色，食分五等'的不满。"② 传记的这一联想揭示了王实味延安时期杂文创作的思想基础。早在刚刚踏入社会工作的第一年里，他就看到了政界和官场的龌龊、下层人们的愚昧混沌、等级差别的严重、洋人对中国人的压榨和掠夺。这些都直接促成了他反抗性思想和性格的形成。关于王实味对其时邮局等级的抨击，传记引用了小说原文中的部分段落，这里不妨摘引如下。

> 邮务长以下，有什么邮务官、邮务员、邮务生、捡信生，以至信差、听差、杂差、邮差等等。在"官""员""生"之中，又有什么"超""一""二""三"四等，每等又分三级。
>
> 邮局人员薪金制度和差别，真是奇特得令人惊异：自邮务员以上都是按海关银两计算，邮务长和邮务官，月薪都是几百两以至千余两，就是低级的邮务员，最少一月也可以拿到四十两。不知为什么，自邮务生以下便都按银元计算了。邮务生月薪廿十八元，拣信生十四元，信差九元，那些像牛马般累死累活的杂差邮差们，一月仅能赚八块钱，还要扣五毛做"押款"！③

传记认为，王实味后来在《野百合花》中对于延安"衣分三色，食

---

① 参见黄昌勇《王实味传》，河南人民出版社2000年版，第22—23页。
② 同上书，第25页。
③ 转引自黄昌勇《王实味传》，河南人民出版社2000年版，第24—25页；原文见朱鸿召选编《王实味文存》，上海三联书店1998年版，第20页（《王实味传》此处引文有缺漏，本书的引文依据《王实味文存》做了补正）。

分五等"现象的批评与他在《休息》中对邮局内部等级差别的不满是一脉相承的。看了以上内容，自然明白传记这种观点的依据所在。王实味的文章多来自生活的体验和感受。他对于社会的不公平、不合理从来就是愤愤不平的——不管是20世纪20年代在驻马店还是30年代在延安。这正是其性格耿直的表现，不会审时度势，不会阿谀奉承，只会像炮筒子一样直来直去。

除以上三点之外，传记还分析了《休息》所体现的对于下层劳动人民的深切同情以及所展开的理想社会的蓝图等，认为王实味身上具有中国传统知识分子忧国忧民的品格。

（二）对王实味乡土小说的评价

传记除了对王实味的自传体小说《休息》进行了详细的分析之外，还用了"起航的文学梦"一章的内容主要分析了王实味20世纪20年代末期创作的四篇乡土文学作品。这四篇作品分别是《杨五奶奶》《毁灭的精神》《陈老四的故事》和《小长儿与罐头荔枝》。

传记对《杨五奶奶》的写作时间、地点、内容及发表情况进行了详细的叙述。特别说明了徐志摩对于发表这篇小说的功劳，并指出这是王实味第一次与徐志摩打交道。"1926年2月14日，王实味在北大学生宿舍'北大西斋'创作了短篇小说《杨五奶奶》，这篇2000余字的作品写了春河集小镇上母老虎似的泼妇杨五奶奶依仗祖辈做官、丈夫开店的权势欺横乡里，逼死儿媳的恶行。这篇小说以叔翰的笔名发表在当年2月27日第1445期的《晨报》副刊上……徐志摩将这篇并不成熟的小说置于头条刊出，表现出他对文学青年提携的热心和对王实味文学才华的器重。"① 传记对这篇小说内容的分析也是十分到位的，认为小说中生动的、流畅的语言，夹杂着通俗的民间语汇，使人物形象在简笔中凸显出来。这样的评价是符合作品描写的。小说重点写了杨五奶奶与李武举和张家四娘子的两次吵架的场面，这里，我们不妨来看看杨五奶奶与张家四娘子在东岳庙门前看大戏时的对骂。

"喂，这位大嫂挪一挪，让俺把板凳放前面。"杨五奶奶毫不客

---

① 黄昌勇：《王实味传》，河南人民出版社2000年版，第40页。

气地向一个妇人说,那正是张家四娘子。

"前面放不下了,你就放后面吧!"那妇人说话也不大中听,微含怒意。

"谁说放不下?挪一挪又掉不了你底毛!想自在到家里陪汉子睡觉去,戏场里没恁方便!"杨五奶奶骂开了。

"你这娼妇怎么恁厉害!听戏也有个先来后到。像你这妖怪样子才浪汉子咧!像你才……"那妇人也煞是不弱。

"好不要脸的臭婊子!张四'带绿帽子'谁不知道?!你这'贴骨老'偷汉子的烂货!你臊勺一婆娘相与东岳庙里二和尚谁还不晓得?!不要摆臭架子装正经哪!……"杨五奶奶那骂法真地道;——这也是中国的国粹吧?很值得"国故家"的研究,我以为。①

看了上面杨五奶奶与张家四娘子的骂语,我们不能不佩服王实味对农村泼妇形象的成功塑造,同时也确信了传记对该作品评价之准确。"不大中听""恁厉害""先来后到"等语言正是豫南农村的常用语。"《杨五奶奶》着力于揭示宗法制农村的现实中'老中国儿女'的精神沉疴,挖掘国民性的愚妄和落后。……其理性批判、启蒙色彩是异常明显的。"② 这些都是传记的中肯评价。

传记对《毁灭的精神》的评价除了指出该作品铺叙手法的运用、人物心理活动描写外,特别强调了它对乡土风情的描写。传记将《毁灭的精神》与《杨五奶奶》所涉及的乡土风情的内容放在一起评论:"《杨五奶奶》写的是作者的故乡生活自不待言,《毁灭的精神》写的梅家洼正是'H县南乡一个僻静的乡区',而H县正是处在的'河南省东南隅、快与湖北和安徽接境'的地方,很明显这H县正是指作者的家乡豫南"潢(Huang)川"了。作品中写的正月十五至二十在东岳庙前搭戏台唱'大戏'、'五领头大车上踩水,就连'扳罐儿'这一民间治病的技巧,甚至包括'稻大麦'的惩人恶俗都极具豫南农村的乡土特色。"③ 能够如此

---

① 朱鸿召选编:《王实味文存》,上海三联书店1998年版,第57页。
② 黄昌勇:《王实味传》,河南人民出版社2000年版,第41页。
③ 同上。

顺手拈来地举出诸多豫南的风土人情,这当然与黄昌勇自己是潢川人有直接关系。

传记对《陈老四的故事》的分析主要涉及以下两点。

第一点,传记认为这篇发表在《创造月刊》上的小说或许送给鲁迅看过。

传记写道:"现在,我们从鲁迅的日记中看到,鲁迅第一次提到收到张天翼的信稿是在1929年3月9日,而早在1928年10月19日,鲁迅就收到过王实味的来信,鲁迅当天的日记是这样记载的……"[1] 传记分析说,从来信日记看不出王实味寄给鲁迅的小说稿是什么,只是在第二年年初的《创造月刊》第2卷第6期上刊出了《陈老四的故事》。这就是说,《陈老四的故事》或许就是王实味寄给鲁迅的稿子。

第二点,传记认为这篇小说依然是王实味以故乡作为背景创作的,虽然艺术上较平淡,但其结尾点题的话语还是发人深省的:"这青天白日满地红旗还要挂多少时候?就是再换一种,这也没有关系,只要人再死得多些,好让他发财。"[2] 以做棺材为业的木匠陈老四只顾自己发财,对瘟疫给人们带来的灾难不仅没有痛恨,反而有一种窃喜,对于国家的命运、前途更是漠然视之。这充分表现了他的自私与麻木。可见,传记揭示了王实味作品致力于批判愚弱国民性的这一特征。

对于王实味的短篇小说《小长儿与罐头荔枝》,传记在概括了其主要情节后指出了这篇小说结构严谨,布局合理,成功地运用交叉的叙述手段,尤其是对儿童心理的描写相当出色,是借儿童的视界来展示社会贫富的巨大差别。这一评述是很精到的,点出了这个短篇以小见大的艺术手法,充分肯定了其思想价值和艺术价值。下面我们来欣赏一下该小说对用人朱妈的儿子"小长儿"的心理活动的描写。

> 想到了五姨太太,三天来历阅的新奇物事都呈现在眼前了。
> "她那房里……那个是哈东西呢?在那桌子上,一个大玻璃罩子照着,滴答滴答地响……"

---

[1] 黄昌勇:《王实味传》,河南人民出版社2000年版,第47页。
[2] 同上书,第48页。

"……好东西多啦……那大镜子……那养花的瓶子……还有——"

想到这儿，他底小猴眼睛圆睁着仰头看天，上下唇紧合成一条可爱的弧线，整个的黧黑小面孔完全紧张着——他想到了那四五个钟头以来一直在抓着他底小灵魂的东西了！

……——总之，罐头荔枝这东西，在小长儿的脑中是一个花红柳绿的小罐儿，里面装着一颗颗像五姨太太脸样淡红色的小"?"。当时，他靠着妈站在门口，小猴眼睛瞪着那一对男女把那淡红色的小东西一颗颗往嘴里送。他心里想：一定是好吃的东西！但他只是想，他并没有流口水或咽唾液。他看见那架子上同样的小罐儿还有好几个，心里觉得发火，生气。他向妈说：妈，我想睡——于是他回到他同妈和另外一个老妈子同住的小房中去了。当然，他不会睡得着，那小花罐儿和它里面的淡红色的小东西老祟着他。在太阳偏西的时候，他终于溜到了这花园里来；花园里的景物使他暂时忘记了一切；但想头兜了个大圈子，那五姨太太脸样淡红色的小"?"又来追逐他了。

天是已经昏黑下来，在小长儿的眼中，一颗颗的星也都变成粉红色的荔枝肉了。他眼睛瞪着，想骂谁，又想打谁。他终于从草地上跳站起来，心里想——

啥东西呢？啥味儿呢？想吃！真想吃！

他内心里有一种力量在冲发激动着。他咬紧着唇，小猴眼睛瞪得有些像"牛卵"了。①

小说对儿童心理的描写真是精彩！看了小长儿的这一段心理活动，不难理解小长儿何以要担着那么大的风险去五姨太屋里偷取罐头荔枝了。传记对这个短篇的肯定是有充分理由的。

对于王实味的乡土小说创作，传记也进行了总体评价，认为如果把它纳入 20 世纪 20 年代末期中国新文学的整体格局中，可以看出王实味的独特追求。这种独特性在于他并没有加入当时产生较大影响的以阶级斗争为主题的无产阶级革命运动，他仍然写自己熟悉的故乡生活，表现民族沉重

---

① 朱鸿召编选：《王实味文存》，上海三联书店 1998 年版，第 97—99 页。

的生活和现实。他既给倡导无产阶级革命文学的后期创造社的刊物《创造月刊》投稿,也给当时被视为资产阶级文学团体的新月派的刊物《新月》写稿,同时,又给鲁迅先生写信求教。他有其独立自在的文学立场,不属于某帮某派。① 从这种评价中,我们似乎可以看到王实味的独立个性,他似乎对于赶潮流不感兴趣,他只按照自己的生活体验、自己的思考"一根筋"地写下去。哪怕受到阻止和批判,他也不轻易改变自己的观念。

以上梳理了《王实味传》对王实味早期文学创作活动及文学成就的叙述,在梳理的过程中,笔者愈感到这部传记对王实味文学作品前后一贯、自始至终的认真细致进行评价的意义和价值。这种评价扫除了长期以来的一种偏见:王实味主要是一位翻译家,而不是文艺家。传记对王实味文学作品全貌的整理和评论让我们扭转了对王实味的单一认识。王实味在1947年被杀时,年仅41岁,可以推想,如果他能躲过那场灾难,他一定会有更多的作品出现,其无可遮掩的文学才华及严密的逻辑思维从他给我们留下的上述作品中可以看出。正如徐志摩当年把他的《休息》编入自己主编的丛书,由中华书局出版时介绍的那样:"取材严格,文字优美。"王实味《野百合花》之外的文学作品也是值得品味的,王实味是不折不扣的文艺家,这就是传记所明确的。传记所揭示的王实味与鲁迅、徐志摩、张天翼的关系,也有力地证明了这一点。

二 《野百合花》事件的反思

(一) 对《野百合花》的肯定性评价

传记在第十二章"《野百合花》的前前后后",对《野百合花》及《政治家,艺术家》的内容及其所受到的批判给予了细致入微的介绍,尤其逐段分析评价了《野百合花》。因为在此之前,特别是延安时期在王实味遭到批判的形势下,人们对这两篇作品基本上是先定调,后批判,断章取义、上纲上线、极尽嘲讽的。《王实味传》在王实味冤案正式平反、尘埃落定之后,不仅认真梳理、剖析了这些盈车累筐的批判文章的偏激、错误之处,而且正面评价了王实味的杂文。传记对《野百合花》的评价

---

① 参见黄昌勇《王实味传》,河南人民出版社2000年版,第49页。

如下。

　　《野百合花》是王实味惟一的一篇针对解放区的现实予以批评的杂文。杂文除了《前记》外，共有四节，第一节，《我们生活里缺少什么》指出当时延安青年中"生活得有些不起劲"、"肚子里装得有不舒服"的原因并不是像有人认为的是因为生活困难或者缺少异性、生活单调等原因，接着，王实味正确估计了当时大批青年奔赴延安是"抱定牺牲精神来从事革命，并不是来追求食色的满足和生活的快乐"……

　　杂文第二节，以《碰〈碰壁〉》为小标题，这是针对《解放日报》1942年2月22日"青年之页"第12期《语丝》栏目中一篇署名刘辛柏的文章《碰壁》而发的。认为不能简单地对青年人的"牢骚"、"叫嚷"、"不安"给以否定，认为青年的可贵在于他们"纯洁，敏感，热情，勇敢"、"充满着生命的新锐力"……

　　第三节，是《"必然性""天塌不下来"与"小事情"》。主旨是说仅仅承认黑暗存在的必然性还不够，重要的是防止或消灭黑暗，即便黑暗是"小事情""天塌不下来"，也不是放任黑暗的理由。

　　文章的第四节《平均主义与等级制度》，这一节是此文最具争议也是批判者们攻击点最集中的。但从文章本身来看，王实味绝非绝对平均主义者，更没有无原则地去反对等级制度的合理存在，他只是强调在艰苦的革命岁月，要依照"一切应该依合理与必要的原则来解决问题"，反对那些"不见得必要与合理"的地方。[①]

　　如果说上述段落主要是在正面介绍《野百合花》的具体内容的话，那么下面的一段议论则是针对该文作为杂文的特点而言，认为它的某些尖刻用语是必要的。《野百合花》在当时受到多数人的批判，主要是因为人们先入为主，带着偏见去阅读它才造成了对王实味思想的误解。传记写道："不可否认，在此文中，王实味的确在个别地方用语相当尖刻，有些材料也许并非是事实上有的，但杂文这一文体的本身特点，就要求它不可

[①]　黄昌勇：《王实味传》，河南人民出版社2000年版，第152页。

能四平八稳、方方正正，它所取材也不必是生活中普遍存在的，它可以以生活中哪怕是刚刚出现的不良或缺点作为讽刺对象。……此文作者还是以说理为主，其态度是诚恳直率而坦白的，希望延安革命根据地变得更好的热望是迫切的。"① 这里充分肯定了《野百合花》自我批判的力量和作者对革命的赤诚，实质上指出了王实味才是真正的思想者，那些批判该作品的人多数是人云亦云，缺乏自己的思想。

此外，对于延安时期乃至今天，文艺界理论界对《野百合花》的错误批判，传记进行了一一辨析。比如，有人将王实味文章中的"歌啭玉堂春，舞回金莲步；衣分三色，食分五等"坐实分析，批判王实味歪曲了延安生活。对此，传记指出艺术描写与生活中的具体真实并不能完全等同，作家通过综合等艺术手法创造一些形象是许可的。将生活中是否有这样的事实与作品进行比较，是一种违背艺术规律的批评。传记认为，《玉堂春》确实在"鲁艺"上演过，交谊舞是在干地上甚至是穿着草鞋跳的，当然谈不上金莲步。但王实味采用的是夸张的艺术手法，这在当时是不被理解的。至于"衣分三色，食分五等"，直到今天，还有人紧扣字句，坐实分析，如"延安'衣分三色'吗？……从边区外面只能买进少量的灰蓝色斜纹布，只够首长和一些高级知识分子穿，其余人穿的都是一样的土布。""当时的有小灶、中灶和大灶之分，加上病号饭，也算不出'五等啊'！"传记认为这样的分析显示出对文学作品的极度隔膜。② 的确，这种先入为主、坐实分析的方式，有些剑走偏锋，是对艺术的扭曲和误解。

（二）对《野百合花》事件的辨析和反思

王实味因为《野百合花》而贾祸。对于《野百合花》事件，《王实味传》在史料的开掘及其认识上有一些新的贡献，这具体表现在如下几个方面。

1. 指出了《野百合花》在延安文学新潮中的保守位置

传记叙述了1941—1942年延安兴起的一场新的文学思潮。这场文学新潮以杂文为主要形式，以讽刺暴露为目的，其代表性报纸及活动有：《解放日报》文艺栏、按期出版的墙报《轻骑队》、各种整风壁报如《矢

---

① 黄昌勇：《王实味传》，河南人民出版社2000年版，第152页。
② 同上书，第153—156页。

与的》《西北风》《驼铃》《新马兰》等,还有画家华君武、张谔、蔡若红组织的"讽刺画展"等。传记认为在这样的文艺新潮中,王实味其实并不是主导潮流的人物。他没有赶上潮头,只是意外地被颠上了浪峰。"王实味这两篇杂文发表时,丁玲的《我们需要杂文》、《三八节有感》,艾青的《了解作家,尊重作家》,罗烽的《还是杂文的时代》等重头文章都已经发表在先。……后来,有人批判王实味时说,'那时和王实味相呼应的,就有丁玲、陈企霞、萧军、罗烽、艾青等人',而事实与这一判断则恰恰是相反的。"① 传记通过注释说明这里的"有人"是指林默涵,他在1958年第2期的《文艺报》上发表的《王实味的〈野百合花〉》中说了与事实不符的话。

根据传记的记述,事实应该是:王实味并不是延安文艺新潮的潮头,而只是它的浪峰。王实味是在延安文艺整风运动开展之后,由于种种复杂因素的综合而成为被重点批判对象的。如果说有呼应,是王实味呼应了丁玲、陈企霞等人。因为丁玲、陈企霞等人的文章在先,王实味的文章在后。传记作者认为,从艺术力量上来看,王实味的两篇杂文在延安文学新潮中无人堪比。但是,若从其思想、意识上来分析,似乎没有太多的新识卓见。他与丁玲关于歌颂与暴露的关系实质的论述是非常一致的。与罗烽、萧军等人的要求作家拥有创作自由比起来,王实味似乎比他们都要保守些。然而,丁玲、艾青、罗烽、萧军等在整风运动中都过了关,只有王实味遭了灭顶之灾。传记对《野百合花》在延安文艺思潮中的位置的辨析,不能不让我们思索事件的复杂性。

2. 分析了王实味本人性格的弱点对其命运的影响

传记指出,1942年3月,中央研究院整风检查工作动员大会上,王实味对于罗迈(李维汉)的发言激烈反对,认为罗迈的补充意见,活现了家长制作风,是比猪还蠢的作风。他要求实行民主选举。后来,在壁报《矢与的》上,王实味又书面向罗迈提出意见。李宇超、梅洛两人发表文章与王实味论争,王实味再做回应文章《答李宇超、梅洛两同志》,这次,在文章中他承认了自己骂人的错误。对此,传记指出了王实味性格中冲动、粗鲁的一面:"王实味在壁报文章中也承认了自己在动员大会上对

---

① 黄昌勇:《王实味传》,河南人民出版社2000年版,第145页。

罗迈使用了'辱骂'的言辞，愿意接受批评。但是，王实味在如此公开的场所对身为中央宣传部副部长的罗迈近乎谩骂的做法的确超出了人之常情，这也可能是梅洛等文章把这次争论朝宗派主义方面理解的基础。王实味使用带有对人格伤害的言语正是他性格中弱点的又一次大暴露。"① 此外，传记对于王实味忽视来自毛泽东的意见（由胡乔木传达）这一事实给予了记载，对于温济泽《斗争日记》所记"王实味最初不接受这些劝告，拒不参加会议，甚至向组织提出退党声明，声称要走'自己所要走的路'"②的倔强也进行了如实转述；对于王实味夫人刘莹对王实味脾气暴躁、神经质、具有他人少有的自信等个性的评价也给予了记述。总之，传记对王实味那种"天子呼来不上船，自称臣是酒中仙"的李白式狂放不羁给予了如实反映。显然，传记作者认为王实味桀骜不驯的性格也是他在整风运动中成为批判靶子的重要原因之一。

3. 明确了一些人在《野百合花》事件中的角色

因为王实味事件的复杂性，多种因素综合造成了最终的结果。这里面既有争论的理论背景，也有政治形势的紧张，还有一些奸佞小人的操纵。头绪繁杂，参与人物众多，从不同的角度、不同的人看来，可能都会有不同的认识。为了清晰地呈现历史，下面以人物为线索来考察传记对该事件的梳理和描述。

（1）毛泽东对王实味的批评引出了陈伯达、周扬批判王实味的文章

传记认为，毛泽东作为文学造诣很深的政治家，他深知文艺战线成为革命一翼的重要性。延安文艺界的动向和敏感点在他脑海中异常清晰，他对文艺的关注并不亚于对军事的关注。当中央研究院的整风壁报《矢与的》悬挂在延安南门外时，毛泽东就在有关领导的陪同下看了壁报，并认为这些东西很有教育意义，是很好的反面教材。当毛泽东读到《野百合花》时，他厉声询问：这是王实味挂帅，还是马克思挂帅？当有人把丁玲的《三八节有感》与王实味的《野百合花》一同批判时，毛泽东说，丁玲同王实味不同，丁玲是同志，王实味是托派。毛泽东在1942年5月28日的《文艺工作者要同工农兵结合》的报告中指出王实味思想的系统

---

① 黄昌勇：《王实味传》，河南人民出版社2000年版，第176—177页。
② 温济泽：《斗争日记——中央研究院座谈会日记》，《解放日报》1942年6月28日。

性,这很快就引出了陈伯达、周扬批判王实味的文章。整风运动中对待王实味的问题,毛泽东一开始是采用了惩前毖后、治病救人的措施的。"毛泽东虽然没有亲自找他谈话,但在《野百合花》发表后,一方面在各种谈话中公开发表批评意见,同时还要他的秘书胡乔木找王实味谈过两次话、写过两次信……"① 毛泽东对王实味问题的看法,有个演变过程。开始认为王实味问题还是属于思想范畴的问题,后来才确定为托派。但在王实味被囚禁后,毛泽东明确说过不杀王实味。后来当他听说王实味被秘密杀害后,非常震怒。

(2) 陈伯达把关于"民族形式"问题的论争上升到政治的高度

1938年10月,毛泽东在中共六届六次全会上做了题为"论新阶段"的报告,提出了把国际主义的内容和民族形式紧密地结合起来,创造新鲜活泼的、为中国老百姓所喜闻乐见的中国作风和中国气派的号召,这一号召在文艺界引起热烈反响。"民族形式"问题成为延安及国统区进步文艺界、理论界讨论的重大课题。陈伯达在《我们关于目前文化运动的意见》《论文化运动中的民族传统》中发表了自己的看法。王实味在《文艺民族形式问题上的旧错误与新偏向》中提出了对陈伯达观点的商榷意见。陈伯达则写了一篇《写在王实味同志〈文艺民族形式短论〉之后》回击王实味,指责王实味是有意地要在文艺问题的形式掩盖下偷运托派的思想。陈伯达这篇文章当时虽然没有发表,但从此王实味与陈伯达结了怨。在后来的批判王实味的大会上,陈伯达指出了王实味的托派思想,把文艺论争问题上升到政治高度。在谈托色变的年代,这一撒手锏无疑是置王实味于死地。在批判王实味的座谈会上,陈伯达认为王实味像条蚂蝗,只会吮吸人的血液;像白蛉子,趁人熟睡之后叮咬。

(3) 康生罗织罪名,把王实味打成"五人反党集团"的重要成员

康生在延安时期任中央社会部部长和情报部部长。1942年又被委任为整风运动的负责人之一,担任中央总学委副主任(主任是毛泽东)、中直机关总学委主任,坐镇指导中央研究院对王实味的批判。传记对康生在王实味事件中推波助澜的作用给予了重点披露。传记引用康生在西北公学

---

① 黄昌勇:《王实味传》,河南人民出版社2000年版,第200页。

一次训练班上的讲话,叙述了康生把成全、王里、潘芳、宗铮和王实味打成"五人反党集团"的经过,揭露了康生名为斗争策略实为阴谋诡计的卑劣行为。传记写道:"中央研究院座谈会结束后,对王实味组织上的处理除了开除'文抗'会籍外,并没有什么风吹草动,然而,实际上已插手王实味问题的康生并不满足王实味那顶还未经过组织戴上的托派分子的帽子,似乎还需要新的罪名,才能进一步予以彻底的痛击。几乎是在'文抗'座谈会结束的同时,康生已经开始了新的罗织。"① 康生的这一罗织进一步把王实味的问题,由政治立场错误升格为有组织的反革命案件,最终导致了把王实味定罪是一个隐藏在党内的反革命分子、托派奸细而开除他的党籍。1943年4月1日,中央社会部正式逮捕王实味。1947年3月,延安保卫战开始。在紧急转移中,康生负责的中央社会部下令"就地秘密处死"王实味。1947年7月1日夜,王实味被砍杀后置于一眼枯井中掩埋。

(4) 明确指出丁玲、艾青对王实味的妄自批判

关于丁玲对王实味的批判,传记做了同样的毫不隐讳的披露,而且指出在1942年6月11日的座谈会上,第一个站起来发言的是丁玲,她指出王实味问题是一个反党的政治问题,王实味是个为人卑劣、小气、反复无常、善于纵横捭阖的、阴谋破坏革命的流氓。她号召大家要打落水狗。丁玲的这一表现在诸多丁玲传中很少有写得如此详细的。

传记记述了艾青在批判王实味的座谈会上的发言,认为艾青的发言是引人注目的,也是不可思议的。艾青的发言如果与他的杂文《了解作家,尊重作家》比较起来读,真可谓天壤之别,不到两个月的时间,转变竟如此之大,让人惊讶不已。他自然先给王实味戴上大帽子,然后对王实味的文章大加挞伐,说批评者要从事物的发展中和全面比较中看问题,他说"延安的一些缺点假如要和另外的地方一比,就等于拿蚂蚁比水牛了",并认为王实味的杂文应是发表在重庆的《良心话》上。艾青还说:"王实味的文章充满着阴森气,当我读到它的时候,就像走进城隍庙一样。王实味文章的风格是卑下的……他把延安写成一团黑暗,他把政治家与艺术家、老干部与新干部对立起来……手段是毒辣的。这样的'人',实在够

---

① 黄昌勇:《王实味传》,河南人民出版社2000年版,第220—221页。

不上'人'这个称号，更不应该称为'同志'。"①

为了说明艾青在整风运动之前与之后态度的巨大变化，传记对艾青在延安文学思潮前期所发表的杂文中的部分段落做了专门引证："作家并不是百灵鸟，也不是专门唱歌娱乐人的歌伎。……等人瘙痒的还是洗个澡吧。有盲肠炎就用刀割吧。有沙眼的就用硫酸铜刮吧。生了要开刀的病而怕开刀是不行的。患伤寒症而又贪吃是不行的。鼻子被梅毒菌吃空了而要人赞美是不行的。"② 由此可以知道艾青在对待杂文的态度上的急剧转变。他刚刚提倡过杂文创作，继而又厉声讨罚王实味的《野百合花》，传记认为这是颇具讽刺意味的。对于艾青批判王实味一事，无论是徐刚的《艾青传：诗坛圣火》、周红兴的《艾青传》、程光炜的《艾青传》还是骆寒超的《艾青评传》都没有给予记述。只有黄昌勇的《王实味传》给予了正面披露。艾青的批判文章《现实不容歪曲》就发表在1942年6月24日的《解放日报》上，然而，许多艾青传视而不见，写延安时期的艾青时，只强调他如何被毛泽东邀请谈话，对于其随政治风向而动的行为进行了回避。黄昌勇实事求是的写作态度受到了《中国二十世纪传记文学史》一书的高度称赞："可贵的是，作者本着对历史负责的精神，如实写出了罗迈（李维汉）、周扬、艾思奇、贺龙、朱德、丁玲、艾青等人在这些错误的批判中的各种表现，而不为尊者讳。"③

延安时期，有人在批判王实味时，认为王实味算不上什么文艺家，因为王实味除了一些杂文外，没有什么小说、诗歌。对于这个问题，黄昌勇的《王实味传》以王实味在20世纪20年代的大量文学作品给予了有力的回答。王实味不仅有翻译作品，更有优秀的小说创作。刘莹在《沉痛的诉说，无尽的思念》一文中所说，她所看到的几部现代文学史关于王实味的记述都把他认作托派奸细，这使她感到非常沉痛。黄昌勇的《王实味传》给王实味的家属带来了欣慰。该传第一次完整立体展现了王实味的人生，以扎实深入的史料说明了《野百合花》事件的来龙去脉，使

---

① 黄昌勇：《王实味传》，河南人民出版社2000年版，第213页。（艾青的原话出自《现实不容许歪曲》，《解放日报》1942年6月24日）

② 转引自黄昌勇《王实味传》，河南人民出版社2000年版，第148页。（艾青的原话出自《了解作家，尊重作家》，《解放日报》1942年3月11日）

③ 郭久麟：《中国二十世纪传记文学史》，山西人民出版社2009年版，第272页。

读者明白了王实味虽然受托派思想影响但从来没有加入过托派组织、不是托派分子这一事实真相。

传记还明确指出《野百合花》被国民党利用是在延安《解放日报》发表批判王实味的文章之后。传记的这一澄清事实的工作不仅恢复了王实味的历史清白，而且对于思考政治大变革中知识分子命运问题大有裨益。正如朱正所言："王实味之所以值得后人来研究，因为他是一个典型，一个以文字取祸的典型。在他以后，这样的事还不止一次发生过。"[①] 悲剧不仅属于个人，更属于历史。这就是黄昌勇的《王实味传》作品解读的价值所在，该传不仅从中考察出了传主的身世经历、文学史地位，还促使人们思考传主因文贾祸悲剧命运的根本原因。这正是鲁迅所讲过的"文艺与政治的歧途"的永恒命题。鲁迅说："这种文学家出来，对于社会现状不满意，这样批评，那样批评，弄得社会上个个都自己觉到，都不安起来，自然非杀头不可。但是，文艺家的话其实还是社会的话，他不过感觉灵敏，早感到早说出来（有时，他说得太早，连社会也反对他，也排轧他）。……文艺家在社会上正是这样；他说得早一点，大家都讨厌他。政治家认定文学家是社会扰乱的煽动者，心想杀掉他，社会就可平安。"[②] 文艺和政治的冲突似乎是个宿命。文艺与政治相互制约、相互影响。文艺在一定意义上势必要干预政治，但政治在社会生活中常常居于优先地位，而文艺往往是从属性的。王实味的文艺生涯就是一个生动的例子。悲剧不仅属于个人，更属于历史。这就是黄昌勇的《王实味传》作品解读的价值所在，它不仅从中考察出了传主的身世经历、文学史地位，还促使人们思考传主的命运。

[①] 朱正：《说说王实味》，《黄河》1998年第4期，第135页。
[②] 鲁迅：《文艺与政治的歧途——十二月二十一日在上海暨南大学讲》，鲁迅全集（第七卷），人民文学出版社，2005年第118页。

第三章

传记中的原型考证

原型是指文艺创作中塑造人物形象或记述事件所依据的现实生活中的真实的人或事。原型考证就是把现实生活中真实的人或事揭示出来。小说的主人公往往是在现实生活中的真人真事的基础上,作家通过舍弃或增补某些情节的方式加工、改造而成的,这种脱胎于原型的人物或事件更加坚实和典型。原型往往来自作家自身或者他所熟悉的人和事。作家传记因为要完整准确地陈述传主的性格、行为等,这自然就有了对其作品中人物、事件的原型考证。这种考证对于正确了解作家创作的心路历程有很大帮助。

从某种意义上讲,对作品的原型考证,属于作品解读的一部分,但是,传记中原型考证的目的往往不仅仅是为了解读作品,主要是为了探寻作家的人生经历及其思想发展。因此,传记中的原型考证除了对作品中的人物、事件等进行原型考证之外,也有考证作家本人与他人关系的、考证与作家相关的某个历史细节的。可以说,原型考证对于一部严谨的传记来说,是必要的也是必然的。而且许多人物传记是作者学术研究的一种延伸,它不仅要塑造生动的传主形象,还执行史料钩沉、寻根探源、破晓谜底的学术使命。本章以朱珩青的《路翎传》、金介甫的《沈从文传》、韩石山的《悲情徐志摩》、王一心的《〈小团圆〉对照记》为个案来说明作家传记中的原型考证及其价值。

第一节 朱珩青《路翎传》的原型考证

记述作家的人生经历是作家传记的重要内容之一,而作家创作的内容往往与其自身经历有种种密切的关系,大部分散文作品本身就是作家生活的真实记录,即便是小说、戏剧,也往往有着作家生活、思想的印记,优秀的艺术作品更是具有这一特征。正如贾植芳所说:"作家的创作史就是他的生命史、心灵史、人格史的不同历史时期的综合性的艺术表现形态,人是第一义的,文是第二义的,他们又是互相一致的,所谓'文如其人,人如其文',二者是二而一的东西。"[①] 作品中的人物身上往往具有作家自己的影子,因此,许多传记作者在考证作家身世的同时,不由自主地会用其作品中的人物身份、性格、命运来印证传主,同时,也会用传主的经历、命运来与其作品中的人物进行对比,有时还拿传主身边的人物来与作品中的人物对号入座。这样的探究工作其实就是为小说中的人物寻找生活原型。因此,许多传记在考察传主身世的过程中,对其作品中的人物会有新的发现和认识。

朱珩青的《路翎传》就是这样一部传记,它在考证路翎的出生地、路翎的年龄、路翎的生父的过程中,对路翎的诸多小说,特别是其家族小说《财主底儿女们》中的主要人物的生活原型进行了逐一的考证和分析,列出了这部小说的人物原型谱系图,还绘制了路翎出生地的院落结构示意图。所有这些考证对于路翎本人及其创作思想的研究都极有帮助。比如,这种考证纠正了过去文学史中关于路翎出生于南京的错误(杨义《路翎传略》中写的就是路翎出生在江苏南京),[②] 也明确了路翎的出生日期。该传明确指出路翎出生于苏州,而且就在他以后所写的小说《财主底儿女们》中所描写的蒋家的院子里。该传指出路翎的出生年月在不同版本的书、刊中比较混乱,这是因为1922年的狗属一直延伸到1923年的2月15日。传记明确指出路翎是1923年1月23日(阴历是1922年腊月初十)出生,属狗。[③] 这样的考证廓清了以往人们在此问题上的模糊认识。

谈论朱珩青的《路翎传》,不能不提及刘挺生出版于1999年的《思

---

① 贾植芳:《历史的悲剧 悲剧的历史——为刘挺生的〈思索着雄大理想的旅行者——路翎传〉而序》,见刘挺生《思索着雄大理想的旅行者——路翎传》,华中师范大学出版社1999年版,第5页。

② 张环、魏麟、李志远、杨义:《中国现代文学史资料汇编(乙种)》,北京十月文艺出版社1993年版,第3页。

③ 朱珩青:《路翎传》,大象出版社2003年版,第173页。

索着雄大理想的旅行者——路翎传》。由于这部传记是作者此前的研究著作《一个神秘的文学天才——路翎》的副产品，关于路翎的创作成就，作者在其研究著作已有论述，所以传记就把写作重心放在了对路翎命运的描述上。该传主要叙述了路翎悲剧的一生，详细叙述了路翎与胡风的交往以及在受压制、受批判时所做的一系列反抗行为，揭示了造成路翎悲剧命运的复杂原因。与刘挺生的《路翎传》相比，朱珩青的《路翎传》不仅揭示了路翎的悲剧命运，而且对路翎主要作品中的人物原型进行了细密的考证。下面具体谈谈《路翎传》的考证成果。

一　《财主底儿女们》的原型考证

（一）对人物原型的考证

路翎，一个有着显著创作成就而又历尽苦难的作家，他有着强劲的文学创造力。他信奉文学特有的改良人生的目的，而具有讽刺意味的是，视写作为生命的他却遭受了巨大的困厄。给这样一个富有巨大悲剧性的人物写传自然是难的，这样的传记不是随便谁都能写好的。王得后在《路翎传》的序言中认为朱珩青的文字有骨头，有血性，因此由她来写《路翎传》，很得人。而且，王得后高度肯定了《路翎传》的史学性追求："她像鲁迅《写于深夜里》为一位无名的木刻青年和他的一幅无名的木刻'立传'那样，为路翎立传。……我们中国人的为人立传，有撰史的传统，有作文的传统。撰史的传统是'实录'，作文的传统有'谀墓'。珩青走着撰史的路。"[1] 为了求得历史的真实，朱珩青就路翎出身问题的调查是颇费了一番心思和周折的。首先，她对路翎在出身问题上模棱两可的态度是理解和同情的。在路翎的三舅提供的关于路翎家谱的大量事实材料面前，路翎在1990年4月回复三舅的信中仍不愿意明确承认自己的真实出身，而来了个模糊应答。对此，三舅曾经愤怒而伤心："受人愚弄是不易醒悟的。何况是受了自己尊敬的祖母与母亲的隐瞒呢！须知他们是有隐痛和歉疚的。所以出此下策。我很遗憾！"[2] 为了考察路翎在自己出身问题上的真实心理，传记指出了北京市中级人民法院在1979年和1980年对

---

[1] 王得后：《路翎传·序二》，《朱珩青．路翎传》，大象出版社2003年版，第4页。
[2] 转引自朱珩青《路翎传》，大象出版社2003年版，第157页。

路翎的刑事判决书中"出身"一栏内容的前后变化：1979年的判决书上写的是江苏南京人，地主兼资本家出身；1980年的判决书上去掉了"地主兼资本家出身"的内容。关于路翎对出身的模糊应答心理，传记的分析是这样的：

> 经过了20多年的折腾，又经过了两次艰难的平反，才把"地主兼资本家出身"这可怕的头衔拿掉，现在又要再戴上去！他可是为了这"地主兼资本家"受尽了折磨的。在监狱中，每次提审他时，除了"胡风反革命罪"外，还要他交代"地主兼资本家出身"的黑心，还要"深挖阶级根源"。……"地主兼资本家"出身的可怕，实在不是经历了二十年监狱的煎熬，又进入风烛残年凄凉晚景中的路翎所能承受的。于是，他只能"出此下策"，来一个"模棱两可"。①

在1994年，路翎去世后一年多，朱珩青采访路翎的三舅蒋继三的时候，对他讲述了自己对路翎回避真实出身这一行为的理解。理解归理解，写传还要尊重事实。作为一名严肃的传记作者，朱珩青在路翎在世的时候，就一丝不苟地解开了路翎出身之谜，从而也解开了《财主底儿女们》这部传世之作的谜底。在蒋继三、傅玉华的支持和帮助下，朱珩青获得了蒋继三提供的《财主底儿女们》中的主要人物原型的生活实况。根据《路翎传》所提供的这些材料，下面列出小说中的主要人物与现实生活中的人物的对应关系，表格中第一行是小说中的人名，第二行是现实生活中的人名。

小说人物	蒋捷三	蒋淑华	傅蒲生	蒋淑媛	王定和	蒋慰祖	金素痕	蒋少祖	陈景惠	蒋纯祖	蒋秀菊
现实人物	蒋学海	蒋慰文	傅蒲生	蒋淑媛	王复炎	蒋慰祖	陆素珩	蒋邵祖	陈韵梅	蒋绳祖	蒋静秋

由这两组人名可以看出，路翎的《财主底女儿们》中所采用的大部分的人物名字与现实生活中的人物的名字大同小异，比如有的完全是同一

---

① 朱珩青：《路翎传》，大象出版社2003年版，第158—159页。

个名字，如傅蒲生、蒋淑媛、蒋慰祖；有的只相差一个字，而且是谐音字，比如蒋少祖与蒋邵祖；还有的是有一个字重叠，另一个字的读音近似，如金素痕与陆素珩，这里的"珩"很可能转音念成了"痕"了。因此，仅仅由传记所出示的这些人物原型的真实姓名，就可以大致推测出《财主底儿女们》的写实性。更不用说传记还详细出示了这些人物的生活实况，而且传记还指出了小说中的人物命运与现实中的人物命运的细微差别。如传记对蒋慰祖夫妇生活实况的记录是：

蒋慰祖《财主底儿女们》大哥蒋慰祖的原型

蒋慰祖（1906—1936），字伯尧，乳名申宝。蒋家全家的心肝宝贝。因母亲早逝，由李氏夫人抚养长大。就读于东吴大学，未毕业。19岁结婚，妻子是画师也是讼师陆筱川之女陆素珩。蒋学海为儿子结婚，在后院建了花园的洋房，全套的红木家具。请裁缝赶制了四季衣服。专请了首饰匠打了许多首饰。蒋慰祖婚后有过一段美好的生活，生有三子。不久闹起了财产纠纷。蒋慰祖的疯狂、逃跑，蒋学海的千里寻子，都被路翎非常真实而艺术地写进了《财主底儿女们》。仅一点不同的是，蒋慰祖是病死在南京下关的一间小屋子里，而不是投河自杀。

陆素珩《财主底儿女们》大嫂金素痕的原型

陆素珩（1908—?），生于南京。相貌平平，但有一张利嘴。她与其父陆筱川，是那场著名的财产纠纷的获利者。蒋慰祖死后一年（1937年），陆素珩改嫁刘姓的军官，去了重庆，把她与蒋慰祖生的三个儿子丢在了沦陷区。抗战后，仍继续打那场官司，直到解放后，经人民政府调解才告了结。"文革"中自杀身亡。对此人，《财主底儿女们》有入木三分的描写。[①]

上述材料的展示让我们充分领会了小说与现实的区别与联系。特别是，我们可以通过对小说人物与原型人物生活境遇的差异对比，考察路翎的艺术创作观，认识路翎的作品是如何尊重生活而又超越生活的。因此，

[①] 朱珩青：《路翎传》，大象出版社2003年版，第163—165页。

传记所提供的这部分关于《财主底儿女们》中的主要人物的生活原型的资料十分宝贵,特别是其中对于小说人物与原型人物的差异的叙述,对于深入研究和认识《财主底儿女们》主题意义很有帮助。如传记关于小说中二嫂陈景慧的原型陈韵梅的叙述是:"陈韵梅是一个非常朴实能干的人,与《财主的儿女们》里的陈景慧有很大差别。"① 对于蒋纯祖的原型蒋绳祖的记述是:"蒋纯祖虽早已自食其力,然而仍因他是蒋家的后代,不断地受到刁难。'文革'期间,曾以《财主底儿女们》里的'三少爷'的身份遭到批斗。……对于蒋纯祖这个人物,路翎是将他的理想、追求都注入进去了的,与他的原型蒋绳祖有很大的差别。当然,也有不少相似之处。比如,蒋绳祖经历的坎坷,对生活的认真,以及他的坚忍不拔的性格。至于与几个姑娘恋爱,那是没有的。"② 从这样深入的对比就可以看出路翎在《财主底儿女们》所寄予的人生理想。

对于创作追求,传记给予了进一步的阐述:"对于路翎来说,他不想把人物政治化、标准化,又不能拘泥于人物的原型状态。如他所说,要写出人物的多面性来。他确实是这样做的。《财主底儿女们》的情节基本上依据蒋氏家族兴衰的情况发展而来。下卷主要是作者自己生活理想的表述,还有朋友们的影子,比如孙松鹤。"③ 这里所讲的孙松鹤实际上是方管(舒芜)的一个朋友,后来也成为路翎的朋友。方管曾向路翎讲述孙松鹤的恋爱故事。这段话深刻揭示了路翎的艺术创造力,他准确而自如地处理了生活与艺术的关系,创造出了传世之作。也正因有如此认识,传记在评价路翎晚年写的那些难以发表的作品时,能够尖锐地指出路翎由于长期坐牢而精神时间停滞所造成的对作品的戕害:"没有思想高度的文章不会是好文章,不感受到生活脉搏的跳动的文章不会是好文章,没有经过独立思考,没有经过体验的生活是平庸的,特别是还要刻意追求'革命化',那简直就是虚伪,不会为读者喜欢的。"④ 这些话坦直地道出了路翎晚年大部分作品不能发表的主要原因,实际上也给出了衡量优秀作品的标

---

① 朱珩青:《路翎传》,大象出版社 2003 年版,第 165 页。
② 同上书,第 165—166 页。
③ 同上书,第 167 页。
④ 同上书,第 79 页。

准，显示了一位编辑家的眼光和胆识。

传记还出示了蒋纯祖的原型蒋继三给作者的文章《我的身世——兼议路翎》，其中提到了路翎的生父赵振寰的状况：身体健壮，性格爽朗，爱说爱笑，爱讲故事。赵振寰入赘徐家，行医为生，1925年夏自戕。这样的记述与路翎自述的身世是有出入的。正是从这出入中，我们才更加了解路翎及其作品的成因。这就是该传揭示作品人物原型的现实意义。

（二）对情节原型的考证

传记不仅一一指出了《财主底儿女们》中主要人物的原型，而且对于小说中的一些主要情节也结合路翎经历的真实生活给予分析和考证。传记写道，路翎少年时代经常随祖母蒋秀贞到乡下收债。祖母靠了娘家的接济，手头有一点积蓄，有时贷给一些穷人。秦淮河的收账，使少年路翎深刻感受到了下层人民的不幸与苦难，同时又受到了关于"善良"的教育。

> 秦淮河的水发绿、发臭，一只船停在岸边，毫无动静，"没有丝毫生命的表征"。船里只有一个不懂的、哮喘着的"赤裸裸、骨棱棱的、焦黑而弯曲的上身"，"颤动着的流着涎水的嘴、浮肿的脸"。姑妈看见借贷者如此狼狈的情景，她流下了眼泪，口里说着"我来看你"，一边掏出钱袋，数出两块钱。"陆明栋，带着极大的虔诚，和极单纯的少年的谦逊，走上了踏板，把钱交给了那只可怕的肿着的手，觉得这只手有某种神圣，在心里怀着敬畏，交了钱。他站在踏板上，以闪烁的眼睛顾盼，他觉得这个世界是起了某种变化了。"这时候，姑妈似乎想起了自己本来是来收债的。"走，死囚！来要债反贴本！人家知道了又说我不中用！不准告诉人，知道不知道！"[①]

朱珩青认为，这段《财主底儿女们》的场景完全可以看成路翎的真实经历。其中的陆明栋就是路翎，姑妈就是路翎的祖母蒋秀贞。关于《财主底儿女们》的自传色彩，传记列举了小说中许多与陆明栋有关的情节，对照路翎的童年经历来加以印证。再如传记认为小说中蒋纯祖和陆明栋心灵角逐的那一段就可以看作路翎与大他七八岁的三舅之间的生活片段

---

① 朱珩青：《路翎传》，大象出版社2003年版，第25页。

的升华。

> 蒋纯祖更骄傲些，统治着陆明栋，要他服从他的热情的法律和不断的、强烈的奇想。陆明栋柔顺地服从他，对他有着一种奇特的爱情。蒋纯祖为这种爱情，这种情欲苦闷，于是和陆明栋吵架了。
> 蒋纯祖神圣地沉默着，陆明栋发出了尖锐的欢悦的叫喊，于是蒋纯祖立刻就有了强烈的嫉妒：他觉得这种尖锐的欢悦正是他所神圣地藏匿在心中的。他觉得陆明栋不应该有这种感情，他感到强大的屈辱。
> "他走了。我一个人了！"陆明栋突然哭出了野兽般的声音来。蒋纯祖，这个新兴的贵族，听见了他的奴隶的哭声，不回头，感到快乐。①

对于两个少年之间这种互相依恋又互相格斗的复杂感情，尤其是其中细腻的心理描写，若不是亲身经历过，是不可能写到这个程度的。《路翎传》在考察了路翎从八岁以后，每年暑假都随祖母到龙潭乡下住上半个月到二十天，其间经常与亲戚的孩子们在一起玩耍这一事实的基础上，做出了上述推测，这种推测是比较可信的。

传记中还引用了路翎的异父弟弟张达明的一段回忆。这段回忆讲的是1937年南京沦陷前，路翎一家逃离南京时的情景。

> 当时，一辆马车焦急地在门前等着，马不时地错着蹄子，全家带着几只网篮，坐在车上。一只猫爬上了车，家人将它赶了下去。这时，大哥（指嗣兴）不知哪里去了，奶奶急死了，四处喊叫着去找他。嗣兴家沿着当年送孙中山的灵柩往中山陵的路线，逆向出了挹江门，到了下关码头，上了船。眼看船就要开了，奶奶和哥哥才乘着一条小船远远地冲这边开来。大家拼命地叫喊、挥手。到此，全家人才松了一口气。②

---

① 朱珩青：《路翎传》，大象出版社2003年版，第20页。
② 同上书，第32页。

传记指出，路翎15岁时的这段经历，被他写进了《财主底儿女们》里，就成了小说主人公之一的陆明栋抛开家人投身抗战的一段故事。在那里，不少的"财主底儿女们"离开了家庭，像自由的小鸟飞向了抗战的各条战线。总之，传记的考证结果是：路翎于1923年1月23日出生在苏州，而不是南京。《财主底儿女们》所写的蒋家大院就是路翎的出生地，小说中的陆明栋的原型就是路翎本人。

二　《谷》和《云雀》的原型考证

结合路翎的生活经历，对作品人物原型的考证，是《路翎传》的重要特征之一。该传不仅考证了《财主底儿女们》的人物原型，对路翎其他作品如中篇小说《谷》和话剧《云雀》的人物原型也有考证。传记指出《谷》描写了1940年年初路翎与李露玲在合川县育才学校时期的一段爱情纠葛。传记认为《谷》中所描写的庙宇、田地与山谷，都是以当时的育才学校的周围环境为蓝本的。育才学校坐落在凤凰山古圣寺，山门前有一片开阔的田地，小说《谷》中故事的发生地与此非常相似。传记还引用了一段小说中的描写。

> 林伟奇高声喊着："我把我的尸首交给你！"奔下山岩，跃在一块包谷地里，疯狂地踩倒干枯的包谷，向谷底溪流冲去了……
> 左莎抱起额角负伤的昏过去的林伟奇。
> 俯下她南方型的脸，让她散开的发辫长久地披在林伟奇的脸上，吻着他。
> 左莎对他说："你是有才能的，我知道。你的野心很大。你要去做社会的事业，完全不顾自己。原谅我，伟奇，我不能够这样，我害怕……"[1]

朱珩青对路翎作品的熟悉，使她在叙述路翎的生活历程时随时可以联想到其作品中的某些人物和某些故事情节。上述一段引用正是这样。在写

---

[1] 转引自朱珩青《路翎传》，大象出版社2003年版，第72页。

路翎失恋的经历时自然想到了《谷》中的一对恋人分手前的这一情节。非常可贵的是，传记不仅揭示了路翎《谷》的人物原型，还分析了它源于生活又高于生活的艺术价值："对路翎来说，把自己的恋爱经历写成一个中篇，是容易的。写恋爱和失恋中恋人的心理冲突，路翎手到擒来。但恰恰是要淡化或部分割去那已经融入血液之中的情思，加进去虽存在却被爱情遮掩的社会因素的驱迫，又是要艺术化了的、有'诗的单纯'的和谐的东西，这是太艰难了。不过，路翎还是做到了。我想，这就是人们所说的'天才'吧。"① 这里，传记在分析了《谷》源于路翎的恋爱经历又升华了这种经历的基础上，充分肯定了路翎的艺术创作力。

传记指出《云雀》以路翎的好朋友阿垅的妻子张瑞为原型，但同时又强调不能简单地把《云雀》看成张瑞的"本事"，因为话剧仅仅以张瑞的某些事为载体，而作家要表达的是知识分子普遍的性格悲剧。传记指出1946年阿垅的妻子张瑞在成都自杀，那时，她与阿垅的孩子刚出生不久。对于张瑞的这种选择，传记认为张瑞是不甘于被社会、被秩序融化，在她个人性格强烈的因素与社会强大力量之间的巨大冲突中，她选择了"死亡"的终端对抗。这也说明了社会对于人的个性的残酷泯灭。这样的深刻认识说明朱珩青对路翎作品的熟悉程度，使得她能够在现实人物与作品人物之间进行深入对比。这样的对比有助于读者认识路翎笔下的死亡描写和心理描写之来源。此外，传记还认为《云雀》中的王品群有路翎在育才学校时的朋友姚抡达的影子。小说中王品群对朋友李立人的妻子陈芝庆说道："你原来是一只云雀，可是现在，你在这个巢里面！"（意思是变成了一只母鸡）这段话颇似现实生活中姚抡达劝李露玲不要埋没在乡村的说法。《云雀》中的王品群最终带走了这只"云雀"，生活中的姚抡达的确也带走了李露玲。从人物的言行到故事的结局，传记把《云雀》与路翎的生活经历联系在了一起。由此可见朱珩青对作品人物原型的考证是如何的细密。

朱珩青《路翎传》对《谷》和《云雀》的原型考证说明了艺术源于生活又高于生活。小说中的人物与情节与其生活原型之间是有距离的，为了展现主题，小说中的人物及情节的设置往往有对生活原型变形的地方。

---

① 朱珩青：《路翎传》，大象出版社2003年版，第91—92页。

杨根红在《论路翎小说中的生命原型》中写道:"我们说,曹雪芹如果不是出生在一个大家族、大社会环境下,他一定写不出《红楼梦》,这是可以肯定的。同样,我相信,22 岁的路翎所以能写出《财主底儿女们》这样的巨作,也决不是只听他祖母和母亲讲讲过去的事情所能做到的。路翎当然是天才,与他有同样生活的人想写也不一定写得出来。余光中写出一吟诵起就要掉下思念和幸福的泪水的《乡愁》,据他说,只用了 20 几分钟。这当然是天才。但他又说,这可是他 20 几年思乡的积累。20 几年与 20 分钟,这就是社会生活与创作的关系、文化与天才的关系吧。"① 天才只是人们对创造杰出成就的人物的赞美,世上从来没有什么天才,有的只是天赋加勤奋才能创造奇迹这样的事实。朱珩青《路翎传》对路翎身世的考证、对《财主底儿女们》的人物原型和事件原型的考证也正说明了这个问题。《路翎传》把路翎幼年的生活经历与他在《财主底儿女们》中关于陆明栋的描写结合起来,由史观文,再从文入史,说明了《财主底儿女们》的确包含了路翎诸多的少年记忆。

  嗣兴的外祖母在丈夫死后,又失去了惟一的儿子,只遗一女,于是外祖母即以女代子,招赘女婿,自己当家。于是"外祖母"成了"祖母"。徐家属于"单传",嗣兴是全家的宝贝。尤其是"祖母"的宝贝,经常带在身边。嗣兴之名,也在图子嗣兴旺的意思。
  祖母去苏州蒋家,经常带着嗣兴,这应当是路翎写出《财主底儿女们》的少年记忆和经验的储备了。对嗣兴来说,去富裕的亲戚家住,在他幼小的心灵上是有着许多压抑的。他每每羞于见"舅爷",经常是躲在祖母的背后,这在《财主底儿女们》里,是由陆明栋来表演的:祖母让他叫"舅爷",陆明栋畏缩地站着,脸死白。祖母搗他……"进屋之后,"姑妈在火边坐下来,低声谴责孙儿,因孙儿不懂事而痛苦着"。
  蒋家闹财产纠纷时,姑妈也带着孙儿去了。小说中这样写道:"'哥哥,亲哥哥,哥哥……'老姑妈在门前激动地喊,小脚乱闪,

---

① 杨根红:《论路翎小说中的生命原型》,《乐山师范学院学报》2008 年第 3 期。

老姑妈带着12岁的孙儿陆明栋。她和小孩身上都有雪。"①

关于路翎作为继子身份的特殊的童年感受，传记通过《财主底儿女们》的一段描述做了淋漓尽致的展示，这一段描写的背景是：在陆明栋决定出走的前一天晚上，他的继父陆牧生表现出从未有的高兴，决定要给他姐弟10元钱：

陆明栋流泪了。陆明栋低头，眼泪落到地板上。
"明栋，你接住吧"。祖母忧愁地看着他。"谢谢你！"陆明栋小声说……是的，他们从来没有这样待我！我们是多么可怜的人啊！我多么负心啊！今天以后，只有死能够报答了……②

传记把《财主底儿女们》的一些生活细节描写摘引出来，与路翎的童年和少年生活进行对比，找到了路翎性格的根源，这不仅不是穿凿附会，而是证据确凿的细密考证，颇有意义。结合路翎的身世自述就会更加相信小说中的上述情节与路翎自身经历的密切关系。路翎在给胡风的信中写到自己备受压抑的童年："这里的家是我母亲底后一个丈夫的家，他是一个公务员，是精神上的赤贫者，有小感情：愤怒、暴躁和感叹。我简直一点也不愿意提起这些，在小学的时候，我就有绰号叫'拖油瓶'，我的童年是在压抑、神经质、对世界的不可解的爱和憎恨里度过的，匆匆地度过的。我在心理上和生理上都很早熟，悲哀是那么不可分解地压着我的少年时代，压着我的恋爱，我现在二十岁。"③ 从这段叙述可以感受到童年路翎的性格和思想，从而更加明白朱珩青的这种考证充分证明了路翎并不是什么天才，生父赵振寰吹拉弹唱、能言善辩、爱讲故事的艺术天赋遗传给了他，魁伟高大的生父也给他带来了强健的体魄和倔强的性格。路翎的《财主底儿女们》只不过写了他所熟悉的家族及其他所熟悉的人物和事件，他是依靠独特而富裕的生活积累而创作的。

① 转引自朱珩青《路翎传》，大象出版社2003年版，第168—169页。
② 同上书，第171页。
③ 胡风、路翎著，晓风编：《胡风路翎文学书简》，安徽文艺出版社1994年版，第8页。

20世纪20年代末至30年代初,中国诞生了史料学派,其代表人物傅斯年曾说:"史学便是史料学。"① 在史学研究中,他强调实证而忌讳空论,他在《〈史料与史学〉发刊词》中明确指出:"本所同人之治史学,不以空论为学问,亦不以'史观'为急图,乃纯就史料以探史实也。史料有之,则可因钩稽有此知识,史料所无,则不敢臆测,亦不敢比附成式。"② 他还说:"我们反对疏通,我们只是要把材料整理好,则事实自然很明显了。一分材料出一分货,十分材料出十分货,没有材料便不出货。"③ 他认为史学家的责任就是"上穷碧落下黄泉,动手动脚找东西。"④ 意在强调材料作为证据在史学研究中的重要性。无疑,材料是一切推理、论断的重要依据,一切判断都必须建立在材料的基础上。新材料的发掘是新观点出现的重要前提。从这一层面上说,傅斯年的话反映了他的科学史观,有其积极意义。传记虽然不是史学研究,但是它具有史学的写实特征,同样要求材料的实证性。史料是传记写作所必须取资和借鉴的材料。路翎自己在《路翎书信集年谱》中谈到过《财主底儿女们》以祖母的亲戚家的故事为素材。朱珩青的《路翎传》以自己调查所获得的材料更加具体化了路翎的说法,比如,传记出示了蒋家族谱及《财主底儿女们》中的主要人物的生活原型资料,这些实证材料至少为我们确认《财主底儿女们》是有故事原型和人物原型的这一论断提供了另一种证据。所有这些证据都说明小说中所写的人和事的确有许多是路翎亲身经历和亲眼见过的。

朱珩青的《路翎传》在史料上所下的功夫是显而易见的。它不是简单的现有资料的剪裁与汇编,而是躬身调查、实地采访的结果。她的传记写作过程很像科学考察,首先是熟读资料,而后是实地采访,对现有资料中错漏的地方进行修正和补充完善。其次她几乎阅读过路翎的全部作品,

---

① 傅斯年:《史学方法导论·史料略论》,《傅斯年全集》第2册,台北联经出版事业公司1980年版,第9页。
② 傅斯年:《史料与史学》发刊词,《傅斯年全集》第4册,台北联经出版事业公司1980年版,第276页。
③ 傅斯年:《历史语言研究所工作之旨趣》,《傅斯年全集》第4册,台北联经出版事业公司1980年版,第262页。
④ 同上书,第264页。

包括大量未刊稿。她在出版社工作，负责路翎照片的选编工作，编辑出版了路翎的大量作品。因此说，她是在熟悉路翎作品的基础上萌生写作《路翎传》的想法的。而后，她与路翎及其家人有了十分亲密的接触，获得了大量一手资料。不仅仅如此，她还走访了几十位熟悉路翎的人，考察了路翎曾经生活过的许多地方，获得了路翎本人所回避的一些信息资源，比如路翎"地主兼资本家"出身的档案记录信息等。她的《路翎传》展示了许多探秘的过程，揭示了许多谜底，既有事实，又有推理和分析，颇有《福尔摩斯探案记》的味道，有很强的可读性。可以说，该传的每章都是一篇逻辑严密的论文。该传原型考证的重要价值在于为证明路翎作品的自传性提供了切实的证据。

第二节　金介甫《沈从文传》的原型考证

金介甫是美国汉学家，美国纽约圣若望大学历史系教授。他1972年开始研究沈从文，1977年以《沈从文笔下的中国》获得哈佛大学博士学位，被誉为国外沈从文研究第一人。金介甫的《沈从文传》（英文版）最早由美国斯坦福大学于1987年出版，是较早的一本关于沈从文的传记。1990年由符家钦翻译的中译本出版，1992年全译本出版，此后多次重版，本书所用版本为2009年的国际文化出版公司版。在这部传记的引言中，金介甫写道："在西方，沈从文的最忠实读者大多是学术界人士。他们都认为，沈是中国现代文学史上少有的几位伟大作家之一，有些人还说鲁迅如果算主将，那么沈从文可以排在下面。"[①] 这里，金介甫打破长久以来大陆研究者对沈从文的认识，反映了西方汉学家对沈从文的高度认可。

金介甫《沈从文传》实际上是一部评传，因为该书对沈从文的生平记述远远少于对其作品的分析评价，特别是对作品的考证性评价。作为一名历史学者，金介甫的这部传记有着明显的史学特征。史料扎实，思想敏锐，论从史出，信言有征。而且常常为了一个结论而出示多个证据，这一点在该传的注释里表现特别明显。该书对沈的近千篇作品进行了详细的分析和考证。对此，该书的中文翻译者符家钦给予了充分肯定，他在《译

---

① 　金介甫：《沈从文传》，符家钦译，国际文化出版公司2009年版，第7页。

后记》中特意指出该传在沈从文作品中人物、事件原型上所下的考证功夫。

  注文对作品人物的原型，考证最为缜密。例如《边城》以1917年沈在去辰州从军途中，同行的裁缝儿子赵开明为原型。赵在泸溪看上了绒线铺的姑娘，发誓说将来若作了副官，就必定回来讨那漂亮小姑娘作媳妇。在《边城》中，姑娘改名翠翠，赵开明变成傩送。当然，沈真正动手写《边城》是1933年他和夫人张兆和去青岛崂山游览，在溪边洗手时看到溪对岸一个姑娘穿孝衣去告庙。沈对夫人说，他要为那姑娘写个小说。为何把地点搬到茶峒，那是沈随杨明臣去四川时，在那里住了三天，搞文书收发，认为那地方片片竹林，云蒸雾绕，真美。

  ……

  注文还考证出，《八骏图》是写梁实秋、闻一多。考证得最出色的，是沈和丁玲由十分投契到后来突然疏远的这段过程。金介甫在第六章用了三十多条释义详细记述了两位湖南作家心灵撞击的细节。①

  作为一位严谨的翻译家，符家钦最初翻译的《沈从文传》（时事出版社1991年7月中文版）不包含注文。后来，他意识到注文对该传的重要性，所以又专门翻译了注文，这样，才使我们今天看到了全译本的《沈从文传》。这部传记的注文的确非同一般，它给出了大量史料，有来自天主教劳难会《信号》月刊的，也有来自作者自己实地采访的。正是由于有了大量新鲜的实证材料，这部传记在对沈从文作品的原型考证上，做出了杰出的贡献。该传不仅在注文中作了"原型"考证，在正文中也大量记述了沈从文作品中的原型人物和原型事件。这种考证属于小说美学研究中人物形象、环境的原型学研究，即探究小说中人物形象、环境的现实来源问题。关于对小说人物原型研究的价值，我们认为：给小说中的人物形象找出原型，在文学研究方面，可以深入研究作者的创作心理和创作技

---

① 符家钦：《译后记》，见［美］金介甫《沈从文传》，符家钦译，国际文化出版公司2009年版，第374—375页。

巧，从而为总结、归纳作家的小说创作规律、创作特色提供依据；在文化研究方面，可以深入探讨文化经验对作家创作的影响，可以了解某种文化的传播路径以及流变、影响等。应该说传记原型研究的价值是很丰富的，以下主要谈一谈这部传记在这方面的成就。

一　以沈从文为原型的"二哥"

在《沈从文传》中的"沈从文的童年"一节中，记述了沈从文作品中"二哥"的生活原型往往是沈从文自己的原因。"沈从文在兄妹九人中排行第四，在男孩中居第二，因此同胞弟妹全都叫他'二哥'，沈从文早期写作的许多小说中，常常也把其中自传性的人物叫做'二哥'。"许多读者只知道沈从文常自称"二哥"，连林徽因都称沈从文为"二哥"，但"二哥"从何而来，是何意义？金介甫的这一说法准确回答了这一问题，而且为读者深入理解沈从文的作品提供了一个有效的角度。那么，沈从文的哪些作品中有"二哥"的形象呢？传记做了怎样的考察呢？我们不妨来看一看。

沈从文的短篇小说《三个男人和一个女人》讲述了这样一个故事："我"、瘸子号兵和年轻的豆腐铺老板同时爱上商会会长美丽的女儿。三个男子对未来的生活都充满了希望，然而，这个美丽的女孩有一天却吞金死了。瘸子号兵惊疑地发现：在女孩下葬的第二天晚上，豆腐铺老板把女孩的尸体背到一个山洞里。金介甫的《沈从文传》对该小说的评价是："《三个男人和一个女人》（1930）在军队故事中情节比较铺展得开，在沈的早期作品中，这一篇故事情节连贯，人物性格鲜明，而且写出了传统的'传奇志怪'线索，唤起读者对茫茫阴曹地府的幻想。"① 金介甫认为沈从文写湘西军队生活的早期作品所讲的故事大多与沈的亲身经历十分相似："他在湘西从军时，并未写过日记，可今天看来，他作品中的记述却大多信而有征。"② 事实正是这样，这篇小说取材于沈从文年轻时在湘西土著部队遇见的一个真实故事：某商会会长年轻的女儿病死埋葬后，被本街一位卖豆腐的男子从坟墓里挖出，背到山洞睡了三天，又送回墓中，事发后

---

① 金介甫：《沈从文传》，符家钦译，国际文化出版公司2009年版，第62页。
② 同上书，第63页。

这男子被判死罪，临刑时他竟一个劲地笑着说："美得很，美得很！"（《从文自传·清乡所见》）这篇小说中的"我"就被号兵称为"二哥"，是个军队中的班长①，也是三人中身份最高的、最具理性的，有着沈从文的影子。总之，这是个从故事到人物都有一定原型的小说。

沈从文的短篇小说《学吹箫的二哥》。这篇小说以"我"小小年纪入伍看守犯人为线索，叙述了所在部队的生活，着重刻画了"犯人二哥"及他们之间的交情。作品中，军队为酬军饷，特地建造监牢监押所谓的"肥猪"——当地土财主，类似绑架诈取钱财，但关押的并非都是"肥猪"，"二哥"就是一个例外，他的仇家为报复祖上被毁约的耻辱，把他陷害投牢。不想，善良温顺、多才多艺的"二哥"与看守们成了朋友，主动要求加入部队。仇家借刀杀人的计谋落空，就残酷地杀害了"二哥"。小说中的"犯人二哥"在温文尔雅、善解人意这一方面有沈从文的特点。在《沈从文传》中，作者这样明确了小说中"二哥"的母亲所遇到的家仇纠葛，与沈从文的母亲所经历的家仇纠葛的相似性："沈从文的《入伍后》（1927）对小说中人物又有别具一格的处理办法，让人物两次出场。开头说话人是个小兵，后来成了二哥。这个犯人的母亲跟沈从文自己母亲有类似的仇家纠葛，因此很快与说话人十分亲近，后来二哥落个悲剧性结局。"② 这段话讲的内容主要指《入伍后》这部作品选中的《学吹箫的二哥》一文的情节。它指出了沈从文与小说中的"二哥"家族史之间的相似性。金介甫进一步以沈从文的小说《松子君》为例说明，"表面上写真人真事的小说，其情节可能全部属于虚构"③，然而，"沈从文抒写自我作品中的人物，无论如何也可以代表作者为人性格的一面，写出他当时的思想、行为"④。事实确实如此，我们可以从沈从文诸多关于"二哥"的作品中看到沈从文的侧影。

金介甫的《沈从文传》还注意到了沈从文的长篇童话小说《阿丽思中国游记》中的"二哥"也带有强烈的沈从文特色："沈从文在这部作品

---

① 沈从文从军期间，曾任上士班长。参见凌宇《沈从文传》，北京十月文艺出版社1988年版，第95页。
② 金介甫：《沈从文传》，符家钦译，国际文化出版公司2009年版，第127页。
③ 同上。
④ 同上。

中扮演了仪彬的二哥,一位忧郁温情士兵的角色,也是他在《我的二哥》中写的另一个自我。"① 这一判断非常准确,沈从文在《阿丽思中国游记》第二卷中以"二哥"自白的方式反映了"二哥"的生命困境,抒发了他对现实生活的一腔悲愤,这种悲愤直接来自沈从文所感受到的北京、上海等大都市的生存挤压。金介甫的《沈从文传》在"满腔怒火的北京青年"一节中充分肯定了沈从文作品的自传性特点:"翻开沈从文抒写自我的作品,其焦点常常对准一位满腔怒火,而又狼狈不堪的年轻人,也就是小说中的说话人,日本作家丸山在分析同类的日本'私小说'时说过,'这个人就是小说作者的原型,他说话的语气总是令人嫌恶,恨他自己无法控制自己的性欲,而社会世道又使他万念俱灰,只好躲进自己小小书斋,探索自己到处碰壁的处境。'这样的角色在沈从文大部分早期作品中都可以找到。"② "沈从文清楚,他的许多读者会把他作品中人物看成真有其人。他偶然提起一些生活中实有事件,使沈从文小圈子中朋友读起来特别敏感。人们可以想象,林宰平、梁思成当初鉴赏沈从文的早期作品,其作用必然像研究《红楼梦》得到脂砚斋书评那样,成了了解本人生活的钥匙。"③ 由这段话可以看出,金介甫对沈从文小说中自传性特征的充分肯定。他还指出了在《一个天才的通信》和《不死日记》这两篇小说中,沈从文把自我写得淋漓尽致。④ 沈从文小说中频繁出现的"二哥",在某种程度上就是以沈从文自己为原型的。沈从文以其妹沈岳萌之名写有《我的二哥》,这一事实更加印证了沈从文乐于以自己为原型进行创作。

二 以慈幼院人事为原型的《棉鞋》和《用 A 字记下来的故事》

《棉鞋》细致入微地描述了自己所穿的一双棉鞋的来历及经历,特别是棉鞋破旧之后在各种场所及各色人等之前的尴尬遭遇。

沈从文的小说不仅在人物上以自己为原型,在事件上也常常纪实,以自己经历的事件为原型。金介甫在《沈从文传》中就明确指出了主要的

---

① 金介甫:《沈从文传》,符家钦译,国际文化出版公司2009年版,第123页。
② 同上书,第124页。
③ 同上书,第126页。
④ 同上书,第123页。

事实：沈从文因为两部作品讽刺了他所在的香山慈幼院的上司及其以轻蔑笔调写了香山要人的一次生日大庆而成为不受欢迎的人，这使他最终被迫离开了香山慈幼院的工作。这两部作品就是《棉鞋》和《用A字记下来的故事》。金介甫认为："实际上，沈和香山的绅士之间的鸿沟，是沈自己的创作引起的，特别是像《棉鞋》、《用A字记下来的故事》。沈不了解这一点，说明他多么天真、不懂事。关于他为什么离开香山，沈从文现在的说法是，他为了取得独立，才离开熊家产业。还说：'也为了其他一些原因。'"① 对此，传记详细分析了《棉鞋》和《用A字记下来的故事》之所以得罪香山主人及同事的原因。

在小说《棉鞋》中，讲故事的人因为穿不起一双体面鞋子，在大庭广众中很失体面。他穿双旧布鞋走过去，招来了香山图书馆馆长的轻蔑，也惹得游客挖苦嘲笑的目光。他的老板，香山慈幼院院长也暗暗谴责他。就算这篇小说情节纯属虚构吧，香山的职工看了这小说必然也非常反感，因为小说把他们写成了一批势利小人。由于小说写的是真事，小说结尾老板还叫这个讲故事的人姓"沈"，沈从文的上司当然会把这篇小说看成对他们的粗暴人身攻击。

《用A字记下来的故事》这篇小说更是不能忽视而且难于原谅的，因为他用轻蔑笔调写了香山一次生日大庆。贺客达到3000人，当然算一场盛举，很可能是写熊希龄55岁辰的大庆吧。小说中那位不按传统品格塑造的主角，正是备受社会歧视的作者自我贬抑性格的体现。盛宴中的男宾全都使他觉得讨厌，可那些满身香气、头发短短的摩登少妇，却敢于和他挨得很近，引起他的遐想，想抚摸她们、拥抱一下……按当时风气标准说，小说中讲故事人对社会上层女士的色情挑逗举动，可算非常失礼。这不能不令人猜测，沈从文离开西山的确有可能真是出于"某些其他原因"——可能真是为了追求那位富家出身的大学生。他已经碰了钉子，而且此事已经传扬开了。②

---

① 金介甫：《沈从文传》，符家钦译，国际文化出版公司2009年版，第106页。
② 同上。

从上面的叙述可以看出，金介甫的《沈从文传》把《棉鞋》和《用A字记下来的故事》看作纪实性小说，认为《棉鞋》中的讲故事的人（说话人）就是沈从文自己。例如，传记写道："说话人还回忆说：'就是那次私逃出关到锦州时，鞋子也同我在身边。''私逃'是怎么回事，说话人避而不谈，用现代小说家的方法让读者去猜想（可能是他去锦州看他哥哥，打听在奉军里当兵的事）……"① 这里，传记推测："可能是他去锦州看他哥哥，打听在奉军里当兵的事"，这说明了金介甫对沈从文行踪的熟知，他往往把小说的细节处与沈从文具体的生活经历联系起来，这样来说明故事原型的可靠性。

对于《棉鞋》里省略或者比较含混的地方，传记按照沈从文实际的生活经历，给予了补充性说明。例如，在分析《棉鞋》时，传记写道："右边那只鞋底子与鞋面'裂开了'，把它补丁好，'这时我便又可彳亍彳亍，到柜房去接电话，上厕屋去小解，不怕再在人面前露出大拇指了。'没有多久，另一只鞋子又裂开了。我们知道，当时这位忧郁的小伙子已经离开城区住到香山，因此他哀叹说，他已经没有机会在路上拾得一个装钱的小皮夹。用现代小说技巧，沈长话短叙，使他发出一阵讽刺的哀叹：'在这乡下，谁个能掉一个皮夹让我拾呢？真可怜！希望也无从希望。'"② 之所以这样说，是因为《棉鞋》中对于无从捡到钱包的铺垫是："此地冷落，来来往往，终不过几个现熟人！若象以前住到城中，每日里还可到马路上去逡巡，侥幸可拾得一个小皮夹，只要夹里有一张五元钞票，同时秋天的袜子也就有了。"现实生活中，沈从文在去香山慈幼院工作之前，确实是住在北平城内的。金介甫完全用现实中沈从文的行踪来阐释小说，以说明《棉鞋》中的说话人就是沈从文。

关于《棉鞋》的写实性，我们还可以从其他方面来加以证明。这里举出两个证据来说明金介甫判断的正确性：第一，作品最后注明写作时间及地点是："一九二五年九月五日于西山静宜园西楼。"静宜园位于北京西山的香山上，是当时京城西郊的著名的"三山五园"（万寿山、香山、玉泉山和圆明园、畅春园、静宜园、静明园、清漪园）之一。第二，一

---

① 金介甫：《沈从文传》，符家钦译，国际文化出版公司2009年版，第119页。
② 同上。

般来说，在创作《边城》之前即1934年之前，沈从文的小说大多以自己为原型来塑造人物形象。《棉鞋》这篇写于1925年的小说确实是纪实之作，其中的说话人就是沈从文自己，那个用打狗棒敲打、嘲笑他的棉鞋的教育股股长先生就是当时的香山慈幼院的教育股主任肖世钦（汉三）。对此，龙儒文在他的文章中做了详细记述。

沈从文在香山过了一段衣食无忧的"好日子"之后，在感谢熊希龄的同时，慢慢觉得自己和熊府及其香山慈幼院的上层人物格格不入，……正是在这种情绪的支配下，沈从文用略带轻侮和愤激的笔调，写下了《用A字记下来的事》这篇小说，专门描绘熊希龄55岁寿辰的盛大寿宴，感到自己是一个"不重要的自己跑来凑趣的客，寿面、寿酒是搭到别人得一份——就是特为我预备一份，要我用五点钟以上的难堪去换取"。

这仅仅是开始，真正导致沈从文不辞而别离开香山的原因是：他在《晨报副刊》上发表的两篇有关香山慈幼院的小说《第二个狒狒》和《棉鞋》。

香山慈幼院当时由曾留学日本的肖世钦（汉三）任教育股主任。肖世钦是个势利之徒，对上极尽巴结之能事，对下则颐指气使、作威作福。日伪时期，他当上了河北省伪省府教育局长，做了文化汉奸。因不满于他的为人，出于义愤，沈从文在《第二个狒狒》里，专为他画像，并连带讥讽了慈幼院十八般武器俱全的"武库窑"。

……

小说和诗歌在《晨报副刊》上发表后，立即激怒和得罪了肖世钦和香山慈幼院的部分上层管理人员。肖世钦把沈从文召去，狠狠地教训了一顿，并威胁说有人要给他更难堪的处置。

……

文人有文人出气的方法，事后，沈从文立即又写下了《棉鞋》这篇小说，实叙了这件事的始末。①

---

① 龙儒文：《沈从文不接受姻亲熊希龄"恩惠"之谜》，《文史春秋》2006年第12期。

随着《用 A 字记下来的事》《第二个狒狒》和《棉鞋》依次在《晨报副刊》上的发表，沈从文与香山慈幼院上层人物之间的矛盾越来越激化。最终导致了他离开了香山。金介甫的《沈从文传》着重举出了《棉鞋》和《用 A 字记下来的故事》这两篇小说，实际上是沈从文这一时期创作的讽刺慈幼院某些人物的一系列小说和诗歌导致了沈从文不得不离开。离开香山这一事实也正从侧面说明了沈从文香山时期留下的小说和诗歌大都是以香山慈幼院的人和事为生活原型的。这也正是金介甫的《沈从文传》所关注的。

原型塑造法是小说人物塑造的方法之一。小说中的人物与原型之间的距离或远或近，但都源于生活。金介甫（Jefferey C. KinKley）《沈从文传》对沈从文小说中人物原型的考证说明了沈从文在小说创作中充分运用了原型塑造法。沈从文作品的人物往往反映着现实中某一人物的精神和性格，而不是主观臆造、向壁虚构的概念化的人物，这是沈从文作品具有艺术感染力的重要原因之一。沈从文自己及其身边熟悉的人是其塑造艺术形象的生命源泉。这就是金介甫《沈从文传》原型考证告诉我们的。

第三节　韩石山《悲情徐志摩》的原型考证

一　韩石山的徐志摩研究

史学出身的韩石山关于徐志摩的研究和写作，是狠下了一番功夫的。尽管陈漱渝在一篇文章中曾指出他的《寻访林徽音》《徐志摩传》一类传记，因为根据回忆录等第二手资料进行分析，得出的某些结论，经不起现存档案记载的检验。但这是后话，这主要是在韩石山出书多年后，又有研究者发现和开掘了新材料的缘故。新材料的发现，往往是需要时间和机遇的。在张宏生的《徐志摩就读美国克拉克大学行实钩沉》（《中国现代文学研究》2008 年第 1 期）一文发表之前，韩石山的《徐志摩传》早在2001 年已经由十月文艺出版社出版。总地来说，这部传记的可读性较强，韩石山用稍带俏皮的语言把徐志摩的人和文写活了。2005 年，他又推出了图文版传记作品《悲情徐志摩》。2010 年，韩石山根据近十年来学界徐志摩研究的新成果，修订了原著，由人民文学出版社推出新版《徐志摩传》，韩石山的著作除了文辞清丽、幽默之外，一个重要特点就是考据精细。他的图文版传记作品《悲情徐志摩》，引用胡适日记来考证徐志摩与陆小曼"翡冷翠的一夜"的具体时间，基本上属于对事件原型的考证。

　　为了使读者更加明确韩石山所考证的内容，这里先对《翡冷翠的一夜》作一简单介绍。《翡冷翠的一夜》原作发表于1926年1月2日的《现代评论》第3卷第56期和1926年1月6日的《晨报副镌》。它是一首1000余字的长诗，诗的抒情主人公是一弱女子，诗歌真实而感人地传达出一个弱女子在同爱人别离前夕难过、依恋、嗔怒、责怪等变幻不定的心境。同时，也表达了相爱的人不为亲朋理解而引起的苦恼。《翡冷翠的一夜》也是徐志摩第二个诗集的名字，1927年2月由新月书店出版。这部诗集所收录了徐志摩写于1925—1926年的诗作35首，译作7首。其中，《翡冷翠的一夜》这首诗被放在首篇。徐志摩在诗集的序中明确提到，这本诗集是献给陆小曼的礼物。《翡冷翠的一夜》很长，而且不分节，一气呵成。下面截取其部分内容，来看看其大致内容及风格。

> 你真的走了，明天？那我，那我，……
> 你也不用管，迟早有那一天；
> 你愿意记着我，就记着我，
> ……
> 你是我的先生，我爱，我的恩人，
> 你教给我什么是生命，什么是爱，
> 你惊醒我的昏迷，偿还我的天真。
> 没有你我哪知道天是高，草是青？
> 你摸摸我的心，它这下跳得多快；
> 再摸我的脸，烧得多焦，亏这夜黑
> ……
> 爱，就让我在这儿清静的园内，
> 闭着眼，死在你的胸前，多美！
> ……
> 唉！你说还是活着等，等那一天！
> 有那一天吗？——你在，就是我的信心；
> 可是天亮你就得走，你真的忍心

丢了我走？我又不能留你，这是命；
但这花，没阳光晒，没甘露浸，
不死也不免瓣尖儿焦萎，多可怜！
你不能忘我，爱，除了在你的心里，
我再没有命；是，我听你的话，我等，
等铁树儿开花我也得耐心等；
爱，你永远是我头顶的一颗明星：
要是不幸死了，我就变一个萤火，
在这园里，挨着草根，暗沉沉的飞，
黄昏飞到半夜，半夜飞到天明，
只愿天空不生云，我望得见天
天上那颗不变的大星，那是你，
但愿你为我多放光明，隔着夜，
隔着天，通着恋爱的灵犀一点……

六月十一日，一九二五年翡冷翠山中①

二 《翡冷翠的一夜》的原型考证

《悲情徐志摩》引用了胡适1925年1月19日的日记，该日记记载："我今天在俱乐部请一班朋友吃饭……"② 韩石山认为这里的俱乐部就是1925年1月开张的松树胡同7号新月社俱乐部。那么这则日记在《悲情徐志摩》这本传记里起什么作用呢？作者韩石山主要是用它来推测徐志摩《翡冷翠的一夜》这首诗的实际写作时间，并由此考证徐志摩与陆小曼感情逾越朋友疆界的具体时间。首先，作者引用1931年7月8日徐志摩在北京写给陆小曼的信中的一段话："你又何尝是没有感情的人？你不记得我们的'翡冷翠的一夜'在松树七号墙角里亲别的时候？我就不懂的是做了夫妻行迹反而得往疏里去？"③ 其次，作者又引用1925年3月4

---

① 徐志摩：《翡冷翠的一夜》，新月书店1931年版。
② 转引自韩石山《悲情徐志摩》，同心出版社2005年版，第122页，这篇日记的完整版参见《胡适日记全编》（四）的第203页。
③ 转引自韩石山《悲情徐志摩》，同心出版社2005年版，第121页。

日徐志摩去欧洲旅行前夕,写给陆小曼的信中的一句话:"你知道我这次想出去也不是十二分心愿的,假定老翁的信早六个星期来时,我一定绝无顾恋的想法走了完事。"① 这里的老翁指的是泰戈尔,他在欧洲旅行时,约徐志摩前去一见。当徐志摩接到泰戈尔的邀约时,正值徐陆恋情公开、徐志摩倍感压力之时,于是,徐志摩便借了这个名义出国,以避风头。韩石山认为,3月4日的6周之前,大约是1月20日。此时,徐陆两人的关系到了难分难舍的地步。那么,具体是哪一天,两人逾越了普通朋友的疆界,使徐志摩有了顾恋,不能一走完事呢?韩石山认为,胡适1月19日的日记就是最好的证明。"翡冷翠的一夜"是个隐喻,就是1月19日的那夜。那晚,胡适邀请大家用餐,为徐陆关系的发展提供了便利。因此,餐后,徐陆有了进一步的亲密关系。韩石山由此进一步推测,《翡冷翠的一夜》的落款"六月二十一日翡冷翠山中"似乎是不可信的,是因发表需要而编写的日期和地点。

笔者认为,《翡冷翠的一夜》这首诗的写作时间与诗歌所描绘的"本事"的时间很可能是不一致的。写作时间很可能就是1925年6月21日,而诗歌所指涉的事情可能发生在半年前的1月19日。这很有可能是一篇回忆性抒情诗,是徐志摩1925年3—7月游历欧洲期间,在意大利文化名城翡冷翠(Florence)山居时写的一首诗。客居异地时对远方恋人的思念、爱情不为社会所容的痛苦使诗人模拟恋人的口吻铺叙了种种复杂变幻的情感。所以写作时间与诗歌所反映的本事时间当然是不一致的。韩石山推出的应该是这首诗歌所写"本事"的时间,而不是诗歌的实际写作时间。这首诗最早在1926年1月2日《现代评论》第3卷第56期上发表,作者似乎没有必要编造写作时间和地点。

如果上述推理成立,那么,韩石山的结论就不完全正确(只能是部分正确,即诗歌所写的"本事"的时间是1925年1月19日这一推断是有道理的)。也有人对于韩石山的考证很不屑,大概是觉得他考证的内容上不了台面,很无聊。尽管如此,但他在写传记时的考证姿态以及充分运用日记、书信进行考证的方法还是值得肯定的。日记因其写作时间的准确性、写作内容的私密性、写作内容的具体化,而往往成为人物传记写作的

---

① 转引自韩石山《悲情徐志摩》,同心出版社2005年版,第122页。

极有价值的引证材料。胡适写日记是有明确的为后世保存史料的意识的,即他自己所说的"给史家做材料,给文学开生路"①。因此,引用胡适日记是有说服力的。

韩石山在举证上所下的功夫是很大的,他细读胡适日记,通过蛛丝马迹进行推理缝合。关于徐志摩《康桥日记》一则的发现及其意义,韩石山在《徐志摩一则日记》一文中有专门的表述:"……终于在寒冬的一个午夜,恢恢的天网撩开了戋戋的一角。我正在看台湾远流版的《胡适的日记》手稿本。第十册。忽地在一九三二年一月二十三日条下,看到了这样一句话:'读志摩(1921)的《康桥日记》,有一段云——'下面是抄录的日记原文。英文。……这是迄今为止,世间发现的徐志摩惟一的一则留英日记。它的意义不仅止于此。马考莱说那段话是1850年,七十多年后一个中国人将它记在自己的日记里,1921年到1998年,又是七十多年,又一个中国人将他从浩繁的文献里搜寻出来。若从马考莱最初说这话时算起,至今将近一百五十年了,恕我唐突,在当今的中国,恐怕还是像马考莱所说的那样,'现在一般作家,除我自己之外,很少有人认识到这回事。'"② 由这段记述可以看出,韩石山对于自己发现徐志摩的一则留英日记是多么的惊喜和骄傲!这或许正是史料考证的乐趣。胡适当年记日记的时候,绝对没有想到,他的这一条日记对于考证徐陆确定关系的时间如此重要。但他的日记的确给韩石山的徐志摩研究提供了极大的帮助。"即如徐陆相识的时间、逾过'礼教大防'的时间,作者都能给他们一一考实。从后来的信里,从当年的诗里,从隐喻和暗语里推出并坐实,时间有了,地点也有了。老狱断案,煞是好看。"③ 这是李国涛对韩石山考据功夫的评价。

著名的台湾翻译家张振玉教授说:"写传记不比写小说,可任凭想象力驰骋,必须不背乎真实,但又不可缺少想象力的活动。写小说可说是天马行空,写传记则如驱骅骝、驾战车,纵然须绝尘驰骤,但不可使套断缰绝、车翻人杳,只剩下想象之马,奔驰于其大无垠的太空之中。所以写传

---

① 胡适:《四十自述·自序》,《四十自述》,安徽教育出版社2006年版,第4页。
② 韩石山:《徐志摩一则日记》,《出版广角》1998年第2期。
③ 李国涛:《韩石山著〈徐志摩传〉》,《书屋》2001年第5期。

记要对资料有翔实的考证，对是非善恶有透彻的看法，对资料的剪裁去取，写景叙事，气氛对白的安排上，全能表现艺术的手法。于是，姚姬传所主张的考据、义理、词章，乃一不可缺。也就是说，传记作家，要有学者有系统的治学方法，好从事搜集所需要的资料，要有哲学家的高超智慧的人生观，以便立论时取得一个不同乎凡俗的观点，要有文学家的艺术技巧与想象力，好赋予作品艺术美与真实感，使作品超乎干枯的历史之上，而富有充沛的生命与活力。"[①] 这里讲述了传记中资料考证的要求和价值。虽然，对历史细节的考证并非传记的必要任务，但是，对历史细节的考证涉及传记叙述的真实性问题，这对于正确树立传主形象是非常关键的。因此，许多传记，特别是史学性传记往往注重细节考证。这种细节考证增加了传记的学理性，韩石山的《悲情徐志摩》就是这样。该传对于《翡冷翠的一夜》的考证对于我们深入理解该作品以及徐志摩的个性都是有意义的。

第四节　王一心《〈小团圆〉对照记》的原型考证

《〈小团圆〉对照记》是一部特殊的张爱玲传记，特殊性在于它通过对张爱玲的自传体小说《小团圆》中主要人物的考证，展示了张爱玲的性格特征、人生经历及文学成就。该书作者王一心在此之前已经出版了关于张爱玲的多部著作如《惊世才女张爱玲》《张爱玲与胡兰成》《深艳——艺术的张爱玲》《他们仨：张爱玲·苏青·胡兰成》《色，戒不了》。他对张爱玲其人其作是十分熟悉的，因此，他才能够在《〈小团圆〉对照记》中如数家珍般地把《小团圆》中重要的人物与其生活原型做对照式的解读。

张爱玲研究专家陈子善指出了《小团圆》的自传色彩及对其进行考证的必要性："作为一部内容十分丰富又十分复杂的文学文本，《小团圆》可以从不同的角度进入，其中一个有意思有意义的角度就是对小说中许多重要与次要人物进行索隐考证。既然谁都无法否认，《小团圆》具有颇为

[①] 张振玉：《译者序》，林语堂著，张振玉译《苏东坡传》，陕西师范大学出版社 2006 年版，第 2 页。

浓厚的自传色彩，那么只要不是猎奇，不是完全对号入座，这种探索就有必要和值得肯定。"① 王一心则直接说出了这种考证的可靠性及价值意义："张爱玲目睹苏青的成功，免不了会受影响，早年的小说只是'各有其事'；《色·戒》时已虚实参半，到了《小团圆》则完全苏青了。……《小团圆》里的诸多人物，在现实生活中，大多可以找到'母本'。对找出艺术人物与生活原型有何异同，固然有意义有意思；即便相异也有意义有意思，因为从中还可以觑窥作者不照实写的动机和心理。"② 王一心是说张爱玲与苏青一样深知自传体小说之妙，在《小团圆》里淋漓尽致、毫无顾忌地解剖了自己和亲人朋友等。

一 《小团圆》的人物原型考证

根据上述认识，王一心把《小团圆》中的情节和人物与胡兰成的《今生今世》以及张爱玲的其他作品如《传奇》《流言》《对照记》等进行了对比，从而找出了下列五类人物的对应关系，并且对每个人都引用《小团圆》里的一句原话来概括其典型特征、身份等。

本人：

盛九莉——张爱玲（"让地面重重地摔她一个嘴巴子"）

亲人：

乃德——张廷重（"我自己也不是一张白纸"）

卞蕊秋——黄逸梵（"我们就吃亏在太晚"）

盛楚娣——张茂渊（"'轻性智识分子'的典型"）

盛久林——张子静（"她恨不得隔着被窝搂紧了他压碎他"）

耿翠华——孙用藩（"任何的话，到了她嘴里就不大好听"）

卞云志——黄定柱（"酒精里泡着的孩尸"）

表大爷——李国杰（"叫我们这些人都惭愧死了"）

---

① 陈子善：《〈小团圆〉对照记·序》，王一心《〈小团圆〉对照记》，文汇出版社2009年版。

② 王一心：《〈小团圆〉对照记·引子》，王一心《〈小团圆〉对照记》，文汇出版社2009年版。

情人：

邵之雍——胡兰成（"他也太滥了"）

燕山——桑弧（"他的眼睛有无限的深邃"）

汝狄——赖雅（"生个小盛也好"）

友人：

比比——炎樱（"生命真是要命的事"）

文姬——苏青（"即使她有什么地方得罪我，我也不会记恨的"）

荀桦——柯灵（"嗳，你到底是好人坏人哪？"）

熟人：

汤孤鹜——周瘦鹃（"把他太太也捧得不得了"）

荒木——池田笃纪（"忽然有许多话仿佛都不便说了"）

敌人：

章绯雯——应瑛娣（"她不觉得他有什么对不起绯雯"）

康小姐——周训德（"是个有心机有手腕的女孩子"）

辛巧玉——范秀美（"她倒是跟邵之雍非常配"）①

把《小团圆》中的主要人物归为"本人、亲人、情人、友人、熟人、敌人"这样的六类，主要人物各归其所，而且对每个人物都用作品中的一句原话来概括其主要特征。这种划分方法未必一定准确，但是这样便于叙述和分析，因此未尝不是一种解剖小说的方式。通过小说中的人物与生活中的原型人物的对照，使读者更清楚地看到了张爱玲从小所生活的家庭的真实状况以及张爱玲对其周围人的真实看法。这样读者对于张爱玲的性格形成及其待人处世的方式就有了深刻的理解。

二 《小团圆》原型考证的意义

《〈小团圆〉对照记》通过对张爱玲作品中人物原型的集中发掘和阐释，从而发现张爱玲的亲人从父亲张廷重、母亲黄逸梵、后母孙用蕃、舅舅黄定柱、弟弟张子静一直到张爱玲最亲近的姑姑张茂渊都有许多丑陋甚至恶毒之处：父亲吸毒纳妾、母亲精于算计、后母幸灾乐祸、舅舅吃烟嫖

---

① 王一心：《〈小团圆〉对照记·目录》，《〈小团圆〉对照记》，文汇出版社2009年版。

妓、弟弟懒惰木然，姑姑情人成打，姑姑还拿张爱玲母亲的存款做投机生意却蚀了本，此外还与自己的侄子发生恋爱。这一切都是张爱玲所目睹的或者耳闻的，当然对张爱玲孤僻、冷漠性格的形成以及为人行事的逾出常情有直接影响。正像王一心所说："张爱玲写的故事里没有一个完人，其实这与她出身的家族、周围的亲人里缺少完人有关，本该使她敬、她也本想爱的这些人，在她的亲身经历中，在她们彼此的互相揭短揭丑中，使她了解了他们的为人，他们所做的那些事，结果'一点点地毁了她的爱'，形成了她悲观的、人性恶的人生观。"① 这段对张爱玲的认识和理解不可谓不深刻。可以说，这种认识是建立在对张爱玲作品中的人物原型的揭示的基础上的。

《〈小团圆〉对照记》不仅发现了张爱玲心目中的所有亲人都有丑恶之处，而且张爱玲心目中的友人、熟人等都各有丑陋之态。《小团圆》颠覆了以往人们关于张爱玲的许多认识。例如张爱玲对周瘦鹃、柯灵、苏青的真实看法。通过《小团圆》，读者看到在张爱玲心中，周瘦鹃、柯灵并不是慧眼识新人、帮助自己一举成名的编辑家，苏青并不比冰心、白薇更有才气。周瘦鹃（汤孤鹜）是世故的，柯灵（荀桦）是色情的，苏青是拿过津贴的汉奸，还是与胡兰成有染的文妓（张爱玲在《小团圆》中为苏青取名"文姬"的隐喻）。

《〈小团圆〉对照记》通过分析小说中的人物的言行与现实中的人物言行的联系与区别，从不同人以及同一人在不同时间的多样叙述中寻找缝隙，细微处见真实，发现复杂现象背后的真实，从而获得全新的认识。例如，该著认为，张爱玲的《小团圆》与胡兰成的《今生今世》其实是一出双簧！张爱玲在给夏志清的信中说胡兰成"缠夹得很！"（"无赖"的意思），其实，在心底里始终还是比较认可胡兰成的。该著认为，1952年张爱玲在港大续读两个月之后，向校方提出申请退学而去了日本。日本之行的表面原因是张爱玲认为炎樱可以帮助自己在日本找到工作，而实际上这次行动可能与胡兰成在日本有关。《〈小团圆〉对照记》在记述冯和义（苏青）一节时，有这样一个判断："张爱玲虽然恨胡兰成，但在某些时候，她又会自己不自觉地维护他。就像盛九莉恨她母亲，可是三姑说母亲

---

① 王一心：《〈小团圆〉对照记》，文汇出版社2009年版，第58页。

不好时候,她却又往往听不进去。"① 总之,该著认为张爱玲并不认为嫁给胡兰成是个错。该著对于张爱玲晚年嫁给赖雅倒是有许多抱怨,认为赖雅在生活中"惊人的愚笨",而且身患沉疴给张爱玲带来了极大的麻烦。该著关于胡张关系的看法与清秋子在《张爱玲私人生活史》中的看法有很大不同,清秋子认为张爱玲后来对胡兰成的确是恩断义绝了。张爱玲嫁给胡兰成不仅在情感上受到了伤害,在政治上也有了污点。张爱玲晚年嫁给赖雅倒是觅到了知音。这真是仁者见仁智者见智之说。

《〈小团圆〉对照记》认为《小团圆》作为一部小说,对于史实,变形得并不厉害。因此,造成它与纪实性作品《对照记——看老照相簿》有许多雷同的地方。比如,《小团圆》里对乃德母亲给儿子穿绣花鞋、严厉督促儿子背书的情节与《对照记——看老照相簿》里写的老太太给三爷穿得花红柳绿的、背书时罚跪的情节,二者仅仅是用词上的不同,内容情节完全一样。当然,《〈小团圆〉对照记》也分析了《小团圆》与张爱玲其他作品在对某些事情叙述上的不同。例如,关于张爱玲舅舅黄定柱,在《花凋》和《小团圆》中分别被刻画成郑先生和卞云志。这两个人物的原型都是黄定柱,但他俩的身世却不同,《花凋》里的郑先生与姐姐是嫡亲的双胞胎,而《小团圆》里的卞云志是从山东逃荒人的手中买来冒充卞蕊秋同胞弟弟的。

《〈小团圆〉对照记》还揭示了张爱玲许多作品中的场景原型。比如,《〈小团圆〉对照记》指出《小团圆》里写道:有一天盛九莉(张爱玲)在比比(炎樱)家玩到深夜才走,比比母亲给她一只大红苹果,她拿在手里,走回家来。《〈小团圆〉对照记》的作者王一心由此推测张爱玲对炎樱家里的摆设很熟悉,以致她把这里用作了小说《色·戒》的一个场景,这个场景就是小说中王佳芝与老易在一家珠宝店买钻戒的场景。《〈小团圆〉对照记》认为,《色·戒》里写的珠宝店正是以炎樱父亲所开设的珠宝店为原型的。证据是炎樱的同学李君维对炎樱家的珠宝店的描述与《色·戒》中对珠宝店的描述非常相近。店里那个穿西装的印度店员想必就是炎樱的哥哥,那个身体短胖的印度人恐怕就是炎樱的父亲。王一心认为:"在无数次经常出入于炎樱家之后,也许就是在出入炎樱家之

---

① 王一心:《〈小团圆〉对照记》,文汇出版社 2009 年版,第 151 页。

时,炎樱家那防人抢劫的措施,那'黑洞洞的小楼梯',从阁楼里朝下望出去的景象,触动了张爱玲敏感的神经,引发了她创作的灵感。"① 王一心的这种推测还是相当可信的。没有对珠宝店环境的熟悉,大约不会对珠宝店里的珠宝描述得那样细腻,如:"一只玻璃柜台,陈列着一些'诞辰石'……黄石英之类的'半宝石',红蓝宝石都是宝石粉制的。"②

从广义上来说,文学作品中的一切人和事都是有生活原型的,只不过,作者常常对生活原型进行了大幅度的迁移、夸张、组合、变形等,使得读者无法完全一一对号入座。如果揭开这一层艺术面纱,透过层层迷雾,透视一切创作素材的话,我们发现:一切创作都来自生活,来自与作家密切相关的人和事。许多优秀作品就是作家的个人自传。因为这些作品写的是自己的亲身经历,所以容易写得真切细腻,这或许是自传类作品普遍受欢迎的原因之一。《小团圆》受到热议的原因也是如此。作为一本特殊的张爱玲传记,王一心的《〈小团圆〉对照记》重点揭示了张爱玲作品中的人物原型、场景原型等,从而使我们看到了张爱玲小说的素材来源,明白了这些生活素材是如何变形为小说故事情节的。如果把作家的文学创作视为产品生产的话,文学史看到的只是展台上的产品,而作家传记则走进了展台后面的作坊,使我们还看到了产品生产的原料及流程。王一心的《〈小团圆〉对照记》就是这样的。

---

① 王一心:《〈小团圆〉对照记》,文汇出版社2009年版,第138页。
② 同上。

第 四 章

传记中童年叙事的启示价值

  传记历来具有史学性特征，文学家的传记也是如此。历史上，"文苑传"属于官修正史的重要组成部分，如《后汉书》《明史》《清史稿》等都有专列的"文苑传"。传记对于材料的运用特别讲究准确。准确翔实的史料是研究之基础，正如梁启超所说："史料为史之组织细胞，史料不具或不确，则无复史之可言。"[①] 对于传主的身世、经历、言论等，作家传记往往提供准确、生动、丰富、翔实的材料，这些材料能够带给人们诸多方面的启示。（例如，吴戈、山风这样评价田本相《曹禺传》的启示价值："这部学术性与文学性都很强的传记作品，生动地描述了曹禺的生活经历及创作道路，并向社会第一次披露了这位剧作家许多鲜为人知的史实细节。可以说，近几年来的曹禺研究文章之所以能不断取得突破性进展，几乎全都受惠于这本书的某些暗示和启迪"[②]）一般的作家传记对传主童年的叙述都力求准确、详尽，作家传记对作家童年的专门叙述弥补了文学史在这一方面的不足。鉴于童年经验对于作家创作的特殊影响，本章我们主要考察几部作家传记的童年叙事所带来的启迪。

  童年是指一个人从幼年到少年之间的时间段，年龄范围一般在6—13岁。童年对于一个人的价值在于它是陶冶性格的第一张温床。童年虽然是短暂的，但作为个体生命的开端和全部人性的最初展开，它却给人留下难以忘怀的记忆。相对于人生其他阶段，童年显得尤为重要，它是一个人性

---

 ① 梁启超：《中国历史研究法》，河北教育出版社2000年版，第49页。
 ② 吴戈、山风：《突破·深化·综合——近年来曹禺研究的新动向》，《江汉论坛》1992年第11期。

格形成和发展的基础。"童年经验是指一个人在童年的生活经历中所获得的心理体验的总和,包括童年时的各种感受、印象、记忆、情感、知识、意志等。"① 童年经验决定性地影响着作家的个性特征和创作风格。因此,透视作家童年有助于揭示文学作品的秘密。

优秀的传记不仅仅满足于对传主一生事迹的叙述和展示传主的个性或人格,更注重揭示传主人格形成及发展的原因。对于传主童年的记述,往往能够揭示出传主人格形成及一生成就的最根本、最基础的原因。杨正润在《论传记的要素》一文中说:"科学研究的实质就是探索原因和结果的关系,只有在这种关系之中,才会显示出事物的意义。传记是关于传主的科学认知和艺术再现的统一,传主的活动及其活动的背景,只有显示出内在的联系才是有意义的。"② 按照杨正润的这种说法,我们可以进一步认为,那些能够揭示形成传主性格及成就的原因的传记才是有意义、有价值的传记。

对作家来说,其童年经验是其一生创作的源头活水。作家传记的重要价值之一在于它全面展示了作家童年的经历,详尽解读了作家的家族渊源、父母宗亲等,从作家的出生环境到童年伙伴,从教育环境到童年趣事,无不叙述备至。而作家的童年经历直接影响了其人生的走向、性格的形成、作品的风格等。童年经历往往以各种显性的或隐性的方式出现在其作品中,甚至会反映在其日后的行为处事上面。因此说,那些对于作家童年进行详细、客观描述的传记为我们发掘了作家人格形成的秘密,提供了诠释作家创作行为及其作品风格、作品蕴含的密码。本章以《林语堂传》《茅盾传》《冰心传》《萧红全传》为例来考察这四部传记所记述的传主的童年经验及其童年经验对其性格、创作的影响,也就是研究传主身上童年的人生历程、艺术熏陶、教育环境等所留下的痕迹,从而证明传记在童年叙述方面的价值。

第一节 施建伟《林语堂传》童年叙事的启示价值

施建伟是同济大学教授,中华文学史料学学会理事,英国剑桥国际名

---

① 童庆炳:《作家的童年经验及其对创作的影响》,《文学评论》1993年第4期。
② 杨正润:《论传记的要素》,《江苏社会科学》2002年第6期。

人传记中心名誉顾问，主要从事海外华文文学研究，著有《中国现代文学流派论》《鲁迅美学风格片谈》《幽默大师——林语堂传》《林语堂在大陆》《林语堂在海外》《林语堂廖翠凤》《林语堂研究论集》《林语堂传》《港台作家传记丛书》等。

一　施建伟《林语堂传》的童年叙事

回忆童年可以印证自我本体的存在，可以慰藉心灵的创伤，抚慰人生的沧桑，可以使人性返璞归真，因此，许多作家都留下了关于童年的记述，有的是以回忆录的形式，有的是以自传体小说的形式。这些记述成为作家传记常用的材料。林语堂关于童年的作品有：《回忆童年》《八十自述》《赖柏英》等。施建伟的《林语堂传》关于林语堂童年的描写资料多来源于此。那么该传是如何叙写林语堂的童年的呢？从传记的第一章"头角峥嵘的梦想家"和第二章"生活在杂色的世界里"可以获得答案。传记主要记述了林语堂以下的童年经历。

（一）生长的自然环境：雄山秀水

林语堂出生于闽南平和县坂仔村，坂仔村位于西溪河谷，是群山环抱中的一块肥沃的盆地。关于坂仔又名"铜壶"的来历以及坂仔的山水，传记作了详细的介绍。

> 坂仔又称"铜壶"，在坂仔村附近有座"铜壶宫"，是当地林氏的族庙。铜壶宫里供奉着《封神榜》里的赵公明的神像。在村边的大路边，还有一座"坂庵"，庵门口挂着秀才题的"铜壶滴漏"的木匾。坂仔别称"铜壶"是因为"铜壶宫"而来，还是先有"铜壶"别名，再筑"铜壶宫"这就不得而知了。

对于坂仔别名"铜壶"这一说，传记专门做了详细的注释："林语堂在许多中文著作中都说'坂仔又名东湖'。因为'东湖'和'铜壶'语音相近，林语堂久离家乡，只记住发音，而把'铜壶'写成'东湖'，这也是可以理解的。"① 这一注释对于正确理解林语堂作品中的"东湖"

---

① 施建伟：《林语堂传》，北京十月文艺出版社1999年版，第2页。

是非常关键的，比如，林语堂在《四十自叙》中用一首诗描绘自己家乡："我本龙溪村家子，环山接天号东湖；十尖石起时入梦，为学养性全在兹。"按传记的注释，这首诗中的"东湖"是"铜壶"的谐音，就是坂仔，这样是符合实际的，因为林语堂的家乡没有一个所谓的"东湖"。

对于林语堂家乡的石尖山与石起山，传记不仅仅描绘了它们的巍峨高大，而且写到了关于石起山的一个美丽传说，称这大自然的幻术为幼年的林语堂构筑了无数神奇的梦想。对于林语堂家乡的溪水，传记把它描绘成林语堂弟兄们幼年时嬉戏的天堂：鹅卵石，沙土，水牛，洗衣、洗菜的妇女，构成了坂仔独有的民情图和风景画。传记认为正是这样的山水成了林语堂日后创作的不竭源泉。家乡的山水已经成为他艺术生命和思想信仰的有机组成部分。比如，林语堂儿时登上高山，俯看山下村庄里的人们像蚂蚁一样在方寸之地上移动，这情景不仅使他感受到了大自然的壮美，而且感受到了人的渺小。这自然影响到了他观察事物、体验生活的方式。传记对此给予了充分关注，认为林语堂的思想、性格、观念等很大程度上得之于闽南坂仔秀美的山水，坂仔是林语堂艺术生命的一个源头。

对于林语堂来说，坂仔的山水秀美还与林语堂童年的一个小伙伴紧密相关，这个小伙伴就是林语堂自传小说《赖柏英》中写的赖柏英。[①] 传记在第三章"曲折的浪漫史"中写到了赖柏英的情况，当然资料来源于小说《赖柏英》。

> 赖柏英的母亲是林语堂母亲的教女，如果按照封建的辈分来排，林语堂还是她的长辈哩。可是，这一对同龄的伙伴，自幼青梅竹马，两小无猜。
> 林家在山谷底的西溪河畔，和半山上的"鹭巢"相距五六里的样子。村里逢集时，赖柏英下山来赶集，给林家带来新鲜的蔬菜、竹笋或者她母亲做的糕点。炎热的夏天，山上凉快，林语堂就上山去玩。赖柏英俨然以"鹭巢"的女主人自居，拿荔枝来招待客人。

[①] 今天有多种资料已经证明林语堂的初恋少女不叫赖柏英，而叫赖桂英，是赖柏英的姐姐。

……

赖柏英喜欢赤足。她经常静悄悄地走过草地,站在林语堂身后,猛然蒙住林语堂的眼睛,天真地问道:

"谁?"

"当然是你嘛!"林语堂说着,一把抓住她的手,她敏捷地挣脱开,逃走了,他在她后面追赶……

……他注视着她那双飞驰着的脚——在情人眼里——这是一双举世无双的美足![1]

传记认为林语堂失恋之后,他把对赖柏英赤足的偏好移情到自己的脚上。他喜欢赤足在地毯上行走,他宣传赤足的优越性,专门写《论赤足之美》的文章。传记还认为,林语堂在不同的场合,曾多次把家乡青山的力量夸张到神秘化的地步,奥秘就在于:"他以乡情、乡思、乡恋为载体,寄托了刻骨铭心的初恋之情。……把爱情寄托于乡情,爱情和乡情互为表里;通过对家乡山水的痴恋折射对赖柏英的思念,于是自然美和爱情美融合为一。"[2]

传记的上述认识揭开了林语堂对家乡山水痴迷的原因。他日后走过了许多名山,但他认为都不如他家乡的山好看。原因不在山,而在人。人们思念某个地方,往往不是因为那里的景物,而是因为那里的某个人。林语堂痴迷坂仔的山,也是这样的原因。传记对林语堂初恋故事的揭示使我们更容易进入林语堂诸多作品的堂奥。

(二) 中西文化交融的家庭

传记从林语堂的出生地——教会生活区内的一间平房写到林语堂的父亲母亲。林语堂10岁前就生活在礼拜堂、钟楼、牧师楼以及荷花池、兰花树、水井、菜地之间。他的父亲林至诚既是个虔诚的基督教牧师,又是一个崇拜儒家同时又具有维新思想的人,因此,林家是两种文明并存。传记写道:

---

[1] 施建伟:《林语堂传》,北京十月文艺出版社1999年版,第50页。
[2] 同上书,第55页。

四书五经、圣贤经典和教会的《圣经》放在一起；

《鹿洲全集》、《声律启蒙》等线装古籍和美国传教士林乐知介绍西方文化的译著、油印的各种报纸共同占据着书架的空间；

林牧师在教堂布道时所穿的黑色长袍和牧师太太的裹脚布同存一屋；

客厅里，一面挂着一幅彩色石印的光绪皇帝像，一面挂着一幅外国人像画，画上一个年轻的西方姑娘笑盈盈地捧着一顶草帽，里面装满了新鲜的鸡蛋；

林太太的那只古色古香的针线篮里，一个中国主妇所必备的全套缝纫工具和一本美国妇女的家庭杂志常年放在一起；外国杂志的光滑的画页被林太太利用来存放各种不同颜色的绣花线。①

这就把林语堂幼时家庭中西合璧的特征描述得绘声绘色，在这种家庭长大的孩子，自然不同于一般的农家孩子。

传记还写到了林语堂的父亲，林语堂的父亲一开始是一个善于经营的小贩和有耐力的挑夫，为人正直善良。他24岁时进入教会神学院，以后才得以做了一名牧师，他是漳州平和县坂仔礼拜堂的首任牧师。这位牧师幽默诙谐，时常在传教时讲笑话。他思想开明，热心西学，主张维新，他决心把全家所有的男孩子都送进教会学校，直到出国留学。他常常挑起油灯、口吸旱烟，津津有味地向孩子们讲述柏林大学和牛津大学的情况，介绍各国的风土人情、科技发明。他虽然没有见过真正的飞机，却能够讲出它的构造原理、结构形状等，这一切都来自教会寄给他的那些书刊。他是个充满幻想又脚踏实地的人。从开始编织理想图案的那天起，他就顽强地奋斗不息。他忍痛变卖了在漳州的唯一祖产，凑足学费，把林语堂的大哥、三哥送到鼓浪屿的救世医院医科学校就读，把林语堂的二哥送到上海圣约翰大学学习。这是一位了不起的父亲。

传记对林语堂母亲的记述是这样的：她是一位有八个孩子的母亲。勤劳、朴实、善良，见到烈日下汗流浃背的路人，她会请人家到家里来歇凉。平时让农民到家来喝茶也是常事。她还能够看懂闽南语拼音的《圣

---

① 施建伟：《林语堂传》，北京十月文艺出版社1999年版。

经》。关于她对林语堂的影响，传记借用林语堂自己的文章来加以说明："说她影响我什么，指不出来，说她影响我，又瞻之在前，忽焉在后。大概就是像春风化雨。我是在这春风化雨母爱的庇护下长成的。我长成，我成人，她衰老，她见背，留下我在世。说没有什么，是没有什么，但是我之所以为我，是她培养出来的。你想天下无限量的爱，是没有的，只有母爱是无限量的。这无限量的爱，一人只有一个，怎么能够遗忘？（林语堂《回忆童年》）"[①]

总之，和睦友爱的家庭给予了林语堂快乐的童年。说到家庭，不能不提及兄弟姐妹的手足之情对林语堂的滋润。他终生都会记得是二姐放弃了求学的机会，让他到圣约翰大学读书，临别时二姐从身上掏出四毛钱，交代他要做一个有用的人、一个有名气的人，这话让他充满了力量。林语堂日后的成名与二姐当年的鼓励不无关系。

民主的父亲、慈善的母亲培养了林语堂弟兄们的调皮习性，也培养了他们的创造力。林语堂成了"头角峥嵘"的孩子，顽皮、恶作剧、敢想敢为。他与兄弟们轮流拉响教堂的钟声与庙里击鼓的儒生分庭抗礼。他通过认真实验，调配了一种治疗外伤的药粉，取名"好四散"，他依照虹吸原理尝试过发明抽水机。他还梦想过长大后开一家"辩论"商店，像摆擂台似的，提出辩论命题，向人挑战或者接受挑战。他梦想成为一个世界知名的作家，写一本闻名世界的书。8岁的他就自编了一本图文并茂的幼儿教材，首页内容是："人自高，终必败；持战甲，靠弓矢。而不知，他人强；他人力，千百倍。"[②] 这本书被兄弟姐妹争相传阅。对于林语堂从小敢于梦想敢于尝试的精神，传记评论道："1975年4月，在国际笔会第四十届大会上，林语堂被选为国际笔会总会的副会长，他的长篇小说《京华烟云》也在这次大会上被推举为诺贝尔文学奖的候选作品。当年小梦想家不知天高地厚的梦想竟奇迹般地变成了现实。"[③] 传记把林语堂童年的一些行为与他日后的成就联系起来，准确地把握了林语堂成名成家的早期因素。林语堂的经历印证了"从小看大，三岁看老"这句俗谚。一

---

① 转引自施建伟《林语堂传》，北京十月文艺出版社1999年版，第11页。
② 同上书，第19页。
③ 同上书，第19—20页。

个人对童年所经历的事情会像海绵一样吸水般地接收，他所朝夕相处的人的每一句话、每一个动作都可能会深深地烙在其心灵深处，这一时期的梦想往往就成为他人生的奋斗目标。所以说童年是一个人性格形成和能力培养的关键期。这是我们从《林语堂传》对林语堂童年的叙述中所得到的启示。

（三）接受杂色的教育

传记第二章"生活在杂色的世界里"主要写了林语堂从小所接触的书籍、所受的教育是多元化的，既有儒家文化的底色，亦有西方文化的熏陶。林语堂的家乡自古以来就是中外交往的走廊、中外文化碰撞的交会地带。这里既有朱熹当年政绩的遗风：每家都挂竹帘子，男女授受不亲，也有就住在林家楼上、吃牛油罐头的洋教士。林语堂的启蒙读物是四书五经、《声律启蒙》《幼学琼林》《鹿洲全集》，但对幼年林语堂精神影响最大的是传教士林乐知的著作。林乐知的英文名是 Allen，Young John，他长期从事著述、翻译和出版，主要著作有《五洲女俗通考》《中东战纪本末》《治安新策》等。他还创办中文教会期刊《教会新报》，后改名《万国公报》。他的许多著作由住在林家的范礼文博士夫妇带来，使林语堂一家人兴奋地畅游于异域文化的殿堂。

林父羡慕英国维多利亚后期的光荣，决心要他的儿子个个受西洋教育。林语堂是在中西文化杂糅的环境中接受教育的。正如传记所说："看来，大红大紫，黑白分明，这只是画家调色板上的色彩，而历史的色彩，从来就是杂色的，因此，不必期望生活在杂色世界里的人只呈现出一种色彩。"[①] 林父本人就是一个中西合璧式的人物。传记写了这样一件事情：1907 年，坂仔新教堂落成时，林语堂见父亲特地赶到漳州城里，取回一副朱熹手迹的对联拓本，精心装裱在教堂的新壁上。用儒家的格言来装饰宣扬基督教的讲台，这就是林至诚牧师亲手缔造的"中西合璧"。对此，传记议论道："数十年后，林语堂以'两脚踏东西文化'而闻名于世。其实，这中西文化融合观的始作俑者，与其说是林语堂，还不如说是他的父亲林至诚，正是：有其父必有其子。"[②] 传记以实例说明了林语堂父亲的

[①] 施建伟：《林语堂传》，北京十月文艺出版社 1999 年版，第 23 页。
[②] 同上书，第 28 页。

睿智,他不随世俗、敢于创新,这种品格自然对于林语堂后来走上中西文化兼收并蓄之路起了一定的作用。

林父为了让林语堂兄弟接受更好的教育,在林语堂 10 岁的时候,就把他和他的两个哥哥一起送到了鼓浪屿的教会小学住读。林语堂在鼓浪屿念完小学,又升入厦门的教会学校"寻源书院"读书。在鼓浪屿他看到了外国俱乐部里的舞男舞女,在厦门他看到了各色的外国人:着白衣的传教士、酗酒的外国税收和坐轿子的外国商人。他对美国校长的讨厌与对校长夫人的着迷同时存在,他学习成绩优异,考试前却故意偷考卷。真可谓杂色的世界造就了杂色的林语堂,他从来不是个循规蹈矩的孩子。林语堂日后能够走向世界,出版三四十种英文著作,被美国文化界列为"20 世纪智慧人物"之一,这与他童年时期所接受的杂色教育有很大关系。

二 童年体验影响林语堂的人生走向

传记关于林语堂童年经历的记述启示我们思考林语堂在 20 世纪 30 年代前期提倡幽默与其童年经历的关系,也启示我们思考林语堂与鲁迅最终分手的个人性格方面的原因所在。

通过考察传记对林语堂童年经历的记述,可以看出,在社会生活环境、家庭生活环境以及教育环境综合作用下,林语堂在童年时期基本形成了他自信、刻苦、灵性、幽默、率直的性格。比如,《林语堂传》记述了林语堂父亲幽默诙谐的性格,他最喜欢讲外国传教士塔拉玛博士在厦门传教时的一个笑话。该笑话的内容是:塔拉玛博士在讲道时,看到男人打盹,女人聊天儿,他就幽默地说:"诸位姐妹如果说话的声音不这么大,这边的弟兄们可以睡得安稳一点儿了。"喜欢讲笑话,特别是喜欢收集笑话资料的人,一般来说,他自身也比较幽默。传记对林语堂父亲幽默、快乐的性格多有记述。

林语堂从小所培养的机智诙谐、广博烂漫与其父亲非常相像。了解这些,对于我们理解林语堂成年后的一些行为大有帮助。比如,他移居海外后用英文写的苏东坡传就命名为 *the Gay Genius*:*Life of SW Tung-P'o*(《快乐天才:苏东坡》)。再如,他在 20 世纪 30 年代倡导小品文,提倡幽默、性灵,提倡既有味又有益的作品。为此,他先后创办了《论语》《人间世》和《宇宙风》杂志。幽默文学在我国异军突起虽然有着特定的时代原因，但与林语堂本人也有莫大关系。

1932年9月，林语堂与潘光旦、邵洵美、章克标等发起创办的半月刊《论语》问世，这份以"幽默闲适"和"性灵嬉笑"为特点的刊物备受欢迎，每期发行量很快达到三四万册。继《论语》之后，林语堂于1934年4月又创办了《人间世》半月刊，主要刊登"闲适""性灵"的小品文。在刊载于《人间世》第十四期，题名为"关于本刊"的文章中，林语堂明确提出了《人间世》的办刊宗旨就是"提倡小品文笔调，即娓语式笔调，亦曰个人笔调，闲适笔调，即西洋之 Familiar Style，而范围却非如古之所谓小品。要点在扩充此娓语笔调之用途，使谈情说理叙事纪实皆足以当之。其目标仍是使人'开卷有益，掩卷有味'八个大字"[1]。这是对《论语》办刊风格的承接，是林语堂"性灵文学观"的继续发展。

1935年9月，林语堂又创办《宇宙风》。林语堂在《宇宙风》第1期（1935年9月16日）中的《孤崖一枝花》一文中写道："想宇宙万类，应时生灭，然必尽其性。花树开花，乃花之性，率性之谓道，有人看见与否，皆与花无涉。故置花热闹场中花亦开，使生万山丛里花亦开，甚至使生于孤崖顶上，无人过问花亦开。香为兰之性，有蝴蝶过香亦传，无蝴蝶过香亦传，皆率其本性，有欲罢不能之势。"[2] 这实际上相当于《宇宙风》的发刊词，它说明了林语堂办刊的率性而为，就像花树开花一样，应时而开，必尽其性。这种观念不仅使我们想起传记对他童年与众弟兄一起与打鼓的儒生唱对台戏的故事。

那是1907年前后，坂仔的基督教堂竣工后，教堂前的钟楼上挂着一只美国人捐赠的大钟。每逢做礼拜，洪亮的钟声不断传递着异域文化对中国传统文化的冲击波，这冲击波惊醒了同时也激怒了沉睡中的坂仔传统社会。1908年前后，由一个落第的儒生牵头，用募捐集资的方法，在教堂的同一条街上，修建了一座庙。一个礼拜天，教堂像往常那样鸣钟。忽然，从庙里传出一阵打鼓声，打鼓的儒生说："耶稣叮当佛隆隆。"决心要用鼓声来压倒钟声。林语堂弟兄自然站在教会一边，拼命地拉绳打钟。……在儒生眼里，这场"钟鼓之争"有着深不可测的意义，而在林

---

[1] 林语堂主编：《关于人间世》，《林语堂全集·17》，德华出版社1982年版，第228页。
[2] 林语堂著，纪秀荣编：《林语堂散文选集》，百花文艺出版社2009年版，第254页。

家兄弟眼里，这不过是一场有趣的游戏。① 这是传记所记述的林语堂童年经历的一件事情。

成年后的林语堂办刊的行为很有些类似童年教堂打钟的游戏性质，这里面或许有意气之争，但并无深意。对于他喜欢做的事情，他都愿意去尝试一下，从不克制自己的天性。

林语堂在《宇宙风·无花蔷薇》一文中曰："杂志，也可有花，也可有刺，但单叫人看刺是不行的。虽然肆口漫骂，也可助其一时销路，而且人类何以有此坏根性，喜欢看旁人刺伤，使我不可解，但是普通人刺看完之后，也要看看所开之花怎样？到底世上看花人多，看刺人少，所以有刺无花之刊物终必灭亡。"② 这一段话其实也表明了他办刊的宗旨，反对杂文，提倡幽默，反对攻击，提倡和平。这又使我们想起他童年所接受的基督教教义，想起他那乐观的父亲和善良的母亲以及他那相亲相爱的二姐。在这种环境里长大的孩子如何可以像鲁迅那样长期致力于杂文写作呢？尽管他亲笔画过《鲁迅先生痛打落水狗图》，还写了《打狗释疑》《讨狗檄文》以及《泛论赤化与丧家之狗》等与鲁讯相呼应的革命性文章。但那主要是时代和语境造成的。林语堂的性格在本质上与鲁迅是不同的，了解林语堂的家庭和出身，有助于理解他为什么会与鲁迅从并肩作战到走向反目。道不同不相为谋是最根本的，至于有人认为是两人之间的误会导致了争吵，那是没看到问题的实质，真正相互理解的人之间没有那么多的误会。林语堂的"闲适""幽默"，大概是鲁迅学不来也不屑于学习的。鲁迅的"投枪""匕首"大概是林语堂很不能理解的。

林语堂深受西方人道主义影响，他身上有一种博爱、宽容的品格。同时，他又深受父亲林至诚乐观、自信性格的影响，做事情绝不会违背自己的本能："我可以每日行卅里，或随意停止，因为我素来喜欢顺从自己的本能，所谓任意而行；尤喜自行决定什么是善良，什么是美，什么不是。我喜欢自己所发现的好东西，而不愿意人家指出来的。"③ 因此，他对于

---

① 施建伟：《林语堂传》，北京十月文艺出版社1999年版，第16—17页。
② 林语堂：《无花蔷薇》，《无所不谈》，陕西师范大学出版社2008年版，第17页。（原文载《宇宙风》第1期，1935年9月16日）
③ 林语堂：《林语堂自传》，工爻、谢绮霞、张振玉译，群言出版社2010年版，第29页。

自己与鲁迅的疏离是很坦然的："鲁迅与我相得者二次，疏离者二次，其即其离，皆出自然，非吾与鲁迅有轾轩于其间也。吾始终敬鲁迅；鲁迅顾我，我喜其相知，鲁迅弃我，我亦无悔。大凡以所见相左相同，而为离合之迹，绝无私人意气存焉。……《人间世》出，左派不谅吾之文学见解，吾亦不愿牺牲吾之见解以阿附初闻鸦叫自为得道之左派，鲁迅不乐，我亦无可如何。鲁迅诚老而愈辣，而吾则向慕儒家之明性达理，鲁迅党见愈深，我愈不知党见为何物，宜其刺刺不相入也。然吾私心终以长辈事之，至于小人之捕风捉影挑拨离间，早已置之度外矣。"① 林语堂这段话很有些冷静超远看人事的味道，明确了自己与鲁迅观念上的根本不同，一个追求儒家明性达理的人与一个坚持斗争哲学的人最终是要分道扬镳的。今天看来，就林语堂和鲁迅二人对于中国、对于世界文化的贡献来说，各有千秋，我们不能随意褒贬。鲁迅"哀其不幸，怒其不争"的忧国忧民的情怀是林语堂不能企及的，林语堂的作品也不仅仅是"为了笑笑而笑笑"地寻开心，林语堂对中西文化交流的贡献是鲁迅所不能代替的。当年二人关于小品文的论争，孰对孰错，很难定夺，只能说他们各自选择了适合自己的干预生活的方式。

很有意味的是，鲁迅最后对林语堂的评价是："辜鸿铭先生赞小脚；郑孝胥先生讲王道；林语堂先生谈性灵"②，他把林语堂与前清遗老和伪满大臣相提并论，大概觉得林语堂很无聊，很浅薄。而林语堂对鲁迅之死的评价是："然鲁迅亦有一副大心肠。狗头煮熟，饮酒烂醉，鲁迅乃独坐灯下而兴叹。此一叹也，无以名之。无名火发，无名叹兴，乃叹天地，叹圣贤，叹豪杰，叹司阍，叹佣妇，叹书贾，叹果商，叹黠者、狡者、愚者、拙者、直谅者、乡愚者；叹生人、熟人、雅人、俗人、尴尬人、盘缠人、累赘人、无生趣人、死不开交人，叹穷鬼、饿鬼、色鬼、逸鬼、牵钻鬼、串熟鬼、邋遢鬼、白蒙鬼、摸索鬼、豆腐羹饭鬼、青胖大头鬼。于是鲁迅复饮，俄而额筋浮胀，睚眦欲裂，须发尽竖；灵感至，筋更浮，眦更

---

① 林语堂：《鲁迅之死》，《林语堂文选》（下卷），中国广播电视出版社1990年版，第4页。

② 鲁迅：《天生蛮性》，李新宇、周海婴主编《鲁迅大全集》第9卷，长江文艺出版社2011年版，第133页。（原文载1935年5月20日上海《太白》半月刊第2卷第5期，署名敖者）

裂，须更竖，乃磨砚濡毫，呵的一声狂笑，复持宝剑，以刺世人。火发不已，叹兴不已，于是鲁迅肠伤，胃伤，肝伤，肺伤，血管伤，而鲁迅不起，呜呼，鲁迅以是不起。"① 从中可以看出，林语堂认为鲁迅是气死的，刺人伤己。全段排比的写法，使读者感到稍微有些揶揄的味道，大概林语堂觉得鲁迅的死很不值得，很为鲁迅惋惜。从鲁迅与林语堂彼此的评价，我们更可以感到二人哲学观、人生观的根本差异。各自的选择都出于本性难移，无所谓对与错。我们能做的是既要正视二人的差异，也要正视二人曾有的友谊。至于那种随意修改他们在厦门时期合影照的做法，是不足取的。不管结果怎样，一个诗意型的文学家，与一个战士型的思想家，他们曾经是挚友。历史就是如此复杂与诡异。

林语堂本人对于自己童年体验的钟情是这样叙述的："在造成今日的我之各种感力中，要以我在童年和家庭所身受者为最大。我对于人生、文学与平民的观念，皆在此时期得受最深刻的感力。究而言之，一个人一生出发时所需要的，除了康健的身体和灵敏的感觉之外，只是一个快乐的孩童时期——充满家庭的爱情和美丽的自然环境便够了。"② 《林语堂传》对于林语堂童年所感受到的家庭之爱和自然环境之美做了详细的描述，从这些具体的描述中，我们可以获得解读林语堂行为的密码，从而正确理解林语堂一生的取舍。这就是传记童年叙事的价值之一。

第二节　余连祥《茅盾传》童年叙事的启示价值

一　余连祥《茅盾传》的童年叙事

一个人童年的经历与他生活的环境有直接联系。有什么样的环境就会有什么样的经历。因此说，茅盾童年所生活的家族环境、教育环境、江南小镇的环境就决定了茅盾的童年经历。《茅盾传》的第一章"不教袍料改马褂"介绍了茅盾童年所受的教育及其接触的人和事，这种记述有助于读者理解茅盾成为文学大家与他的童年经历之间的关系。传记对茅盾的童

---

① 林语堂：《鲁迅之死》，《林语堂文选》（下卷），中国广播电视出版社1990年版，第5页。
② 林语堂著，李辉主编：《林语堂自述》，大象出版社2005年版，第3页。

年经历叙述如下。

（一）重视读书的家族

传记从茅盾的祖上讲起，说沈家祖上原是乌镇附近的农民，后移居镇上开了一家旱烟店，主要收购和贩卖晒烟，也从事旱烟加工。沈家属于小商人和小手工业者。茅盾的曾祖父沈焕而立之年闯荡上海，与朋友一起经营一家山货行，获利甚厚，在家乡乌镇购房三处，后来又盘出货行，出资捐广东候补道，三年后赴广西梧州代理税关监督，一年后转正。传记指出："沈焕的弃商从政，使沈家跻身缙绅行列，进一步提升了门厅。"① 这样的家境变迁使得沈家后代逐渐儒化，从农民到商人，从商人再到官员。到茅盾父亲这一代，沈家对后代的培养越来越重视读书、从政了。

据传记记述，沈焕的长子就是茅盾的祖父沈恩培，沈恩培考中秀才后无心举业和经商，喜欢喝茶访友拍曲雀战，但他爱好书法，热心为人写字。后来做了私塾先生。这对童年茅盾产生了一定影响，茅盾从小就苦练书法。沈焕的次子，茅盾的二叔祖沈恩俊也是一名秀才，他在经商方面有热情但缺乏经营才能，他掌管的"京广货店"很快亏损倒闭，但他热心地方事务，先后任青北保卫团团总、青北镇镇长。茅盾的《子夜》《小巫》等小说中留有他的影子。茅盾的四叔祖沈恩增颇具文才，曾随沈焕司官缮书案文字。其字清秀俊逸，对茅盾影响颇深。茅盾的姑祖母沈恩敏嫁给了本镇绅士卢小菊的儿子卢福基，卢福基早逝的原配夫人留下儿子卢学溥，字鉴泉，茅盾称他为卢表叔。此人日后成为国民政府财政部的官员，对茅盾的读书、就业都产生了很大的影响。

茅盾的父亲沈永锡曾经跟随岳父学习中医。但他并不喜爱中医，对于西学倒是极为热心，购买了大量有关声、光、化、电等自然科学以及社会科学方面的书。后来，父亲弃医从教，仍随父亲做了私塾先生，茅盾曾经进"家塾"，随父亲学习"新学"。茅盾10岁时，父亲患病去世，留下遗嘱让茅盾兄弟二人立志读书成才。

茅盾的母亲陈爱珠，从4岁开始就由姨母姨夫抚养，姨夫是个老秀才，教她念了不少古书，姨母教她做菜、缝衣。陈爱珠十分能干，能写会算，治家有方，14岁时回到乌镇帮助父亲管家，与沈永锡结婚后，勤劳

―――――――――
① 余连祥：《逃墨馆主——茅盾传》，浙江人民出版社2006年版，第3页。

贤惠，茅盾 6 岁启蒙时，她成了茅盾的第一个启蒙老师，她为茅盾从《正蒙必读》里抄写了《天文歌略》和《地理歌略》，还参考《史鉴节要》为茅盾编写了历史教材，编一节教一节。茅盾父亲病逝时，陈爱珠写下了这样的挽联："幼诵孔孟之言，长学声光化电，忧国忧家，斯人斯疾，奈何长才未展，死不瞑目；良人亦即良师，十年互勉互励，雹碎春红，百身莫赎，从今誓守遗言，管教双雏。"① 表明了她培养儿子成才的决心。后来在沈家家境越来越差的情况下，她拿出娘家给的 1500 两银子供给茅盾兄弟上学。茅盾上高小的时候，母亲不惜每月交 4 元的膳食费，让茅盾寄宿，因为寄宿生的饭菜好一些。

茅盾在立志小学毕业后升入乌青镇高等小学，得到很好的教育。他的一位国文老师张济元由日本留学归来，教《易经》，兼教物理、化学，其他老师大都是中西学堂的高才生，学校还开设有音乐、美术等课程。一次"童生会考"中，茅盾的《试论富国强兵之道》一文获得主持会考的卢鉴泉的高度评价："十二岁小儿，能做此语，莫谓祖国无人也。"其间茅盾的史论、时论文章写得尤为出色，如《宋太祖杯酒释兵权论》《翌日月蚀文武官员例行救护说》等写得有理有据。茅盾的文章受到了老师的赏识，他被多次鼓励，被认为是可塑之才。正如茅盾研究专家钟桂松所说："十九世纪末茅盾诞生在江浙交界的一个书香古镇——乌镇。二十世纪的大门刚刚开启时，其父母给予了他良好的启蒙教育，一进入小学茅盾就显露出他的早慧和天才。从他文采飞扬、思想深刻的作文中，少年茅盾展示出他的勤奋和天才，'小子可造，勉成大器'，分析世事'如水银泻地，无孔不入'等非同凡响的评语，也展示了老师的伯乐眼光。老师的殷殷之语激励着这个水乡文弱少年，他在心中耸起一个'成一大家'的高远目标。"②

对于茅盾的家族如何从农到商，从商到绅，如何重视家庭教育，鼓励子女读书上进以及茅盾在小学期间就表现出的聪慧等情况，传记作了以上具体的描述。

---

① 余连祥：《逃墨馆主——茅盾传》，浙江人民出版社 2006 年版，第 11 页。
② 钟桂松：《自序：我心中的茅盾》，《性情与担当——茅盾的矛盾人生》，复旦大学出版社 2011 年版，第 1 页。

（二）古镇风情的影响

传记记述了关于乌镇西栅的两则历史故事：一则是唐代乌赞将军为平定叛军而英勇牺牲的故事；另一则是梁朝尚书沈约尽孝以及昭明太子发奋读书的故事。这两则故事都是乌镇的光荣，立志小学的老师们引以为荣地向同学们讲过。前一则故事培养了茅盾的爱国主义，后一则故事也使茅盾受到不少激励。关于这两则故事及其对童年茅盾的影响，传记作了详细记述和分析。

> 关于唐代银杏，乌镇一带还流传着一个传说：安禄山叛乱后，浙江刺史李琦也举兵称霸，欺压百姓。乌赞将军偕副将吴起受命平乱，一路高奏凯歌。一天，乌赞将军率军来到乌镇北栅外，叛将李琦要求休战求和。当晚，李琦前去偷营。乌赞将军跨上青龙驹，迎战李琦。战斗中，乌赞将军连同青龙驹跌进李琦设置的陷阱，被乱箭射死。不久，吴起赶到，杀退李琦，把乌赞将军和青龙驹战马厚葬在乌镇西栅。据说，这棵银杏树就是从乌赞将军的坟上长出来的。……乌赞将军的传说，让茅盾受到了爱国爱民的教育。
>
> 昭明书室也在乌镇西栅，与唐代银杏仅一箭之遥。梁朝尚书沈约是德清武康人，其先父的墓地则在乌镇河西十景塘西边，旁有普静寺。每年清明，沈约总要从建康回到故乡扫墓，并守墓数月。梁武帝担心儿子因此荒废学业，但又不能阻止沈约的孝行，于是，只好让萧统随沈约到乌镇跟读。太子来读书，自然得有座像样的房子，于是，不数月，一座书馆在乌镇青墩翼然而立。乌镇流传着昭明太子发奋读书和沈约尽孝的传说。……少年茅盾杂览群书，大概也受得了沈约和萧统的激励。[①]

这样具有光荣历史的乌镇无疑孕育了童年茅盾的爱国之心和立志之望。乌镇给予茅盾的不仅仅是这些，出镇不远，孩子们就可以欣赏到镇外的富有江南水乡特色的田野。关于这田野对茅盾创作的影响，传记这样写道：

[①] 余连祥：《逃墨馆主——茅盾传》，浙江人民出版社2006年版，第18—19页。

镇外就是田，田地的"四至"都是河。这是太湖流域特有的"圩田"。"圩田"小则十几亩、数十亩，大则一两百亩。田与河之间是二三米高的"圩埂"，大涝之年能够保护水田不被河水淹没。"水是这么'懂事'，像蛛网一般布满了这乡镇四周的田野。"小说《霜叶红似二月花》就写了"圩田"抗涝之事。①

传记不仅指出了茅盾小说《霜叶红似二月花》对于"圩田"抗涝的描写，还叙述了茅盾的散文《冬天》中记述的关于童年"放野火"的体验："照例到了冬天，野外全是灰黄色的枯草，又高又密，脚踏下去簌簌地响，有时没到你的腿弯上。是这样的草——大草地，就可以放火烧。我们都脱了长衣，划一根火柴，那满地的枯草就毕剥毕剥烧起来了。狂风着地卷去，那些草就像发狂似的腾腾地叫着，夹着白烟一片红火焰就像一个大舌头似的会一下子把大片的枯草舐光。有时我们站在上风头，那就跟着火头跑；有时故意站在下风，看着那烈焰潮水样涌过来，涌过来，于是我们大声笑着嚷着在火焰中间跳，一转眼，那火焰的波浪已经上前去了，于是我们就又追上去送它。这些草地中，往往有浮厝的棺木或者骨殖甏，火势逼近了那棺木时，我们的最紧张的时刻就来了。我们就来一个'包抄'，扑到火线里一阵滚，收熄了我们放的火。这时候我们便感到了克服敌人那样的快乐。（11·208）②"③ 此外，传记还引用了茅盾散文《天窗》中关于夏雨的描述："从那小小的玻璃，你会看见雨脚在那里卜落卜落跳，你会看见带子似的闪电一瞥；你想像到这雨，这风，这雷，这电，怎样猛厉地扫荡了这世界，你想像它们的威力比你在露天真实感到的要大这么十倍百倍。小小的天窗会使你的想像锐利起来！（11·310）"④ 总之，传记认为，乌镇的自然风景激发了茅盾的"野性思维"，培养了茅盾的艺术家气质。

---

① 余连祥：《逃墨馆主——茅盾传》，浙江人民出版社2006年版，第21页。
② 此标记是原文所记，意为《茅盾全集》（人民文学出版社1986年版）第11卷，第208页。下同。
③ 余连祥：《逃墨馆主——茅盾传》，浙江人民出版社2006年版，第21—22页。
④ 同上书，第22—23页。

传记除了记述乌镇的自然风景对茅盾的影响之外，还注意到了乌镇人的狂欢节"香市"对童年茅盾的影响。

"清明"过后，我们镇上照例有所谓"香市"，首尾大约半个月。赶"香市"的群众，主要是农民。"香市"的地点，在社庙。从前农村还是"桃源"的时候，这"香市"就是农村的"狂欢节"。因为从"清明"到"谷雨"这二十天内，风暖日丽，正是"行乐"的时令，并且又是"蚕忙"的前夜，所以到"香市"来的农民一半是祈神赐福（蚕花二十四分），一半也是预酬蚕节的辛苦劳作。所谓"借佛游春"是也。

……

我幼时所见的"香市"，就是这样热闹的。在这"香市"中，我不但赏鉴了所谓"国技"，我还认识了老虎，豹，猴子，穿山甲。所以"香市"也是儿童们的狂欢节。(11·168—169)①

蚕事活动是乌镇最重要的营生。茅盾在《春蚕》中关于养蚕的种种记述，写作素材大都来自童年时期跟随祖母养蚕的经历以及自己所熟悉的丫姑老爷的形象，传记对此有专门的分析："'蚕宝宝'是'忧虫'，在没有科学养蚕之前，蚕农们最怕蚕宝宝得病，于是，就有了种种养蚕习俗，有些是带有迷信色彩的禁忌。茅盾祖母是信神的'信女'，养蚕时就会沿袭种种养蚕习俗。《春蚕》中老通宝家种种养蚕习俗写得具体生动，自然源于茅盾对于祖母养蚕的观察和参与。"

"至于蚕农们的真实想法，茅盾是从几代'丫姑爷'那里得来的。沈家的丫头，长到婚嫁年龄，就像《春蚕》中的荷花那样，嫁到乡下去了。这些嫁出去的丫头，都认沈家为亲戚，经常走动。祖母把一同养蚕的丫头凤英嫁给常来挑粪的农民颜树福的儿子颜富年。茅盾与'姑爷'颜富年等一起'话桑麻'，逐渐理解了农民的疾苦。这便是茅盾塑造《春蚕》和

---

① 余连祥：《逃墨馆主——茅盾传》，浙江人民出版社2006年版，第23—24页（《茅盾全集》第11卷第168—169页所引用的《香市》的原文发表于1933年7月15日《中报月刊》第2卷第7期上）。

《秋收》中老通宝的生活基础。"① 传记通过这样非常详细的资料来说明茅盾作品关于农村生活描述的来源。茅盾虽然没有直接的农村生活体验，但自小就有间接了解农村生活的途径。对此，茅盾自己的叙述是这样的：

> 自然，在描写那些角色的个性时起作用的，也还有我比较熟悉的若干个别农民。上面说过，我未曾在农村生活过，我所接近的农民只是常来我家的一些"乡亲"，包括了几代的"丫姑爷"；但因为"丫姑爷"，他们倒不把我当作外人，我能倾听他们坦白直率地诉说自身的痛苦，甚至还能听到他们对于我所抱的理想的质疑和反应，一句话，我能看到他们的内心，并从他们口里知道了农村中一般农民的所思所感与所痛。②

传记还记述了茅盾童年所了解的商家"新年办五路酒""三节清账""请客喝茶"的风俗，并指出《林家铺子》对这些风俗多有涉及，这与茅盾出身商家，从小就了解这些商家习俗有直接关系。传记对茅盾熟悉"五路酒"习俗的分析是："沈家大房没有人会经商，但毕竟拥有'泰兴昌'纸店，'少东家'茅盾自然会通过该店了解一些乌镇的商业习俗。旧时乌镇商家有新年办五路酒的风俗。春节休假后，商家一般都在初四晚上接请五路财神，初五开市，以图吉利。初四下午三点，接五路仪式的准备工作就开始了，直到晚上九十点钟结束。先是摆案桌，一般用两张八仙桌拼起来即可，讲究的要三张，外加半张，俗称三桌半。供桌上摆放水果、糕点、猪头、全鸡、全鱼等。'接五路'须主人带上香烛分别到东、西、南、北、中五个方向的财神堂去请接，每接来一路财神，就在门前燃放一串百子炮。全部接完后，主人和伙计依次向财神礼拜，拜后将原供桌上的马幛火化，表示恭送财神，仪式才算结束。接罢财神，店家烧一桌五路酒犒劳店员。《林家铺子》就写到了'五路酒'。"③ 这是传记对乌镇办五路酒风俗的记述。

---

① 余连祥：《逃墨馆主——茅盾传》，浙江人民出版社2006年版，第26页。
② 茅盾：《我怎样写〈春蚕〉》，《青年知识》1915年第1卷第3期。
③ 余连祥：《逃墨馆主——茅盾传》，浙江人民出版社2006年版，第26—27页。

这里不妨来看一看《林家铺子》是如何描写"新年办五路酒"以及"三节清账"这些乌镇习俗的:"初四那天晚上,林先生勉强筹借了三块钱,办一席酒请铺子里的相好吃照例的五路酒,商量明天开市的办法。林先生早就筹思过熟透:这铺子开下去呢,眼见得是亏本的生意,不开呢,他一家三口儿简直没有生计……"①

关于乌镇"三节清账"的习俗,《林家铺子》的描述背景是:

"林老板,怎样了呢?"

看见林先生苦着脸跑回来,那上海客人不耐烦地问。

林先生几乎想哭出来,没有话回答,只是叹气。除了央求那上海客人再通融,还有什么别的办法?寿生也来了,帮着林先生说。他们赌咒:下欠的二百多元,赶明年初十边一定汇到上海。是老主顾了,向来三节清账,从没半句话,今儿实在是意外之变,大局如此,没有办法,非是他们刁赖。②

其实,《林家铺子》不仅写到了乌镇的习俗,连乌镇的地名都原封不动地在这部小说中出现了:"两个人的眉头都皱紧了,都觉得本镇的六百多元账头收起来真没有把握。寿生挨着林先生的耳朵悄悄地说道:'听说南栅的聚隆,西栅的和源,都不稳呢!这两处欠我们的,就有三百光景,这两笔倒账要预先防着,吃下了,可不是玩的!'"③ 这里的南栅、西栅正是乌镇的特有的叫法,乌镇是一个有1300年建镇史的江南古镇。十字形的内河水系将全镇划分为东、南、西、北四个区块,当地人分别称之为"东栅、南栅、西栅、北栅"。聚隆、和源未必不是取自乌镇真实的店铺名称,因为今天的乌镇西栅入口处,还有一条路就叫隆源路。由此看来,茅盾童年所生活的乌镇环境有许多地方都直接转移到了他日后的小说中了。

此外传记还记述了茅盾祖父喜欢光顾的乌镇茶楼:访卢阁、常春楼、

---

① 茅盾著,熊权选编:《林家铺子》,《茅盾集》,花城出版社2009年版,第74页。
② 同上书,第71—72页。
③ 同上书,第72页。

一洞天、明月楼、天韵楼等。传记如此不惜笔墨详述乌镇风情，目的是展示茅盾童年的生活环境。有什么样的生活环境自然就有什么样的生活体验。一个人的童年体验更是刻骨铭心、追随一生的，正如朱自清在《我是扬州人》一文中说："童年的记忆最单纯最真切，影响最深最久；种种悲欢离合，回想起来最有意思。"朱自清在同一篇文章中还说："在那儿度过童年，就算那儿是故乡。何况我们的家又是'生于斯，死于斯，歌哭于斯'呢？"茅盾家族从曾祖的祖父就已从乌镇附近农村迁到了镇上，对于茅盾来说，乌镇就是他的故乡。故乡的记忆追随了他一生，这正是茅盾的一大部分作品充满乌镇风情的原因。传记对乌镇风情的记述使我们对此有了更为深入的认识。对作家来说，有什么样的生活体验，就有什么样的文学作品，传记揭示了茅盾从生活到艺术的创作过程，把茅盾的童年经历与他日后的小说创作联系起来，说明了茅盾作品的生活基础。

二 童年体验奠基茅盾作品的镇文化和铺文化特征

《茅盾传》童年叙事带来的启示是：茅盾作品具有典型的镇文化和铺文化特征。传记结合茅盾的作品讲述了茅盾童年所接受的家庭及环境的影响，这启示我们进一步考察茅盾作品中童年记忆的痕迹，从而更加深入地理解茅盾作品的特色。了解了茅盾的童年，那么对于茅盾作品中的村镇、商铺意象就会格外注意。除了传记所提到的《林家铺子》《春蚕》之外，茅盾的其他作品也不乏这两种意象。《多角关系》写的就是上海附近的一个小镇在金融危机之时，唐子嘉二老板、洋货铺的李惠康、宝源钱庄的经理钱芳行等之间复杂的借贷关系。其中写到了旱年收租之难以及农民与地主之间的矛盾。

> 二老板听着就哼了一声，却也不说话。他低头看着账簿，他的肥手指在账簿页上慢慢扫过，他好像在计数，但随即又不耐烦起来了，把账簿一推，阴沉沉地问道：
> "那边一共有多少亩？多少户？"
> "将近二百亩，倒有四五十户。"
> "陈租和新租一总算来是多少呢？"

"大概有二百石光景罢。不过今年那边确是旱了,本来就定六折收租。"

"好,好!哼!老胡,你明天带几个警察再去一趟。谁要敢说一声退租,我就收田;看他们还说不说退租?我二老板拚着二百石租米不要了,赶这班杀胚滚!我们姓唐的放租田也有三四代了,碰到这种事倒还是第一次!"

传记记载,茅盾的祖上原是乌镇附近的农民,茅盾的祖母高氏是嘉兴市郊新塍高家桥地主家的小女儿。乌镇附近都是大片农田,地主一般都住在镇上。茅盾对于地主每年到乡下收取地租这样的事情是较为熟悉的,所以写来也很逼真。地主收租就是茅盾作品中的"镇文化"的特色之一。《子夜》中的那位老乡绅曾沧海,还有那变卖所有土地孤注一掷到上海做寓公的冯云卿都来自乡镇,是靠地租生活的一类人。

《幻灭》中的女主角静女士来自一个距离上海不远的小镇的小康之家。《动摇》写的是大革命时期武汉附近一个小县镇的故事,描写了镇上的店东与士绅如胡国光等人投机革命的行为。《虹》的女主角梅行素所嫁的姑表哥柳遇春就是苏货铺的主人。柳遇春出身当铺学徒,理想就是开一间大的铺子。《虹》中有一段柳遇春恳求梅行素回心转意的话。

他下意识地站起来踱了几步,突然转身和梅女士面对面立定了,他脸上的肌肉都缩紧了,他的眼睛里闪着愤激的红光;他很快地高声说:

"你有你的道理,我不说你错!可是你看,难道错在我身上么?我,十三岁就进宏源(当铺)当学徒,穿也不暖,吃也不饱,扫地,打水,倒便壶,挨打,挨骂,我是什么苦都吃过来了!我熬油锅似的忍耐着,指望些什么?我想,我也是一个人,也有鼻子眼睛耳朵手脚,我也该和别人一样享些快乐,我靠我的一双手,吃得下苦,我靠我的一双眼睛,看得到,我想,我难道就当了一世的学徒,我就穷了一世么?我那些时候,白天挨打挨骂,夜里做梦总是自己开铺子,讨一个好女人,和别人家一样享福。我赤手空拳挣出个场面来了,我现在开的铺子比宏源还大,这都是我的一滴汗,一滴血,我只差一个好女人……"

首先,我们注意到,小说中特意注明"宏源"是一家当铺。当铺放债是旧时高利贷的一种形式。当铺一般设在镇上,是"镇文化"的一种标志。"据《乌青镇志》记载,乌镇典当行最多时达 13 家,太平天国前还有 7 家。到了 1931 年,只有汇源当 1 家还支撑着,到了日寇入侵之前,典屋也只出不进,不久即告停业。自汇源当关门大吉,乌镇典当行的历史便画上了句号。"① 可见,在茅盾幼年时,乌镇还有当铺在经营。所以,茅盾作品中出现当铺是自然的,而且,小说中所说的"宏源"与镇史上记载的"汇源"的名字很相似。

其次,柳遇春的一段话实际上是道出了店铺学徒的心酸经历。茅盾当年也险些小小年纪做了店铺学徒。传记在"险些成了纸店学徒"一节中写道:"'小姑政权'的沈家,直接的受害者是茅盾的三位叔叔。二叔沈永钦,1886 年 3 月 11 日生,只读过家塾和私塾,就到'泰兴昌'纸店做学徒了。三叔沈永钊,1888 年 2 月 14 日生,同样不让进新式学堂,读过私塾后就进'泰兴昌'纸店任管账。四叔沈永锠,生于 1892 年,只比茅盾大 4 岁。县立小学尚未毕业,就由茅盾祖母作主,辍学改学中医外科了。对此,卢表叔特地对茅盾祖父说:'这是袍料改成马褂了!'要不是茅盾母亲'誓守遗言',茅盾和弟弟沈泽民都逃不脱'袍料改成马褂'的命运。"② 在茅盾的读书生涯中有这样的危险,这恐怕对茅盾的影响是很深的。能够躲过当学徒的命运,这使茅盾觉得自己很幸运,因而他对来之不易的读书机会也格外珍惜。因为几个叔叔都是从十几岁就做了学徒,茅盾对于一般学徒的生活、追求并不陌生,所以茅盾小说中柳遇春对学徒生涯的自述写得很是贴切。这里对店铺经营状况、学徒心酸经历的叙述是茅盾作品的"铺文化"特色之一。

至于《林家铺子》,则包含了更多的"铺文化"。比如,小说写到

---

① 《乌镇:似水年华》,参见 http://guide.lvren.cn/qzone/gonglue/wuzhen.html,2012 年 6 月 4 日。

② 余连祥:《逃墨馆主——茅盾传》,浙江人民出版社 2006 年版,第 12 页。

了在国人用抵制洋货的形势下,林老板为减少损失而采取了应对措施,贿赂商会会长四百块钱得以把洋货的标签撕掉,充当国货出售。但在出售时又合计着每一笔交易亏了多少钱,那种"有苦道不出"的心情真是难以描述。

  但是在铺面张罗的林先生虽然打起精神做生意,脸上笑容不断,心里却像有几根线牵着。每逢卖得了一块钱,看见顾客欣然挟着纸包而去,林先生就忍不住心里一顿,在他心里的算盘上就加添了五分洋钱的血本的亏折。他几次想把这个"大放盘"时每块钱的实足亏折算成三分,可是无论如何,算来算去总得五分。生意虽然好,他却越卖越心疼了。在柜台上招呼主顾的时候,他这种矛盾的心理有时竟至几乎使他发晕。偶尔他偷眼望望斜对门的裕昌祥,就觉得那边闲立在柜台边的店员和掌柜,嘴角上都带着讥讽的讪笑,似乎都在说:"看这姓林的傻子呀,当真亏本放盘哪!看着罢,他的生意越好,就越亏本,倒闭得越快!"那时候,林先生便咬一下嘴唇,决定明天无论如何要把货码提高,要把次等货标上头等货的价格。①

国难之时,商铺老板的尴尬由此可见,看来,在内外夹击下,林家铺子的倒闭是必然的了。茅盾对商铺行情、对铺老板心理的熟稔使得他的描写入木三分。这一切都来自他童年所接受的商铺文化的濡染。传记对茅盾童年经历的记述促使我们如此思考。这正是传记童年叙事的价值所在。此外,《茅盾传》的童年叙述还启发我们思考茅盾性格形成的原因。传记对茅盾家族从农民到小商人的转化的记述,更有利于我们理解茅盾的个性人格,他身上具备了农民的质朴,也有商人的干练:"从人格结构上说,农业文化铸就了茅盾以民为本的意识和坚忍、执着的个性;商业文化又使他既竞争图强,又精明干练、谨言慎行。后者和儒家的'中和'、'忍让'思想相结合,成为他毕生信守的处世原则。"② 茅盾是从一个脱胎于农民

---

① 茅盾著,熊权选编:《林家铺子》,《茅盾集》,花城出版社2009年版,第63页。
② 丁尔纲、李庶长:《茅盾人格》,河南人民出版社2004年版,第13页。

的小商人家庭里走出来的。今天我们已经基本纠正了极"左"年代的出身论，不再像过去那样强调一个人的出身，但是我们不可矫枉过正，不可忽视出身对一个人一生的影响。作家传记重视对作家的出身以及童年的叙述还是十分必要的。

第三节　肖凤《冰心传》童年叙事的启示价值

一　肖凤《冰心传》的童年叙事

冰心童年时期的生活环境是相当优越的。亲人之爱、大海之美、读书之乐是冰心印象最为深刻的童年经验。对此，专门为女作家立传的肖凤在她的《冰心传》中给予了充分记述。该传的第一章直接命名为"童年"，从"爱""海""书"三个方面描述了冰心的童年。肖凤用诗化的语言概括了爱、海、书之于冰心的意义：爱，是冰心童年的精神养料；海，是童年冰心的伟大摇篮；书，是冰心童年的亲密朋友。无疑，肖凤的这种概括是接近冰心的童年生活实际的，受到了多数读者的认可。肖凤的《冰心传》在"求真"方面的追求，从她自己为《冰心传》写的代序《致青年读者》中就可以看出："我深深地相信：只有'真'，才具有顽强的生命力，而虚假和伪善，不管用什么样的花言巧语包装，总要凋谢和枯萎，而最终总会被人们所抛弃。"[①] 以下内容就是肖凤《冰心传》中关于冰心童年经历的叙述。

（一）童年冰心体验到了亲人之爱

冰心（本名谢婉莹）1900年出生在福建省福州市（当时还叫作闽侯县）隆普营的一所大房子里。她的祖父谢子修是一位教书先生，与严复是朋友。谢子修的第三个儿子就是冰心的父亲谢葆璋。在谢葆璋十七岁的那一年，他被回乡招募海军学生的严复带到了天津紫竹林水师学堂，做了一名驾驶班的学生。在这里，他认识了后来成为他的顶头上司的海军上将萨镇冰先生，当时，萨镇冰是天津管轮学堂的正教习。谢葆璋年轻干练，升迁很快，在冰心出生的时候，他已经担任了"海圻舰"的副舰长。那

---

① 肖凤：《冰心传·代序：致青年读者》，《肖凤·冰心传》，北京十月文艺出版社1987年版。

时候的海军副统领兼"海圻舰"舰长,就是萨镇冰。军舰上,谢葆璋是一位威严的海军军官,但回到家里,他对小冰心十分温和,他不舍得别人给冰心扎耳朵眼儿,不让她穿紧鞋子,还常常摆出给冰心照相的姿势,哄她安生地扎上小辫子。对于冰心童年所享受到的父亲之爱,传记作了生动的记述。

>他舍不得让女儿吃一点儿苦。当大家庭里的伯母、叔母们催促给小冰心扎耳朵眼儿时,他就借口说:"你们看她左耳唇后面,有一颗聪明痣。把这颗痣扎穿了,孩子就笨了。"他还不让孩子穿紧鞋。小冰心深知父亲对她的疼爱,所以,她刚一感到鞋子有点紧,就故意地在父亲面前一瘸一瘸地走,父亲一见,就立刻埋怨母亲说:"'你又给她小鞋穿了!'母亲也气了,就把剪刀和纸裁的鞋样推到父亲面前说:'你会做你给她做,将来长出一对金刚脚,我也不管!'"父亲就会真的拿起剪刀和纸来剪鞋样,小夫妻经常为了此事笑谑口角。
>
>那是到了烟台之后,小冰心早晨梳小辫子的时候,父亲总来帮助母亲,拿着照像匣子,哄着小女儿,嘴里还柔声柔气地说:"站好了,站好了,要照像了!"一边说,一边摆出了姿势,假作照着像,又短又粗的两个小辫子,天天都是在父亲哄着的时候将就编起来的。①

冰心成年后的小说《海上》写了父女深情,歌颂了父爱。小说中那位穿着深黑色军服的海军军官,就是冰心父亲的化身,那位以第一人称"我"出现的小姑娘就是冰心的化身。让我们来看看小说中小姑娘怎样表达了对父亲的崇拜、依恋以及父亲对女儿的关照:"深黑的军服,袖子上几圈的金线,呀!父亲来了,这里除了他没有别人袖子上的金线还比他多的——果然是父亲来了。'你这孩子,阴天还出来做什么!海面上不是玩的去处!'我仍旧笑着跳着,攀着父亲的手。他斥责中含有慈爱的言词,也和母亲催眠的歌,一样的温煦。……父亲面色沉寂着,嘱咐我说:'坐着不要动。孩子!他刚才所说的,你听见了没有?'一面自己下了船,走

---

① 肖凤:《冰心传》,北京十月文艺出版社1987年版,第7—8页。

向那在岩石后面呜咽的渔人。"① 看来，父亲军服上的几圈金线在冰心的记忆里是清晰而深刻的，那使童年的冰心感到骄傲和自豪！

传记对于冰心童年所承受的丰富的父爱给予了充分关注，并对比了冰心笔下的父爱与母爱的不同，这就是冰心对父亲事业的崇拜之情："人们常说冰心是最善于讴歌母爱的女作家，这自然是一点儿也不错的。然而由于她的双亲之间伉俪情深，由于她的父亲舐犊情深，因此，父爱，也是她创作中的主旨之一。由于在当时的时代环境里，年长的妇女很少与社会接触，因此，在冰心那些歌颂母爱的篇章中，就不像歌颂父爱那样，还包含着对于他的事业的崇拜之情。冰心在文学创作中的坚定不移和永远执着，无疑是接受了她父亲精神力量的影响。"② 冰心童年所经历的与父亲一起在海边、在军舰上的时光有时是幸福快乐的，有时是深沉严肃的，父亲教她打枪、骑马、划船、辨认星座、指认军舰上的设备，父亲悲愤地告诉她，中国北方海岸的港湾如威海卫、大连湾、青岛、烟台都很美，但是威海卫是英国人的，大连是日本人的，青岛是德国人的，只有烟台是中国人自己的不冻港！父亲的教育对于培养冰心坚强的性格以及强烈的爱国思想起到了重要作用。

冰心的母亲杨福慈，出身书香门第。杨家世代是清朝学官。14岁时，父母双亡，由叔父抚养，能欣赏旧文学、接受新思想。杨福慈几个弟弟都是同盟会会员，平常传递消息，收发信件都由她出面经手。她善良贤惠，敬上怜下，急人所急，周老济贫。她喜欢衣着素淡质朴、整齐精美，在大家庭中受到众人的敬重。谢葆璋称她是"清风入座，明月当头"。她与谢葆璋夫妻恩爱，一生和谐幸福，她对儿女悉心照料、平等民主，教导儿女"勤能补拙，俭以养廉"。对于杨福慈，传记作了这样的描述："冰心的母亲杨福慈，是一位性格极温柔、极安静的女人。她身体很瘦弱，而且多病，每天除去做家务，就是看书，虽然恬淡处世，天性却是极敏感、极富感情的，是一位典型的，在当时并不多见的，有文化的贤妻良母。她与谢葆璋的婚姻，虽然是在她九岁的那一年，由双方的父亲在做诗谈文时包办说定的，但是，待她十九岁嫁到谢家之后，小夫妻却感情极好，使他们这

---

① 谢婉莹：《燕京大学季刊》1921年第2卷第1、2期（6月）。
② 肖凤：《冰心传》，北京十月文艺出版社1987年版，第8—9页。

一房里,总是充满了温暖、和谐的气氛。"①

冰心是杨福慈唯一的女儿,也是她的掌上明珠。幼年的冰心体弱多病,母亲对她疼爱有加。早慧的冰心一直是母亲的骄傲。母亲曾向冰心讲述她小时候的故事。

> 不过有三个月罢了。偏已是这般多病,听见端药杯的人的脚步声,已知道惊怕啼哭,许多人围在床前,乞怜的眼光,不望着别人,只向着我,似乎已经从人群里认识了你的母亲!
> ……
> 有一次你病得重极了,地上铺着席子,我抱着你在上面膝行,正是暑月,你父亲又不在家;你断断续续说的几句话,都不是三岁的孩子所能够说的,因为你奇异的智慧,增加了我无名的恐怖,我打电报给你父亲,说我身体和灵魂上都已不能再支持。忽然一阵大风雨,深忧的我,重病的你,和你疲乏的乳母,都沉沉的睡了一大觉,这一番风雨,把你又从死神的怀抱里,接了过来(冰心:《寄小读者·通讯十》)②

冰心母女俩常常紧紧地依偎在一起说些甜蜜的知心话。有时,母亲凝神不动,遥望窗外,冰心就会跑过去,摇撼母亲的身体,呼唤她。有时母亲想让女儿过来抱住她,就故意地凝神不动。母女二人相依相偎,有时会感动得落泪。传记认为冰心母女的这种心灵交流是冰心母爱作品的源泉,也是她作品吸引人的重要原因:"她的母亲这种柔情蜜意的浇灌,在她童年的心中积淀了许多倾诉不完的思绪。一旦当她形成写作的念头时,这种纯洁的情愫就自然而然地流淌奔泄了出来。在冰心一生的创作中,有许多讴歌母爱的篇章,这些篇章使许多曾经享受过母爱的读者,增添了新鲜而丰富的体验;也使许多不曾享受过母爱的读者,感受和体察了这种无私的感情。这就是为什么她的有些作品,总能够深入人心和经久不衰的原因。"③冰心那些描写母爱、赞美母爱的作品确实打动了许多读者。冰心

---

① 肖凤:《冰心传》,北京十月文艺出版社1987年版,第3页。
② 同上书,第5页。
③ 同上书,第6页。

曾经说过:"世界若没有女人,这世界至少要失去十分之五的'真',十分之六的'善',十分之七的'美'。"① 冰心说这些话的时候,心中自然会想着自己的母亲。母亲的爱灌溉了冰心童年时代的心田,母亲是她最初也是最后所恋慕的一个人,是她永久灵魂之归宿。冰心最长的散文《南归——贡献给母亲在天之灵》写了自己失去母亲的无限伤痛。该文字如泼墨、情如泄洪,读来惊心动魄,肝肠寸断!

除去双亲之爱,冰心童年还受到了祖父、继祖母、舅舅的呵护,她与三个弟弟之间也充满了嬉戏之乐。对此,传记都作了记述。辛亥革命前夕,在冰心父亲归乡的一年多里,冰心常到祖父的书房里看书,继祖母做出漂亮的衣服来装扮小冰心,舅舅在工作之余给她讲各种故事,三个弟弟对她情感深厚。在冰心的作品里,她把弟弟比喻成明亮的星星,把母亲比喻成静美的月亮,把父亲比喻成灿烂的太阳。丰厚的家庭之爱滋养了童年的冰心,促使她形成了善良、温柔、文雅的性格,写出了大量温润如玉的作品。

针对冰心经历幸福童年而且日后成就一番文学事业这一模式,传记特意强调了温暖和谐的家庭对于成就冰心的重要性:"如果说'五四'时代玉成了冰心一生的道路,玉成了她文学创作的丰收,那么,她这个温暖和谐的家庭,却是她获得这些成就的最为重要的契机。从欧阳修在《梅圣俞诗集序》中说过'非诗之能穷人,殆穷者而后工也'这句话之后,'穷而后工'几乎成了文人的一句口头禅。经过极度的艰难困苦之后,是有可能写出动人的好作品的,但是在比较平坦和顺利的人生道路上,也并不是注定了就不能写成出色的作品,当然由于生活经历的差异,在这些不同作品之间,也许会出现迥然不同的风格。冰心的作品,就是以她自己温柔、文雅和清婉的风格,获得了好几代读者的心的。"② 传记客观、辩证地指出了作家成长的多种类型,苦难可以造就作家,同样,幸福也可以造就作家,只是其作品风格各自不同罢了。历史上,具有幸福童年的作家并不少见,如蔡文姬、纳兰性德等。冰心也是如此。

---

① 冰心:《关于女人·后记》,卓如编《冰心全集》3,海峡文艺出版社1994年版,第306页。

② 肖凤:《冰心传》,北京十月文艺出版社1987年版,第10—11页。

(二) 冰心童年所体验到的大海之美

冰心虽然出生在福州,但她在七个月大的时候,就随父母移居上海,她三四岁的时候,又移居烟台。无论是在上海还是在烟台,由于父亲职业的关系,她与大海的接触远远多于普通的孩子,可以说,她就是海边长大的孩子。大海给予了她童年的快乐和思索,尤其是在烟台,她几乎与大海耳鬓厮磨。因为她的家就在海边,他的父亲就在海上工作。她的家先是在烟台市内的海军采办所,后迁至一所海军医院,二弟出生后,全家又迁居到海军学校后面的新房子里。谢葆璋在他们所住的一间面海的屋子上面,又添置了一间楼房,登上这间楼房,眼下就是大海。童年的冰心常常在风雨之夜,站在这间楼房外,倚栏凝望海上的灯塔。冰心家的住处附近就是旗台、炮台和小码头。关于烟台海滨美丽而变换的景色,传记作了这样的铺陈:"烟台海滨的天,是辽阔无边的;烟台海滨的水,是虚怀广博的。它们浩瀚得没有边际,一直延伸到无限的远处,天水连接的地方。这博大的苍穹和大海,又时时改变着自己的颜色和脾气:有时在蔚蓝色的天空下面是青蓝色的海水,它们温柔地摇摆着,泛起朵朵白色的浪花,而在浪花和海水上面,又点缀着道道金光;有时在灰色的天空下面是青灰色的海水,风和海浪糅合在一起,急骤地拍打着岸边的礁石;当夜晚来临的时候,天空和海洋都变成了漆黑的墨色,但又常常有星,有月,陪伴着它。"① 以上这段话把天空和海水看作有感情、有脾气、有颜色的活物,他们会随着时间的变化而变化。这其实就是冰心对大海的体验。在她的童年,大海就是她的导师和朋友,大海给予了她博大的胸怀和丰富的知识。

关于童年冰心与大海的关系,关于她对大海的亲近、爱恋和痴迷,传记引用了冰心的诸多作品来加以说明。例如,传记引用冰心《往事·十》中的一段内容,借母亲的口吻讲述了自己5岁时发生的一件事,说明冰心与海的密切关系,大海给了她沉静的性格,给了她无穷的想象力。

> 晚餐的时候,灯光之下,母亲看着我半天,忽然想起笑着说:"从前在海边住的时候,我闷极了,午后睡了一觉,醒来遍处找不见你。"

---

① 肖凤:《冰心传》,北京十月文艺出版社1987年版,第12页。

我知道母亲要说什么——我只不言语，我忆起我五岁时的事情了。

弟弟们都问，"往后呢？"

母亲笑着看着我说："找到大门前，她正呆呆的自己坐在石阶上，对着大海呢！我睡了三点钟，她也坐了三点钟了。可怜的寂寞的小人儿啊！你们看她小时已经是这样的天真而沉默了——我连忙上前去，珍重地将她揽在怀里……"

母亲眼里充满了欢喜慈怜的珠泪。

父亲也微笑了。——弟弟们更是笑着看我。

母亲的爱，和寂寞的悲哀，以及海的深远，都在我心中又起了一回不可言说的惆怅！（冰心：《往事·十》）[①]

年仅5岁的冰心能够如此安闲，一连3个小时眺望大海，这与她长期生活在海边不无关系，观察海、思考海已经成为她生活的自然组成部分，再平常不过了。这样的生活大大培养了、活跃了她的想象力。为她日后从事文学创作打下了良好的基础。

大海给予了冰心丰富的想象力，也给予了她乐于奉献的品质。她对于海的体验与军舰、军人是联系在一起的。10岁之前的冰心经常穿着男孩的服装被父亲带到军舰上去玩耍。军舰那巍峨的雄姿与洁白的外表，使小冰心十分敬慕。父亲的上级和朋友，他们作为军人的既严肃、守纪又慈祥、恬淡的为人，给冰心留下了深刻的印象。他们以自己的奉献和牺牲换来了祖国海域的安宁。在这样的海洋、军舰、军人环境中成长的冰心对海达到了痴迷的程度，以至于她愿意终身做一名海洋上的灯台守。

……"爹爹！"父亲抬起头来。"我想看守灯塔去。"父亲笑了一笑，说："也好，整年整月的守着海——只是太冷寂一些。"说完仍看他的书。

我又说："我不怕冷寂，真的，爹爹！"

……

[①] 肖凤：《冰心传》，北京十月文艺出版社1987年版，第12—13页。

父亲说:"和人群大陆隔绝,是怎样的一种牺牲,这情绪,我们航海人真是透彻中道的了!"言次,他微叹。

我连忙说:"否,这在我并不是牺牲!我晚上举着火炬,登上天梯,我觉得有无上的倨傲与光荣。几多好男子,轻侮别离,弄潮破浪,狎习了海上的腥风,驱使着如意的桅帆,自以为不可一世,而在狂飚浓雾,海上山立之顷,他们却蹙眉低首,捧盘屏息,凝注着这一点高悬闪烁的光明!这一点是警觉,是慰安,是导引,然而这一点是由我燃着!"(冰心:《往事(二)·八》)①

从父女的这段对话,可以看出童年冰心对大海的着迷,博大无私的海洋深深打动了幼年的冰心,她愿与海洋终身为伴,愿意像海洋那样在奉献中获得快乐!冰心对海的赞美无处不在,她把大海称作她童年活动的舞台,而称她自己为这个舞台上的"独脚"演员。她有感于海的品质,而希望自己和弟弟们都做一个"海化"的青年:"不是说做女神,我希望我们都做个'海化'的青年。象涵说的,海是温柔而沉静。杰说的,海是超绝而威严。楫说得更好了,海是神秘而有容,也是虚怀,也是广博……《往事(一)·十四》"②

大海之于冰心就是一切,就是生命!这都源于冰心童年关于海的深切体验。

(三)冰心童年所体验到的读书之乐

冰心从小就喜欢认字、听故事。四岁的时候,母亲教她认字片,但这远远无法满足她的求知欲,在刮风下雨的天气里,她不到海边去了,就总缠着母亲或者奶娘给她讲故事,母亲与奶娘给她讲过的故事有《老虎姨》《蛇郎》《牛郎织女》《梁山伯与祝英台》等。

冰心的舅舅杨子敬先生是冰心父亲的文书,全家与冰心家居住在一起,他曾经给幼年的冰心讲述美国女作家斯托夫人的小说《黑奴吁天录》,黑奴的悲惨命运和他们勇敢抗争的故事,使小冰心激动不已。他还

---

① 肖凤:《冰心传》,北京十月文艺出版社1987年版,第19—21页。
② 冰心:《往事(一)·十四》,卓如编《冰心全集》1,海峡文艺出版社1994年版,第465页。

给冰心讲述《三国志》的故事,三国人物刀光剑影的拼杀使冰心感到痛快淋漓。舅舅公务繁忙的时候,只有七岁的冰心就自己拿起《三国志》边猜边看,囫囵吞枣地居然把偌大的一本《三国志》一口气看完了。从此一发不可收拾,她又相继读完了《水浒传》《聊斋志异》等大部头。

除了阅读中国古典小说之外,童年的冰心还有机会读到不少外国小说。这些小说是父亲的朋友们送给她的。"父亲每次带着小冰心到军舰上去玩,他们都把小姑娘抱到圆桌上,把她围在当中,让她讲《三国演义》的故事。这些威武的军官们,觉得一个七八岁的小姑娘会讲'董太师大闹凤仪亭',等等,是件非常有趣的事情。每当小冰心讲完了,他们就把自己手里的外国小说,送给她作礼物。这些小说曾是他们海上生活的伴侣,而冰心正是从这些水兵们的馈赠里,接触了外国文学,第一次从林纾翻译的半文半白的文字里,了解到了我国疆土以外的人生故事,象《孝女耐儿传》、《滑稽外史》、《块肉余生述》等。"①

冰心的几个舅舅都是同盟会会员,他们阅读、传递革命读物,使幼小的冰心也受到了濡染。冰心的小舅舅杨子玉,当时正在唐山路矿学堂求学,每到暑假,就来烟台,给冰心讲述"林则徐烧鸦片烟""洪承畴卖国"等历史故事,每次都讲得有声有色,慷慨淋漓。他是同盟会成员,还带着一些禁书,都是同盟会的宣传革命道理的小册子,如《天讨》等刊物。当时看这类书籍,如果被官府发现,是十分危险的。当然这类书是绝对不让小孩子们知道的。但是,表哥们却怂恿着小冰心,偷偷地拿来,悄悄地看完,再偷偷地送回原处去。冰心母亲曾参与这类书的传递工作,冰心在自己的文章中追述过这段往事。

> 三十年前,我的几个舅舅,都是同盟会的会员,平常传递消息,收发信件,都由母亲出面经手。我还记得在我八岁的时候,一个大雪夜里,帮着母亲把几十本《天讨》,一卷一卷的装在肉松筒里,又用红纸条将筒口封了起来,寄了出去。不久收到各地的来信说:"肉松收到了,到底是家制的,美味无穷。"我说:"那些不是书吗?……"母亲轻轻的捏了我一把,俯在我的耳朵上说:"你不要说出去。"(冰

---

① 肖凤:《冰心传》,北京十月文艺出版社1987年版,第24—25页。

心《我的母亲》)①

随着年龄的增长，阅读视野的开阔，童年的冰心萌发了写作的愿望，她曾尝试写过《落草山英雄传》和《梦草斋志异》，但她自己都不满意。在她十岁的时候，遇到了一位颇有教学经验的老师——她的一位表舅王牟逢先生。他对小冰心最重要的规劝是："读书当精而不滥。"在王先生的指导下，小冰心开始学习《国文教科书》以及《论语》《左传》《唐诗》《班昭女诫》《饮冰室自由书》等，并由此逐渐爱上了诗，她开始学习着写诗。

冰心童年的读书经验是相当丰富的，他从书中获得了无限的快乐！读书之乐也弥补了在海滨生活的寂寞和单调。读书之乐成为她童年最重要的生活体验之一。

二　童年体验孕育冰心"爱的哲学"

冰心本人说过："提到童年，总使人有些向往，不论童年生活是快乐，是悲哀，人们总觉得都是生活中最深刻的一段；有许多印象，许多习惯，牢固地刻画在他的人格及气质上，而影响他的一生。"② 肖凤《冰心传》童年叙事的价值就在于它启示读者更好地理解冰心作品中"爱的哲学"的来源。冰心童年所享受到的亲人之爱、大海之美、读书之乐孕育了她"爱的哲学"。童年所获得的亲情和自然之情形成其"爱的哲学"的具体内涵，童年古典诗词的熏陶促使她形成了特有的"冰心体"文字，这是其"爱的哲学"的载体。

冰心的一句名言是："有了爱就有了一切。"可以说，冰心作品的精神本质就是"爱的哲学"。20世纪20年代初期黄英（阿英）在《谢冰心》一文中从"母亲的爱""伟大的海""童年的回忆"三个方面概括了冰心早期创作的基本主题。这一评论道出了冰心作品的主要特征，因此一直沿用到今天。母爱、大海、童心成为冰心作品的标志性意象。她的"爱的哲学"充满着基督教教义的精神，教人要向上帝一样对人类一切众

---

① 肖凤：《冰心传》，北京十月文艺出版社1987年版，第26页。
② 范伯群：《冰心研究资料》，北京出版社1984年版，第42页。

生有大爱思想，要人类与上帝建立和谐的关系。

　　冰心的许多作品有明确的基督教背景。她在 1920 年写的一篇散文《画——诗》中写到自己在《圣经》课教授安女士那里看到的一幅画："一片危峭的石壁，满附着蓬蓬的枯草。壁上攀援着一个牧人，背着脸，右手拿着竿子，左手却伸下去摩抚岩下的一只小羊，他的指尖刚及到小羊的头上。天空里却盘旋着几只饥鹰。画上的天色，也和那天一样，阴沉——黯淡。"冰心对这幅画的理解是："看！牧人的衣袖上，挂着荆棘，他是攀崖逾岭地去寻找他的小羊，可怜的小羊！它迷了路，地下是歧途百出，天上有饥鹰紧追着——到了山穷水尽的地步了。牧人来了！并不责备它，却仍旧爱护它。它又悲痛，又惭悔，又喜欢，只温柔羞怯的，仰着头，挨着牧人手边站着，动也不动。"她被这幅画深深感动了："我注目不动，心中的感想，好似潮水一般的奔涌。一会儿忽然要下泪，这泪，是感激呢？是信仰呢？是得了慰安呢？它不容我说，我也说不出来——这时安女士唤我一声；我回过头去，眼光正射到她膝上的《圣经》——诗篇——清清楚楚的几行字：'上帝是我的牧者——使我心里苏醒——'"①在这幅圣经故事画中，善良的牧羊人象征道德完善的基督，可怜的小羊象征信徒。画面所传达出的牧人的仁慈和悲悯，迷途羔羊的温柔羞怯使冰心的心灵受到了洗礼。

　　她在 1923 年写的《信誓》中把自己比作文艺女神杖下的羔羊。

　　　　我是温善的羔羊。
　　　　甘泉潺潺的流着，
　　　　青草遍地的长着；
　　　　她慈怜的眼光俯视着，
　　　　我恬静无声地
　　　　俯伏在她杖竿之下。②

---

　　① 冰心：《画——诗》，卓如编《冰心全集》1，海峡文艺出版社 1994 年版，第 116—117 页。

　　② 冰心：《信誓》，卓如编《冰心全集》1，海峡文艺出版社 1994 年版，第 17 页。

这里羔羊的意象就明显来自《圣经》。冰心14岁时进入贝满女子中学，在那里她第一次接触到了基督教文化。燕京大学时，她在一位老牧师家里受了基督教的洗礼。冰心加入基督教、信奉基督教，与她童年所处的家庭环境有直接关系。因此，冰心的"爱的哲学"的根本来源是家庭生活环境而不是基督教教义。茅盾的《冰心论》就是这样的观点。茅盾在论述冰心的问题小说时，认为冰心所给出的解决现实问题的答案就是躲到"母亲的怀里"的"爱的哲学"。茅盾进一步认为冰心的这种思想主要是由她从小的生活环境所决定的，并非纯粹是受了基督教义和泰戈尔哲学的影响。茅盾在《冰心论》中写道："论冰心思想的人都说她很受了基督教教义和泰戈尔哲学的影响，这种说法，我们只可认为道着一半。大凡一种外来的思想决不是无缘无故就能够在一个人的心灵上发生影响的。外来的思想好比一粒种子，必须落在'适宜的土壤'上，才能够生根发芽；而此所谓'适宜的土壤'就是一个人的生活环境。"① 茅盾接着叙述了冰心童年的家庭生活环境："我们读《往事集》，知道冰心女士的家庭是一个不旧也不怎么'新'的家庭；并非豪富，也不是什么'四世三公'，然而是生活优裕的做官人家。冰心女士的父亲是海军军官，然而又是风雅中人；他早年嗅过火药味，然而当冰心孩提时，已经'天下太平'，他过的是平安生活。冰心女士的母亲是知书识礼慈祥温厚的太太。在这样父母的爱护下，冰心女士对于家庭的爱恋应该比什么都温厚些。十岁以前罢，冰心女士'住在芝罘东山的海边上'，她没有跟都市的人生接触，'整年整月所看见的，只是青郁的山，无边的海，蓝衣的水兵，灰白的军舰'，然而这山是没有虎狼的，这海是平静的蓝的，（也许有时叫人看着有点神秘，有点忧悒）这水兵和军舰不是在紧张的战时状态。"②

　　由茅盾的叙述可以知道，对于冰心来说，基督教义属于外来的思想，"适宜的土壤"就是她童年所处的家庭环境。冰心如果在童年时期没有体验到那么多的亲人之爱，没有享受到那充满了爱的家庭生活体验，那么她在青年时期未必能够顺利地信奉基督教。母亲之爱、自然之爱和儿童之爱

---

① 茅盾：《冰心论》，《海上文学百家文库·茅盾卷下》，上海文艺出版社2010年版，第844—845页。

② 同上书，第845页。

是冰心"爱的哲学"的具体展开。肖凤《冰心传》对冰心童年所体验到的亲人之爱、大海之美的记述,为我们揭示了冰心"爱的哲学"的根本来源。冰心的泛爱思想虽然受到基督教的影响,但它不是一种教义的强加,而是教义与其自身善良性格的吻合,而她善良的性格主要来自童年体验。肖凤的《冰心传》告诉我们:她的童年体验到了充分的亲人之爱。一个接受了爱的人也会懂得如何去爱别人。传记在分析了冰心的问题小说《超人》之后,写道:

> 心地善良的冰心,看到了社会上的种种弊病,也看到了同时代人的痛苦和幻灭,她想用母爱和童心,来医治社会和青年的疾病,使自己的同时代人快乐起来,并使社会朝着健康的方向,逐渐地走向进步。生活在知识分子圈子里面的冰心,没有什么其他的妙法,她便从自己的善良愿望出发,把解决问题的途径,归结为童心和母爱。
>
> 这种结论恐怕也是她从自己的生活体验中总结出来的妙法。她有一个快乐的家庭,正如她自己所说的那样:
>
> "家"是什么,
> 我不知道;
> 但烦闷——忧愁,
> 都在此中融化消灭。
>
> 所以,虽然她也有着自己同时代人的烦恼和苦闷,却能从自己的家庭里得到解脱和安慰。在面对社会问题而寻求答案的时候,她就想用医治自己不良心绪的药方,来医治同代青年的心病。[①]

在冰心的散文、小说、诗歌中,她不仅仅歌颂了母爱,对于父亲、舅舅、弟弟等都有温馨的描述,对于大海也有许多赞美,但其中描写最多的是母爱。所以,这里以"母爱"的展现为例来说明"爱的哲学"在其作品中的具体体现。1987年,冰心在散文《我的母亲》中写道:"关于我的

[①] 肖凤:《冰心传》,北京十月文艺出版社1987年版,第117页。

母亲，我写的不少了。20 年代初期，在美国写《寄小读者》时写了她；30 年代初期，她逝世后，我在《南归》中写了她；40 年代初期，我以'男士'的笔名写的《关于女人》这本书中写了她；同时在那时候，应《大公报》之约，再写《儿童通讯》，在'通讯三'中又写了她。这些文章在《冰心文集》中都可以找到，也可以从这些文章中看出她是怎样的一位母亲。"[1] 这是冰心自己总结的关于母亲的直接记述。在上述这些散文性质的作品中，冰心直接讴歌了母爱。在《寄小读者·通讯二》中，写了母亲的善良，在全家人目睹了一只小鼠在小狗嘴里凄苦地啾啾几声被吃掉之后，母亲说："我看它实在小得很，无机得很。否则一定跑了。初次出来觅食，不见回来，它母亲在窝里，不定怎样的想望呢。"[2] 在《寄小读者·通讯五》中写到对母亲的思念和眷恋："小朋友！我想起我的母亲，不觉凭在甬道的窗边，临风偷洒了几点酸泪。……临行之前，到姨母家里去，姨母一面张罗我就坐吃茶，一面笑问：'你走了，舍得母亲么？'我也从容的笑说：'那没有什么，日子又短，那边还有人照应。'等到姨母出去，小表妹忽然走到我面前，两手按在我的膝上，仰着脸说：'姊姊，是么？你真舍得母亲么？'我那时忽然禁制不住，看着她那智慧诚挚的脸，眼泪直奔涌了出来。我好似要堕下深崖，求她牵援一般。我紧握着她的小手，低声说：'不瞒你说，妹妹，我舍不得母亲，舍不得一切亲爱的人！'"[3] 在《寄小读者·通讯八》中，嘱咐弟弟们一定要常在母亲身旁："夜长了，正是读书的好时候，和你们一同勉励着在晚餐后一定的时刻用功。只恐我在灯下时，你们却在课室里——回家千万常在母亲跟前！这种光阴是贵过黄金的，不要轻轻抛掷过去，要知道海外的姊姊，是如何的羡慕你们！"[4]《寄小读者·通讯九》写自己旧病复发，不但不烦恼，反而感谢上苍，原因是这种病是从母亲来的，说明了自己在体质上与母亲有

---

[1] 冰心：《我的母亲》，田艺《冰心作品精选》，崇文书局 2011 年版，第 267 页。
[2] 冰心：《寄小读者·通讯二》，卓如编《冰心全集》2，海峡文艺出版社 1994 年版，第 63 页。
[3] 冰心：《寄小读者·通讯五》，卓如编《冰心全集》2，海峡文艺出版社 1994 年版，第 68 页。
[4] 冰心：《寄小读者·通讯八》，卓如编《冰心全集》2，海峡文艺出版社 1994 年版，第 80 页。

着不模糊的连接。"血赤是我们的心,是我们的爱,我爱母亲,也并爱了我的病!"①《寄小读者·通讯十》几乎全篇都是对母爱的歌颂。作者在病中回顾了与母亲在一起时,听母亲讲述自己幼年的事情,从中知道了母亲爱自己的女儿是不附带任何条件的:"不为什么,只因你是我的女儿!"对此,作者冰心的感慨是这样的:

> 小朋友!我不信世界上还有人能说这句话!"不为什么"这四个字,从她口里说出来,何等刚决,何等无回旋!她爱我,不是因为我是"冰心",或是其他人世间的一切虚伪的称呼和名字!她的爱是不附带任何条件的,唯一的理由,就是我是她的女儿。总之,她的爱,是屏除一切,拂拭一切,层层的麾开我前后左右所蒙罩的,使我成为"今我"的元素,而直接的来爱我的自身!②

冰心从母爱的超越功利性中受到了巨大的冲击和震撼,找到了心灵的慰藉。《南归》是冰心1931年写的纪念她母亲的长篇散文,用泼墨般的文字叙述了母亲临逝前的种种情状,表达了自己和全家人眼睁睁地看着母亲在极度的病痛中撒手人寰而无能为力的痛苦。并表示在母亲离世后要使自己成为一个像母亲那样的人,承担起爱护全家的责任:"我有父亲和三个弟弟,以及许多亲眷。我将永远拥抱爱护着他们。"③ 这是一种对母亲最好的纪念,是对母亲精神的继承,这篇作品将母爱的描写推到了极致。

在冰心的《关于女人》这本书中,专门有一篇是写母亲的,名字就叫"我的母亲"。这篇文章的开篇就说:"谈到女人,第一个涌上我的心头的,就是我的母亲,因在我的生命中,他是第一个对我失望的女人。"④接着写了母亲是他心目中最好的母亲之一。母亲不仅读书看报,关心政治,有类似男子的坚强的一面,还是个沉静温柔的贤妻良母。

---

① 冰心:《寄小读者·通讯九》,卓如编《冰心全集》2,海峡文艺出版社1994年版,第91页。
② 同上书,第101页。
③ 冰心:《南归——贡献给母亲在天之灵》,卓如编《冰心全集》2,海峡文艺出版社1994年版,第450页。
④ 冰心:《我的母亲》,参见田艺《冰心作品精选》,崇文书局2011年版,第185页。

在小说《超人》中，冰心想用母爱这一个无病不治的药方，来医治像何彬这样的患着忧郁症的青年人。禄儿在病中的呻吟，使何彬忽然想起了许多童年时代的往事——他的慈爱的母亲，家中院里的鲜花，还有天上的繁星，等等。病中的何彬朦胧中似乎看到母亲向自己走来，亲切慈爱："神经一时都麻木了！起来罢，不能，这是摇篮里，呀！母亲，——慈爱的母亲。母亲呵！我要起来坐在你的怀里，你抱我起来坐在你的怀里。母亲呵！我们只是互相牵连，永远不互相遗弃。"[1] 在何彬资助下得到救治的禄儿送给他一篮金黄色的花儿，并附上那一段话："我有一个母亲，她因为爱我的缘故，也很感激先生。先生有母亲么？她一定是爱先生的。这样我的母亲和先生的母亲是好朋友了。所以先生必要收母亲的朋友的儿子的东西。"[2] 这是冰心借禄儿的话来歌颂母爱。正是这段话感动了一向冷漠、厌世的何彬，对自己的过去开始感到惭愧。

在诗歌中，冰心表达了对母爱的思念和依恋。母亲是孩子安顿灵魂、躲避风雨的所在。

母亲啊！
撇开你的忧愁，
容我沉酣在你的怀里，
只有你是我灵魂的安顿。

（冰心：《繁星·三三》）

在《纸船》中，冰心写道：

母亲，倘若你梦中看见一只很小的白船儿，
不要惊讶他无端入梦。
这是你至爱的女儿含着泪叠的，万水千山

---

[1] 冰心：《超人》，卓如编《冰心全集》1，海峡文艺出版社1994年版，第188页。
[2] 同上书，第189页。

求他载着她的爱和悲哀归去。①

母亲在冰心的作品中已经成为上帝的化身,它是一个文化符号。博大、具体的母爱让人感到它是人世间最美好的、最温馨、最可宝贵的,须臾不可离的。

由母爱扩展开来,冰心还写了父爱、教师之爱、大海之爱等。她通过《海上》赞颂了深沉的父爱;通过《关于女人·我的教师》赞美了义务为我补习数学的T女士等;通过《繁星·自序》赞美了弟弟之爱;通过《海恋》表达了大海之爱。人类之爱和自然之爱共同构成了冰心爱的哲学。这一切都来自冰心最初的童年体验。因此说,传记对冰心童年的详细描述对于理解冰心作品的爱的哲学至关重要。

第四节 季红真《萧红全传》童年叙事的启示价值

现代文学史上,第一部关于萧红的传记是骆宾基写的《萧红小传》,该传先在上海《文萃》上连载,1947年由上海建文书店出版。这部传记主要写了萧红短暂的生命历程。此后几十年间,萧红研究比较沉寂,只有1976年,汉学家葛浩文出版了英文版的《萧红评传》。直到20世纪80年代以来,随着萧红研究的深入,各种版本的萧红传才陆续出版。这些传记的作者主要有肖凤、丁言昭、王小妮、季红真、葛浩文、叶君、曹格成等。由于资料来源不同,这些传记对于萧红身世的叙述有很大差异,有的甚至是以讹传讹。2004年11月10日,东北网发布一条新闻,内容摘编自《哈尔滨日报》:"20多年前,学术界出现了萧红是张家生女还是养女的激烈争论,甚至影响了正常学术活动。从1984年开始,呼兰河萧红研究会名誉会长孙茂山与数十位研究人员先后访查35人,获得大量珍贵的第一手资料。日前,孙茂山接受本报记者独家专访,公布了这些珍贵资

---

① 冰心:《纸船——寄母亲》,卓如编《冰心全集》2,海峡文艺出版社1994年版,第73页。

料，使得萧红身世之谜全部解开。"①呼兰河萧红研究会公布的这些信息基本上成为这之后萧红传记的主要依据。季红真《萧红全传》也是以此为主要依据的。

季红真，1955年生于浙江丽水，文学硕士，在中国作家协会创作研究部工作二十年，现为沈阳师范大学中国文化与文学研究所教授，出版文学评论集《文明与愚蠢的冲突》、文化随笔《人生的节气》。荣获"1988年中国当代文学研究奖"、首届"萧红研究奖"等。2000年出版的《萧红传》成为北京十月文艺出版社推出的"中国现代作家传记丛书"之一。2011年出版《萧红全传》，2012年出版《萧红全传》的修订版。《萧红全传》在史料的运用及文本细读方面比2000年版的《萧红传》更扎实。

一 并非凄苦的童年

（一）承教于祖父母与父母的萧红

传记对萧红祖父母及父母的记述大致如下。

萧红的祖父张维祯秉性温厚，幼读诗书十余年，有相当的文学修养，但生性懦弱、不善理财。他基本上依靠祖上给他留下的家产生活，自己不谙农商，赋闲在家，栽花种草，诵诗写字，以哄孩子玩为乐事。张维祯的妻子范氏精明强干、说一不二，是个神通之人。夫妻二人只有三个女儿，没有子嗣，就把堂弟张维岳的第三个儿子张廷举过继到自己门下。张廷举便是萧红的父亲。

传记更多地记述了祖父对幼年萧红的宠爱，当然，也肯定了祖母对幼年萧红的宠爱。传记记述了萧红三岁时的一件事情。她出于好奇就用小手把祖母窗户上糊着的雪白的窗户纸一个一个捅破，听那纸张破裂的声音。为了阻止她这样捅下去，祖母就在窗户外面拿一根小针刺疼她的手指作为对她的惩戒。祖母的这种做法是否适合值得讨论，但这并不能说明祖母对萧红是恶意的。经常出门、交际颇广的祖母自然是见闻丰富，她对来家里聊天的刘三奶奶讲的"乡巴佬蹲洋车"的故事让幼小的萧红迷惑了两年，最终在自己6岁的时候，尝试了一次蹲洋车的滋味。可见萧红笔下那个不

---

① 隋洪波：《萧红身世谜团全部解开》，参见 http://international.dbw.cn/，2004年11月10日。

太友好的老祖母实际上对于萧红的启蒙起了不小的作用。

张家有一个很大的后花园,这实际上是以生产为主的菜园子。在萧红刚刚学会走路的时候,祖父就领她到后院子里去玩。"祖父一天都在后院里面,萧红也在后园里面。祖父戴着一个大草帽,萧红戴着一个小草帽。祖父栽花,萧红就栽花;祖父拔草,萧红就拔草。祖父下种,萧红就跟在后面,把下了种的土窝,用脚一个一个地溜平。有时不但没有给菜籽盖上土,反而把菜籽踢飞了。祖父铲地,萧红也铲地。因为拿不动锄杆,祖父就把锄杆拔下来,让她拿着锄头来铲。萧红哪里是铲地,只不过是趴在地上,用锄头乱勾一阵就是了。她认不清哪个是苗哪个是草,往往把韭菜当做野草一起割掉,把狗尾巴草当做谷穗留着。祖父就耐心地给她讲,什么是谷子,什么是狗尾巴草。"① 后花园是萧红和祖父两个人的乐园。有一次祖父拔草时,萧红偷偷地在他的草帽上插了玫瑰花,祖父完全不知道是萧红的恶作剧,还以为是春天雨水大,园子里的玫瑰花开得香呢!直到祖父回到屋里,祖母、父母亲都笑起来的时候,祖父才知道是怎么回事,他笑了十多分钟,萧红笑得最厉害。

传记记述:在萧红大约7岁的时候,她闹着搬到了祖父的房子里住。祖父就教她念诗,早晨念,晚上念,半夜醒了也念。念一阵子,困了再睡去。祖父教一句,萧红就念一句。祖父教的是《千家诗》,并没有课本,全凭口头传诵。萧红对诗的意思并不理解,只觉得念起来的声音很好听,所以很高兴地跟着喊。她喊的声音,比祖父的声音更大,五间房都可以听见。祖父怕她喊坏了喉咙,常常警告着她说:"房盖被你抬走了。"她喜欢的诗歌如"春眠不觉晓,处处闻啼鸟。夜来风雨声,花落知多少"。"重重叠叠上楼台,几度呼童扫不开。刚被太阳收拾去,又为明月送将来"等。每逢客人来的时候,祖父就让她念诗,于是她就念自己喜欢的这些诗。对于萧红的大声喊诗,传记认为,萧红对于诗歌的最早接受是从语音开始的,对音韵的最初感觉则是从双声叠韵开始的。祖父带给萧红的文学启蒙对于她日后创作散文诗般的小说,奠定了音韵节奏的基础。另外,传记还剖析了萧红大声喊诗的深层心理,认为这样可以缓解一个早慧

---

① 季红真:《萧红全传》,现代出版社2012年版,第28页。

小女孩的孤独与寂寞，大约也可以对抗沉寂的乡间夜晚所带来的恐惧。①祖父除了教萧红读诗之外，还时常照料萧红吃一些烧烤之类，比如把掉到井里的小猪、小鸭用黄泥裹了烤熟吃，这对于童年萧红来说真是莫大的幸福。为此，顽皮的萧红多次拿了秫秸秆故意把鸭子往井里赶。可见，在所有的长辈中，萧红祖父带给萧红的快乐是最多的。

　　传记对萧红的父亲的记述是这样的：萧红的父亲张廷举天资很高，读书成绩优异，先毕业于黑龙江省立高等小学堂，后被保送上了省立优级师范学堂。他读书时还秘密加入了国民党。21岁毕业时被授予"师范科举人"，还有从七品虚衔官职的"中书科中书衔"，被分配到黑龙江省汤原县任农业学堂教员、劝业局劝业员。张廷举后来调回呼兰，历任呼兰农工两级小学校长，呼兰义务教育委员会委员长，呼兰县立通俗出版社社长，呼兰县教育局局长，黑龙江省教育局秘书，巴彦县教育局督学兼清乡局助理员等职。日伪统治时期，曾充当过呼兰县协和会副会长。日本投降后，又出任呼兰县维持会会长。人民政府成立后，他积极拥护人民政府和土地改革，支持儿女参军参战，被呼兰县人民政府确认为开明士绅，曾被选为松江省参议员。② 萧红的父亲就是这样一个有学识、善变通的人。

　　传记认为张廷举的思想有着明显的两重性：一方面维护封建家长制；另一方面具有民主维新之思想，是呼兰第一个破坏祖师庙偶像的人。在对待萧红的教育上，他也表现了这样维新的特点。虽然他曾阻止萧红到哈尔滨读中学，但最后毕竟是放行了。这样一个知识分子对于自己长女萧红的教育起初还是十分重视的。萧红6岁这一年的瓜秋，随母亲到姥姥家居住时，随身带了一个纸盒子，里面装满了字块。这是父亲为她准备的，让她识字。1924年，萧红考入呼兰县北关初高两级小学校，次年张廷举就把萧红转入教学质量更好的呼兰县第一女子初高两级小学校，可见他对萧红教育的重视。只是萧红在小学毕业前夕参加了学生运动，上街宣传募捐，剪掉辫子示威游行，声援上海的五卅大罢工。这些行为使张廷举感到不安，增加了对萧红的看管。至于萧红后来与家庭彻底决裂，除了父亲的决绝之外，主要还有萧红自身天马行空的性格因素以及当时关内关外的特殊

---

　　① 季红真：《萧红全传》，现代出版社2012年版，第41页。
　　② 参见季红真《萧红全传》，现代出版社2012年版，第16—17页。

政治形势等原因。萧红的冒险性格大约与她的家族文化血脉有一定关系，他的曾祖是从山东闯关东落户东北的，她的六叔是在北平读了大学的，她的父亲是在省城哈尔滨上完中等学堂的，并且有过到北平"留学"的想法。这个家族的许多成员都有一颗勇闯天涯、不甘寂寞的灵魂，萧红只是其中之一罢了。只因她是女性而受到了更多的阻碍和磨难。

王鹤在《萧红：文字与人生一起脱轨》一文中写道："父亲的专制、冷酷激发了萧红的反弹。冲动、任性的萧红太像一匹脱缰野马，狂乱不羁。那一连串惊世骇俗之举，在因循保守的呼兰，在顾忌颜面的张家，无疑会被视为伤风败俗、有辱门楣，所以她被开除族籍。而她的不循常规、随心所欲，换成大多数缺乏超强承受力的父母，都会头疼欲裂吧。"[1] 事实上，张廷举面对的压力，不仅仅是来自乡里的舆论，更有来自官方的制裁。当代学者秦弓在《萧红的幸运和不幸》一文中写道："萧红初中毕业后，与表哥陆振舜搭伴到北京去读高中。她万万没有想到，自己果敢而轻率的举动掀起了轩然大波，黑龙江省教育厅以教子无方解除萧红父亲张廷举教育厅秘书一职，调巴彦县任教育局督学。呼兰县张家子弟受不了舆论压力，纷纷转学离开呼兰。"[2] 在20世纪20年代的中国农村，普通的家长都难以容忍萧红这样的行为，何况张廷举是当地有头面的人物！倔强的萧红在命若游丝之时，也曾有过屈服与软弱，有过返回老家的考虑："我早就该和T分开了，可是那时候我还不想回到家里去，现在我要在我父亲面前投降了，惨败了，丢盔卸甲的了。因为我的身体倒下来了，想不到我会有今天。"[3] 这话反映了萧红回归故园的愿望。或许在经历了诸多人生磨难之后，她对父亲也有了更多的理解。若条件许可，父女关系的缓和不是不可能的。《呼兰河传》的写作就是萧红的一次精神回乡，萧红临终前口述的《红玻璃的故事》也是个隐喻，故事中王大妈的悲剧透露了萧红对命运的顿悟，对宿命的认同。上述材料启示我们，不能仅仅依据萧红与父亲曾经有过激烈冲突就否认张廷举对童年萧红的培养之功。

---

[1] 王鹤：《萧红：文字与人生一起脱轨》，《书屋》2012年第9期。

[2] 秦弓：《萧红的幸运和不幸——读〈我的姊姊萧红〉》，《中华读书报》2005年11月23日。

[3] 骆宾基：《萧红小传》，黑龙江人民出版社1981年版，第99页。

传记还写到了这样一件事：在日本投降之后，萧红的胞弟张秀珂回家同家人团聚时，张廷举在自家大门上贴过这样一副对联：惜小女宣传革命南粤殁去，幸长男抗战胜利苏北归来。横批"革命家庭"。① 这一副对联尽管有张廷举为自己做政治宣传、获取政治资本的成分，但是其中所包含的对于女儿离世的痛惜之情，也是非常显而易见的。传记认为张廷举能够在乱世中保护家人平安也是很不容易的。"他自己循规蹈矩、胆小怕事，自然看不惯萧红在祖父的宠爱下，养成的无所顾忌的天性。"② 笔者认为，传记的这一判断是合理的。张廷举出身于一个大家族，在呼兰又是个官场之人，他需要严格的家风家教来保全面子，然而，萧红的与人私奔、未婚先孕等行为都是被乡里乡亲所耻笑的。这正是他与萧红冲突的主要原因。萧红离家后，他坚决阻止儿子张秀珂与萧红通信联系，既有维护家长权威的因素，更有出于家庭安全的考虑。1934年，《跋涉》被查抄没收，萧红与萧军出走哈尔滨，日伪特务曾到呼兰张家连续两次大搜捕。无奈，张廷举求助表哥帮忙，得以把日伪政府军政部大臣于琛徵、日伪军管会司令长官王济仲等人的戎装大照片挂在屋里当护身符。在这样的形势下，张廷举在对待萧红的问题上不得不格外谨慎。实际上，在内心深处，他未必不关心女儿。尽管他禁止儿子张秀珂与萧红通信，但最终还是默许了儿子去上海投奔萧红。晚年张廷举对女儿萧红应该是原谅了的，据王化钰《萧红生父张廷举其人其事》记述："1956年，他与梁亚兰去儿子张秀珂家养老。当时，张秀珂在哈尔滨市卫生学校当校长。张秀珂病故后，老两口去了沈阳。临走时曾对邻居老王太太讲：'我女儿萧红还留下一部《呼兰河传》呢！'"③ 这话表明了他对萧红写作才能的赞赏。看来，张廷举并非全如萧红所写的那样凶神恶煞、面目可憎，吝啬而疏远。很可能是张廷举长期在外地工作，很少回家，一旦回家，萧红的后母又向他告萧红的状，萧红难免受到父亲的打骂，这就使她觉得父亲是可怕的。

传记对萧红母亲及外祖母家族的记述也是很详细的：萧红的生母姜玉兰是呼兰县姜家窝棚屯乡绅姜文选的大女儿。姜文选是呼兰硕学鸿儒。

---

① 季红真：《萧红全传》，现代出版社2012年版，第19页。
② 同上。
③ 王化钰：《萧红生父张廷举其人其事》，《呼兰文史资料》1989年。

"他原籍山东登州府，读过孔孟的书，深达周公之礼。……他先在兰西的大王家窝棚屯教书9年，又在田家窝棚屯教书3年，回到呼兰本乡开家馆课徒授业，也教自己的儿女读书识字。他写得一手好字，最擅长'八分体'。四书五经讲得透，讲得深，呼兰、巴彦一带的人都乐于把子弟送到他这里来读书。……正值家业鼎盛的时期，他的儿女又都自幼跟他读书、有文化，自然被视为名门之后。"[1] 在姜文选的几个孩子中，姜玉兰自幼聪敏，熟读唐诗宋词，还学会了打算盘，是几个姐妹中的佼佼者。据姜玉兰的三妹回忆说："我们五个念书，数人家（指姜玉兰）心灵，一说就会。我爸最喜欢她。常对我们几个小的说：'你们几个谁也赶不上你大姐。'……"[2] 姜玉兰婚后孝敬婆母、勤俭理家、精明强干。

有其母必有其女，萧红的聪颖自然有遗传自母亲的成分。萧红的作品中写到过"母亲并不十分爱我"[3]，也写到过母亲对她的责骂。这一方面与其母亲的教育方式有一定关系，另一方面与萧红本人幼年顽皮、淘气、骄纵的性格有关。她有时从家中偷出馒头、鸡蛋、红枣等食物分给小伙伴们，还时常爬树上房掏鸟窝、跳墙、尿裤子等，性格之野不亚于男孩子。不管萧红的母亲多么重男轻女，她对于自己的第一个女儿一定是寄予了希望的。传记写道："萧红的母亲一心要把萧红培养成大家闺秀，对她的管束很严格。萧红稍大一点，她便常对亲人们说：'荣华这孩子，都让他们（指萧红的祖父和祖母）给惯坏了，说话都学着咬舌头了，可惯不得。'每年，姜玉兰都要带萧红到娘家住一两次，有时是三次。"[4] 童年萧红在姥姥家度过了不少快乐的时光。由此看来，萧红的早慧自然有母亲的一份功劳。"慈祥而犹有童心的老祖父是她唯一的伴侣"[5] 以及由此推演出的"萧红童年的唯一快乐来自祖父"等说法都未免偏颇。

对于萧红第一次被母亲带到外婆家受欢迎的情形，传记这样作了描述："姜家人素来敬重姜玉兰，她在知书达理的婆家又有脸面，加上小萧

---

[1] 季红真：《萧红全传》，现代出版社2012年版，第20页。
[2] 转引自郭玉斌《诗与梦·百年萧红》，湖北人民出版社2011年版，第12页。
[3] 萧红：《感情的碎片》，《萧红全集》4，黑龙江大学出版社2011年版，第164页。
[4] 季红真：《萧红全传》，现代出版社2012年版，第32页。
[5] 茅盾：《〈呼兰河传〉序》，晓川、彭放《萧红研究七十年》（中卷），北方文艺出版社2011年版，第353页。

红生的结实可爱，又白又胖，黑黑的一双大眼睛，全家人都喜欢她。她从这个人的手里传到那个人的手里，被亲来亲去，还唱着歌谣逗她玩儿。实际上，萧红的童年不仅有祖父的溺爱，也受到母族姜家人的宠爱，养成了她自由而富于情感的性格。"[1] 传记充分看到了萧红母亲给她带来的性格上的影响。的确，童年萧红是活泼开朗、嬉闹好动的。至少在继母过门之前，她的童年是幸福美满的。

（二）见闻于县城与乡间的萧红

从传记的记述可以知道，呼兰在历史上建制较早，1734 年建呼兰城，1904 年设呼兰府，1913 年设呼兰县。在 1901 年松花江铁路大桥建成通车之前，呼兰一直是哈尔滨北面的门户，是江北运粮车马必经的要道，相当繁华。呼兰虽然是一个小县城，但麻雀虽小，五脏俱全。它虽然没有哈尔滨的繁华，但是却基本具备了现代城市的一些基本功能。有学校、庙堂、教堂等文化设施，有庙会、年节庆典等活动，相对于周边的乡村来说，它具有文化中心的地位。在此地生活的儿童见识自然比乡间的孩子多一些。再加上萧红的家庭是个大家族，四乡八邻的亲戚较多，有很多与她年龄相仿的小伙伴如二姑家的表哥、继母的妹妹、用人的女儿等可以在一起嬉戏。这都给童年萧红带来了丰富的生活体验和人情体验。

大家族丰富奇异的储藏物品也使萧红大开眼界。家中的储藏室是萧红幼年探险的地方，那里诸多新奇好玩的东西关联着家族的往事和远方的信息。例如，花丝绒、绸子条、烟荷包、衣领、裤脚、马蹄袖、搭腰等器物的古色古香培养了她丰富的想象力，那染绿指甲的颜料、写出白道道的观音粉培养了她对色彩的最初感悟，那把祖父一袋烟燃着的圆玻璃激发了她的创造力，那印帖子的贴板、三姑的花鞋让她感到了岁月的流逝，形成她对生命周期最早的感知。

传记介绍了萧红故乡呼兰城里的五种民间风俗：一是跳大神；二是七月十五孟兰盆会；三是唱野台子戏；四是四月十八娘娘庙大会；五是正月十五跳秧歌舞。在东北乡间，跳大神通常是为了治病，一般的老百姓有了小灾小难，都找跳大神的人来治病。大神通常是女的，陪伴在一旁的二神则是男的。大神打着鼓又唱又跳，二神则在边上对答如流。两个人配合默

---

[1] 季红真：《萧红全传》，现代出版社 2012 年版，第 25 页。

契，呼风唤雨。七月十五日是鬼节，每当这一天，呼兰河上放河灯，让鬼托生。和尚、道士吹着笙、管、笛、箫，穿着描金大红缎子的褊衫，在河沿上做道场。人们认为此夜出生的孩子是野鬼托着莲花灯来投生的，是不吉利的。野台子戏一般要唱三天，戏台子搭好之后，呼兰城里的人就接亲戚唤朋友来团聚。这也正是相亲说媒的好时机，通常是通知男家不通知女家，叫作偷看。女孩子去看戏的时候，一般都打扮得很漂亮。赶庙会的俗称叫作逛庙，以女子为多。娘娘庙在呼兰的北大街，老爷庙和娘娘庙相距不远。老爷庙供的是关公，娘娘庙供的是道教的碧霞元君。那些烧香求子孙的人总是先到老爷庙磕头，在上娘娘庙进香。正月十五正是农闲的时候，化装成各式各样的人物，舞狮子、耍灯笼、走旱船，滑稽可笑。传记认为，这些民间风俗熏陶了萧红，使她从小得到了艺术的启蒙，也成为她创作的重要素材，譬如跳大神的鼓声使她生出"人生何如"的感叹。[①]

传记还记述了对萧红童年产生较大影响的一个家族之外的人，那就是有二伯。有二伯原本姓李，因乳名"有子"，萧红就叫他有二伯。他是张家家族之外的一个特殊人物，曾经在日俄战争期间为张家守过门户，从而获得了管家的地位，但他终究是一位老资格的仆人罢了。萧红与有二伯在同时偷家里的东西时达成的默契是她童年的一个小秘密。有二伯带她上园子干活、逛公园看景都是她童年最温馨的记忆。她给渴望有人关心的有二伯送食物，那是有二伯最感动的事情。有二伯在张家的特殊身份使萧红看到了人与人之间无可逾越的阶层区分，有二伯那破碎得难以提起的铺盖使她幼小的心灵受到了触动，产生了同情。

萧红外祖母家住在姜家窝棚屯，村子坐落在泥河左岸，它的南面、北面都是山，东南面是有着美丽传说的双龙泉。双龙泉的东、西两面都是漫岗。姜家窝棚屯就坐落在北山脚下。每当萧红随母亲来姜家窝棚屯小住的时候，她会结识一批小伙伴跟他们在山上乱跑，还到双龙泉去抓蛤蟆烧烧吃。传记认为这些童年经历为她日后的文学创作做了积淀。"姥姥家的阅历无疑开阔了她的眼界，滋养了她的心灵，她早期作品中所有以山地为背景的内容，都与她这一时期的见闻分不开。她在日本的时候，曾经计划写一篇长的童话，终于因为对于民间生活了解不够而放弃，大约是以童年在

[①] 季红真：《萧红全传》，现代出版社2012年版，第34—35页。

姥姥家与小伙伴的游戏为题材。在生命接近终点的时候，她还计划写一部表现移民开发北大荒的长篇《泥河传》，就是以姥姥家附近的河命名，当为她的母系家族史。"① 传记的这一分析是深刻的。的确，萧红童年在姥姥家所获得的快乐是无穷的。他那硕学鸿儒的姥爷常常摸着她的头说："小荣华，看你的心劲，将来肯定错不了"，对她很是激赏。她童年时期在姥姥家玩的哈嘎啦、吃的冻芸豆、剪的小纸人大大丰富了她的经验和想象力。后母进门之后，萧红从姥姥家里获得了更多的痛惜和关爱。

总之，从传记的描述可以看出，萧红从小生活在呼兰城内，萧红母亲的娘家姜家虽然住在乡下，但也是个大家族。不管是萧红的父系家族还是萧红的母系家族都是人丁兴旺，所以萧红的童年小伙伴特别多。萧红在自己家所在的城里，集中见识了各种各样的民间风俗；在伯父家和外婆家所在的乡下，见识了各种山野风景。这一切使得萧红的童年生活丰富多彩，优裕、愉快的成分居多，不完全是过往人们想象的苦难、寂寞、祖母不待见、父亲暴打、继母辱骂等状态。与张爱玲相比，萧红大部分作品的明朗和暖色是十分明显的，其童年回忆作品中那令人忍俊不上、捧腹大笑的对话与场面描写正说明了萧红童年基本上是幸福快乐的。与同时代的女作家相比，萧红的童年生活不能说是最幸福的，但足可以称得上是丰满厚实、多姿多彩的。当然，笔者并不否认祖母、父亲、母亲、继母、伯父等人带给童年萧红的心理阴影，这阴影形成了其作品的另一种格调："萧红式"的忧郁。但是，总体来说，萧红童年承接的爱和温暖要多于恨和冷漠，所以她的心底始终是善良的，其作品的主旋律是积极活泼、澄明昂扬的。我们从她离世前对端木和骆宾基的一番谈话中可以看出她的善良与追求："人类的精神只有两种：一种是向上的发展，追求他的最高峰；一种是向下的，卑劣和自私。……作家在世界上追求什么呢？若是没有大的善良，大的慷慨，比如说，T，我说这话你听着，若是你在街上碰见一个孤苦无告的讨饭的，袋里若是还有多余的铜板，就掷给他两个，不要想，给他又有什么用呢？他向你伸手了，就给他，你不要管有用没有用，你管他有用没用做什么？凡是对自己并不受多大损失，对人若有好处的就该去做。"②

---

① 季红真：《萧红全传》，现代出版社2012年版，第34页。
② 骆宾基：《萧红小传》，黑龙江人民出版社1981年版，第100—101页。

萧红的这种人生态度和创作追求很大程度上源自她童年所得到的亲友的关爱，源自老祖父、有二伯等人。

二 童年体验培育儿童视角的写作

传记对萧红童年状况的全面记述启发我们重新思考和认识萧红的作品。检视萧红的大部分作品，特别是《呼兰河传》，很容易发现其中的儿童视角的叙述方式。当我们了解了萧红丰富多彩的童年体验时，就会明白萧红作品的儿童视角叙事几乎是自然而然生成的，她不需要刻意地去选择，因为她的童年有永远说不尽的故事。这是传记告诉我们的。

儿童视角，就是以儿童的眼光或口吻来叙述，叙述的调子、姿态、结构、心理等都受制于作者所选定的儿童的叙事角度。儿童视角的故事叙述者常常是一个活泼天真、好奇顽皮的儿童，他的叙述往往呈现回忆的形态。对于作家来说，童年经验往往内化为一种心理定式，对作家人格的形成、作品的生成产生直接影响，甚至孕育出独特的写作视角。萧红丰富的童年体验使她不自觉地、自然而然地使用了儿童视角进行创作，这种写作特点突出体现在她的《呼兰河传》中。童年期是一个人心理发育、心智成熟的关键时刻，它对于人的影响是终生的。一切文学都是作者的体验和感悟，萧红的作品以童年叙事和乡土叙事为主要内容。当萧红远离家乡之后，特别是她到了南国香港之后，她对家乡的回忆更为殷切，对童年的记忆更为生动。十几年呼兰生活所积蓄的丰富灿烂的故事，如汩汩山泉流淌不停，构成了萧红作品儿童视角的叙事模式。

由于儿童感知世界的方式与成年人是不同的，往往具有直觉性、跳跃性、具象性，因而用于表达思想的语言往往是碎片化的、片段性的。萧红《呼兰河传》那些长长短短的毫无规律的章节和段落，那些零零散散的没有线索贯穿也不显示具体时间的故事和人物，那稚气的语言、反复的诉说就是这种特征的具体表现。除了《呼兰河传》，萧红的其他一些作品也具有明显的儿童视角的叙述特征，这些特征具体表现为场面化的描写、修辞手法的自然运用以及不加评论的陈述方式。下面举例来说明萧红作品的这些特征。

（一）叙述的画面感

儿童视角的叙事往往句式简单但啰唆反复、生动幽默，具有画面感，因为在儿童主要是通过观察来感知世界的。如《呼兰河传》中写有二伯的段子：

> 有二伯说话的时候，把"这个"说成"介个"。
> "那个人好。"
> "介个人坏。"
> "介个人狼心狗肺。"
> "介个物不是物。"
> "家雀也往身上落粪，介个年头是啥年头。"①

看了上面这一节，发音不准、可爱又可怜、常常被人嘲笑的有二伯仿佛站在了我们面前。这种稚气的叙述把人物彻底写活了，显示着一种不经意间的深刻。《呼兰河传》关于有二伯的描写还有更生动的段落。

> 就在这样的一个白天，一个大澡盆被一个人掮着在后园里边走起来了。
> 那大澡盆是白洋铁的，在太阳下边闪光湛亮。大澡盆有一人多长，一边走着还一边咣郎咣郎地响着。看起来，很害怕，好像瞎话上的白色的大蛇。
> 那大澡盆太大了，扣在有二伯的头上，一时看不见有二伯，只看见了大澡盆。好像那大澡盆自己走动了起来似的。
> 再一细看，才知道是有二伯顶着它。
> 有二伯走路，好像是没有眼睛似的，东倒一倒，西斜一斜，两边歪着。我怕他撞到了我，我就靠住了墙根上。②

这段话的场面感更加强烈，那神秘的游动的大白蛇原来是有二伯趁人们午休时刻盗取的大澡盆。"我"悄悄地注视着那东倒西歪的偷盗者，害

---

① 萧红：《〈呼兰河传〉节选》，万燕、李彦妹编著《落红萧萧》，安徽文艺出版社2009年版，第119页。

② 同上书，第129页。

怕他撞到我。好惊险的场面！

在《两个朋友》中，萧红描写了华子和金珠两个十二三岁的女孩子吵架的场景。

> 金珠才十三岁，穿一双水红色的袜子，在院心和华子拍皮球。华子是个没有亲母亲的孩子。……
> 为这事，华子和金珠吵起来了：
> "这也不是你家的，你管得着？不要脸！"
> "什么东西，硬装不错。"
> "我看你也是硬装不错，'帮虎吃食'。"
> "我怎么'帮虎吃食'？我怎么'帮虎吃食'？"
> 华子的后母和金珠是一道战线，她气得只是重复着一句话：
> "小华子，我也没见你这样孩子，你爹你妈是虎？是野兽？我可没见过你这样孩子。"
> "是'帮虎吃食'，是'帮虎吃食'。"华子不住说。
> 后母亲和金珠完全是一道战线，她叫着她："金珠，进来关上窗子睡觉吧！别理那小疯狗。"
> "小疯狗，看也不知谁是小疯狗，不讲理者小疯狗。"[①]

读了这段对话，我们仿佛看到了夏夜的傍晚，华子、金珠以及华子后母三个人在院子里混吵的场面。萧红原名荣华，这里的华子是以萧红为原型的，作品所描写的场景就是萧红的童年经历。三个人吵架时由于气急而使用的语言大都简短而且重复，比如在上面这段对话中，"帮虎吃食"重复5次、"小疯狗"重复3次、"硬装不错"重复2次。这种对吵架现场的直接描摹写得惟妙惟肖，带着一股清新的孩子气。

在《蹲在洋车上》，萧红描写了自己6岁时，偷偷上街买皮球走失的情景，当她被洋车夫送回家时，突发异想，试图模仿祖母所讲的故事中那个乡巴佬坐车的样子："车子跑得不很快，我忘记街上有没有人笑我。车跑到红色的大门楼，我知道家了！我应该起来呀！应该下车呀！不，目的

[①] 萧红：《两朋友》，《萧红全集》4，黑龙江大学出版社2011年版，第64页。

想给祖母一个意外的发笑,等车拉到院心,我仍蹲在那里,象耍猴人的猴样,一动不动。祖母笑着跑出来了!祖父也是笑!我怕他们不晓得我的意义,我用尖音喊:'看我!乡巴佬蹲东洋驴子!乡巴佬蹲东洋驴子呀!'"①

在《家族以外的人》中,萧红写了"我"从家里偷出鸡蛋与小伙伴一起在空磨房的碾盘上烧鸡蛋吃的情景。

> 有一天,我看到母亲的头发在枕头上已经蓬乱起来,我知道她是睡熟了,我就从木格子下面提着鸡蛋筐子跑了。
> 那些邻居家的孩子就等在后院的空磨房里边……
> "嗳!小点声……花姐她妈剥她的皮呀……"
> 把窗子关了,就在碾盘上开始烧起火来,树枝和干草的烟围蒸腾了起来;老鼠在碾盘底下跑来跑去;风车站在墙角的地方,那大轮子上边盖着蛛网,罗柜旁边余留下来的谷类的粉末,那上面挂着许多种类虫子的皮壳。
> "咱们来分分吧……一人几个,自家烧自家的。"
> 火苗旺盛起来了,伙伴们的脸孔,完全照红了。
> ……
> "这是谁家炒鸡蛋,炒得这样香……"母亲很高的鼻子在镜子里使我有点害怕。
> "不是炒鸡蛋……明明是烧的,哈!这蛋皮味,谁家……呆老婆烧鸡蛋……五里香。"
> "许是吴大婶她们家?"我说这话的时候,隔着菜园子看到磨房的窗口冒着烟。②

在以上两部分的描写中,不管是蹲在洋车上的女孩子,还是聚在磨房里的群童,都天真无邪、活灵活现,那"乡巴佬蹲东洋驴子"的喊声、烧鸡蛋的香味都仿佛从文字里溢出来了。难怪茅盾这样评价萧红的文字:

---

① 萧红:《〈呼兰河传〉节选》,万燕、李彦妹编著《落红萧萧》,安徽文艺出版社2009年版,第217页。
② 萧红:《家族以外的人》,《萧红全集》2,黑龙江大学出版社2011年版,第14—16页。

"要点不在《呼兰河传》不像是一部严格意义的小说,而在它于这'不像'之外,还有些别的东西——一些比像一部小说更为'诱人'些的东西:它是一篇叙事诗,一幅多彩的风土画,一串凄婉的歌谣。"[①] 这里,虽然茅盾的评价是针对《呼兰河传》的,但是不仅仅是《呼兰河传》的描写具有叙事诗、风图画的特点,萧红的许多儿童视角的叙事作品都是如此。叙事的画面感已经成为萧红作品的一个重要特征。

(二) 采用多种修辞手法

心理学家皮亚杰认为儿童思维的发展可分为四个大的年龄阶段。这四个阶段分别是:感知运动阶段(0—2岁)、前运算阶段(2—7岁)、具体运算阶段(7—12岁)、形式运算阶段(12岁至成人)。在每个年龄阶段,儿童思维的特点是不同的,比如处于前运算阶段的儿童不能形成正确的概念,其判断受直觉思维支配;处于具体运演阶段的儿童,其思维已具有可逆性和守恒性,但这种思维运演还离不开具体事物的支持。所以,儿童思维往往依赖具体的事物来思考、具有形象性。这种思维特点表现在文学作品中,就是运用类比、拟人、比喻、夸张等修辞手法,注重对事物形状、色彩、声音等的具体描述,使自然风景和动植物人格化。萧红的许多作品具有这一特征。如《呼兰河传》中写火烧云的一段:

> 这地方的晚霞是很好看的,有一个土名,叫火烧云。说"晚霞"人们不懂,若一说"火烧云"就连三岁的孩子也会呀呀地往西天空里指给你看。
>
> 晚饭一过,火烧云就上来了。照得小孩子的脸是红的。把大白狗变成红色的狗了。红公鸡就变成金的了。黑母鸡变成紫檀色的了。喂猪的老头子,往墙根上靠,他笑盈盈地看着他的两匹小白猪,变成小金猪了,他刚想说:
>
> "他妈的,你们也变了……"
>
> 他的旁边走来了一个乘凉的人,那人说:
>
> "你老人家必要高寿,你老是金胡子了。"

[①] 茅盾:《〈呼兰河传〉序》,晓川、彭放《萧红研究七十年》(中卷),北方文艺出版社2011年版,第355页。

......

　　五秒钟之内，天空里有一匹马，马头向南，马尾向西，那马是跪着的，像是在等着有人骑到它的背上，它才站起来……

　　忽然又来了一条大狗，这条狗十分凶猛，它在前边跑着，它的后面似乎还跟了好几条小狗仔。跑着跑着，小狗就不知跑到哪里去了，大狗也不见了。

　　又找到了一个大狮子，和娘娘庙门前的大石头狮子一模一样的……①

这里，萧红运用拟人化的手法直接把火烧云拟人化为会跑动、会变化的马、狗、狮子，这是儿童最常见的思维方式，即用有形的、熟悉的动物来形容他要描述的事物和景色。

再如，《清晨的马路上》一文写到了各色人等开始活动的情景。

　　烟童们叫着：

　　"粉刀，双鹤、耕种烟"

　　"大号双鹤烟……"

　　小胸膛们响着，已死的马路会被孩子们的呼唤活转来，街车渐多，行人渐多，被孩子们召集来的赛会，蚂蚁样的。叫花子出街了，残废们没有小腿把鞋子穿在手上，用胳膊来帮助行走，所以变成四条腿的独特的人形。这独特的人形和爬虫样，从什么洞里爬出来，在街上晒太阳吗？闲走吗？许多人没有替他想过，他是自己愿意活，就爬着活，愿意死就死在洞里。②

这里烟童的叫卖声、手上穿着鞋子的残疾人都是那样的具体、鲜活，纯属儿童视角的有声有色的描述。这里用的词汇如"死的马路""活转来"也是拟人化的。对于儿童来说，万物都是有灵性的，就像人一样，能生会死。儿童还常常用类比的方式来看待和解释外部现象，如这里把用着地的

---

① 萧红：《呼兰河传》，黑龙江人民出版社1979年版，第31—32页。
② 萧红：《清晨的马路上》，《萧红全集》4，黑龙江大学出版社2011年版，第24—25页。

残疾人看成四条腿，把残疾人特殊的行走方式看成虫子一样地爬行。

在《呼兰河传》中，对后花园自然风物的描写同样也运用了拟人的修辞手法。

> 太阳在园子里是特大的，天空是特别高的，太阳的光芒四射，亮得使人睁不开眼睛，亮得蚯蚓不敢钻出地面来，蝙蝠不敢从什么黑暗的地方飞出来。是凡在太阳下的，都是健康的、漂亮的，拍一拍连大树都会发响的，叫一叫就是站在对面的土墙都会回答似的。
>
> 花开了，就像花睡醒了似的。鸟飞了，就像鸟上天了似的。虫子叫了，就像虫子在说话似的。一切都活了。都有无限的本领，要做什么，就做什么。要怎么样，就怎么样。都是自由的。倭瓜愿意爬上架就爬上架，愿意爬上房就爬上房。黄瓜愿意开一个谎花，就开一个谎花，愿意结一个黄瓜，就结一个黄瓜。若都不愿意，就是一个黄瓜也不结，一朵花也不开，也没有人问它。玉米愿意长多高就长多高，他若愿意长上天去，也没有人管。蝴蝶随意地飞，一会儿从墙头上飞来一对黄蝴蝶，一会儿又从墙头上飞走了一个白蝴蝶。它们是从谁家来的，又飞到谁家去？太阳也不知道这个。[①]

萧红以儿童的感受去铺写生活之美，在她笔下，太阳底下的大树和土墙都有了灵性，花、鸟、虫都有无限的本领，倭瓜、玉米、黄瓜都是自由自在的，蚯蚓、蝙蝠是怯懦的，蝴蝶是带色彩的，伟大的太阳也不知道蝴蝶从哪里来又要到哪里去。这完全是儿童眼中的神奇世界。

（三）不做或者很少做出评价

儿童视角是一种限制性视角，它的叙事只出示现象，而不对现象加以评判，甚至有时故意做无知、不懂的姿态，发出一些孩子般的疑问。尽管不做评论，但内涵十分清晰，作者的思想倾向是十分明确的，如《呼兰河传》中对有二伯行李的描述以及对有二伯带"我"逛公园的描写，都是如此。

[①] 萧红：《祖父、后花园和我》（《呼兰河传》节选），万燕、李彦妹编著《落红萧萧》，安徽文艺出版社2009年版，第108—109页。

> 有二伯的行李，是零零碎碎的，一掀动他的被子就从被角往外流着棉花，一掀动他的褥子，那所铺着的毡片，就一片一片地好像活动地图似的一省一省的割据开了。
> 有二伯的枕头，里边装的是荞麦壳，每当他一抡动的时候，那枕头就在角上或是在肚上漏了馅了，哗哗地往外流着荞麦壳。
> 有二伯是爱护他这一套行李的，没有事的时候，他就拿起针来缝它们。缝缝枕头，缝缝毡片，缝缝被子。
> 不知他的东西，怎那样地不结实，有二伯三天两天的就要动手缝一次。①
> ……
> 有二伯带着我上公园的时候，他什么也不买给我吃。公园里边卖什么的都有，油炸糕，香油掀饼，豆腐脑，等等。他一点也不买给我吃。
> 我若是稍稍在那卖东西吃的旁边一站，他就说："快走罢，快往前走。"
> 逛公园就好像赶路似的，他一步也不让我停。
> 公园里变把戏的，耍熊瞎子的都有，敲锣打鼓，非常热闹。而他不让我看。我若是稍稍地在那变把戏的前边停了一停，他就说："快走罢，快往前走。"
> 不知为什么他时时在追着我。②

这里的"不知他的东西，怎那样地不结实""不知为什么他时时在追着我"就是以儿童的感受和理解去叙述的，与全知全能的叙述视角有很大区别。这里的叙事限制在儿童对世界了解和把握的能力上，仅仅陈述现象，不做解释和判断。因为单纯幼稚的孩子无法作出理性的价值评判。这种叙事独特的魅力在于留下空白，引导读者去思索，去判断。让读者最大限度地发挥自己的理解和判断，在理解和判断中发挥阅读的主体性，获得阅读快感。这里，当读者从文本中读出有二伯生活条件的极

---

① 萧红：《〈呼兰河传〉节选》，万燕、李彦妹编著《落红萧萧》，安徽文艺出版社2009年版，第122—123页。

② 同上书，第127—128页。

度贫寒以至于三天两头要缝补破烂的铺盖,当读者读出有二伯没钱给"我"买零食、更无力购买两人的观赏门票时,心中升起的对有二伯的同情远比作者直接讲出来的要多得多。这种叙事无形中拓宽了叙事空间,它所造成的实际内涵显然超过了文本的意义。类似的写法在萧红的作品中常常见到,如她的《手》全篇无一字的评论,对那个手带颜色的、渴望读书却没有条件读书的少女的同情却力透纸背。又如《永远的憧憬与追求》一文在回忆了自己童年受到父亲的打骂时祖父的安慰话语"快快长吧!长大就好了"之后,笔锋一转,写道:"'长大'是'长大'了,而没有'好'。"一句简单的"而没有'好'"包含了许多难以言说的意蕴:虽然长大了,父亲的冷漠武断却没有改变。父女关系不仅没有改善反而更加恶化了。与家庭断绝往来的焦虑、离家后动荡漂泊的辛酸是多么的令人感到压抑啊!再如《感情的碎片》中在叙述了母亲即将病逝的情景之后,自己从衣袋里取出母亲买给自己的小洋刀:"'小洋刀丢了就从此没有了吧?'于是眼泪又来了"。"小洋刀丢了就从此没有了吧?"的担忧包含了对母亲无限的留恋。这里没有任何直接的议论和表白,但却情感真挚、观点鲜明。萧红作品儿童视角作品的巨大魅力由此可见一斑。

丰厚的童年经历,漂泊的人生旅途共同促成了萧红作品叙事的儿童视角。当她历经磨难、生活漂泊不定时,童年回忆成为一种精神的慰藉、感情的寄托。所以萧红有了采用童年视角创作的大量作品,这些作品如《呼兰河传》《牛车上》《家族以外的人》《手》《永远的憧憬与追求》《感情的碎片》《蹲在洋车上》《后花园》《两朋友》《山下》《孩子的演讲》《莲花池》《小城三月》《叶子》等,它们与鲁迅的《故乡》《社戏》《朝花夕拾》,林海音的《城南旧事》,凌叔华的《凤凰》《小英》,萧乾的《篱下》等共同构成了现代文学史上儿童视角的经典叙事,是现代文学史上较早的儿童母题创作的成功尝试。

童年体验是萧红创作的源泉,萧红童年视角的作品写得自然流畅、浑然天成,真切、动人地透射出一个时而快乐时而又寂寞的童心世界,这与萧红丰盈饱满的童年体验有直接关系。季红真的《萧红全传》对萧红童年的客观记述使我们更加理解了萧红创作的这种特色,这就是传记关于传主童年叙事的价值所在。

结　　语

结语包含结论与余论两部分。

一　结论：作家传记具有多重价值

本书的主要结论如下。

第一章通过考察钱理群的《周作人传》、袁庆丰的《郁达夫传》、宋炳辉的《徐志摩传》和陈丹晨的《巴金全传》，对于作家传记作者主体性的问题，获得如下认识：传记作者主体性的表现形态是多种多样的，基本上可以归纳为思想主体、情感主体、学术主体、精神主体等多个方面。作者主体性突出的传记未必是优秀的传记，但优秀的传记一定是突出作者主体性的传记，突出作者主体性是优秀传记的标准之一。在传记写作中，主体性的发挥是必需的也是必然的，但是要有一个恰当的度，否则，就会偏离真实。陈丹晨《巴金全传》主体性发挥适当与袁庆丰《郁达夫传》主体性的过度发挥这两个案例从正、反两个方面说明了这一点。传记作者主体性的存在使得传记成为研究作者本人个性特征、学术背景的重要文本，从这一意义上来讲，传记也具有重要的学术价值。

第二章通过考察林志浩的《鲁迅传》、田本相的《曹禺传》、张耀杰的《戏剧大师曹禺》、黄昌勇的《王实味传》这四部作家传记对于作品解读特点的分析，获得如下结论：作家传记对作品的解读，往往不仅仅是为了呈现传主的文学成就，更重要的是讲述作品背后的故事，即透过作品发掘传主的思想形成、成长经历、人生命运等。因此，林志浩《鲁迅传》对作品思想内涵的揭示，是以鲁迅该时期的社会活动为材料基础的，这样就把作品分析与记述传主经历密切结合起来了，特别是鲁迅后期杂文中的马克思主义思想与他这一时期的与中国共产党高级领导人的密切接触是分不开的；田本相的《曹禺传》把曹禺的作品放在整个中国戏剧发展史中去考察，从而明确曹禺剧作高峰的出现与戏剧家张彭春的培养是分不开的；张耀杰的《戏剧大师曹禺》揭示了曹禺后期创作下滑的主要原因是作品的遵命写作和图解政治；黄昌勇的《王实味传》对于王实味这样一个颇具悲剧性的作家几乎展示了传主所有的文学创作，还原了王实味的作家面目。王实味的特殊性在于他是以文学作品起家的，也是因文学作品而罹难的。但是，长期以来，人们似乎只记得他的《野百合花》，只唏嘘于他的悲惨命运，而忘却了他首先是个作家，而后才是一个翻译家、一个政治的牺牲品。黄昌勇的《王实味传》明确了王实味传的作家身份，并对其因文贾祸的悲剧进行了剖析。

第三章通过对朱珩青的《路翎传》、金介甫的《沈从文传》、韩石山的《悲情徐志摩》、王一心的《〈小团圆〉对照记》这四部传记所做的原型考证工作的分析，获得以下结论：传记中原型考证的价值不仅仅在于指出了作品中的人物原型和事件的原貌等，更在于通过原型考证，获得了作家真实的人生经历及思想状况。所以说，作家传记中的原型考证实际上是对作家人生经历及思想发展的特殊追踪，它对于深入正确地认识作家及其作品都有重要意义。朱珩青《路翎传》对《财主底儿女们》《谷》和《云雀》的原型考证、王一心的《〈小团圆〉对照记》对《小团圆》的原型考证，都指出了小说中的人物与现实生活中的人物原型之间的细微差别，这不仅使我们更进一步认识到艺术源于生活又高于生活的道理（为了创作主体的需要，作者会对生活原型进行必要的加工和改造），而且正是从这种细微差别中，传记发掘了传主思想的隐秘之处。例如，《路翎传》通过对《财主底儿女们》进行原型考证，发现路翎在新中国成立后对自己出身的叙述与实际情况有出入，而这正是一个时期内残酷的政治运动对路翎的精神戕害所造成的。王一心《〈小团圆〉对照记》对《小团圆》的原型考证，使我们看到了张爱玲的真实经历及其思想感受。张爱玲眼中的亲人和朋友，从父母、舅舅、姑姑、弟弟到周瘦鹃、柯灵、苏青等，都是有严重缺点的人，这是人性本身的复杂，还是张爱玲本人的冷酷？很值得深思。对《小团圆》的原型考证丰富了对张爱玲生活环境、亲人关系、交际圈子的认识，深化了对张爱玲本人的认识。金介甫的《沈从文传》对沈从文作品中的"二哥"及对《棉鞋》和《用 A 字记下来的故事》的原型考证，充分证明了沈从文作品强烈的自叙传特点，沈从文的经历、个性及思想从其作品中可以看得非常明白。

第四章通过对施建伟的《林语堂传》、余连祥的《茅盾传》、肖凤的《冰心传》、季红真的《萧红全传》中的童年叙事的考察，联系作家日后的发展及作品特征，我们发现作家传记中童年叙事的价值在于，它启迪我们从作家童年的成长环境中寻找解读作家及其作品的原始密码。施建伟的《林语堂传》对林语堂童年牧师家庭及教育环境的描述，对于我们理解他20世纪30年代的思想转向以及日后"两脚踏中西文化，一心评宇宙文章"的人生选择有直接启发意义。余连祥《茅盾传》对茅盾童年生活环境的介绍有助于我们理解其作品中"镇文化"和"铺文化"的特征。肖凤《冰心传》关于冰心童年所充分体验的亲人之爱、大海之美、读书之乐的叙述有助于我们理解冰心作品中的"爱"的哲学的来源。季红真的《萧红全传》关于萧红童年的叙述启示我们：异常丰富的童年生活体验孕育了萧红作品的童年视角。对作家童年的专项性叙述是一般作家传记都具有的部分，而这在文学史的叙述中，似乎并不多见。文学史往往只关注作品成就，较少详细考察作家的童年状况。因此说，作家传记的童年叙述蕴含着丰富的启发性资源，具有对文学史的补充价值。

总之，本书认为，学术性传记是传记作者个体的学术文本，现代作家传记在作者主体性体现、传主作品呈现、原型考证、童年叙事方面有着独特而重要的价值，它是透视传记作者本人以及研究传主及其作品的重要文本。

二 余论：传记的互文性

本书在选择传记文本的时候，颇费精力。因为，对于同一个传主来说，往往有多种版本的传记。不同作者的传记对传主的记述和阐释往往有不同的侧重点。由于作者知识背景、写作习惯、学术立场的不同，即使对于同一传主，他们写出的传记却各个不同。本书在选取传记个案的时候，由于受到各章设置的论述问题的限制和论述篇幅的限制，因此常常忍疼割爱，舍掉许多综合写作水平较高的一批传记，如郭沫若传、丁玲传、孙犁传等，而关于曹禺的传记却选了两部。再如余斌的《张爱玲传》、刘川鄂的《张爱玲传》都写得很棒，但也没能选入。严格来说，本书所选的王一心的《〈小团圆〉对照记》不能算是一部完整的张爱玲传,只是这个本子特别符合笔者第三章的论题"传记中的原型考证",所以才选中了它。在大量阅读传记并反复选择的过程中,促使笔者思考关于传记的互文性现象及其原因,并进一步探讨认识传记互文性对于传记阅读的指导意义。这个问题虽然不是笔者本次研究的重点,但它是本次研究引发的新认识、新思考。

这里主要谈一谈由"传记作者主体性"所引发的关于传记互文性的思考。传记写作中作者主体性的客观存在,直接导致了传记品种的多样性,特别是对于同一传主来说,不同作者所写的传记之间往往存在互文性,即互为补充性,而传记互文性的存在又决定了传记阅读的互文性。由传记作者主体性带来的关于传记互文性的种种思考如下。

对于同一个传主来说,可能会有各种版本的传记,特别是对于那些成就较大、知名度高、经历丰富的传主来说,传记会更多。当然,不同作者笔下的传主形象会有很大差异,任何一本传记都不可能是对传主最全面、最客观的描述。这是由于传记作者主体性的存在。最客观的传记是一种理想中的传记。因此,对于读者来说,阅读传记的时候,有一个互文本的问题,对同一传主的多部传记,要互为参照阅读,特别是对于不同政治身份、不同学术身份、不同亲属身份的作者所写的传记,要对照阅读,这样才可能对传主有比较全面深刻的了解。因为对于同一传主的不同传记来说,往往存在如下现象:此传抑者,彼传扬;此传略处,彼传详。

下面以三个版本的曹禺传为例来具体说明传记互文性阅读的必要性。这里选取田本相的《曹禺传》、张耀杰的《戏剧大师曹禺》、梁秉堃的《老师曹禺的后半生》三个版本的曹禺传来说明传记阅读的互文性。这三部传记中的前两部是比较完整的曹禺传,记述了曹禺的一生,最后一部只记述了曹禺的后半生。由此所带来的记述的侧重点当然会有不同。除了这种时间阶段上的差异之外,还存在着由作者主体性所带来的叙述的差异以及由这种叙述差异带给读者的对曹禺认识的不同。

阅读田本相的《曹禺传》,对曹禺在中国戏剧史、话剧史上的坐标位置有了清晰的认识,对于曹禺所受张彭春的影响、曹禺的前半生的创作成就、曹禺在"文革"浩劫中的迷茫、恐惧和痛苦等都有了深刻的理解。

阅读张耀杰的《戏剧大师曹禺》,对于曹禺剧作中的"原始的情绪"

和"蛮性的遗留"因素有了深刻透彻的把握，找到了开启曹禺剧作经典之门的密钥，同时，对于艺术创作中实用主义的危害也有了清醒的认识。此外，对于曹禺在批判胡风和"反右"斗争中的种种跟风行为，有了清晰的认识，从中了解到曹禺这个剧作奇才在"山雨欲来风满楼"的形势下与世推移、虚情应对、盲目从众、明哲保身的心理，在他身上，暴露了部分知识分子丧失独立思考的品质、顺从强权政治的奴性特点。曹禺的悲剧不仅是他个人的悲剧，而且他是一代知识分子的命运悲剧，是一个民族的文化历程的悲剧。这是该传告诉我们的。

阅读《老师曹禺的后半生》则明白了曹禺后半生作为院长为人艺所做的事务性管理工作，他在对外文化交流方面为国家所赢得的荣誉，在提携戏剧新人方面的贡献。明白了曹禺新中国成立后所从事的行政工作的性质，大概就不会再抱怨他后期没有像样的作品了。许多人只为曹禺在新中国成立后的戏剧创作萎缩、没有精彩作品出现而遗憾，却没有看到他为人艺发展所做的贡献。这对曹禺来说，是不够公平的。读了《老师曹禺的后半生》，就会更加理解曹禺，也能够懂得他后半生创作萎缩的原因。创作萎缩不等于没有努力工作。当我们不再以戏剧家的身份来衡量新中国成立后曹禺时，或许对他的指责会少一些。曹禺后半生的主要身份是一个戏剧界的领导，其角色和任务都与新中国成立前有了很大不同。他不再以创作为主，而以指导创作、指导演剧为主，以领导戏剧事业、培养戏剧新人为主。因此，对于曹禺的后半生，应该以行政管理者的标准来评价，不应该以戏剧创作者的标准来衡量。每个作家所走过的道路都是不同的，有的先声夺人、一鸣惊人，如曹禺；有的厚积薄发、大器晚成，如鲁迅。对不同类型的作家，甚至对同一作家的不同时期，都应该有不同的评价标准。鲁迅一生以文学创作为主，特别是移居上海之后，更是一个职业作家；而曹禺前半生以创作为主，后半生则以行政工作为主。自然，对他的后半生，不应该再仅仅以剧作家的身份和职责来考核。即使他的后半生没有一部作品，他作为一个戏剧界知名的领导者，其工作成绩也是不可抹杀的；即使他的后半生没有一部作品，他仍然是世界级的剧作家，是中国话剧界的骄傲！这就是阅读《老师曹禺的后半生》带来的启示。

有上述举例分析可知，由于作者主体性的存在，传记具有互文性。有的传记侧重叙述作家的创作活动，有的传记侧重记述作家的其他方面，只有把这些传记结合起来阅读,我们才会看到一个完整的传主。总之,由传记作者主体性所引发的关于传记互文性的思考提醒我们阅读传记时,一定要多本参照。

以上谈的只是他传之间的互文性,其实,在自传与他传、传记与准传记(传记性资料、传记文学作品)之间等都存在互文性。对此,赵白生在他的博士论文《传记本体论·序言》中说:"传记文学的互文性对事实的正确阐释具有决定作用。""对读者来说,传记文学的互文性不可或缺。互文性主要包括自传与传记的互文,传记与传记的互文,自传与传记文学类作品的互文。"[①] 可见,传记的互文性及其带来的阅读的互文性是个值得关注的问题。造成传记互文性的原因之一就是作者的主体性。作者主体性的存在直接造成了一主多传、传传不同的现象。

---

① 赵白生:《传记文学本体论·序言》,《传记文学本体论》,博士学位论文,北京大学,2001年。

附录：中国现代作家传记统计

（按传主姓氏首字母排列）

一 传

A

1. 廉正祥：《艾芜传——流浪文豪》，北岳文艺出版社1992年版。

2. 周红兴：《艾青传》，作家出版社1993年版。

3. 徐刚：《艾青传：诗坛圣火》，北岳文艺出版社1994年版。

4. 程光炜：《艾青传》，北京十月文艺出版社1998年版。

5. 王毅：《艾芜传》，北京十月文艺出版社2005年版。

6. 骆寒超：《艾青传》，人民文学出版社2010年版。

B

7. ［法］明兴礼：《巴金的生活和著作》（影印本），上海书店出版社1950年版；1986年版。

8. 余思牧：《作家巴金》，中国图书馆学会（内部出版物）1964年版；《作家巴金》（上下卷），香港利文出版社2006年版。

9. 李存光：《巴金民主革命时期的文学道路》，宁夏人民出版社1982年版；《巴金传》，北京十月文艺出版社1994年版[①]。

10. 谭兴国：《巴金的生平和创作》，四川人民出版社1983年版；《走进巴金的世界》，四川文艺出版社2003年版。

11. 艾晓明：《青年巴金及其文学视界》，四川文艺出版社1989年版。

[①] 关于同一个传主的几部不同的传记，只要作者是同一个人，本附录视为一条，而且作者的名字只在第一部传记后面出现，以下省略。

12. 徐开垒：《巴金传》（上下卷），上海文艺出版社 1991 年版；2003 年再版。

13. 陈思和：《人格的发展——巴金传》，台北业强出版社 1991 年版；上海人民出版社 1992 年版。

14. 陈丹晨：《巴金的梦——巴金的前半生》，中国青年出版社 1994 年版；《天堂·炼狱·人间——〈巴金的梦〉续篇》，中国青年出版社 2000 年版；《巴金全传》，中国青年出版社 2003 年版。

15. 宋日家：《巴金：永生在青春的原野》（人格与艺术精神丛书），山东文艺出版社 1997 年版。

16. 彭新琪：《巴金的世界：亲情·友情·爱情》，宁夏人民出版社 1997 年版。

17. 祝东平：《巴金的青少年时代》，山西人民出版社 1999 年版。

18. 李辉：《巴金：云与火的景象》，大象出版社 2001 年版；《巴金传》，人民日报出版社 2011 年版［由《百年巴金——一个知识分子的历史肖像》（编者：李辉、李存光、陈丹晨）而来，四川人民出版社 2003 年版］；《巴金——在历史叙述中》，湖北人民出版社 2006 年版。

19. 刘慧英：《巴金：从炼狱走来》，中国工人出版社 2002 年版。

20. 刘屏：《一个小老头，名字叫巴金》，天津社会科学院出版社 2003 年版。

21. 唐金海：《巴金的一个世纪》，四川文艺出版社 2004 年版。

22. 田夫编著：《巴金的家和〈家〉》，李致顾问，上海文化出版社 2005 年版。

23. 窦应泰：《心灵跋涉的历程：巴金最后 32 个春秋》，民主与建设出版社 2005 年版。

24. 李致：《我的四爸巴金》，中国华侨出版社 2009 年版。

25. 彭小花：《世纪良知：巴金》，湖南师范大学出版社 2011 年版。

26. 肖凤：《冰心传》，北京十月文艺出版社 1995 年版（中国现代作家传记丛书）。

27. 卓如：《冰心传》，海峡文艺出版社 1998 年版（福建现代作家传记丛书）；《冰心全传》（上、下），河北教育出版社 2002 年版。

28. 陈恕：《冰心全传》，中国青年出版社 2011 年版。

C

29. 田本相：《曹禺传》，北京十月文艺出版社1988年版，1998年再版（中国现代作家传记丛书）；东方出版社2009年版。

30. 曹树钧、俞健萌：《摄魂——戏剧大师曹禺》，中国青年出版社1990年版。

31. 张耀杰：《戏剧大师曹禺——呕心沥血的悲喜人生》，山西教育出版社2003年版；《天谴@天堂：曹禺影剧的密码模式》，台湾秀威资讯公司2011年版；《曹禺：戏里戏外》，中国出版集团东方出版中心2012年版。

32. 李伟：《曹聚仁传》，河南人民出版社2004年版；南京大学出版社1993年版。

33. 卢敦基、周静：《自由报人——曹聚仁传》，浙江人民出版社2003年版。

34. 钟桂松：《天涯归客——陈学昭》，河南人民出版社2000年版。

35. 史建国：《陈衡哲传——造命人生的歌者》，上海远东出版社2010年版（伊人丛书）。

36. 陈恭怀：《我的父亲陈企霞》，广西接力出版社1994年版（名人子女写名人丛书）；《悲怆人生——陈企霞传》，作家出版社2008年版。

37. 本书编写组：《成仿吾传》，中共中央党校出版社1988年版（伊人丛书）。

38. 余飘、李洪程：《成仿吾传》，当代中国出版社1997年版（当代中国人物传记丛书）。

39. 李夫泽：《成仿吾传》，西南交通大学出版社2008年版（梅山文化研究系列丛书）。

40. 陈虹：《自有岁寒心——陈白尘纪传》，山西人民出版社1999年版（亲情思忆·中国著名作家纪传丛书）。

D

41. 刘保昌：《戴望舒传》，崇文书局、湖北辞书出版社2007年版。

42. 北塔：《雨巷诗人：戴望舒传》，浙江人民出版社2003年版（浙江文化名人传记丛书）。

43. 丁言昭：《在男人的世界里——丁玲传》，上海文艺出版社1998年版；复旦大学出版社2011年版（中国文化名人传记丛书）。

44. 宗诚：《风雨人生——丁玲传》，中国文联出版公司1988年版。

45. 周良沛：《丁玲传》，北京十月文艺出版社1993年版。

46. 杨桂欣：《情爱丁玲——惊世女子骇世恋》，文化艺术出版社2006年版。

47. 潘剑冰：《豪客丁玲》，团结出版社2012年版。

48. 孔海立：《忧郁的东北人——端木蕻良》，上海书店出版社1999年版。

49. 孔海立：《端木蕻良传》，复旦大学出版社2011年版（中国文化名人传记丛书）。

F

50. 孙琴安：《雪之歌：冯雪峰传》，浙江人民出版社2005年版（浙江文化名人传记丛书）。

51. 吴长华：《冯雪峰的传奇人生》，文汇出版社2012年版。

52. 严蓉仙：《冯沅君传》，人民文学出版社2008年版。

53. 徐国源：《丰子恺传》，团结出版社2011年版（中国文化巨人丛书）。

54. 周棉：《冯至传》，江苏教育出版社1993年版。

55. 陆耀东：《冯至传》，北京十月文艺出版社2003年版（中国现代作家传记丛书）。

56. 金梅：《傅雷传》，北京航空航天大学出版社2009年版。

G

57. ［日］佐藤富子：《我的丈夫郭沫若》，广州民力书局1938年版。

58. 杨殷夫：《郭沫若传》，上海民众出版社1938年版。

59. 龚济民、方仁念：《郭沫若传》，北京十月文艺出版社1988年版（中国现代作家传记丛书）。

60. 陈永志：《郭沫若传略》，上海文艺出版社1984年版。

61. 黄候兴：《郭沫若》，人民出版社1986年版。

62. 高建国：《拆下肋骨当火把——顾准全传》，上海文艺出版社2000年版。

63. 郭庶英：《我的父亲郭沫若》，辽宁人民出版社2004年版（父辈丛书·文化名人系列）。

64. 路莘：《人在文坛——耿庸传》，山西人民出版社1999年版（亲情思忆·中国著名作家纪传丛书)。

H

65. 胡仰曦：《一颗清亮的大星：胡适传》，人民文学出版社 2010 年版。

66. 白吉庵：《胡适传》，湖南教育出版社 1987 年版；人民出版社 1993 年版；红旗出版社 2009 年版。

67. 罗志田：《再造文明之梦——胡适传》，四川人民出版社 1995 年版；《再造文明的尝试：胡适传（1891—1929）》，中华书局 2006 年版。

68. 沈卫威：《胡适传》，河南大学出版社 1988 年版；台湾风云时代出版公司 1990 年版；《无地自由——胡适传》，上海文艺出版社 1994 年版；1997 年版（世纪回眸人物系列丛书）；安徽教育出版社 2005 年版。

69. 易竹贤：《胡适传》，湖北人民出版社 1987 年版；湖北人民出版社 2005 年版。

70. 朱晓江：《书生本色：胡适传》，上海书画出版社 2002 年版（中国近现代文化名人传记丛书）。

71. 小田、季进：《胡适传》，团结出版社 1999 年版（中国文化巨人丛书）。

72. 朱文华：《胡适——开风气的尝试者》，复旦大学出版社 1992 年版（中国现代作家探索丛书）。

73. 江勇振：《舍我其谁：胡适·第一部璞玉成璧（1891—1917）》，台湾联经出版公司 2011 年版。

74. 梅志：《胡风传》，北京十月文艺出版社 1998 年版（中国现代作家传记丛书）。

75. 戴光中：《胡风传》，宁夏人民出版社 1994 年版；宁夏人民出版社 2011 年版。

76. 马蹄疾：《胡风传》，四川人民出版社 1989 年版。

77. 陈美英、宋宝珍：《洪深传》，文化艺术出版社 1996 年版。

J

78. 马德俊：《蒋光慈传》，安徽人民出版社 2001 年版（第 1 版）；2007 年版。

79. 傅国涌：《金庸传》，北京十月文艺出版社 2003 年版（中国现代作家传记丛书）。

80. 蹇人毅：《乡土飘诗魂——蹇先艾纪传》，山西人民出版社 2000 年版（亲情思忆·中国著名作家纪传丛书）。

81. 南南：《从远天的冰雪中走来——靳以纪传》，山西人民出版社 2000 年版（亲情思忆·中国著名作家纪传丛书）。

K

82. 姚芳藻：《柯灵传》，上海教育出版社 2001 年版。

L

83. 郎云、苏雷：《老舍传——写家春秋》，北岳文艺出版社 1988 年版；1992 年版（作家艺术家文学传记丛书）；《老舍传——沉重的谢幕》，北岳文艺出版社 1994 年版。

84. 舒乙：《我的父亲老舍》，辽宁人民出版社 2011 年版。

85. 李岫：《岁月、命运、人：李广田传》，人民文学出版社 2006 年版。

86. 宋益乔：《梁实秋传》，百花文艺出版社 2005 年版；《梁实秋传——沧桑悲欢》，北岳文艺出版社 1994 年版。

87. 鲁西奇：《梁实秋传》，中央民族大学出版社 1996 年版。

88. 梁文蔷：《春华秋实：梁实秋幼女忆往昔》，百花文艺出版社 2009 年版。

89. 徐静波：《梁实秋——传统的复归》，复旦大学出版社 1992 年版（中国现代作家探索丛书）。

90. 林太乙：《林语堂传》，台湾联经出版事业公司 1990 年版；北岳文艺出版社 1994 年版；中国戏剧出版社 1994 年版；陕西师范大学出版社 2002 年版。

91. 施建伟：《幽默大师——林语堂传》，台湾业强出版社 1994 年版；《林语堂》，中国华侨出版社 1997 年版（文学大家简传书系）；《林语堂传》，北京十月文艺出版社 1999 年版（中国现代作家传记丛书）。

92. 万平近：《林语堂传》，海峡文艺出版社 1998 年版。

93. 李勇：《林语堂传》，团结出版社 1999 年版。

94. 王兆胜：《林语堂大传》[1]，作家出版社 2005 年版（精彩男人丛

---

[1] 传记小说。

书);王兆胜编著:《林语堂正传》,江苏文艺出版社 2010 年版(名家正传丛书)。

95. 亚联:《锦心绣口林语堂》,湖南师范大学出版社 2011 年版。

96. 黄荣才:《我的乡贤林语堂》,安徽文艺出版社 2010 年版。

97. 林杉:《林徽因传》,九洲出版社 1999 年版(获得"中国首届传记文学优秀作品奖")。

98. 刘炎生:《绝代才女林徽因》,广州出版社 2000 年版。

99. 丁言昭:《骄傲的女神林徽因》,上海书店出版社 2002 年版(中国文化名人传记丛书);2009 年版。

100. 张清平:《林徽因》,天津百花文艺出版社 2002 年版。

101. 陈新华:《百年家族:林徽因》,河北教育出版社 2003 年版(百年家族丛书)。

102. 杨永生:《记忆中的林徽因》,陕西师范大学出版社 2004 年版。

103. 陈学勇:《莲灯微光里的梦:林徽因的一生》,人民文学出版社 2008 年版。

104. 陈学勇:《高门巨族的兰花:凌叔华的一生》,人民文学出版社 2010 年版。

105. 朱珩青:《路翎:未完成的天才》,山东文艺出版社 1997 年版(人格与艺术精神丛书);朱珩青:《路翎传》,大象出版社 2003 年版(大象人物书简文丛)。

106. 陈德锦:《李广田散文传》,香港新惠出版社 1990 年版。

107. 张维:《李广田》,云南大学出版社 1990 年版;金城出版社 2011 年版(二十世纪中国著名科学家书系)。

108. 李岫:《岁月、命运、人——李广田传》,人民文学出版社 2006 年版。

109. 陈厚诚:《死神唇边的笑——李金发传》,台北业强出版社 1994 年版;上海文艺出版社 1996 年版;百花文艺出版社 2008 年版。

110. 朱洪:《刘半农传》,东方出版社 2007 年版。

111. 孔庆茂:《林纾传》,团结出版社 1900 年版(中国文化巨人丛书)。

112. 王士权、王世欣:《陆晶清传》,江西人民出版社 2002 年版。

附录：中国现代作家传记统计 / 261

113. 埃德加·斯诺：《鲁迅——白话大师》，美国《亚洲》1935 年版；1936 年收入《活的中国》时改名为"鲁迅评传"。

114. ［日本］增田涉：《鲁迅的印象》，日本《改造》1932 年版中文版由梁成翻译。

115. ［日本］小田岳夫：《鲁迅传》，日本筑摩书房社 1941 年版（单外文的中译本，1941 年 12 月，长春艺文书房；任鹤鲤中译本，1945 年 12 月，上海星洲出版社；夜析译本，1946 年 12 月，北平艺光出版社印行，则改题为"民族导师鲁迅先生的一生"；范泉译本，上海开明书店 1946 年出版）。

116. 郑学稼：《鲁迅正传》，江西胜利出版社 1942 年版；香港亚洲出版社于 1953 年元月重版，1954 年再版。

117. 王冶秋：《民元前的鲁迅先生》，重庆峨眉出版社 1943 年版。

118. 陈原：《鲁迅：黑暗中国的明灯》（传记小说）初稿的第一章"鲁迅在故乡"，重庆《中学生》月刊复刊后的第 92 期，1945 年版。

119. 王士菁：《鲁迅传》，上海新知书店 1948 年版，上海三联书店于 1949 年 2 月再版并多次重印；中国青年出版社 1959 年版。

120. 《鲁迅传》的开头两章："家世及早年生活"与"无需学费的学校"林辰，成都《民讯》月刊 1949 年 1 月、2 月第 4、5 期。《鲁迅传》（共 8 章，从鲁迅童年写到鲁迅离开广州赴上海），福建人民出版社 2004 年版；林辰著、王世家整理：《鲁迅传》，福建人民出版社 2004 年版。

121. 欧阳凡海：《鲁迅的书》，香港联营出版社 1947 年版。

122. 李何林：《鲁迅的生平及杂文》，陕西人民出版社 1973 年版。

123. 朱正：《鲁迅传略》，作家出版社 1956 年版；《鲁迅传略》（修订版），人民文学出版社 1982 年版。

124. 《鲁迅传》，三联书店香港有限公司 2008 年版。

125. 《鲁迅传》上集（剧本）陈白尘、叶以群、唐弢、柯灵、杜宣、陈鲤庭集体创作，陈白尘执笔，1961 年《人民文学》1 月、2 月号刊登了上集的第三稿，《电影创作》第 6 号刊登了第五稿；上海文艺出版社 1963 年版。

126. 石一歌：《鲁迅传》（上），上海人民出版社 1976 年版。

127. 吴中杰：《鲁迅传略》，上海文艺出版社 1981 年版（"文艺知识丛书"之一种）。

128. 林志浩：《鲁迅传》，北京出版社 1981 年版；《鲁迅传》（增订本），由 1981 年版的 27 章扩充为 30 章，北京出版社 1991 年版。

129. 林非、刘再复：《鲁迅传》，中国社会科学出版社 1981 年版。

130. 陈漱渝：《民族魂》，浙江文艺出版社 1983 年版；《鲁迅》（在作者 1983 年版《民族魂》的基础上增删、修订而成），中国华侨出版社 1997 年版（"名家简传书系"之一）。陈漱渝：《搏击暗夜——鲁迅传》，作家出版社 2016 年版（中国历史文化名人传丛书）。

131. 林贤治：《人间鲁迅》，广州花城出版社 1986 年版；1990 年版；1990 年版；1998 年版；2010 年由人民文学出版社分上、下册出版。

132. 唐弢：《鲁迅传——一个伟大的悲剧的灵魂》未完稿（从鲁迅出生至自日本归来，共 11 章），《鲁迅研究月刊》1992 年第 5—10 期。

133. 彭定安：《走向鲁迅世界》，辽宁教育出版社 1992 年版（在 1982 年版《鲁迅评传》基础上修订、扩充而成）。

134. 王晓明：《无法直面的人生——鲁迅传》，上海文艺出版社 1993 年第 1 版；2001 年第 2 版（"世纪回眸·人物系列"之一种）。

135. 徐麟：《鲁迅：在言说与生存的边缘》，山东文艺出版社 1997 年版（人格与艺术精神丛书）。

136. 陈平：《鲁迅》（传记小说，90 万字），江苏文艺出版社 1998 年版。

137. 钮岱峰：《鲁迅传》，中国文联出版公司 1999 年版。

138. 项义华：《人之子：鲁迅传》，浙江人民出版社 2003 年版（浙江文化名人传记丛书之一）。

139. 许寿裳：《鲁迅传》，东方出版社 2009 年版。

140. 张梦阳：《鲁迅传：会稽耻》（传记小说"苦魂"三部曲之一），华文出版社 2012 年版。

M

141. 叶子铭：《论茅盾四十年的文学道路》，上海文艺出版社 1988 年版；《梦回星移——茅盾晚年生活见闻》，南京大学出版社 1991 年版。

142. 沈卫威：《艰辛的人生——茅盾传》，台湾业强出版社 1991 年版；江苏文艺出版社 1999 年版。

143. 庄钟庆：《茅盾的创作历程》，人民文学出版社1982年版。

144. 丁亚平：《一个批评家的心路历程》，上海文艺出版社1990年版。

145. 韦韬、陈小曼：《父亲茅盾的晚年》，上海书店出版社1998年版；韦韬、陈小曼：《我的父亲茅盾》，辽宁人民出版社2004年版。

146. 李广德：《一代文豪：茅盾的一生》，上海文艺出版社1988年版；1992年版。

147. 李标晶：《茅盾传》，团结出版社1990年版。

148. 邵伯周：《茅盾的文学道路》，上海文艺出版社1959年版。

149. 钟桂松：《茅盾传》，东方出版社1996年版；1996年版。

150. 丁尔纲：《茅盾：翰墨人生八十秋》，长江文艺出版社2000年版。

151. 余连祥：《逃墨馆主：茅盾传》，浙江人民出版社2006年版（浙江文化名人传记丛书）。

152. 陈伯良：《穆旦传》，浙江人民出版社2004年版；世界知识出版社2006年版。

Q

153. 张文江：《钱锺书传：营造巴比塔的智者》，复旦大学出版社2011年版（中国文化名人传记丛书）。

154. 爱默：《钱钟书传稿》，百花文艺出版社1992年版。

155. 孔庆茂：《钱钟书传》，江苏文艺出版社1992年版。

156. 李可亭：《钱玄同传》，河南大学出版社2002年版。

157. 周维强：《扫雪斋主人：钱玄同传》，浙江人民出版社2003年版（浙江文化名人传记丛书）。

158. 钱璎、钱小惠：《镜湖水——钱杏邨纪传》，山西人民出版社1999年版（亲情思忆·中国著名作家纪传丛书）。

S

159. 吴福辉：《沙汀传》，北京十月文艺出版社1990年版（中国现代作家传记丛书）。

160. ［美］金介甫著：《沈从文传》，符家钦译，国际文化出版公司2005年版；《沈从文传：全译本》，国际文化出版公司2009年版；《凤凰之子——沈从文传》，中国友谊出版公司 2000 年版。

161. 凌宇：《沈从文传》，北京十月文艺出版社 1988 年版；东方出版社 2009 年版。

162. 吴立昌：《"人性的治疗者"——沈从文传》，台湾业强出版社 1992 年版；上海文艺出版社 1993 年版；《沈从文——建筑人性的神庙》，复旦大学出版社 1991 年版（中国现代作家探索丛书）。

163. 管蠡：《孙犁传——笔耕生涯》，北岳文艺出版社 1986 年版（作家艺术家文学传记丛书）；《孙犁传：走出荷花淀》，北岳文艺出版社 1994 年版。

164. 郭志刚、章无忌：《孙犁传》，北京十月文艺出版社 1990 年版（中国现代作家传记丛书）。

165. 孙近仁、孙佳始：《耿介清正——孙大雨纪传》，山西人民出版社 1999 年版（亲情思忆·中国著名作家纪传丛书）。

166. 宋益乔：《苏曼殊传》，北岳文艺出版社 1987 年版；1992 年版。

167. 范震威：《世纪才女——苏雪林传》，河北教育出版社 2006 年版。

168. 郭汾阳：《铁肩辣手：邵飘萍传》，浙江人民出版社 2006 年版（浙江文化名人传记）。

169. 散木：《乱世飘萍：邵飘萍和他的时代》，南方日报出版社 2006 年版。

170. 林淇：《海上才子邵洵美传》，上海人民出版社 2002 年版。

171. 柯兴：《风流才女石评梅》，百花文艺出版社 1986 年版；花艺出版社 1992 年版。

172. 邵盈午：《苏曼殊传》，团结出版社 1998 年版；《苏曼殊新传》，东方出版社 2012 年版。

T

173. 董健：《田汉传》，北京十月文艺出版社 1996 年版（中国现代作家传记丛书）。

W

174. 陆建华：《汪曾祺传》，江苏文艺出版社 1997 年版。

175. 张钧：《野百合花下的冤魂——王实味全传》（全 3 册），吉林文史出版社 2000 年版。

176. 黄昌勇：《王实味传》，河南人民出版社 2000 年版。

177. 王立诚：《瓣香心语——王统照纪传》，山西人民出版社 2000 年版（亲情思忆·中国著名作家传纪丛书）。

178. 陈凝：《闻一多传》，重庆民享出版社 1947 年版。

179. 梁实秋：《谈闻一多》，台北传记文学出版社 1967 年版。

180. 王康：《闻一多传》，湖北人民出版社 1979 年版。

181. 刘志权：《闻一多传》，团结出版社 1999 年版（中国文化巨人丛书）。

X

182. 陈坚：《世纪行吟：夏衍传》，浙江人民出版社 2005 年版；《夏衍传》，北京十月文艺出版社 1998 年版。

183. 会林：《夏衍传》，中国戏剧出版社 1985 年版。

184. 骆宾基：《萧红小传》，上海建文书店 1947 年版；黑龙江人民出版社 1981 年版；北方文艺出版社 1987 年版。

185. ［美］葛浩文：《萧红传》，复旦大学出版社 2011 年版（中国文化名人传记丛书）（葛浩文的《萧红评传》的英文版初版于 1976 年）。

186. 季红真：《萧红传》，北京十月文艺出版社 2000 年版（中国现代作家传记丛书）；《萧红全传：呼兰河的女儿》，现代出版社 2011 年版；《萧红全传：呼兰河的女儿》（修订版），现代出版社 2012 年版。

187. 丁言昭：《萧红传》，江苏文艺出版社 1993 年版。

188. 肖凤：《萧红传》，百花文艺出版社 1980 年版；《悲情女作家萧红》，文化艺术出版社 2004 年版。

189. 王小妮：《人鸟低飞——萧红流离的一生》，长春出版社 1995 年版。

190. 叶君：《从异乡到异乡——萧红传》，中国社会科学出版社 2009 年版。

191. 曹格成：《我的婶婶萧红》，时代文艺出版社 2005 年版；江苏文艺出版社 2010 年版。

192. 林贤治：《漂泊者萧红》，人民文学出版社 2009 年版。

193. 李汉平：《一个真实的萧红》（传记小说），东方出版社 2011 年版。

194. 郭玉斌：《诗与梦·百年萧红》，湖北人民出版社 2011 年版。

195. 李辉：《萧乾传》，江苏文艺出版社 1993 年版；《浪迹天涯：萧乾传》，中国文联出版公司 1998 年版。

196. 符家钦：《记萧乾》，时事出版社 1996 年版。

197. 宋益乔：《徐志摩传：才子风月》，北岳文艺出版社 1990 年版。

198. 宋炳辉：《新月下的夜莺——徐志摩传》，台北业强出版社 1993 年版；上海文艺出版社 1993 年版；香港花千树出版社 2001 年版；复旦大学出版社修订 2010 年版。

199. 韩石山：《徐志摩传》，北京十月文艺出版社 1999 年版；北京十月文艺出版社 2001 年版（中国现代作家传记丛书）；人民文学出版社 2010 年版；《悲情徐志摩》，同心出版社 2005 年版。

200. 赵遐秋：《徐志摩传》，中国人民大学出版社 1989 年版；中国人民大学出版社 1999 年版。

201. 杨新敏：《徐志摩传》，1999 年版（中国文化巨人丛书）。

202. 周静庭：《逝水人生——徐志摩传》，杭州出版社 2004 年版（浙江文化名人传记丛书）。

203. 若凡：《徐志摩的前世今生》，东方出版社 2005 年版。

204. 刘炎生：《浪漫才子徐志摩》，湖北人民出版社 2007 年版。

205. 夏风颜：《我是天空里的一片云：新月诗人徐志摩的爱与传奇》，同心出版社 2011 年版。

206. 周鹏程：《徐志摩诗传——烟花绽出的急景流年》，文汇出版社 2012 年版。

207. 央北：《徐志摩诗传：当爱已成往事》，吉林出版集团有限责任公司 2012 年版。

208. 郑丽娅：《徐志摩诗传：你是爱是暖是希望》，国际文化，2012 年版。

209. 宋益乔：《追求终极的灵魂——许地山传》，海峡文艺出版社 1989 年版；《许地山传》，海峡文艺出版社 1998 年版（福建现代作家传记丛书）。

210. 徐小玉：《霜叶红于二月花——徐霞村纪传》，山西人民出版社 2000 年版（亲情思忆·中国著名作家纪传丛书）。

211. 许玄：《绵长清溪水：许杰纪传》，山西人民出版社 2000 年版（亲情思忆·中国著名作家纪传丛书）。

212. 吴义勤、王素霞：《我心彷徨：徐訏传》，上海三联文化传播有限公司 2008 年版。

213. 李夫泽：《从"女兵"到教授——谢冰莹传》，湖南人民出版社 2004 年版。

214. 石楠：《中国第一女兵——谢冰莹全传》（长篇传记文学），江苏文艺出版社出版 2008 年版。

Y

215. 刘增人：《叶圣陶传》，东方出版社 2009 年版。

216. 刘保昌：《郁达夫传》，崇文书局 2010 年版。

217. 罗以民：《天涯孤舟：郁达夫传》，杭州出版社 2004 年版。

218. 袁庆丰：《郁达夫传：欲将沉醉换悲凉》（第 3 版），中国传媒大学出版社出版 2010 年版。

219. 郁云：《郁达夫传》，福建人民出版社 1984 年版。

220. 方忠：《郁达夫传》，团结出版社 1999 年版（中国文化巨人丛书）。

221. 桑逢康：《郁达夫传——感伤的行旅》，北岳文艺出版社 1994 年版。

222. ［日］稻叶昭二、小田岳夫著：《郁达夫传记两种》，李平、阎振宇译、蒋寅译，浙江文艺出版社 1984 年版（小田岳夫的《郁达夫传》，稻叶昭二的《郁达夫——他的青春和诗》）。

223. 王观泉：《席卷在最后的黑暗中——郁达夫传》，天津人民出版社 1986 年版；《颓废中隐现辉煌——郁达夫》，上海书店出版社 2001 年版（中国文化名人传记丛书）。

224. 青禾：《杨骚传》，海峡文艺出版社 1998 年版（福建现代作家传记丛书）。

225. 杨西北：《流云奔水话杨骚——杨骚纪传》，山西人民出版社 2001 年版（亲情思忆·中国著名作家纪传丛书）。

Z

226. 孙晨：《世纪诗星——臧克家传》，山东大学出版社 2000 年版。

227. 张彦林：《锦心秀女赵清阁》，河南人民出版社 2005 年版。

228. 戴光中：《赵树理传》，北京十月文艺出版社 1993 年版（中国现代作家传记丛书）。

229. 余斌：《张爱玲传》，海南出版社 1993 年版；广西师范大学出版社 2001 年版；2002 年版；2003 年版；《旷世才女魂归何处：张爱玲传》，南京大学出版社 2007 年版。

230. 胡辛：《最后的贵族张爱玲》，21 世纪出版社 1995 年版；《张爱玲传》，作家出版社 1996 年版。

231. 于青：《张爱玲传》，中国华侨出版社 2003 年版；《最后一炉香——张爱玲》，花城出版社 2002 年版；2008 年版；南海出版公司 2004 年版；《张爱玲传》，花城出版社 2008 年版。

232. 费勇：《张爱玲传奇》，广东人民出版社 1996 年版。

233. 张子静：《我的姊姊张爱玲》，学林出版社 1997 年版；《我的姐姐张爱玲》张子静、季季，吉林出版集团 2009 年版。

234. 司马新：《张爱玲在美国——婚姻与晚年》，上海文艺出版社 1996 年版。

235. 司马新：《张爱玲与赖雅》，大地出版社 1996 年版。

236. 司美娟：《张爱玲情事》，时代文艺出版社 1997 年版；《贵族张爱玲》，时代文艺出版社 2003 年版。

237. 邵迎建：《传奇文学与流言人生》，三联书店 1998 年版。

238. 宋明炜：《浮世的悲哀——张爱玲传》，上海文艺出版社 1998 年版。

239. 蔡登山：《张爱玲传奇未完》，云南人民出版社 2004 年版。

240. 阿川、韩霁虹：《乱世才女张爱玲》，陕西人民出版社 1993 年版。

241. 刘川鄂：《张爱玲传》，北京十月文艺出版社 2003 年版（中国现代作家传记丛书）；《传奇未完：张爱玲 1920—1995》，北京十月文艺出版社 2008 年版。

242. 王一心：《深艳·艺术的张爱玲》，陕西人民出版社 2007 年版；《惊世才女张爱玲》，四川文艺出版社 1992 年版；《色，戒不了》，中国广播电视出版社 2008 年版。

243. 潘飞：《永远的张爱玲》，中国城市出版社 2008 年版；2010

年版。

244. 王羽：《张爱玲传》，上海文化出版社 2009 年版。

245. 西岭雪：《西望张爱玲》，东方出版社 2007 年版；2007 年版；2010 年 6 月第 2 印；《张爱玲传》，东方出版社 2009 年版（《张爱玲传》是《西望张爱玲》的第二版，删掉三四万字，但多了一个黄磊的序。另外，《西望张爱玲》里有一部分内容是关于作者西岭雪自传的，这部分在删减本中被去掉了）。

246. 魏可风：《临水照花人——张爱玲传奇》，台湾联经出版 2003 年版。

247. 任茹文、王艳：《张爱玲传》，国际文化出版公司 2010 年版；《沉香屑里的旧事——张爱玲传》，团结出版社 2001 年版；2002 年版。

248. 陶方宣：《寻踪·张爱玲》，东方出版中心 2009 年版。

249. 清秋子：《张爱玲私人生活史》，京华出版社 2010 年版。

250. 刘绍铭：《到底是张爱玲》，上海书店出版社 2007 年版。

251. 张均：《月光下的悲凉——张爱玲传》，花城出版社 2001 年版；《张爱玲传》（增订版），文化艺术出版社 2006 年版；2011 年版。

252. 冯祖贻：《百年家族：张爱玲》，河北教育出版社 2001 年版（"百年家族"系列丛书）。

253. 张盛寅：《闲愁万斛：张爱玲》，湖南师范大学出版社 2011 年版。

254. 闻涛：《张恨水传》，团结出版社 1998 年版（中国文化巨人丛书）。

255. 石楠：《张恨水传》，江苏文艺出版社 2000 年版；《张恨水》，作家出版社 2005 年版（精彩男人丛书）。

256. 张正：《魂梦潜山——张恨水纪传》，山西人民出版社 2000 年版（亲情思忆·中国著名作家纪传丛书）。

257. 鄂基瑞、王锦国：《张资平——人生的失败者》，复旦大学出版社 1991 年版（中国现代作家探索丛书）。

258. 钱理群：《周作人传》，北京十月文艺出版社 1990 年版；2001 年版；2005 年版（中国现代作家传记丛书）。

259. ［日］木山英雄著：《北京苦住庵记——日中战争时代的周作人》，赵京华译，三联书店 2008 年版。

260. 止庵：《周作人传》，山东画报出版社 2009 年版。

261. 倪墨炎：《中国的叛徒与隐士周作人》，上海文艺出版社 1990 年版（该书的修订本改名为"苦雨斋主人周作人"，上海人民出版社 2003 年版）。

262. 雷启立：《苦境故事：周作人传》，上海文艺出版社 1996 年版。

263. 耿传明：《周作人的最后 22 年》，中国文史出版社 2005 年版（长廊与背影书系）。

264. 余斌：《周作人》，南京大学出版社 2010 年版。

265. 庄汉新：《周立波生平与创作》，光明日报出版社 1985 年版。

266. 罗银胜：《周扬传》，文化艺术出版社 2009 年版。

267. 陈福康：《郑振铎传》，北京十月文艺出版社 1994 年版（中国现代作家传记丛书）。

268. 徐德明、李真：《朱自清传》，团结出版社 1999 年版［中国文化巨人丛书（现代卷）］。

269. 刘志瑾：《纯粹的诗人——朱湘》，台湾文史哲出版社 2004 年版。

270. 朱式蓉、许道明：《朱光潜——从迷途到通径》，复旦大学出版社 1991 年版（中国现代作家探索丛书）。

271. 王攸欣：《朱光潜传》，人民出版社 2011 年版。

272. 高捷、刘芸灏等编著：《赵树理传》，山西人民出版社 1982 年版。

273. 《赵树理传》山西省史志研究院编写，当代中国出版社 2009 年版（当代中国人物传记丛书）。

二 评传

A

1. 骆寒超：《艾青评传》，重庆出版社 2000 年版（中国现代作家评传）。

2. 张效民：《艾芜评传》，西南财经大学出版社 1988 年版。

3. 谭兴国：《艾芜评传》，重庆出版社 1994 年版（中国现代作家评传）。

B

4. 陈丹晨：《巴金评传》，河北人民出版社 1981 年版，1982 年版重印（中国现代作家评传丛书）；花山文艺出版社 1982 年版；花山文艺出版社 1985 年版。

5. 李存光：《巴金评传》，中国社会出版社 2006 年版（中国现代名家传记丛书）；2009 年版。

6. 周立民：《巴金评传——五四之子的世纪之旅》，台湾秀威信息科技股份有限公司 2011 年版。

7. 陈丙莹：《卞之琳评传》，重庆出版社 1998 年版。

8. 范伯群、曾华鹏：《冰心评传》，人民文学出版社 1983 年版。

9. 白舒荣、何由：《白薇评传》，湖南人民出版社 1983 年版。

C

10. 胡叔和：《曹禺评传》，中国戏剧出版社 1994 年版。

11. 田本相、刘一军：《曹禺评传》，重庆出版社 1993 年版；1995 年版。

12. 杨聪风、郭启宗：《延安火种钢铁魂——草明评传》，中国文联出版社 2006 年版。

13. 朱文华：《陈独秀评传：终身的反对派》，青岛出版社 2005 年版。

14. 李夫泽：《成仿吾评传》，西南交大出版社 2008 年版（梅山文化研究系列丛书）。

D

15. 宋建元：《丁玲评传》，陕西人民出版社 1989 年版。

16. 郑择魁：《戴望舒评传》、王文彬，百花文艺出版社 1987 年版（现代作家评传系列）。

17. 陈丙莹：《戴望舒评传》，重庆出版社 1993 年版。

F

18. 陈早春、万家骥：《冯雪峰评传》，重庆出版社 1993 年版；人民文学出版社 2003 年版。

19. 吴长华：《冯雪峰评传》，上海书店出版社 1995 年版。

20. 陈星：《丰子恺评传》，山东画报出版社 2011 年版。

21. 周良沛：《冯至评传》，重庆出版社 2001 年版（中国现代作家评传丛书）。

22. 蒋勤国：《冯至评传》，人民出版社2000年版。

G

23. 李霖：《郭沫若评传》，上海现代书店1932年版；上海开明书店1936年版。

24. 谢保成：《郭沫若评传》，百花洲文艺出版社2010年版（国学大师系列）。

25. 卜庆华：《郭沫若评传》，湖南人民出版社1980年版。

26. 孙党伯：《郭沫若评传》，人民文学出版社1987年版。

27. 秦川：《郭沫若评传》，重庆出版社1993年版（中国现代作家评传丛书）。

28. 桑逢康：《郭沫若评传》，中国社会出版社2008年版（中国现当代名家传记丛书）。

29. 张恩和：《郭小川评传》，重庆出版社1993年版（中国现代作家评传丛书）。

30. 孔庆茂：《辜鸿铭评传》，百花洲文艺出版社1996年版（国学大师系列）。

H

31. 贺仲明：《喑哑的夜莺：何其芳评传》，南京师范大学出版社2004年版（"20世纪文化名人精神评传"丛书）。

32. 尹在勤：《何其芳评传》，四川人民出版社1980年版。

33. 韩斌生：《大哉洪深》，中央文献出版社2000年版。

34. ［美］贾祖麟著：《胡适之评传》，张振玉译，南海出版公司1992年版。

35. 李敖：《胡适评传》，中国友谊出版公司2000年版。

36. 万家骥、赵金钟：《胡风评传》，重庆出版社2001年版（中国现代作家评传丛书）。

J

37. 孔庆东：《金庸评传》，郑州大学出版社2004年版；重庆出版社2008年版（孔庆东文集系列）。

K

38. 张理明：《柯灵评传》，中国社会科学出版社 2008 年版。

39. 晨枫：《盗天火的诗人：柯仲平评传》，陕西人民出版社 1992 年版。

L

40. 李勇：《本真的自由：林语堂评传》，南京师范大学出版社 2005 年版（"20 世纪文化名人精神评传"丛书）。

41. 刘炎生：《林语堂评传》，百花洲文艺出版社 1994 年版（国学大师丛书）。

42. 万平近：《林语堂评传》，上海远东出版社 2008 年版。

43. 秦林芳：《李广田评传》，天津教育出版社 1990 年版。

44. 徐瑞岳：《刘半农评传》，上海文艺出版社 1990 年版。

45. 宋益乔：《梁实秋评传》，百花文艺出版社 2005 年版。

46. 关纪新：《老舍评传》，重庆出版社 1998 年版（中国现代作家评传丛书）。

47. 王惠云、苏庆昌：《老舍评传》，花山文艺出版 1985 年版。

48. 曹聚仁：《鲁迅评传》，香港世界出版社 1956 年版。

49. 曾庆瑞：《鲁迅评传》，四川人民出版社 1981 年版。

50. 彭定安：《鲁迅评传》，湖南人民出版社 1982 年版。

51. 吴俊：《鲁迅评传》，百花洲文艺出版社 1992 年版〔（以鲁迅的学术生涯为主要线索）"国学大师丛书"之一〕。

52. ［日］横松宗著：《鲁迅评传》，王海龙译，辽宁大学出版社 1992 年版。

M

53. 伏志英：《茅盾评传》①，上海开明书店 1926 年版；上海现代书局，1932 年版；香港南岛出版社 1968 年版。

---

① 严格来说，这不是一部通常意义上评传，它基本上是一部茅盾创作评论集，收录了评论茅盾的 24 篇文章，外加 2 篇茅盾自己的文章《从牯岭到东京》和《倪焕之》，1 篇伏志英编的《茅盾先生著译书目》。关于该书的具体情况，详见钟桂松《茅盾研究史上一部不可忘却的书——关于伏志英编辑的〈茅盾评传〉》，《出版史料》2012 年 2 月。

54. 李频：《编辑家茅盾评传》，河南大学出版社 1995 年版。

55. 丁尔纲：《茅盾评传》，重庆出版社 2001 年版。

56. 邵伯周：《茅盾评传》，四川文艺出版社 1987 年版。

Q

57. 吴锐：《钱玄同评传》，百花洲文艺出版社；1996 年版；2010 年版（国学大师丛书）。

S

58. 毛海莹：《苏青评传》，中国社会科学出版社 2010 年版。

59. 邓仪中：《沙汀评传》，重庆出版社 1993 年版（中国现代作家评传丛书）。

60. 官晋东：《跋涉与寻觅：沙汀评传》，云南大学出版社 1993 年版。

61. ［美］聂华苓：《沈从文评传》（英文），美国纽约的 Twyne Publishers1972 年版。

62. 王保生：《沈从文评传》，重庆出版社 1995 年版。

63. 周申明、杨振喜：《孙犁评传》，百花文艺出版社 1990 年版。

T

64. 何寅泰、李达三：《田汉评传》，湖南人民出版社 1984 年版。

65. 刘平：《戏剧魂——田汉评传》，中央文献出版社 1998 年版。

X

66. 陆耀东：《徐志摩评传》，陕西人民出版社 1986 年版（中国现代作家研究丛书）；重庆出版社 2000 年版（中国现代作家评传）。

67. 宋益乔：《徐志摩评传》，中国社会出版社 2005 年版（中国现代名家传记丛书）。

68. 刘炎生：《徐志摩评传》，暨南大学出版社 2002 年版。

69. 林碧珍：《熊佛西评传》，江西高校出版社 2001 年版。

70. 王科、徐塞：《萧军评传》，重庆出版社 1993 年版（中国现代作家评传丛书）；中国社会出版社 2008 年版。

71. 郭玉斌：《萧红评传》，中国社会出版社 2009 年版。

Y

72. 陈辽：《叶圣陶评传》，百花出版社 1981 年版；江苏教育出版社 1986 年版。

73. 曾华鹏、范伯群：《郁达夫评传》，百花文艺出版社1983年版（现代作家评传系列）。

74. 桑逢康：《郁达夫评传》，中国社会出版社2008年版（中国现代名家传记丛书）。

75. 周葱秀：《叶紫评传》，重庆出版社1993年版；1995年版（中国现代作家评传丛书）。

76. 张大明、潘光武：《阳翰笙评传》，重庆出版社1998年版（中国现代作家评传丛书）。

77. 罗惜春：《袁昌英评传》，湘潭大学出版社2015年版。

Z

78. 黄修己：《赵树理评传》，江苏人民出版社1981年版。

79. 周芬伶：《哀与伤——张爱玲评传》，上海远东出版社2007年版。

80. 周冰心：《回眸绝美的瞬间——张爱玲评传》，华文出版社2005年版；2006年版。

81. 张锦贻：《张天翼评传》，希望出版社2009年版（中国著名儿童文学作家评传丛书）。

82. 朱文华、金梅：《郑振铎评传》，百花文艺出版社1992年版。

83. 袁进：《张恨水评传》，湖南文艺出版社1988年版（通俗文学作家评传系列）。

84. 张毅：《文人的黄昏——通俗小说大家张恨水评传》，华夏出版社1991年版。

85. 王森然：《周树人评传》，北京杏岩书屋出版的《近代二十家评传》，1934年版；另刊于1935年《台湾文艺》新年号。

86. 关坤英：《朱自清评传》，北京燕山出版社1995年版。

三 传论

1. 李少群：《李广田传论》，山东文艺出版社1990年版。
2. 商金林：《叶圣陶传论》，安徽教育出版社1995年版。
3. 苏雪林：《鲁迅传论》，载台湾《传记文学》1966年版；收入《我论鲁迅》，台湾传记文学出版社1979年版。
4. 陈越：《鲁迅传论》，海南出版社2000年版。

5. 王文彬：《雨巷中走出的诗人：戴望舒传论》，商务印书馆2006年版。

6. 胡明：《胡适传论》，人民文学出版社1996年版。

7. 杨匡汉、杨匡满：《艾青传论》，浙江人民出版社1982年版；上海文艺出版社1984年版。

四 正传[①]

1. 陈丹晨：《巴金正传》，江苏文艺出版社2010年版（名家正传丛书）。

2. 宋益乔：《徐志摩正传》，江苏文艺出版社2010年版（名家正传丛书）。

3. 黄侯兴：《郭沫若正传》，江苏文艺出版社2010年版（名家正传丛书）。

4. 钱理群：《周作人正传》，江苏文艺出版社2010年版（名家正传丛书）。

5. 王兆胜：《林语堂正传》，江苏文艺出版社2010年版（名家正传丛书）。

6. 凌宇：《沈从文正传》，江苏文艺出版社2010年版（名家正传丛书）。

7. 钟桂松：《茅盾正传》，江苏文艺出版社2010年版（名家正传丛书）。

8. 舒乙：《老舍正传》，江苏文艺出版社2010年版（名家正传丛书）。

9. 陈漱渝：《鲁迅正传》，江苏文艺出版社2010年版（名家正传丛书）。

10. 桑逢康：《郁达夫正传》，江苏文艺出版社2010年版（名家正传丛书）。

---

① 该项之下所收录的作家传记全出自金宏达、于青主编的"名家正传丛书"。金宏达在丛书序言中称，该丛书命名的来历及含义是：取"闲话休提，言归正传"中的"正传"之意，从"戏说"，回归"信实"，标明该套丛书对真实性的追求。这套传记的作者大都曾经出版过现代作家传记，为了符合该套丛书统一编排的需要，他们把自己原有的现代作家传记删减、浓缩为精简本，成了所谓的"正传"。

五　外传、别传

1. 孙白刚:《郁达夫外传》,浙江文艺出版社 1983 年版。

2. 一丁:《赵树理外传》,中国文联出版社 2011 年版。

3. [马来西亚] 温梓川：《郁达夫别传》,宁夏人民出版社 2006 年版。

六　图本、画本传记

1. 陈思和:《巴金图传》,广东教育出版社 2002 年版。

2. 周立民:《巴金画传》,四川人民出版社 2010 年版。

3. 陈琼芝:《生命之华：巴金》,山东画报出版社 1998 年版。

4. 吴福辉:《沙汀画传》,四川人民出版社 2010 年版。

5. 任茹文、王艳:《美丽与苍凉——张爱玲画传》,团结出版社 2004 年版。

6. 刘小波:《张爱玲画传》,现代出版社 2005 年版。

7. 张均:《张爱玲图传——海上红楼》,广东教育出版社 2009 年版。

8. 罗玛：《重现的玫瑰——张爱玲相册》,光明日报出版社 1999 年版。

9. 罗玛:《凝视张爱玲》,广西师范大学出版社 2004 年版。

10. 万燕、止庵:《张爱玲画传：美丽与苍凉》,天津社会科学院出版社 2003 年版。

11. 于青:《奇才逸女张爱玲》,山东画报出版社 1995 年版。

12. 陈亚男:《陈学昭》,河北教育出版社 2001 年版（文化人影记丛书）。

13. 陈小曼:《茅盾》,河北教育出版社 2001 年版（文化人影记丛书）。

14. 刘屏:《茅盾画传》,江西人民出版社 2009 年版（文化的记忆丛书）。

15. 钱理群:《郭沫若画传》,江西人民出版社 2011 年版（文化的记忆丛书）。

16. 孙中田:《图本茅盾传》,长春出版社 2011 年版（图本中国现当代作家传）。

17. 易竹贤：《图本胡适传》，长春出版社2011年版（图本中国现当代作家传）。

18. 黄曼君、王泽龙、李郭倩：《图本郭沫若传》，长春出版社2011年版（图本中国现当代作家传）。

19. 涂绍钧：《图本丁玲传》，长春出版社2011年版（图本中国现当代作家传）。

20. 韩石山：《徐志摩图传》，广东教育出版社2005年版（20世纪中国文化名人图传丛书）。

21. 王亚平主编：《萧红画传——呼兰河漂泊的女儿》，北方文艺出版社2011年版。

22. 章海宁：《萧红画传》，黑龙江大学出版社2011年版。

23. 林贤治：《鲁迅画传：反抗者及其影子》，团结出版社2004年版。

24. 孔海珠：《痛别鲁迅》，上海社会科学院出版社2004年版。

25. 高旭东、葛涛：《图本鲁迅传》，长春出版社2011年版（图本中国现当代作家传丛书）。

七　合传（包含多人评传）

1. 贺玉波：《中国现代女作家》，复兴书局1936年版。

2. 刘恩义、王幼麟：《巴金与萧珊》，四川文艺出版社2004年版。

3. 桑逢康：《郭沫若和她的三位夫人》，海南出版社2001年版。

4. 高瑛：《我和艾青的故事》，中国戏剧出版社2003年版。

5. ［美］费慰梅著：《梁思成与林徽因》，曲莹璞、关超等译，中国文联出版公司1997年版。成寒译，上海文艺出版社2003年版，书名易为"中国建筑之魂"。

6. 林洙：《温情的回忆——梁思成、林徽因与我》，中国青年出版社2011年版。

7. 韩石山：《徐志摩与陆小曼》，团结出版社2004年版。

8. 文洁若：《俩老头儿——巴金与萧乾》，中国工人出版社2005年版。

9. 唐宝林、陈铁健：《陈独秀与瞿秋白》，团结出版社2008年版。

10. 刘心皇：《郁达夫与王映霞》，台北畅流半月刊社1962年版；台北大汉出版社1978年版。

11. 秋石：《萧红与萧军》，学林出版社1999年版。

12. 刘心皇：《徐志摩与陆小曼》，花城出版社1987年版。

13. 刘心皇：《郁达夫与王映霞》，台北畅流半月刊社1962年版；台北大汉出版社1978年版。

14. 张佩伦、张志沂、冯祖贻：《百年家庭系列·张爱玲》，广东教育出版社2000年版；2000年版。

15. 王一心：《他们仨——张爱玲·苏青·胡兰成》，东方出版中心2008年版。

16. 王一心：《张爱玲与胡兰成》，北方文艺出版社2001年版。

17. 秋石：《萧红与萧军》，学林出版社1999年版（纪实与回忆丛书）。

18. 黄杨：《一世情缘：梁思成与林徽因》，安徽人民出版社1999年版（名人伉俪丛书）。

19. 许志杰：《陆侃如和冯沅君》，山东画报出版社2006年版。

20. 朱文华：《鲁迅、胡适、郭沫若连环比较评传》，上海文艺出版社1991年版。

21. 倪墨炎、陈九英：《鲁迅与许广平》，上海书店出版社2001年版。

22. 张恩和：《鲁迅与许广平》，湖北人民出版社2008年版。

23. 曾智中：《三人行》，中国青年出版社1990年版。

24. 朱正：《鲁迅三兄弟》，复旦大学出版社2010年版。

25. 黄野：《鲁迅三兄弟》，天津社会科学院出版社2010年版。

26. 李怡：《七月派作家评传》，重庆出版社2000年版。

27. 郑择魁、黄昌勇、彭耀春：《左联五烈士评传》，重庆出版社1995年版。

参考文献

（按责任人姓氏首字母排列，没有责任人时按篇名首字母排列）

一 著作类

［1］巴金：《病中集》，人民文学出版社1993年版。

［2］巴金：《随想录》，人民文学出版社2000年版。

［3］曹聚仁：《我与我的世界》，生活·读书·新知三联书店2011年版。

［4］陈必祥：《古代散文文体概论》，河南人民出版社1986年版。

［5］陈丹晨：《巴金全传》，中国青年出版社2003年版。

［6］陈丹晨：《走近巴金四十年》，江苏文艺出版社2008年版。

［7］陈兰村、叶志良：《20世纪中国传记文学论》，天津人民出版社1998年版。

［8］陈兰村、张新科：《中国古典传记论稿》，陕西人民教育出版社1991年版。

［9］陈兰村：《中国传记文学发展史》，语文出版社1999年版。

［10］陈鸣树：《文艺学方法概论》（第2版），复旦大学出版社2004年版。

［11］陈思和：《黑水斋漫笔》，四川人民出版社1997年版。

［12］程新：《港台、国外谈中国现代文学作家》，四川文艺出版社1986年版。

［13］丁东：《反思历史不宜迟》，上海三联书店1999年版。

［14］范伯群：《冰心研究资料》，北京出版社1984年版。

［15］房福贤：《新时期"中国现代文学家"传记研究十六讲》，山东文艺出版社2009年版。

［16］《傅斯年全集》第2册，台北联经出版事业公司1980年版。

[17] 郭玉斌：《诗与梦·百年萧红》，湖北人民出版社 2011 年版。
[18] 《海上文学百家文库·茅盾卷下》，上海文艺出版社 2010 年版。
[19] 韩兆琦：《中国传记文学史》，河北教育出版社 1992 年版。
[20] 寒山碧：《香港传记文学发展史》，东西文化事业公司 2003 年版。
[21] 胡风、路翎著，晓风编：《胡风路翎文学书简》，安徽文艺出版社 1994 年版。
[22] 胡适：《丁文江传》，海南出版社 1993 年版。
[23] 胡适：《四十自述》，安徽教育出版社 2006 年版。
[24] 胡一华、胡红：《历史之真实》，延边大学出版社 2002 年版。
[25] 黄昌勇：《王实味传》，河南人民出版社 2000 年版。
[26] 黄修己、刘卫国：《中国现代文学研究史》（上、下册），广东人民出版社 2008 年版。
[27] 《回忆鲁迅》，上海人民出版社 1976 年版。
[28] 季红真：《萧红全传》，现代出版社 2012 年版。
[29] ［美］金介甫：《沈从文传》，符家钦译，国际文化出版公司 2009 年版。
[30] 李祥年：《传记文学概论》，安徽文艺出版社 1993 年版。
[31] 李新宇、周海婴主编：《鲁迅大全集第 9 卷》，长江文艺出版社 2011 年版。
[32] 梁启超：《中国历史研究法》，河北教育出版社 2000 年版。
[33] 梁启超：《中国历史研究法补编》，中华书局 2011 年版。
[34] 林语堂：《林语堂自传》，工爻、谢绮霞、张振玉译，群言出版社 2010 年版。
[35] 林语堂：《苏东坡传》，张振玉译，陕西师范大学出版社 2007 年版。
[36] 《林语堂全集》17，德华出版社 1982 年版。
[37] 《林语堂文选》（下卷），中国广播电视出版社 1990 年版。
[38] 李辉主编：《林语堂自述》，大象出版社 2005 年版。
[39] 林志浩：《鲁迅传》（增订本），北京十月文艺出版社 1991 年版。
[40] 刘侹生：《思索着雄大理想的旅行者——路翎传》，华中师范大学出版社 1999 年版。
[41] 刘喜录：《灵魂的自救和被救》，北方文艺出版社 2005 年版。

[42]《鲁迅全集》（第四卷、第六卷），人民文学出版社 2005 年版。

[43] 陆耀东：《徐志摩评传》，重庆出版社 2000 年版。

[44]［法］罗曼·罗兰：《名人传》，张冠尧、艾珉译，人民文学出版社 2003 年版。

[45] 骆宾基：《萧红小传》，黑龙江人民出版社 1981 年版。

[46] 茅盾著、熊权选编：《茅盾集》，花城出版社 2009 年版。

[47]［日］木山英雄：《北京苦住庵记——日中战争时代的周作人》，赵京华译，生活·读书·新知三联书店 2008 年版。

[48] 聂绀弩：《高山仰止》，人民文学出版社 1984 年版。

[49] 钱理群：《钱理群读周作人》，新华出版社 2011 年版。

[50] 钱理群：《我的精神自传》，广西师范大学出版社 2007 年版。

[51] 钱理群：《周作人传》，北京十月文艺出版社 2005 年版。

[52] 全展：《中国当代传记文学概观》，黑龙江人民出版社 2004 年版。

[53] 全展：《传记文学：阐释与批评》，湖北人民出版社 2007 年版。

[54] 上海巴金文学研究会编：《细读〈随想录〉》，上海社会科学院出版社 2008 年版。

[55] 邵华强：《徐志摩研究资料》，知识产权出版社 2011 年版。

[56] 施建伟：《林语堂传》，北京十月文艺出版社 1999 年版。

[57] 司马迁：《史记》，中华书局 1982 年版。

[58] 宋炳辉：《徐志摩传》，复旦大学出版社 2011 年版。

[59]《苏东坡传》，陕西师范大学出版社 2006 年版。

[60] 孙培新、关爱和：《河南大学校史》，河南大学出版社 2002 年版。

[61] 孙郁：《周作人左右》，贵州人民出版社 2009 年版。

[62] 孙毓棠：《传记与文学》，重庆正中书局 1943 年版。

[63] 田本相：《曹禺传》，东方出版社 2009 年版。

[64] 田艺：《冰心作品精选》，崇文书局 2011 年版。

[65] 涂光群：《五十年文坛亲历记》，辽宁教育出版社 2005 年版。

[66] 万燕、李彦妹：《落红萧萧》。

[67] 汪荣祖：《史传通说》，中华书局 1989 年版。

[68] 王观泉：《席卷在最后的黑暗中——郁达夫传》，天津人民出版社 1986 年版。

[69] 王向远：《比较文学学科新论》，江西教育出版社 2002 年版。

[70] 王一心：《〈小团圆〉对照记》，文汇出版社 2009 年版。

[71] 肖凤：《冰心传》，北京十月文艺出版社 1987 年版。

[72] 肖占鹏：《比较文学通论》，南开大学出版社 2003 年版。

[73] 萧关鸿：《中国百年传记经典》，东方出版社 1999 年版。

[74] 萧红：《呼兰河传》，黑龙江人民出版社 1979 年版。

[75] 《萧红全集》，黑龙江大学出版社 2011 年版。

[76] 晓川、彭放：《萧红研究七十年》（中卷），北方文艺出版社 2011 年版。

[77] 徐公持：《中国大百科全书·中国文学Ⅱ》，中国大百科全书出版社 1988 年版。

[78] 徐志摩：《悲情徐志摩》，同心出版社 2005 年版。

[79] 徐志摩：《翡冷翠的一夜》，新月书店 1931 年版。

[80] 杨国政、赵白生主编：《传记文学研究》，人民文学出版社 2005 年版。

[81] 杨正润：《传记文学史纲》，江苏教育出版社 1994 年版。

[82] 杨正润：《现代传记学》，南京大学出版社 2009 年版。

[83] 杨正润：《众生自画像——中国现代自传研究（1840—2000）》，上海人民出版社 2009 年版。

[84] 于仲达：《北大偷学记：一个民间学人的北大三年》，天津人民出版社 2011 年版。

[85] 余连祥：《逃墨馆主——茅盾传》，浙江人民出版社 2006 年版。

[86] 俞樟华：《中国传记文学理论研究》，湖南文艺出版社 2000 年版。

[87] 《郁达夫文集6》，花城出版社 1983 年版。

[88] 袁庆丰：《郁达夫传：欲将沉醉换悲凉》，中国传媒大学出版社 2010 年版。

[89] 张环、魏麟、李志远、杨义：《中国现代文学史资料汇编（乙种）》，北京十月文艺出版社 1993 年版。

[90] 张均：《张爱玲传》，文化艺术出版社 2011 年版。

[91] 张新科：《唐前史传文学研究》，西北大学出版社 2000 年版。

[92] 张耀杰：《戏剧大师曹禺——呕心沥血的悲喜人生》，山西教育出版

社 2003 年版。
[93] 赵白生：《传记文学理论》，北京大学出版社 2003 年版。
[94] 郑在瀛：《传记散文英华》，湖北人民出版社 1998 年版。
[95] 止庵：《周作人传》，山东画报出版社 2010 年版。
[96] 钟桂松：《性情与担当——茅盾的矛盾人生》，复旦大学出版社 2011 年版。
[97] 朱东润：《中国历代文学作品选》，上海古籍出版社 1980 年版。
[98] 朱珩青：《路翎传》，大象出版社 2003 年版。
[99] 朱鸿召选编：《王实味文存》，上海三联书店 1998 年版。
[100] 朱文华：《传记通论》，复旦大学出版社 1993 年版。
[101] 朱正：《鲁迅论集》，浙江人民出版社 2001 年版。
[102] 卓如：《冰心全集》，海峡文艺出版社 1994 年版。

二 期刊类

[1] 曹聚仁：《鲁迅年谱（20）》，《文艺世纪》1959 年新年特大号（1 月出版）
[2] 陈丹晨：《关于"引蛇出洞"——与金冲及先生商榷》，《书屋》2010 年第 7 期。
[3] 陈丹晨：《战士的性格——从〈爝火集〉到〈随想录〉》，《读书》1981 年第 6 期。
[4] 陈兰村：《20 世纪中国传记文学的历史地位及其基本走向》，《学术论坛》1999 年第 3 期。
[5] 陈思和：《关于周作人的传记》，《中国现代文学研究丛刊》1991 年第 3 期。
[6] 陈晓明、黄子平：《在作家与作品之间》，《中国现代文学研究丛刊》1989 年第 1 期。
[7] 董健：《接近曹禺的灵魂》，《广东艺术》2001 年第 3 期。
[8] 谷梁：《凡人的悲哀——读钱理群的〈周作人传〉》，《文学自由谈》1992 年第 3 期。
[9] 郭久麟：《应该给予传记文学独立的文学文体地位》，《重庆社会科学》2007 年第 3 期。

[10] 韩传喜：《观艺术之心　叩灵魂之门——重读田本相著〈曹禺传〉》，《北京社会科学》2007年第3期。

[11] 韩石山：《徐志摩一则日记》，《出版广角》1998年第2期。

[12] 李国涛：《韩石山著〈徐志摩传〉》，《书屋》2001年第5期。

[13] 李文海：《背负历史误解的文学大师——介绍〈张恨水评传〉》，《图书馆》1991年第1期。

[14] 刘纳：《当作一部史书写的人物传记——读韩石山著〈徐志摩传〉》，《中国现代文学研究丛刊》2004年第4期。

[15] 龙儒文：《沈从文不接受姻亲熊希龄"恩惠"之谜》，《文史春秋》2006年第12期。

[16] 钱理群：《有缺憾的价值——关于我的周作人研究》，《读书》1993年第6期。

[17] 钱理群：《有意味的参照——读孙郁：〈鲁迅与周作人〉》，《鲁迅研究月刊》1998年第3期。

[18] 秦晋：《生命中最不能轻待的——读巴金传〈天堂·炼狱·人间〉》，《当代作家评论》1992年第4期。

[19] 全展：《传记文学创作的若干理论问题》，《浙江师范大学学报》2007年第5期。

[20] 邵燕君：《赤子佛心钱理群》，《粤海风》2005年第6期。

[21] 孙勇彬：《论约翰生在〈塞维奇传〉中的移情和同情》，《淮阴师范学院学报》（哲学社会科学版）2008年第5期。

[22] 童庆炳：《作家的童年经验及其对创作的影响》，《文学评论》1993年第4期。

[23] 王得后：《朱珩青的笔墨恰到好处》，《文学自由谈》2004年第3期。

[24] 王鹤：《萧红：文字与人生一起脱轨》，《书屋》2012年第9期。

[25] 王化钰：《萧红生父张廷举其人其事》，《呼兰文史资料》1989年。

[26] 吴戈、山风：《突破·深化·综合——近年来曹禺研究的新动向》，《江汉论坛》1992年第11期。

[27] 谢婉莹：《燕京大学季刊》1921年6月第2卷第1、2期。

[28] 杨根红：《论路翎小说中的生命原型》，《乐山师范学院学报》2008

年第 3 期。

[29] 杨正润：《论传记的要素》，《江苏社会科学》2002 年第 6 期。

[30] 易嘉：《文艺的自由和文学家的不自由》，《现代》1932 年第 10 期。

[31] 张梦阳：《鲁迅传记写作的历史回顾》，《鲁迅研究月刊》2000 年第 3 期。

[32] 赵山奎：《论精神分析对传记真实性的影响》，《国外文学》2006 年第 3 期。

[33] 邹红：《田本相和新时期曹禺研究》，《中国现代文学研究丛刊》2007 年第 3 期。

三　报纸类

[1] 陈祥蕉、黄建凯：《作家万方谈父亲曹禺——"我要写一个大东西才死……"》，《南方日报》2007 年 3 月 30 日。

[2] 丹晨：《关于傅雷的断想》，《文汇报》2008 年 4 月 7 日。

[3] 郜元宝：《读〈路翎传〉想到的》，《南方都市报》2006 年 7 月 21 日。

[4] 李苑：《传记出版为何这么热》，《光明日报》2011 年 11 月 2 日。

[5] 茜萍：《关于〈北京人〉》，《新华日报》1942 年 2 月 6 日。

[6] 王蒙：《喜欢巴金　学习巴金》，《作家文摘》2002 年 11 月 26 日。

[7] 张葆莘：《曹禺同志谈剧作》，《文艺报》1957 年 2 月 1 日。

[8] 张弘：《钱理群：我无法做到比鲁迅更强大》《新京报》，2007 年 12 月 21 日。

四　学位论文类

[1] 陈志扬：《传统传记理论的终结：章学诚传记理论纲要》，中国社会科学院研究生院，2003 年。

[2] 刘耀辉：《多维视野中的鲁迅传记研究》，山东师范大学文学院，2007 年。

[3] 孟丹清：《近二十年现代文学作家传记研究》，复旦大学中文系，2006 年。

[4] 章敏：《林语堂 30 年代"转向"研究》，福建师范大学，2007 年。

[5] 赵白生：《传记文学本体论》，北京大学中文系，2001年。
[6] 朱旭晨：《秋水斜阳芳菲度——中国现代女作家传记研究》，复旦大学中文系，2006年。
[7] 赵璧：《在真实与虚构、隐秘与公开之间——从〈福楼拜的鹦鹉〉与〈作者，作者〉看传记写作》，复旦大学外语学院，2009年。

五 网络类

[1] 阿力：《钱理群的意义——〈生命的沉湖〉阅读札记》，http://blog.sina.com.cn/s/blog_4a0bd6270100gnp3.html，2009年12月6日。
[2] "当代十大优秀传记文学作家"评出，http://gb.cri.cn/3601/1266@748565.htm，2005年10月21日。
[3] 辜也平：《巴金的人格精神与文学品位》，http://blog.sina.com.cn/s/blog_443e3d8601000a0s.html，2007年5月12日。
[4] 钱理群：《文学研究的承担》（2008年4月1日下午在"北大评刊"论坛的演讲，录音整理：何不言、陈新榜），http://www.eduww.com/pkupk/ShowArticle.asp?ArticleID=18876。
[5] 钱理群：《我与鲁迅》（徐长云采写），http://cjsb.cnxianzai.com/shenghuo/2007/1213/74126.html，2007年12月13日。
[6] 隋洪波：《萧红身世谜团全部解开》，http://international.dbw.cn/，2004年11月10日。
[7] 万方：《我的爸爸曹禺》，http://www.literature.org.cn/article.aspx?id=1600，2005年6月27日。
[8] 乌镇：《似水年华》，http://guide.lvren.cn/qzone/gonglue/wuzhen.html，2012年6月4日。
[9] 于仲达：《精神废墟的探寻者——钱理群论》，http://blog.sina.com.cn/yuzhongda81，2004年8月20日。

后　　记

　　本书内容是在我 2012 年 11 月完成的博士论文的基础上略加修改而成的。此次出书，原打算补充些新的传记个案和章节，但执笔写作的时候，才发现原来的写作环境和写作心境都发生了很大变化。此时写的东西，恐难与原来一气呵成的内容恰当地融合，因此仅作了文字上的改动。整体上基本保持原作面貌。既然这样，就把原来博士论文的后记也稍作修改放在这里，以说明本书内容的写作缘由及写作过程。另外，把参加我博士论文答辩的几位老师的评语也附录在这里，以示感谢和纪念！同时对于在本书出版过程中得到的来自各方的帮助表示真诚的谢意！

　　选择"中国现代作家传记研究"这样一个题目，对我来说，既是我的意愿，也是我的一个难题。说意愿是因为：我一向对人物传记有着浓厚的兴趣，传记"比新闻更动人，比小说更真实"的独特魅力长久地吸引着我。我阅读过大量的现代作家传记，为了讲授现代文学课的需要，也为了获取精英人物所带来的人生启迪。学术性的作家传记使我在最基本、最精细的历史史料中发现复杂问题的真谛，文学性的作家传记对传主性格气质的生动刻画，使我获得一种审美的愉悦。可以说，买传记，读传记一直是我的一种享受！说难题，是因为过去仅仅把这些传记作为备课的资料来用，很少从研究的角度进行系统考察。感兴趣与深入研究之间的距离还是很大的。此外，从现当代文学学术史价值的角度对"中国现代作家传记"进行考察，目前研究的成果还比较少，可资借鉴的材料很有限。而且，现代作家传记数量庞大、质量参差不齐，仅仅是排除那些劣质的传记就要花费很多时间。这都给本书带来了诸多困难。在研究的过程中，我也深深感到了开拓性研究的艰辛，从荆棘丛生的地方开辟出新路来，是需要付出超常努力的。

写论文的过程是个磨炼意志的过程。尤其是在写作初期，面对一堆问题理不出思路而寝食不安。总有看不完的材料和不满意的论文框架，总是为时间一天天飞逝，论文进展却如蜗牛爬行而焦虑。有时花费十天半月地读完一部长篇传记却写不出任何东西，等又过了十天半月，原来读的什么内容都想不起来了；有时从图书馆库本室复印了大量的资料，拿回去之后仔细看时，却发现这些资料对自己的论文并没有很大用处，用到的可能仅仅是其中的一两句话。有一次，写了一天的稿子在最后保存时竟然昏头昏脑地点成了"否"，一键之差，一天的工夫白搭，面对电脑，欲哭无泪。还有一次，写作正酣，电脑中毒，键盘失灵，只好重装系统，一切从头来。其时，沮丧之至。在缓慢的写作过程中，我时常想起鲁迅的一句话："人类血战前行的历史，正如煤的形成，当时用大量的木材，结果却只是一小块……"对于人类历史来说，犹如煤的形成，是"大量"付出与"一小块"收获的关系。对于一篇博士论文的写作来说何尝不是如此？看了整摞整摞的论文，读了整排整排的著作，最后形成自己思想和观点的文字可能只是那么一点点。

博士论文的写作过程是艰辛和漫长的。之所以能够坚持到今天，只因自己心中有个信念：任何飞跃性的成长都来自痛苦和磨难，来自常人难以经受的煎熬和等待；之所以能够坚持到今天，还来自对学术本身的兴趣。读博固然是件苦差事，但做自己喜欢做的事虽苦犹乐，苦与乐是感觉的两面。我早已把研究当作一种生活方式，读书与写作成了我的生活常态。读书能够感受"风雨故人来"的快乐，论文发表能够获得生命的充实感，会议上的观点陈述可以体验学术的尊严感。摒弃浮华，选择宁静与淡泊，读书著述，放飞思想，何尝不是一种幸福？之所以能够坚持到今天，还来自那些关怀和帮助我的师长、同学、朋友和亲人，他们的理解和支持给我以无穷的力量。

本书的完成首先要感谢我的导师刘勇先生。他常常在最短的时间内把自己参加学术会议的信息传达给学生，毫不吝啬地与学生分享他在学术界的各种资源。他的激情与幽默总能在课堂上形成良好的教学互动。他锐利的目光、迅捷的思维能够察觉学生的喜怒哀乐、洞悉论文的逻辑错误。在指导论文的过程中，他耐心给我讲结构，谈标题，从框架的确定到小标题的设计，从内容到格式，他都无数次地提出意见和建议，在教二、教四的教室里，在文化研究院的办公室里，在从主楼到励泽楼的路上，在他家的楼下……已经记不清有多少次关于论文的讨论。不会忘记，他在每次出差之前的谆谆教导；不会忘记，在邱季端体育馆北门台阶下躲避暴雨时，在众人的嘈杂声中，他嘱咐我研究一下传记中的原型考证；不会忘记刚刚从他那里谈了论文离开，他又打电话来说是想起了某个问题要继续谈谈。虽然，最终由于本人的鲁钝，该论文还存在诸多遗憾，但刘老师为这篇论文付出的心血和智慧我将永远铭记！

刘老师管教自己的学生一向以严厉著称。一开始，对于他雷霆万钧、使人无地自容的批评很不习惯，每每因他的苛刻批评而郁闷和纠结，有时甚至怨他铁石心肠、不近情理。渐渐地，我感受到了他那严厉背后的用心良苦和恨铁不成钢的期望，体会到了他那锻造与淬炼式教育带给我的益处。比如他严厉批评我感性大于理性、思想单纯，这使我清醒地认识到了自身性格的弱点：看人看事太简单，有时优柔寡断，有时好心办了坏事。刘老师的批评帮助我培养了果断决策的能力，促使我养成了遇事冷静、周密思考的习惯。刘老师的批评还锻炼了我的意志，提高了我的心理承受能力和抗挫能力。在刘老师这里，我懂得了温室中培养不出松柏的性格，没有挫折的教育是不完整的教育，甚至是一种不负责任的教育，教师给学生以适当的挫折可以促使学生快速进步。

感谢在学业、为人等方面给我莫大教益的钱振刚老师、邹红老师、李怡老师、黄开发老师等。钱老师诲人不倦的精神、邹红老师在戏剧研究方面的造诣、李怡老师的思想深度与诙谐风格、黄开发老师的善良与平和都使我终身难忘。感谢文学院办公室的康丽蓉老师、赵曦老师、袁金良等老师，他们和蔼的态度、敬业的精神值得我永远学习。

感谢对我论文写作给予大力支持和帮助的吴福辉老师、赵白生老师、全展老师、孙德喜老师。吴福辉老师从最初的选题到最后的论文结语都给出了指导意见，赵白生老师是我读博期间在北大访学的指导老师，他在传记理论及论文写作方法上给予了有效的指导；全展老师在我论文写作过程中，给予资料方面的支持，在论文成型后，他再次花费四天的工夫从结构到字句都提出了宝贵意见；孙德喜老师在传记作者主体性研究方面给予了深入的指导。还要感谢我的硕士导师王一川老师和陈雪虎老师，他们一直关注着我的学业，在选题阶段，王老师提出过中肯的意见，在写作进入迷途之际,陈老师曾拨云见日。

感谢我的同学张岩、赵月华、付平、林方、张弛、张露晨、陈思、何致文、袁少冲、孔育新、严靖、罗曼莉、冉红音、张慧强、吴亮、杨松柠、王康、尚烨、杨莎等,是他们伴随我度过了紧张而愉快的博士学习时光,特别感谢我的小师妹李梅,是她在繁忙的实习工作期间,抽空为我校对论文。感谢我的大学同学张国欣和我的学生李鲁曼,在论文提交前夕,是他们在紧张的工作之余,帮我做了再次的校对。在此,还要感谢那些提供种种帮助、支持我读博的亲朋故友,尽管这里无法一一列举他们的名字,但我会在心中默默祝福他们!

感谢我的家人,从父母到姐姐、哥哥、嫂嫂、弟弟、妹妹,他们一直是我坚强的后盾,是他们殷切的希望和默默的支持伴随我走过了一道又一道的难关。特别感谢爱人的无私支持,在我读书期间,是他包揽了家里家外的一切事务,每次电话里都是那句朴实的话语:"家里一切都好,别挂念!安心把论文做好!"他简单、真诚,是我得以安心学习的大后方。还要特别感谢我的女儿,她已经是一名大学生了,阳光、开朗。在我紧张的论文写作中,只要一接到她的电话,一切疲惫和烦恼都烟消云散。她常在电话里向我汇报她的近况:期末考试成绩全院第一啦、设计的大学生蹭课系统立项啦、开了个人网站啦、获得国家励志奖学金啦、参加英语作文比赛啦,等等。偶尔也会听到她说:"妈妈,我有心理问题啦!"于是,我们就朋友般地聊上一阵。末了,她会愉快地说:"我知道该怎么做了,放心吧!"当我看到她给我校对的文稿,当我看到她个人网站上的格言是"成功的速度一定要快于父母老去的速度"时,我知道在我读博的这几年,孩子已经悄然长大,很感欣慰!

最后感谢的一笔,献给北师大的图书馆,我在写论文的过程中,充分享用了北师大图书馆新馆的先进设施和丰富的馆藏资源。图书开架、存放位置自动标引、自助借还、图书迅速归位等服务大大提高了借阅效率。我也充分感受到了图书馆杨雪萍老师精湛的专业技术和高度的敬业精神。我将永久地怀念北师大的图书馆!

2012年12月14日,北京师范大学钱振纲老师、邹红老师、李怡老师、中国传媒大学张鸿声老师、首都师范大学张桃洲老师参加了我的博士论文答辩会。其中钱振纲、张鸿声、张桃洲三位老师评阅了我的论文,并在评议书上填写了评语。为了感谢和纪念这些为我论文答辩付出辛勤劳动的老师们,为了更加明确该论文的长处与不足。特意把三位老师的评语原文附录如下。

钱振纲老师的评议书:

中国现代文学研究者所撰写关于中国现代文学30年时期作家的学术性传记是中国现代文学研究成果的一种特殊呈现。但在以往的中国现代文学研究史的研究中,这部分成果却没有得到应有的重视。这篇博士论文对以30年时期的作家为传主的学术性传记进行较为全面系统的研究,在选题上是富有创新性的。

论文作者在广泛阅读的基础上,重点从传记的作者主体性、作品考察、作品原型探究以及作家童年生活对作家人格形成和作品特点等角度,对80年代以来的这类传记进行了较为深入的研究,学术上的价值是值得充分肯定的。这是一篇写作态度认真,资料丰富,有创见并且表述流畅的博士学位毕业论文。

某些章节叙述和论述的关系尚可进一步推敲。质询问题:这类学术性传记有无创作成分?算不算传记文学?

张鸿声老师的评议书:

中国现代作家传记研究是一个较少被学界关注的领域,在诸多"研究之研究"的著述中都较为少见。从这个角度说,这篇博士论文具有某种开拓的性质。其对中国现代作家传记的研究,从研究现状进行了认真梳理,对其研究的思路、方法以及价值与意义的讨论也都中肯,并有建设性。这样,就使得传记研究成为中国现当代文学学科研究中的一个独立的门类,而避免成为一般性作家研究的附属。

论文所选取的几个研究方面类似个案的研究,较为深入,且观点明确,可见作者所下功夫之巨。作家传记中的作者主体性之呈现、原型考辨、传记视角的童年叙事都较深入,从一个方面可以看出作者于作家研究的基本功力。

不足之处是,既是传记研究,就应该具有一般问题研究或类型研究的结构，或从文学史研究入手，讨论其一般特性。可考虑以后予以完善。同意进行论文答辩。

张桃洲老师的评议书：

> 论文从传记作者的主体性、传记视角的文学创作、传记中的原型考证、传记童年叙事的启示价值四个方面对中国现代作家传记展开论述，针对每一方面选取了具有代表性传记作品进行分析。论文选题集中、明确，层次清晰，能充分结合传记作品自身的特点做出分析，论文征引文献较为详备、恰当，显示论文作者对该领域研究现状有着较好的了解和把握；论文以第二章第四节讨论黄昌勇《王实味传》的表述最为精彩、深入。
>
> 论文倘若更加注重各章节之间篇幅所下功夫的均衡（如第三章第三、四节过于简略），对某些概念的使用和分析（如"比较文学视野"相对于"主体性"）更加准确的话，将会使论文更为扎实。

总之，论文达到了博士学位论文的水平。

三位老师的评语非常中肯。本次把博士论文整理成书稿的过程中，我积极吸纳了诸位老师的建议，对原文中表述不到位的地方做了适当的修改。但牵涉到整体结构方面的问题，难以在短时间内完成修改。况且，如果重新布局结构，需要根据所论述的作家传记的一般问题如传记主体性问题、文学性与史学性问题、传记阐释问题、传记对文学史的补充价值问题等来重新选取材料进行论证。这相当于重起炉灶，再做一个工程。这样的工作只能留待以后有充足的时间再来做。因此，本书的遗憾之处正是我今后继续进行作家传记研究的新的空间和课题。我会在以后深入思考和完善关于作家传记的研究。

本书的出版得到了平顶山学院张久铭、闫天德两位副校长和科研处周丰群处长的大力支持，得到了平顶山学院文学院何梅琴院长、申自强副书记、汪保忠副院长的关心帮助，得到了平顶山学院新闻与传播学院秦方奇院长和伏牛山文化圈研究中心陈建裕主任的鼎力相助，在此一并对诸位表示衷心的感谢！最后，还要特别感谢中国社会科学出版社的张潜责编，是她耐心细致的工作态度和精益求精的敬业精神使这本书能够以良好的面貌呈现在读者面前！

2016年10月